汉字理论丛稿

黄德宽 著

商务印书馆
2006年·北京

图书在版编目(CIP)数据

汉字理论丛稿/黄德宽著.—北京:商务印书馆,2006
ISBN 7-100-05179-7

Ⅰ.汉… Ⅱ.黄… Ⅲ.汉字-文字学-文集 Ⅳ.H12-53

中国版本图书馆 CIP 数据核字(2006)第 091213 号

所有权利保留。
未经许可,不得以任何方式使用。

HÀNZÌ LǏLÙN CÓNGGǍO
汉字理论丛稿
黄德宽 著

商 务 印 书 馆 出 版
(北京王府井大街36号 邮政编码100710)
商 务 印 书 馆 发 行
北 京 龙 兴 印 刷 厂 印 刷
ISBN 7-100-05179-7/H·1256

2006年12月第1版　开本 850×1168 1/32
2006年12月北京第1次印刷　印张 13 3/4
定价:25.00 元

目 录

前言 ··· 1
殷墟甲骨文之前的商代文字 ······································ 4
形声起源之探索 ·· 32
形声结构的类型 ·· 45
论形符 ·· 66
古汉字形声结构声符初探 ·· 80
论形声结构的组合关系、特点和性质 ························· 93
古汉字形声结构的动态分析 ···································· 110

关于汉字构形功能的确定 ·· 128
汉字形义关系的疏离与弥合 ···································· 145
同声通假:汉字构形与运用的矛盾统一 ····················· 155
关于古代汉字字际关系的确定 ·································· 165
汉字构形方式:一个历时态演进的系统 ····················· 174
汉字构形方式的动态分析 ·· 194

汉字阐释与文化传统 ·· 210
历史性:汉字阐释的原则 ·· 224

儒家学说经典化与汉字系统的稳定性……………………………… 240
古文字考释方法综论…………………………………………………… 249

崇古、趋俗和语文政策的调整 ………………………………………… 274
走向规范而又充满生气的语文生活…………………………………… 290
对汉字规范化问题的几点看法………………………………………… 295
文字学教学需要改进和加强…………………………………………… 299
多层次展示汉字文化的独特魅力……………………………………… 304

理论的探索和体系的建构……………………………………………… 309
从转型到建构：世纪之交的汉字研究与汉语文字学 ………………… 343
古文字新发现与汉字发展史研究……………………………………… 357
中国文字学研究大有可为……………………………………………… 367

《汉语文字学史》引言…………………………………………………… 373
《汉语文字学史》韩文版序……………………………………………… 377
[附]姚孝遂《汉语文字学史》序………………………………………… 381
《汉字阐释与文化传统》前言…………………………………………… 388
[附]许嘉璐《汉字阐释与文化传统》序………………………………… 392
《说文假借义证》前言…………………………………………………… 398
对古代汉字发展沿革内在关系的探索与揭示………………………… 409
汉字理论研究的重要进展……………………………………………… 416
读《隶定"古文"疏证》…………………………………………………… 426
附录　部分引书简称表………………………………………………… 434

前　言

中国文字学是近代以来从传统学术向现代学术转型最有成就的学科之一。中国文字学不仅继承和发扬了其悠久的学术传统，而且适应现代学术发展的趋势和文字学研究面临的新的任务，开拓了许多新的研究领域，取得了超迈前贤的巨大成就。然而当我们回顾历史时，我们不能不看到中国文字学研究依然存在着不少薄弱环节，而对汉字理论问题研究得不够就是其中之一。

中国文字学从一产生就带着忽视理论的缺陷。在经学处于统治地位的时代，文字学作为"说字解经义"的工具，是"小学"的一部分，这也就规定了它的发展方向并逐渐形成其自身的传统。标志着中国文字学正式创立的《说文解字》是形成这一传统的奠基石。许慎在这部著作中对汉字的有关理论问题作了力所能及的阐述和总结，梳理了汉字的发展、演变，界定了"六书"说并在汉字的结构分析中实践了自己的理论。令人遗憾的是，其后近两千年的中国传统文字学几乎未能超越许慎构建的理论和方法。尽管唐代的字样之学、宋明的六书之学、清代的《说文》学和金石之学，在中国文字学发展的不同时期都取得过突出成就，但都没能从根本上改变传统而在理论上有重大建树，"六书"说之外再也没能开拓出新的理论领域。直到近代，西方学术的影响、科学技术的进步、汉字应用领域扩大提出的新要求以及古文字资料的不断发现和研究进展,才使得汉字理论的探索和中国文字学学科体系的构建成为研究者的理性追求。今天看来,在成就斐然的文字学研究诸领域,理论问题的研究相对而言依然是学者关注较少、进展较慢的方面。

上个世纪80年代初,笔者开始系统研习中国文字学,有感于这一学科的历史和现状,即对汉字理论问题有所留意,为此进行了必要的学术准备,并开展了若干专题研究。首先,我们对中国文字学的历史进行了总结研究,出版了新中国第一部《汉语文字学史》;其次,我们开展了形声结构等汉字构形方式的研究;第三,我们较为系统地考察了汉字的发展,先后完成原国家教育委员会社科青年基金"汉字发展研究"、国家社科基金"九五"重点项目"商周秦汉汉字发展沿革谱系研究"等课题;第四,我们对汉字与中国文化传统的关系作了初步探讨,《汉字阐释与文化传统》一书反映了我们这方面的思考;同时,我们对一些古文字的考释和现代汉字及语文政策的意见,同样也都与此相关。虽然我们希望通过这些准备和研究能对汉字理论的研究有所贡献和推动,但是所获甚微。本书所收的文章,基本上都与汉字理论问题相关,从一个方面记载了20多年来著者的努力和一些体会。近几年,我们参与了国家科学技术名词审定委员会项目《语言学名词》(文字学部分)的工作,并着手编撰教育部"十五"规划教材《文字学》,这两项工作为我们全面反思文字学理论,推进中国文字学学科建设提供了一个难得的机会。

本书所收文章大都曾公开发表过,个别篇章是根据著者应邀到有关高校和研究机构所作的演讲整理,其中《理论的探索和体系的建构》一篇选自《汉语文字学史》。所选论文，除一组关于汉字阐释的文章外皆为著者独自撰写。多年来我也与一些师友、学生开展过学术上的合作，从这些合作中我吸取了他们的智慧，也深切感到一个高水平的学术团队在科学研究工作中对高质量开展大型课题研究的意义。这些文章写作时间不一，个人的认识也随着研究的深入而有所变化。近几年各种重要的新的文字资料不断公布，不仅提出许多新的有待回答的问题，而且也印证或否定了某些既成的看法，因此这部《丛稿》中涉及的一些问题今天看来有些尚需要作进一步的探讨。为了反映学术研究的真实历程，选编的论文除作了个别文字校订和体例统一外，一律保持原貌。倘若这本书的出版能引起一些学者对有关问题的重视，推动文字学理论的研究，那么也就达到本书出版的目的了。书中存在的不足和错谬之处，还望读者批评指正。

最后，要感谢国家社会科学基金委将"汉字理论与汉字发展史研究"作为2005年度重点项目予以立项，促使本书得以编纂出版。感谢商务印书馆和魏励先生对本书出版给予的支持和帮助。

殷墟甲骨文之前的商代文字[①]

在汉字形成和发展的历史进程中,商代具有极其重要的地位。《尚书·多士》提到"惟殷先人,有册有典",这是传世文献对商之先人已有典册的记载;殷墟甲骨的发现,再现了商代晚期文字使用的真实情况;而商代考古取得的成就,尤其是郑州商城、偃师商城等遗址的发现,[②]为商代前期文字的探索提供了很好的背景资料。作为中华文明史研究的重要课题之一,许多学者都非常关注汉字起源和发展问题的研究。[③] 我们认为研究汉字的形成和发展,以殷墟为代表的商代晚期文字是一个可靠的起点。由殷商晚期追溯到前期,进而对商代整个汉字的面貌作出合理的推测,是探索早期汉字形成和发展的一条可能的路径。本文正是基于以上认识,试图对殷商甲骨文之前的商代文字作一探讨。

---

① 本文曾于 2005 年 3 月在加拿大英属哥伦比亚大学举办的"中国早期文明国际学术研讨会"上宣读。

② 杜金鹏、王学荣主编《偃师商城遗址研究》,科学出版社 2004 年版。河南省文物考古研究所编著《郑州商城》(1953—1985 年考古发掘报告),文物出版社 2001 年版。

③ 自上世纪半坡文化等新石器陶文符号公布以来,裘锡圭、李学勤、饶宗颐、高明等都有论著发表。2000 年 10 月中国殷商学会等单位发起召开"中国文字起源学术研讨会",30 余位中外学者聚集洛阳,专题研讨交流他们研究中国文字起源的成果。见《中国文字起源学术研讨会略述》,《中国书法》2001 年第 2 期。

一 由殷墟甲骨文的发展程度看商代前期文字

殷墟甲骨文发现百余年来,研究者已形成普遍的共识:殷墟甲骨文是现在所知的汉民族最早的成体系的文字。作为汉字最早的文字系统虽然无异议,但是对甲骨文的成熟程度或发展水平,各家认识并不一致。有的认为甲骨文是"很发达的文字",[1]已发展到"成熟完美的符号文字阶段";[2]有的认为甲骨文"还在形成的途中";[3]有的学者则采取比较审慎的态度,如裘锡圭认为"商代后期的汉字不但已经能够完整的记录语言,而且在有些方面还显得相当成熟"。[4] 对殷墟甲骨文发展程度的准确判断,直接影响到我们对商代前期汉字发展状态的讨论。

我们认为,确立一个文字符号系统的发展程度,主要应从这个符号系统的构成、符号化程度、符号书写形式、符号功能等方面作出具体分析,并且这种分析应以代表该系统进入成熟阶段的可靠资料为依据,这样才能得出正确的结论。

(一)甲骨文符号的构成。甲骨文作为汉字符号系统,据研究,

---

[1] 唐兰《古文字学导论》(增订本)第79页,齐鲁书社1981年版。
[2] 李孝定《从六书的观点看甲骨文字》,《汉字的起源与演变论丛》第40页,联经出版事业公司1986年初版。该文原载《南洋大学学报》1968年第2期。赵诚《甲骨文字学纲要》第31页,商务印书馆1993年版。
[3] 郭沫若《卜辞中之古代社会》,见《中国古代社会研究》第8页,人民出版社1954年版。这种观点到上世纪70年代作者已有改变,认为"单就甲骨文而论,已经是具有严密规律的文字系统。"见《古代文字之辩证的发展》,《考古学报》1972年第1期。
[4] 裘锡圭《文字学概要》第39—41页,台湾万卷楼图书有限公司1995年版。

单字总数约为 3700 左右,其中已识字和可隶定字约 2000 左右。①沈建华、曹锦炎经进一步整理得出甲骨文单字数是 4071 个(其中包括数字和祖先的名字合文),各类异体(实际包括异写)共 6051 个(含数字、祖先名合文)。② 以上数字都是在姚孝遂先生主编的《殷墟甲骨刻辞类纂》基础上的进一步校订增补。③ 各家差异主要是由一些字形分合处理上的分歧所致。沈书后出,其统计大体"应为可依的数据,由此我们即能更好地评价当时文字的发达程度"。④ 约 4000 个甲骨文单字,反映了甲骨文符号系统的基本构成。与《说文解字》为代表的定型的古汉字符号系统相比,甲骨文已具备汉字构形的各种类型。传统"六书"中之"四体"(即象形、指事、会意、形声),甲骨文皆已具备。这表明殷商晚期,以甲骨文为代表的汉字基本构形方式已经确定,构形系统已逐步发展成熟。⑤ 如果对各构形方式作进一步的考察,可以发现不同构形方式的符号构成能力当时已经各有差别。"象形"大部分来源较早,在殷商之前应已获得充分发展,《说文》所收的象形字,几乎都以单体或字符出现在甲骨文之中,而且这种构形方式其后也较少构成新字;"指事"在甲骨文中构形功能微弱,西周即已趋于萎缩;"会意"则保持着其早期特点,尚具有相当的构字能力;"形声"不仅具备了各种类别(注形、注音、形声同取),而且总

---

① 赵诚《甲骨文字学纲要》第 75 页。
② 沈建华、曹锦炎《新编甲骨文字形总表》,香港中文大学出版社 2001 年版。
③ 姚孝遂、肖丁主编《殷墟甲骨刻辞类纂》,中华书局 1989 年出版。该书将甲骨文单字标号为 3551 字,见该书《字形总表》。
④ 李学勤《新编甲骨文字形总表·前言》,香港中文大学出版社 2001 年版。
⑤ 参阅李孝定《从六书的观点看甲骨文字》。

体上显示出汉字构形的"声化"趋势。① 甲骨文字符号系统的基本构形元素,还可以进一步分析为表示具体图像的形体和抽象的符号两类,前者约 150 多个,后者数量更为有限,主要是数字符号和标指区别的抽象符号(后者或称为"记号")。能用有限的基本形体符号为元素组合构成一整套符号系统,表明甲骨文构形方式已处于较发达的水平。②

(二)甲骨文字的符号化程度。文字作为记录语言的符号系统,从原始状态到成熟阶段,经历着一个形体符号化的进程,即文字符号从较为原始的图形,逐步简单化、线条化和规范化,从而形成适宜记录语言的符号系统。这种符号化进程及其达到的程度,也是判断一种古老文字符号系统成熟程度的重要标尺。③ 甲骨文形体符号的发展程度,姚孝遂师曾进行过全面系统的考察,结论是"甲骨文虽然在文字形体上仍然保存着大量的原始图形的色彩,但从整个文字体系来看,其形体已经经过了符号化的改造,无论在线条化还是在规范化方面,都已具备了相当的规模,文字形体的区别方式与手段已达到相当高的水平。甲骨文以后的各种文字体系,在形体区别方式和手段方面,都是遵循着甲骨文所奠定的基础而有所前进和发展,这仅仅是一个不断丰富和加深的过程,并没有什

---

① 黄德宽《汉字构形方式:一个历时态演进的系统》,《安徽大学学报》(哲学社会科学版)1994 年第 3 期。
② 参阅姚孝遂《甲骨文形体结构分析》,《古文字研究》第二十辑,中华书局 2000 年版。
③ 参阅姚孝遂《古文字符号化问题》,《古文字学论集》(初编),香港中文大学 1983 年版。

么根本性的突破和超越"。① 这个结论符合甲骨文符号化的实际,我们无须再进行重复的论证。

(三)甲骨文字符号的书写形式。汉字创造发明过程中形成的书写习惯,决定着它不同于其他民族古文字的独特书写形式。就单字而言,不管单体符号还是组合符号,都追求对称均衡、重心平稳,以二维结构平面展开。在汉字发展的不同阶段其线条形式虽有不同,但这种结体原则是一以贯之的。就书面语言的书写形式看,直行排列,自上而下,是汉字长期沿袭的传统,直到二十世纪这一传统才被改变。从甲骨文看,这在当时就已经是一种通行的书写形式。适应这种书写形式的要求,一些字的形体转向90度取纵势,从而改变了客体象形符号的重心方向。如源自动物的形体取纵向"变成足部腾空",有些形体如水、弓和床形等都改变客观形态而竖立。"直行"、"纵向"两种书写现象,表明甲骨文时代汉字的书写技巧已达到很高的水平,汉字直行和纵向的格局已基本确定。②

(四)甲骨文字符号的功能。文字符号系统记录语言的功能,是判断其成熟程度并与其他符号系统相区别的唯一标准,这是由文字的属性所决定的。甲骨文记录殷商后期汉语的情况,在甲骨文研究早期认识上并不完全一致,有人曾经认为甲骨文是一种特殊用途的文字,并不能反映当时语言的实际情况。随着对甲骨文研究的深入,尤其是对甲骨文语法现象和词汇系统研究的全面展

---

① 参阅姚孝遂《甲骨文形体结构分析》,《古文字研究》第二十辑,中华书局2000年版。

② 裘锡圭《文字学概要》第40页,台湾万卷楼图书有限公司1995年版。游顺钊《古汉字书写纵向成因》,《中国语文》1992年第5期。

开,人们已经逐渐认识到甲骨文作为殷商时代语言的记录,在汉语发展史研究方面所具有的重大价值。① 管燮初从句法和词类两方面对甲骨文进行研究,发现甲骨文的句子结构及其类型、词类及其功能,大体与后代汉语相近,认为甲骨文是以殷商口语为基础的书面语。② 这一看法,其后经海内外众多学者的更加深入系统的研究,已成为定论。③ 作为记录当时口语的书面语,甲骨文字符号记录语言的功能自然已经发展到成熟的阶段。伊斯特林认为:古代汉字是一种"表词文字","表词文字是这样一种文字类型,它的符号表达单个的词"。"表词文字表达的言语划分为词;它还经常反映词的句法顺序,在许多情况下也反映言语的语音。"作为词的符号的表词字分为两类,一类表词字直接与词的意义相联系,另一类直接同词的语音方面相联系。④ 甲骨文字符号的功能与"表词文字"说的上述理论基本相符。从字与词的对应看,一个甲骨文字书写符号代表的是一个词;从构形方式以及与词义发生联系的途径看,这些文字符号一类是从形意关系入手构成形体符号(象形、会意、指事),一类则是从形音关系入手构成和选定形体符号(形声、假借)。实际上,要实现记录汉语的功能,除符合言语的语法结构外,丰富的虚词和许多抽象的概念,使甲骨文字建立字词对应关系

---

① 参阅王宇信、杨升南《甲骨学一百年》第七章,社会科学文献出版社 1999 年版。
② 管燮初《甲骨刻辞语法研究》,中国科学出版社 1953 年版。
③ 参阅《甲骨学一百年》第 270—280 页;张玉金《甲骨文语法学》,学林出版社 2001 年版。
④ [苏]B. A. 伊斯特林《文字的产生和发展》中译本第 34—38 页,左少兴译,王荣宅校,北京大学出版社 1987 年版。

（或称以单个符号表达单个的词）必然要走上表音的道路，表现在甲骨文中就是假借的普遍发生和形声字的涌现。甲骨文常用字中假借字差不多有 90%，随机抽样统计甲骨文假借字占 74% 左右。[①] 甲骨文的形声字虽然数量不多，但所体现出的构形与字音的结合及"形声化"趋势是非常明显的。[②] 根据现在研究所获得的认识，甲骨文字的符号功能确实已发展到能逐词记录殷商语言，并能表现语言的语法规则和特点（如语序、虚词和基本句型结构等），应该是一种功能完善的文字符号系统。

通过以上四个方面的观察，我们完全可以肯定：甲骨文是一种经历了较长时间发展、功能完备、成熟发达的文字符号体系，它不仅是现在可以见到的最早的成体系的文字符号，也是迄今为止可以确定的汉字进入成熟阶段的体系完整的文字样本。这个结论并不否定汉字在殷商时期仍然保留着某些原始色彩，因为它依然处于发展变化之中。作为一个体系的成熟，与体系中有关构成要素尚待进一步发展完善并不矛盾，因为即便是早已经历漫长发展历史的成熟文字体系也还会不断发生这样的变化。对殷商晚期甲骨文成熟程度的基本评价，使我们有理由将它作为推求商代前期汉字发展水平的基点。问题是到底经历了多长时间，经过何种环节，

---

① 据姚孝遂师统计。他曾提出从甲骨文字符号的实际功能来看，甲骨文是记录当时语言的完善的符号系统，已发展到表音文字阶段。这一新说曾引起过热烈讨论。参阅《古文字研究工作的现状和展望》（《古文字研究》第一辑）、《古汉字的形体结构及其发展阶段》（《古文字研究》第四辑）、《再论汉字的性质》（《古文字研究》第十七辑）、《甲骨文形体结构分析》（《古文字研究》第二十辑）等论文。

② 姚孝遂师在①所列诸文中对形声字的结构特点和形符、声符的功能也有充分论述。

汉字才能发展到甲骨文所呈现出的这种成熟状态,这是我们应该去探索和回答的。董作宾比较甲骨文与纳西象形文字的发展情况后,认为运用甲骨文距离汉字的创造当已有悠久的年岁,其创始的时代当在新石器时代。[①] 郭沫若甚至断言:中国文字"到了甲骨文时代,毫无疑问是经过了至少两三千年的发展的。"[②] 裘锡圭则认为"汉字形成的时间大概不会早于夏代(约前21—前17世纪)";"汉字形成完整的文字体系,很可能也就在夏商之际",即在公元前17世纪前后。[③] 虽然诸家都认为汉字远在商代晚期甲骨文之前早已出现,但是对汉字创造和形成完整体系的具体时代还有很大分歧。

二 商代前期陶文资料的若干发现

甲骨文的发展水平为我们推测商代前期(约前17—前14世纪)汉字面貌提供了基础,而地下文字资料的发现才是最为重要的直接证据。由殷商甲骨文向上追溯,已公布的考古发现的相关资料主要有:小屯陶文、藁城台西陶文、清江吴城陶文、郑州二里岗和南关外陶文等,这些陶文在李孝定和裘锡圭等人关于汉字形成和发展演变的讨论中,都已作过分析论述。[④] 近年来,商代前期的文

---

① 董作宾有《从幺些文(即纳西文)看甲骨文》一文,参阅李孝定《汉字的起源与演变论丛》第40页所引。
② 郭沫若《古代文字之辩证的发展》,《考古学报》1972年第1期。
③ 《文字学概要》第38页、第40页,台湾万卷楼图书有限公司1995年版。
④ 参阅《汉字的起源与演变论丛》所收有关论文和《文字学概要》有关章节。

字资料又有重要的新发现,这里有必要作一次全面的清理。

(一)小屯殷墟陶文:主要是1928年到1936年考古发掘所得,时代为商代晚期,大体与甲骨文相先后。共有有字陶片82片,单字62个。经李孝定考释,这些字可分为七类:(1)数字;(2)位置字;(3)象形字;(4)人名或方国;(5)干支;(6)杂例;(7)未详。[①] 尽管这批陶文主要源于商代后期,而且与甲骨文相比数量有限并十分零散,但是通过对出现于汉字成熟阶段陶文的特点及其与同时代通行文字关系的观察,对我们探索商代前期文字,尤其是以陶文为主的资料,将会有重要的启迪。比如,这批陶文大部分刻在器唇上或外表近口处,少数刻在腹部或内表,也有刻在足内的。多以单字出现(也有两字以上的,多的达7字),有的字是入窑前刻在陶坯上的,可能为陶人所作;有的则是烧制成器后刻划的,大概为用器者所为。与甲骨文比较考证,50多个可识字与甲骨文基本相同。在甲骨文已成为成熟文字的商代晚期,陶文的使用仍以单个形式出现为主,成行或两字以上极为少见,字的形体与甲骨文大抵相同,内容以记数、标记位置和记名称(人名、氏名、国名)为主。这些启发我们,早于殷墟的其他新发现的陶文资料,如具有以上相似特点,自然可以作为它们所处时代汉字的样本,进而推测它们与所处时代通行文字的关系。这就是我们要介绍并非商代前期的小屯陶文的理由。李孝定对史前陶文与汉字起源及演变的研究,显然也

---

① 小屯陶文见《中国考古报告集之二·小屯殷墟器物甲编·陶器》,李孝定对这批陶文作了全面考释,并在汉字起源与演变的研究论文中多次论述了这批陶文。《小屯陶文考释》及陶文拓片图版和相关论文,均收入《汉字的起源与演变论丛》。

在以上方面受到小屯陶文的启发。①

(二)藁城台西陶文:台西陶文发现于河北省藁城商代遗址,早于殷墟小屯陶文,其时代早期相当于商代前期的二里岗上层与邢台曹演庄下层之间,晚期相当于殷墟早期文化前段。②遗址早晚两期居址中共发现77件陶器上刻有文字符号,文字符号都是未烧制之前刻划,一般只有一个单字或符号,也有两个字和符号的。内容大致可分两类:一类为数字符号,如"一、二、三、四、五、六、七、八、九"等,似乎表明器物成套的关系;另一类是族氏和人名,如"臣、止、已、己、丰、乙、鱼、大、刀、戈"等。此外,尚有一些不识的文字符号。③季云对1973年在台西村商代遗址中获得的12片陶文进行研究,并与郑州、安阳所出商代陶文进行比较,认为台西陶文与殷墟同类陶文有一定承袭关系,推测台西陶文基本反映了遗址时期通行文字的特征。12片陶文有7件年代较早,较晚的4件也不会迟于殷墟早期。相对于发掘面积而言,陶文的分布也是相当密集的。因此,他认为"台西时期的文字正是殷墟文字的前行阶段。"④藁城台西陶文早于殷墟,其字形与甲骨文可以相互印证,使我们从殷墟之外看到了更早的文字资料,可由此推断,河北藁城遗址的陶文是当时该地通行汉字的珍贵遗存。从陶文简练的线条、流畅而率意的书写,可以略窥当时文字使用和发展的水平。

---

① 参阅《从几种史前和有史最早陶文的观察蠡测中国文字的起源》、《再论史前陶文和汉字起源问题》、《符号与文字——三论史前陶文和汉字起源问题》等文,均收入《汉字的起源与演变论丛》。

②③ 河北省文物管理处台西考古队《河北藁城台西村商代遗址发掘简报》,《文物》1979年第6期。

④ 季云《藁城台西商代遗址发现的陶器文字》,《文物》1974年第8期。

（三）吴城陶文：吴城陶文20世纪70年代初发现于江西省清江县西南35公里处的吴城村。该遗址是长江以南的一处规模较大的商代遗址。遗址一期的时代相当于殷商中期的二里岗上层，二期相当于殷墟早、中期，三期相当于殷墟晚期。从1973年冬到1974年秋三次进行发掘，发现刻有文字符号的器物一期14件（一件采集），刻划39个文字符号；二期16件，刻划19个文字符号；三期8件，刻划（或压印）8个文字符号。三期共计发现刻划在38件器物上有66个文字符号。这些文字符号有单字的，也有两个以上文字符号组合的，最多的达12个文字和符号。[1] 1975年第4次发掘，又发现了一批文字符号，连同1974年冬、1975年冬和前三次出土遗物中继续发现的材料，据考古报告报道共有陶文77个，其中一块陶片上有11个文字和符号，其余大都是单字，刻划或压印两个字的只有两三例。与前三次发掘相同的文字有"五、矢、在、戈、大"等，也有不少是新见的。[2] 唐兰对吴城文化遗址的性质和文字进行了探讨，认为商代清江可能是越族的居住地，吴城文字符号中一些截然不同于商周文字的，很可能是另一种已经遗失的古文字。[3] 吴城遗址及其陶器和石范上的文字符号，是文字发展研究方面一批具有很高学术价值的材料，关系到对这个遗址性质的认识和文字符号的理解。如戴敬标认为：吴城陶文是反映南方地

---

[1] 江西省博物馆等《江西清江吴城商代遗址发掘简报》，《文物》1975年第7期。
[2] 江西省博物馆等《江西清江吴城商代遗址第四次发掘的主要收获》，《文物资料丛刊》第二辑，文物出版社1978年版。
[3] 唐兰《关于江西吴城文化遗址与文字的初步探索》，《文物》1975年第7期。

区折草占卜的文字记录。[①] 李孝定不同意唐兰对这批陶文的看法,认为:"当时吴城的居民,其语言文字和汉民族本就相近,其相异是文字未达到约定俗成以前的现象,其相同则是约定俗成的结果,这批陶文和前此的各期陶文,及后乎此的甲骨金文,原就是一系相承的。"[②] 吴城陶文中确实有一部分与汉字差别较大,如一期泥质灰陶钵(74 秋 T7⑤:51)器底上的 7 个文字符号、泥质黄陶盂(74 秋 T7⑤:58)器底上的 5 个文字符号,"作风比较独特,似乎不属于商文化的系统"。[③] 但是,有许多陶文无疑属于商代汉字系统,其中一些可与台西陶文相印证,一些可与商代晚期甲骨文和青铜器铭文相比勘。正确的看法,可能是当时的清江地区既通行商代的汉字,接受商代文化的强大影响,也保留着地方文化的某些要素,包括长期生活在这个地区的人民所创造的文字。我们更为重视的,是在商代中期就已经使用并延续到商代晚期的与商代文字有关的陶文。这些陶文中最引人注目的当是一期泥质黄釉陶罐(74 秋 T7⑤:46)肩部一周的文字和泥质灰陶钵(74 坝基西区取土采集)器底上的文字,它们是成行的,前者有 8 个字,后者有 4 个字,似乎可以连读。陶罐实际共有 12 个文字和符号,还有 4 个较小符号刻在上方弦纹中,似乎不是文字。唐兰认为这个陶罐的文字与商周文字无疑是一个体系,并将其中的几个字释作"止、豆、

---

① 戴敬标《南方古代占卜初谈——兼谈对吴城陶文的识辨》,江西省考古学会成立大学暨学术讨论会论文(1986 年)。
② 李孝定《再论史前陶文和汉字起源问题》,《汉字的起源与演变论丛》第 217 页。
③ 裘锡圭《文字学概要》第 37 页,台湾万卷楼图书有限公司 1995 年版。

木、帚、十、中"等。① 李学勤试读为"帚臣燎豆之宗,仲,七",怀疑"帚"是地名,"燎豆"是人名,这是一件祭器。② 这个解释作者后来又有所改变。陶文的释读还涉及顺序问题,赵峰主张以"中"字为句首。萧良琼认为可读为"中宗之豆,燎臣帚,七"。"中宗"就是仲丁之子祖乙,"燎臣"是官名,"帚"与见于甲骨文中与"我"相近的南土方国"帚"有关,在今清江吴城附近。③ 饶宗颐认可萧良琼的读法,将这个成句的陶文重新标点为:"中宗之豆,燎。臣帚七。"④另一件采集所得的重要器物一期灰陶钵底上的4个字是分两行排列的。唐兰(1975)考释左行为"帚田",指出"卜辞文字常用帚作妇字";右行后一字可能是"且"字,"商代常用且来代表祖字"。李学勤(1978)则释作"帚田人土",猜想"帚"是地名,"田人"即官名"甸人","土"是人名;后来他又有所改变。萧良琼(1996)将陶文理解为"在帚地的甸人之官在社庙用的祭器"。尽管对这两件陶器的文字读法和理解还可以讨论,但是有两点已成为共识:一是它们属于与甲骨文一个系统的商代中期的文字,二是器物和文字记录的内容与祭祀活动有关。除这两件文字可以成句的陶器外,刻有两个字的红色粉砂岩石范(74ET13H6:23)也很重要,殷墟卜辞中读作

---

① 唐兰《关于江西吴城文化遗址与文字的初步探索》,《文物》1975年第7期。
② 李学勤《谈青铜器与商文化的传布》,原载1978年5月1日香港《大公报》,收入《新出青铜器研究》,文物出版社1990年版。
③ 参阅萧良琼《吴城陶文中的"帚"与商朝南土》一文,李学勤、赵峰说亦见该文所引,收入《尽心集》第92—97页,中国社会科学出版社1996年版。
④ 饶宗颐《符号·初文与字母——汉字树》第57页,商务印书馆(香港)1998年版。

"又、有"的那个字出现在石范上。① 上述两件陶器和石范上的文字显示,吴城陶文不仅有记数和记族氏名的,更有记事性质的文字,这说明商代中期汉字就已进入成熟阶段,并且这一点由当时汉字使用者和使用区域的广泛性,可以得到进一步的印证。这些陶文绝大部分是在陶器成坯后,烧制或施釉之前刻划上的,字形草率急就,显然是出自陶工之手;吴城地处长江以南,其遗存虽然保留了浓厚的地域色彩,但汉字的普遍使用反映出商王朝势力扩展带来的文化影响广泛而深刻。②

(四)新干陶文:这批陶文 1989 年出自江西省新干大洋洲乡商代大墓。该墓出土陶器和原始瓷器完整的和复原的达 139 件,在折肩罐、原始陶瓮、硬陶大口尊等陶器上刻划有陶文,一般是单字,也有两个字的,大部分刻在器肩部,也有刻在底部的,主要有"五、七、十"等数字,重复出现次数最多的是"戈"字,其字形与吴城陶文基本相同。另外还在 XDM:511 号硬陶折肩罐和 I 式 XDM:503 号原始瓷折肩罐底部出现了一个"晶"字,在原始陶瓮 XDM:534 和 XDM:535 两器的肩部出现"戈革(?)"两字连写的陶文。③ 这个遗存出土遗物十分丰富,其中青铜器达 475 件,玉器有 754 件(颗)

---

① 见唐兰《关于江西吴城文化遗址与文字的初步探索》图六,这个字也发现于郑州二里岗遗址,详下文。
② 参阅江鸿(李学勤)《盘龙城与商朝的南土》,收入"当代学者自选文库"的《李学勤卷》第 110—120 页,安徽教育出版社 1999 年版。
③ 参阅江西省文物考古研究所等所编《新干商代大墓》图八三、八四、八五、八六、八七、八九、九〇等,文物出版社 1997 年出版;"戈革(?)"释文,参阅李学勤《新干大洋洲商墓的若干问题》,原载《文物》1991 年第 10 期,收入"当代学者自选文库"的《李学勤卷》。

之多,规格非常之高,墓主人可能是地位很高的统治者。新干商墓有较浓郁的地方文化色彩,属于清江吴城文化的组成部分,那些刻划有文字符号的陶器与吴城二斯所出相类,文字符号也大都相同,墓葬的时间相当于商代后期早段。新干商代大墓的发现证明在吴城文化分布区域有着高度发达的文明,这种文明既有地方特色,也受到中原商代文明的强烈影响。[①]新干陶文与吴城陶文的一致,既表明商代中原文明对地处长江以南的吴城地方文化的影响,也证明商代中期到商代后期早段汉字在这一区域内的广泛使用和流行。这为我们评价商代前期汉字的发展水平提供了一个新的参考。

(五)小双桥陶文:小双桥陶文发现于河南省郑州市西北的小双桥村商代文化遗址。该遗址1989年发现,1995年起进一步多次组织考古发掘,发现这是一处非常重要的商代中期都城遗址,[②]一些学者论证它就是仲丁所迁之隞都。[③]邹衡认为遗址可初步分为三期:第一期相当于二里岗下层偏晚,第二期相当于二里岗上层,第三期应属于白家庄期。小双桥遗址基本上是第三期遗址,大体相当于郑州商城的末期,此时郑州商城已处于废弃阶段,小双桥继之成为新建商王的都城。[④]小双桥遗址陶器上不仅发现了刻划

[①] 参阅李学勤(1991)《新干大洋洲商墓的若干问题》。
[②] 河南省文物考古研究所等《1995年郑州小双桥遗址的发掘》,《华夏考古》1996年第3期。
[③④] 关于这个遗址是否为都城意见并不一致,陈旭力主隞都说,并发表过多篇论文,邹衡等也支持这一说法。参阅陈旭《郑州小双桥商代遗址即隞都说》(《中原文物》1997年第2期)、邹衡《郑州小双桥商代遗址隞(嚣)都说辑补》(《考古与文物》1998年第4期)等文,他们提出的建城时间以及考古学和文献证据比较有说服力。

的文字符号,更重要的是发现了朱书文字。陶文刻划符号较为简单,有的位于豆口沿外面,有的位于缸口沿外侧或缸底外侧和缸底,有的位于盆口沿沿面;朱书陶文多书于小型缸表面,也有个别位于大型缸的口沿外侧或小型缸的口沿内侧、器盖表面。① 陶文符号刻划比较简率,当出自制器陶工之手,多为数字或记号。朱书陶文则是一个重要的发现。宋国定《郑州小双桥遗址出土陶器上的朱书》公布了有关资料并进行了初步的研究。他按内容将书写陶文分为三类:一是数字,如"二、三、七"等;二是象形文字或徽记类,较多是与人体相关的象形字;三是其他类别。② 这些陶缸主要是王室祭器,上面的朱书文字到底代表什么意义,还需要作进一步的探讨。这批陶文文字结构和特点与殷商甲骨文、金文有明显的一致性,殷商文字当是陶文代表的商代前期文字的进一步发展。陶文虽然数量有限,但大多可以与甲骨金文相比较印证。文字线条简练、匀称,结体自然,行笔流畅,考虑到是用软笔书写,可以推断书写者已相当纯熟地掌握了书写技巧,表明当时文字发展和书写的整体水平较高,早已脱离原始状态。虽然陶文多以单字出现,但也有两个字以上的,如95ZXV区H43:21号陶片上的文字至少是两行3个字,95ZXV区T105③:01号陶片弦纹之间也有3个字,惜残损模糊,难以辨别。两字以上连写现象的出现,是它们可以记录语言的一个重要的线索,这似乎透露,小双桥遗址所处的时代,汉字已然成熟,发展到可以记录语言的水平,这一点对解释吴

---

① 参阅《1995年郑州小双桥遗址的发掘》,刻划陶文符号见该报告所附图一九。
② 见《文物》2003年第5期,第35—44页。

城和新干陶文提供的信息是非常有意义的。

（六）郑州商城陶文：郑州商城遗址自上世纪50年代初发现以来，取得一系列重大考古收获。这个遗址有着丰厚的文化堆积，反映出这个地区从龙山晚期文化、洛达庙文化到商代文化的有序发展。郑州商城遗址应属于商代前期都城遗址，其始建大约在二里岗下层二期，一直延续使用到二里岗上层一期和二期，废弃时间应在二里岗上层二期（即白家庄期）偏晚阶段。[①] 郑州商城是都城遗址应该是无疑义的，不过到底是哪一个都城目前意见还不一致。[②] 郑州商城陶文主要分布在二里岗期遗存之中，在下层二期的大口尊口沿内侧刻有数十种陶文符号；[③]在上层一期的大口尊口沿内侧也刻划有陶文符号数十种。[④] 这些陶文有一些是记数的数字，下层二期与上层一期不少是重复的，如"一、二、三、四、五、六、七、十"等；有些是象形字，如"矢、木、网、龟、臣、鸟"等；有些虽不可识，但应属于文字一类。这些陶文符号是在商城建成和繁荣期陶器上出现的，主要是大口尊这类器物，从小双桥陶文主要分布在祭祀用陶器上来看，这类大口尊也可能是祭祀用器，至少它们应是王室有比较重要用途的一类器物。就当前考古发掘和研究的结果看，郑

---

① 河南省文物考古研究所《郑州商城（1953—1985年考古发掘报告）》，文物出版社2001年版。

② 主要有"隞都"、"亳都"二说，田昌五等结合偃师商城的兴废和仲丁迁隞时间的推断，提出郑州商城可能始建于太甲，参阅《论郑州商城》，《中原文物》1994年第2期。小双桥遗址的发现与性质的确定，对郑州和偃师商城的研究提供了重要的新的参考。

③ 参阅《郑州商城》第657页以及图四四九、四五〇，图版一三四,1,2,4；第827页及图五五六,2,3。

④ 参阅《郑州商城》第762页，图五一六—五二〇，图版四九；第928页及图六一九,9。

殷墟甲骨文之前的商代文字　21

州商城稍晚于偃师商城而早于小双桥遗址,郑州商城在二里岗上层二期进入废弃阶段,恰好小双桥遗址处于兴盛期。小双桥朱书陶文又与郑州商城陶文一脉相承,是商代前期汉字的重要资料。郑州商城陶文符号刻划刚劲娴熟,率意之中流露出结体的谨严,如《郑州商城》图四四九之10、13、19,四五〇之2、7、15,五一六之11、16、17、18,五一八之14,五一九之4、7、11、14等。特别是图五二〇之"臣"和"鸟"二字,虽然用硬质工具刻划,但行笔的流畅和线条的准确生动是显而易见的。虽然这些文字符号都是单个出现(个别是两个连书),但它们同样都传递出一个信息,那就是郑州商城时期,汉字自身的发展和书写已达到了较高的水平。

郑州二里岗期文字符号除陶器外,还有其他相关的发现。上层一期出土的小口饕餮纹罍(C8M2:1)颈部饰一纹饰,就有可能释成"黾"字。唐兰不仅释这个花纹为"黾"字,还指出另一把戈上有象形字"庸",该字将代表城楼墙的两竖并一竖,"黾"与"庸"都是氏族名。[①] 上层一期还有两件石器上刻有文字符号,一件是标本C5.3T302①:93,这件椭圆形卵石上刻有一个较为复杂的象形符号;另一件是标本C15T7②:17,这件扁平体带柄石铲形器上刻有一个簇形符号(即"矢"字)。[②] 1953年二里岗还发现过有字牛骨两块:一块牛肱关节骨上刻有殷墟甲骨文早期读作"又、有"的那个常用字,另一块牛肋骨上刻有十个字,或释读为"……又土(社)羊。

---

① 《从河南郑州出土的商代前期青铜器谈起》,《唐兰先生金文论集》第481—493页,紫禁城出版社1995年版。
② 参阅《郑州商城》第829页,图五五七,2、3。

乙丑贞，从受……七月。"①这些零零星星的文字符号，衬托出郑州商城陶文运用的大背景，也记载着当时文字发展和使用的重要信息。尤其是有字骨刻的发现，不仅表明二里岗期商代文字已能记录语言，而且更将殷墟甲骨文的源头直接追溯到商代前期。

（七）偃师商城陶文。严格地说，偃师商城自1983年发现以后，20多年来的考古发掘，并没有发现一定数量的陶文。到目前为止报道的只有1984年春偃师商城宫殿遗址发掘时发现的两例：一是在一个灰坑中出土的陶鼎口沿内侧刻有一个似箭头的符号（J1D4H24:52）；二是一个陶杯（J1D4H36:1）器身中部刻划一个类似箭簇的符号。② 多数学者认为偃师商城就是成汤灭夏的始建都城亳都，在夏商考古和历史研究中是极为重大的发现。③ 偃师商城的建立与二里头三期末年（约公元前1600年）一号宫殿的毁弃年代相衔接，这个时代正是夏的衰亡和商的起始年代。到二里岗上层一期，郑州商城达到繁荣期，偃师商城则转入衰落期。偃师商城遗址、郑州商城遗址和小双桥遗址的兴衰更替大体上相互衔接，而郑州商城、小双桥遗址中都有数量较多的陶文乃至其他文字资料发现，为何偃师商城至今却只见以上两例文字符号？是目前还

---

① 裴明相《略谈郑州商代前期的骨刻文字》，收入胡厚宣主编的《全国商史学术讨论会论文集》第251—253页。

② 中国社会科学院考古研究所河南二队《1984年春偃师尸乡沟商城宫殿遗址发掘简报》，原载《考古》1985年第4期，收入《偃师商城遗址研究》（科学出版社2004年版）。

③ 《偃师商城遗址研究》一书收集了自偃师商城发现以来的已公布的考古报告和研究论文，关于偃师商城的性质等参阅赵芝荃《评述郑州商城和偃师商城几个有争议的问题》一文。

未发掘出来,还是当时就不曾有在陶器上刻划文字符号的习惯,抑或郑州二里岗期之前商人还没能很好掌握文字?这是一个值得我们深思,并需要进一步讨论的问题。

以上我们将考古发现的小屯以前的各类陶文和相关文字资料,作了一次较为全面的整理分析。这些材料,从时间上看一直追溯到历史纪年中的商汤时代;从地域分布看,既有商王都城的,如郑州商城和小双桥遗址;也有地方的,如藁城台西;还有接受商文化影响的长江以南地区的,如清江吴城等。这为我们进一步讨论商代前期汉字发展的总体情况提供了可靠的一手资料。

三 关于商代前期文字发展的几点讨论

我们认为商代晚期成熟的甲骨文,为追溯商代前期的文字奠定了基础;而商代前期的陶文资料则为具体探索当时的文字发展情况提供了直接的资料。上文的考察分析,也同时向我们提出了几个需要进一步讨论的问题。

首先,关于商代前期陶文对探讨当时文字发展水平的价值问题。从已发现的商代前期陶文看,它们是零散、有限的,是否能成为推断它们所处时代文字体系发展水平的依据,并不是没有异议的。上文我们强调,小屯陶文的启迪意义在于它是以成熟的甲骨文为背景的,小屯陶文的零散和有限,其刻写的风格、方式,表达的内容,都可以作为判断其他陶文价值的参考。既然在甲骨文如此发达背景下的小屯陶文具备上述特点,那么具有上述特点的其他陶文的背后,是否也同样有一个类似于甲骨文这样成熟的文字体系呢？如果是这样，陶文透露的信息就具有重大价值。我们也正是从这样一种认识出发来看待陶文的。通过对商代陶文的考察，可以看出它们总体上呈现的一些特点：一是空间分布较广。不仅从早期都城所在地郑州二里岗遗址，到晚期都城安阳遗址有陶文的发现，而且商代都邑之外的河北藁城和商人势力所及的江南清江也有同样的发现。二是时间延续连贯。上述几批陶文材料，从小屯向上可以追溯系连到商代前期的二里岗期甚至偃师商城时期，为我们在一个较广的范围内提供了陶文纵向发展的先后时间序列，这个序列不仅从考古学上得到了证明，而且与文献对商代历史发展的记载总体相符。三是相似性大于差异性。从商代前期早段到中期和晚期，时间跨度有二三百年之久（相当于公元前17世纪到前14世纪），但无论是郑州二里岗期的陶文、小双桥朱书，还是吴城和台西陶文，其刻写的风格、特点和文字符号的简练成熟程度，相似性明显大于差异性，尤其是几批陶文都出现的一些字，如数字和"臣、刀"等象形字，几乎没有什么大的差异。这表明陶文反映出的文字系统发展是缓慢的、渐进式的，各批陶文有着一脉相承的延续性。四是文字连写的资料时有发现。吴城陶文一期的文字连写，表明它们可能记载了与祭祀相关的内容，小双桥也有三个字以上的连写陶文，二里岗期陶文虽不曾有可靠的连写物证，但同期骨刻文字的发现则成为重要的旁证。从小屯陶文与成熟的甲骨文系统的关联性，我们有理由认为已发现的商代前期各批陶文对探讨当时文字系统的发展都具有标本价值，由这些标本我们可以推断商代前期应该有一个广泛流行的文字系统，并且殷墟甲骨文应该是这个系统的进一步发展和完善，它在商代前期的发展水平已与甲骨文系统相差不远。

其次,关于商代文字与夏代文字的关系问题。作为成汤始建的亳都偃师商城,到目前为止几乎没有发现什么陶文,而郑州商城发现的陶文也主要是二里岗下层二期以后的。这种现象是预示偃师商城时期的文字资料尚待发掘或没有保存下来,还是当时商人就没有使用文字?从偃师商城建造水平和早商文化发展的水平看,我们应该排除商汤时代尚没有使用文字的可能。张光直将早商文化追溯到山东、苏北等"东海岸"地区发现的新石器时代文化,并依据考古学资料揭示殷商文明与东部地区文化的某些联系。[①] 良渚文化、大汶口文化等遗址多处发现陶文符号,一直为中国文字起源研究的学者所关注。[②] 这可以为先商和早商时代商人可能已进入文字的创造和运用时代提供重要的佐证。商汤崛起于豫东地区,《孟子·滕文公下》称汤"十一征而无敌天下",最终灭夏立国。[③] 偃师商城作为立国都城,是商汤时代文明发展水平的直接物证。商城考古发现使人很难想象商汤时代文字发展还处于一个极低的水平或尚未有文字,这不符合文明发展的一般规则,也无法解释二里岗期和小双桥时期,以至商代后期文字发展水平。由此

[①] 张光直《殷商文明起源研究上的一个关键问题》、《商城与商王朝的起源及其早期文化》,《中国青铜时代》第98—137页,三联书店1999年版。

[②] 李学勤对良渚陶器、玉器上的文字,曾多次予以讨论,参阅《走出疑古时代》第二章有关论述,辽宁大学出版社1994年版。大汶口陶文发现以来,于省吾、唐兰、李学勤、裘锡圭、高明等都有论著涉及,参阅陈昭容《从陶文探索汉字起源问题的总检讨》(台湾中研院《历史语言研究所集刊》五十七本第四分册)、李孝定《符号与文字——三论史前陶文和汉字起源问题》(收入《汉字的起源与演变论丛》)等。

[③] 参阅孙淼《夏商史稿》第六章,文物出版社1987年版。

看来,偃师商城尚未发现更多的文字资料,可能是由于文字保存条件或遗存尚待发现的缘故,因此我们认为商汤立国时应该发展到文字成熟的阶段。如果商代进入到成熟文字阶段,那么商代文字与夏代文字是什么关系?又是一个值得深入研究的课题。限于篇幅,这里只作一些简略的探讨。商代文字与夏代文字的关系,首先涉及的是夏、商的关系,或夏、商、周的关系问题。传统儒家学说和旧史学将"三代"描述成前后更替的纵的继承关系;当代学者从考古学资料中寻找出新的线索,并利用比较社会学的观点,重新检讨史料记载,探讨夏、商、周作为古代国家的形成和三代之间的纵横关系。张光直的研究表明:"夏、商、周三代的关系,不仅是前仆后继的朝代继承关系,而且一直是同时的列国之间的关系。从全华北的形势来看,后者是三国之间的主要关系,而朝代的更替只代表三国之间势力强弱的浮沉而已。"[①]"从物质遗迹上看来,三代的文化是相近的:纵然不是同一民族,至少是同一类民族";从都制来看,"三代的政府形式与统治力量来源也是相似的"。"三代都是有独特性的中国古代文明的组成部分,其间的差异,在文化、民族的区分上的重要性是次要的。"[②]这种新的认识,为我们从总体上把握夏、商文字的关系提供了理论基础。按照这种观点,夏、商、周的文字应该是"相近性"或"同一性"大于差异性,它们是一系的。"夏、商、周文字一系说",也可以从考古发现的文字实物材料中得

---

① 张光直《从夏商周三代考古论三代关系与中国古代国家的形成》,《中国青铜时代》第66—97页,三联出版社1999年版。

② 张光直《夏商周三代都制与三代文化异同》,《中国青铜时代》第42—65页,同上。

到证明,如商、周文字的关系由于周原甲骨的发现就很清楚地被揭示出来。周原甲骨主要是西周文王之时的作品,其文字与殷墟甲骨文一脉相承,只是风格小异,用字和用语有微弱差别,完全可以证明商、周文字是一系的。① 从西周早期青铜器看,武王、成王时代的铭文,如武王克商第八天铸造的利簋铭文等,与商代晚期铜器铭文特点相似,书写风格近同。② 这也是商、周文字一系的明证。夏、商文字的关系,虽然没有类似体现商、周文字关系这样有力的证据,但也存在着蛛丝马迹。无论是历史传说、文献记载还是考古发现,种种迹象表明夏代应是中国进入文明时代的开始,作为文明起源的标志之一,夏代文字应该已经形成。③ 李先登对夏代文字问题曾多次论述,1981年在王城岗遗址考古发掘中,他发现一个刻划在陶胚上的"共"字,其字形与商、周文字"共"相似,他认为这就是夏代的文字,并进而论证夏代初期就已经进入使用文字的阶段,汉字是由夏人在夏初创造的。④ 作为夏文化代表的偃师二里头遗址,曾发现了20多种陶文符号,大都在大口尊和卷沿盆的口沿上,是烧成后使用时刻划上的,从字形风格、结构来看,它们与二

---

① 参阅王宇信《西周甲骨探论》,中国社会科学出版社1984年版。
② 参阅朱凤瀚《古代中国青铜器》第454—455页,南开大学出版社1995年版。
③ 1996年国家夏商周断代工程研究项目启动,在夏文化研究方面取得的许多重要成果将会陆续发表。参阅李先登《近二十年来中国先秦考古学的发现与研究之回顾与展望》中"夏文化探索"一节,见《夏商周青铜文明探研》第116—118页,科学出版社2001年版。
④ 李先登《试论中国文字之起源》,原载《天津师大学报》1985年第4期,收入《夏商周青铜文明探研》第267—273页。

里岗陶文、小双桥朱书应该是一系的,不少是可以与甲骨文相对应的。① 根据我们对陶文价值的判断,这也应是证明夏代文字发展水平十分珍贵的材料。由商、周文字关系推导夏、商文字之关系,再根据这些材料,可以看出"夏、商、周文字一系说"是有据的。商汤在夏王朝的统治中心区偃师建都的同时,由于文化上本来就存在的相通性,使商王朝轻而易举地融合与延续了夏文化,也自然而然地传承和发展了夏代的文字,这与西周对商代文化的继承和发展并没有什么本质的差别。

第三,关于"惟殷先人,有册有典"问题。简牍制度的形成,是中国文字成熟并在较大范围内使用的产物,"册"与"典"二字就是简牍制度在文字形态上的直接反映。② 殷墟甲骨文中的"册"与"典"的使用,表明商代晚期简牍制度已经定型,当时通行的书写材料是简牍而非甲骨,这一点许多学者早已指出。同时,甲骨文还有其他线索证明这一点。从甲骨文的书写看,上文我们提到直行纵向的特点,显然是长期在竹简上书写而形成的特征在甲骨文中的体现。游顺钊认为汉字形成直行纵向书写特征的决定性因素是竹简,这一看法无疑是正确的。③ 商代中甚至还出现仿照竹简来编连甲骨的证据。④ 这些情况表明,简牍制度不仅在当时依然是通

---

① 杜金鹏《关于二里头文化的刻画符号与文字问题》,《中国书法》2001 年第 2 期。
② 参阅钱存训《书于竹帛》第五、八章,上海书店出版社 2002 年版。
③ 游顺钊《古汉字书写纵向成因——六书外的一个探讨》,《中国语文》1992 年第 5 期。
④ 李学勤《济南大辛庄甲骨卜辞的初步考察》,原载《文史哲》2003 年第 8 期,收入《中国古代文明十讲》,复旦大学出版社 2003 年版。

行的书写材料,而且到商代晚期已经有了很长的历史。简牍制度的流行需要两个条件,一是竹子这种材料比较容易获得,二是发明用软笔和颜料做工具和材料。甲骨文中就有毛笔及朱墨书写的文字,古代北方也盛产竹材。① 小双桥朱书文字,将用毛笔和颜料书写汉字的历史提前到商代中期的仲丁之世。而小双桥朱书反映的文字线条的娴熟流畅,绝不是软笔书写的初始状态,因此我们推测当时通用的书写方式已经是用毛笔书于简牍了。其实新石器时代彩陶上的花纹和符号,表明用毛笔(或软笔)的历史可以早到中华文明形成之前。② 这些为《尚书·多士》"惟殷先人,有册有典"的记载提供了考古学证据。殷之"先人"能有"典册",自然说明当时文字已发展到成熟阶段,二里岗陶文、小双桥陶文透露的信息与此一致。但是,这句话的"先人"是不定指称,到底指谁则关系到殷人有"典册"的时代确定。将"惟尔知,惟殷先人,有册有典,殷革夏命"完整地看,"有册有典"与"殷革夏命"是相关的,可以理解为典册中记载着"殷革夏命"这一史实,似乎也可理解为殷先人"有典有册"是因"革夏命"之故。尽管多数人按前一种意思诠释,但也不能排除后一种解释的可能。西周利簋铭文记载:"武征商,唯甲子朝,岁鼎,克闻,夙有商。"这里的"有"就是"占有"、"拥有"。如按后一种理解,"殷革夏命"而"有册有典",是成汤"占有"夏王朝的"典册",而非殷"先人"自己作"典册"。据《吕氏春秋·先识览》记载:夏桀将亡,太史令终古执其图法而出奔于商。这是否可以作为成

---

① 参阅胡厚宣《气候变迁与殷代气候之检讨》及《甲骨学绪论》"一二、典册",均收入《甲骨学商史论丛二集》,初版于1945年,河北教育出版社2002年版。
② 参阅钱存训《书于竹帛》第五、八章,上海书店出版社2002年版。

汤拥有夏之"典册"的一个旁证呢？[①] 不管怎样理解，夏商更替之际都应是有"典册"的，也就是说汉字成熟的时代已完全可以追溯到商代前期的商汤之世。

四 结论

通过对商代晚期甲骨文发展水平的考察以及出土商代前期陶文的整理和分析讨论，我们对商代前期汉字的发展情况大体可以得出以下结论：

其一，夏、商、周在文化上有相当程度的共性特征，三代使用的文字属于同一体系，西周文字与商代晚期的汉字一脉相承，商代前期的文字则传承和发展了夏代的文字。三代历史上作为"列国之间的关系"的存在，表明汉字在当时可能具备作为一种交流和记事的通行文字的功能。三代对汉字的形成和发展皆有贡献，但由于"势力强弱的沉浮"和文明进程的先后，在汉字发展的不同时期它们各自的贡献应有所不同。

其二，商代前期陶文可以作为考察汉字体系发展的珍贵样本，它们对衡量各阶段文字发展水平的价值，在于落一叶而知秋、由一斑而窥豹，要充分重视这类陶文资料的真正价值。本文的系统整理和分析显示：通过这些陶文我们有可能对商代前期文字的发展水平获得一个总体的认识和正确的判断。

---

① 《太平御览》卷六一八引"图法"作"图书"。"太史令"为执掌文书图籍之官职，这也是夏桀之世有"典册"的旁证。

其三，商代前期的文字已经发展到成熟阶段，其后各时期陶文符号的相同性大于差异性，虽然处于不断发展之中，但其基本风格和书写方式没有本质的变化。从商代前期到以甲骨文为代表的商代后期，汉字体系经历的只是丰富和不断发展完善这样一个过程，这个过程一直延续到西周、春秋战国乃至秦汉。汉字始终处于这样一个进程之中，这是它保持系统不断优化与活力的必然要求。

其四，简牍制度在商代前期已经是一种成熟的制度，夏、商之际已有"典册"当是一种可以推想并得到部分证明的事实，这也进而证明当时的文字已发展到成体系的成熟阶段。关于夏代文字的零星资料，对理解商代早期汉字的发展水平提供了重要参照；而商代早期汉字发展水平的判定，对进一步探索夏代汉字的形成和发展也是一项富有意义的基础性工作。

形声起源之探索[①]

形声结构是汉字最主要的结构方式,研究形声结构的起源,对汉字起源和性质的探讨,有着十分重要的意义。本文试图利用古文字资料,探索形声发生的年代和环节,提出关于形声起源的初步看法。

形声结构并非汉字所特有的构形方式,现在所知的世界上幸存的各种自成体系的古文字材料,说明这样一个普遍的事实,即由象形、会意到假借和形声[②],是它们发展的共同趋向。例如古埃及的圣书字、苏末人的楔形文字、纳西象形文字、水族古文字,都使用了假借的手法,都有形声结构的出现。[③] 这种现象并不难理解,因为文字的根本职能是充当记录语言的符号,语言则包含人类认识和改造世界的各方面的成果,单靠象形、表意之类的构字方式,根本无法承担准确记录语言的任务,因此,在长期的实验和发展中,不同地区和时代的人们都先后走上通过和语音发生联系从而准确

[①] 本文原载于《安徽教育学院学报》(社会科学版)1986年第3期。
[②] 这里为了表述的方便,我们采用汉字六书名称,指代其他民族古文字类似的结构。
[③] 参阅:Clodd:The Story of the Alqhabet;李霖灿《么些象形文字字典》,中央博物院专刊乙种之三,1944年版;姜永兴《漫话水族古文字——水书》,《民族文化》1983年第2期。Johannes Friedrich《古语文的释读》,商务印书馆香港分馆1979年版。

记录语言的道路,发明了同音假借的方法和形声结合的构造方式。这是一切原始文字成为独立的文字体系所必然要经过的途径,汉字作为一种独立的文字体系,形声结构的出现有其必然性。

我国纳西族象形文字,在发展阶段上正处于摆脱原始状态而成为成熟的文字体系的前夜,它所包含的丰富材料,生动而有力地证明:假借与形声的出现是完善文字体系的必要步骤。据研究,纳西象形文字的运用有三种方式:①

第一,"以字记忆,启发读音",这种文字符号,主要作用在于帮助和启发记忆;第二,"以字代句,帮助音读",在这种情况下,文字符号可以部分地记录语言中的关键词语,并可以帮助音读;第三,"以字代词,逐词标音",这样文字基本上可以记录语言了,是文字体系接近成熟的标志。这三种方式体现了纳西象形文字向作为记录语言的符号体系的发展所经历的过程,而形声结构和同音假借的运用则主要出现在第二、第三种方式记录的经书中。如以第一种方式书写的一段经文中,十三个字代表二十七句话,一百八十二个音节,没有假借和形声;②而以第二种方式记录这么多音节,则有三十九字,代表二十八句话,使用了三个形声字,三个假借字;③以第三种方式记录一百八十七个音节的经文,用了一百七十一字(其中一字代表两个音节,省略七个字),基本上逐词记音,其中假借字竟达到一百零五个,占百分之六十,形声字出现七个。④ 三种

---

① 参阅和志武《纳西文字应用举例》,收入方国瑜《纳西象形文字谱》。
② 同①第 497—499 页。
③ 同①第 508—513 页。
④ 同①第 543—559 页。

方式代表大致相同的音节,而使用的文字符号则大有区别,可以看出:形声与假借的出现基本上是同步的,是文字和语言发生较为密切的关系后的产物,也就是说,要记录语言必然要借助同音假借手段和形声结构方式。

汉字较为系统的材料,最早见于殷墟甲骨文和商代彝器文字,这里形声已经具有相当的规模。从结构上看,已包括各种类型,如注形、注声、形声同取等结构类型都已出现,统计古汉字阶段的形声字,殷商时期出现的约占百分之二十。因此,可以认为甲骨文时期,形声结构已经发展到自觉的阶段,在这以前,形声结构早已出现,是能够为大家接受的合理推论。

那么形声结构到底在何时发生?唐兰先生曾认为"象形、象意的文字日就衰歇,而形声文字兴起。这种变动至迟起于殷初,或许更可推上几百年","而形声文字的发轫,至迟在三千五百年前,这种假定,决不是夸饰。"[1]我们虽不能完全赞成唐兰先生关于汉字起源年代的推测,但是他将形声结构的发轫,定在商代初期(三千五百年前),是颇有见地的。陈梦家先生则认为"武丁文字的形声部分虽已出现而尚有待于进一步的发展(变多、变固定)","假设汉字是从武丁以前500年以前开始的(纪元前1700—1238?年)","可能在成汤或较前乃汉字发生的时期",[2]陈先生将汉字发生的时期定得较晚,并以为汉字有三种基本类型:象形、假借、形声,而这三种类型"只是文字发展的三个过程",即由象形开始,经过应用

---

[1] 唐兰《古文字学导论》(增订本)第79—80页,齐鲁书社1981年版。
[2] 陈梦家《殷虚卜辞综述》第83页,科学出版社1956年版。

变为假借,再向前发展,象形、假借增加形符、音符变为形声。① 根据他的看法,形声的发生只能在武丁前500年至武丁之间这一段时间的偏后,比唐兰先生推测的时间要晚,但也无明显的矛盾。随着考古的发现,半坡、马家窑、柳湾、良渚等文化出现的刻划符号,以及大汶口文化的象形符号,为汉字起源的研究提供了新的材料。据此,郭沫若认为汉字已有六千年左右的历史。② 裘锡圭先生进一步论证"汉字形成完整的文字体系,很可能也就在夏商之际""大汶口文化晚期,原始汉字有可能已经发展到使用假借字和形声字阶段。"③这样,形声结构发生的时间比唐兰先生的推测又大大提前了。

由于商代早期以前的文字材料我们无法见到更多,对形声结构发生的时间很难得到更为有力的论证,但可以作出大致合理的推测。首先,我们可以肯定,在汉字形成体系前,具有产生形声结构的可能。从纳西象形文字看,它虽然还没有摆脱原始状态,成为成熟的文字体系,④但已经出现了形声结构,如《纳西象形文字谱》所收第96字,《么些象形文字字典》第162、204、215字⑤可以表明纳西象形字中,不仅出现了形声字,而且具有丰富的构形方式,第96字是一个表示类属意义的形符加声符组成;第162字是在象形字上加声符而形成的形声字;第204字则是会意字加声符而形成

---

① 陈梦家《殷虚卜辞综述》第79页,科学出版社1956年版。
② 郭沫若《古代汉字之辩证的发展》,《考古学报》1972年第1期。
③ 裘锡圭《汉字形成问题的初步探讨》,《中国语文》1978年第2期。
④ 和志武《试论纳西象形文字的特点》,《云南社会科学》1981年第3期。
⑤ 方国瑜《纳西象形文字谱》,云南人民出版社1981年版。

的形声字;第 215 字则是由假借字加一标示性的区别符号(形符)。这可以反映出纳西象形文字中形声结构的丰富性。从文字发展的普遍性看,在同一发展阶段,汉字完全可能出现类似的形声结构。而这个阶段应处于殷商之前、半坡文化之后。这是形声结构发生的时间段。

其次,由纳西象形文字运用的三种方式,可以得知形声结构的出现是在文字符号与语言发生密切联系之后,也就是说人们已经考虑到通过记录语言中的词或语音形式而利用文字符号的时候,记录语言的需要推动了形声结构的发生。据考古材料和历史传说的印证,相当于传说中的夏代,我国中原地区已进入较高文明的阶段,此时已有了运用文字记录语言的可能。《尚书·多士》有"惟殷先人,有册有典"的记载,如果可信,说明商代之初,已有了文字记载的典册。甲骨文中有"册""典"二字,而且从"册"的字有二十多个,说明典册的出现已有相当的历史。甲骨文作为记载占卜内容的材料,一方面说明占卜之俗来源甚早,另一方面可以推想,将占卜的文字刻在甲骨上是为了便于保存,这种发现必有一个过程。从甲骨卜辞的体例、记录语言之完整程度,以及文字符号刻写之技巧、文字结构之完备、形体之简捷明晰都可以肯定,汉字作为记录语言的符号已经有了相当长的历史,也就是说"惟殷先人,有册有典"的记载是比较可信的。甲骨刻辞中反映的商王世系,自上甲微而下相递而不乱,并且上甲微之前的高祖夔、相土、季(冥)、王亥(振)等先王的事迹也隐约可见,由此可推知,殷之前可能有记载王室历史和事迹的典册。如果商代初有了文字记载的典册,那么汉字自然发展到可以记录语言的阶段,而此时已产生形声结构的可能性就很大了。

另外,大汶口文化晚期遗址中发现的陶器上的象形文字,一字有繁简两种形体,于省吾先生释为"旦"的原形,繁体在"旦"下部多一"山"形,①是会意字。会意字的出现,标志在汉字构造中,已具备偏旁组合的意识,说明此时又有了萌发形声结构意识的基础,而"旦"的繁简两形表明,"山"的增加只是为了表意的更加明晰,只是一种附加的表义成分,这已经微弱地透露出形声结构诞生的希望,但尚没有充足的理由认为此时汉字已经发展到假借字、形声字阶段。

对于形声起源的看法,大致可归为四种:

(一)形声源于假借说。这是一种很流行的看法,即在假借字基础上加上形符,就是形声字的起源。顾实说:"形声者,又与假借同源也,相先后也,未加偏旁之前为假借,既加偏旁之后为形声,其源远矣"。② 高明先生也说:"在假借字形体中增添相应的形旁,以构成表达新词意义的本字,这就是最初的形声字产生的过程"。③ 在假借字基础上加形符,确实产生了大量的形声字,但这只是形声结构产生后构成新形声字的一种方式。形声字的发生与假借字的出现,从纳西象形文字看几乎是同时的,假借字只是文字使用的一种方式,它本身不可能孕育出形声结构的基本要素——形符与声符,因此,依据假借字很多发展为形声字这一现象,不能证明形声

---

① 字形见《大汶口》,文物出版社 1974 年 12 月版。于省吾先生的释文见《关于古文字研究的若干问题》,《文物》1973 年第 2 期。
② 顾实《中国文字学》,东南大学丛书,1924 年版。
③ 高明《古文字的形旁及其形体演变》,《古文字研究》第四辑。

结构源于假借字。

（二）"声化象意字"说。唐兰先生认为"由象意字分化出来的，我们可以叫做'变体象意字'，象意字的一部分，后来变成形声字的，这是'声化象意字'，也就是说'原始形声字'"。① 唐兰先生的说法确实能给人很多启发，目前古文字学界深受这一说法的影响。但是，应该看到唐兰先生的说法与他对汉字分期的联系。他按照自己的设想，将汉字的发展分为三个时期：原始期——绘画到形象文字的完成，上古期——象意文字的兴起到完成，近古期——形声文字的兴起到完成。② "声化象意字"的见解，正是从这种分期中派生出来的。由于现在所见的材料基本上属于他所谓"近古期"的，这种分期带有很大的假想性，没有材料去证明。而他用来说明声化的例证，一部分本就是形声字，如巩、龚、能，一部分是会意字，并不带声化的符号，如兵、呼等，③前者本就为形声字，无以论证声化过程（唐书举例大多属于此类），后者本为会意，根本不存在声化的问题，实际上唐兰先生的设想没有得到材料的证实。

（三）"加旁"二步发展说。这是杨树达先生提出的，他说："古人造字之次第，不可确知，然余观象形字之变为形声者，往往由加旁字演变而来"。并列举了由"鬲"加"瓦"旁作"甌"（第一步），改换声符作"䰙"（第二步成为形声字），"裘"在金文中由象形字到加"又"声，又改为"从衣又声"的形声字等材料为证。④ 杨先生阐明

---

① 唐兰《古文字学导论》（增订本）第108页、128页，齐鲁书社1981年版。
② 同①第83页。
③ 同①第114页。
④ 杨树达《积微居金文说》第208页，科学出版社1959年版。

了一类形声字产生、发展的过程,并谨慎地指出"形声字之构成固当不止一途,而上述诸文,其构造之前后过程,历历可数,其为最重要之构造方式,殆无疑也"。① 我们觉得杨先生所说的现象只是形声结构发生之后产生新形声字的一条途径。一般说来,第一步加旁已经是形声字了,尤其是加上声符注音的字更应该如此,第二步的变化,只反映形声结构本身的发展。实际上杨先生要指出的是形声构造的途径,而没有希图解决起源问题,但他主张"加旁"是一类形声字产生的过渡环节,却为起源的探讨以有益的启示。

(四)"部分表音的独体象形字分化"说。于省吾先生认为"形声字的起源是从某些独体象形字已经发展到具有部分表音的独体象形字,然后才逐渐分化为形符和声符相配合的形声字"。对于这种独体象形兼表音的字过渡为形声字的条件,他有一个重要的限制,即在两个或几个偏旁相配合的会意字相当发展的情况下,"形声字才应运而出",否则,即使有部分的表音作用,也只是形声的萌芽而已。于省吾先生关于形声起源的探讨,有两点值得注意:其一,形声结构的发生,首先孕育于别的构形方式(象形)之中,进而才脱胎而出;其二,会意字的偏旁组合是形声结构发生的前提条件。对于独体象形部分表音的问题,我们可以这样理解,文字形体符号与语音发生关系是约定俗成的,凡称文字必含读音。独体象形作为符号的整体,代表了一个语音单位,这是无疑的,至于它的某一个部位是否可能专门担负表音的作用,还难于断言。就于省吾先生用以论证他的观点的诸例字而言,情况也不一致。"羌"、

---

① 杨树达《积微居金文说》第208页,科学出版社1959年版。

"姜"本为一字的分化,皆为人戴羊角饰,它们音近"羊",也可能有语源关系,但"羌""姜"上部的"羊",则是后来形体演化的结果。附一人形的"眉"与仅象人眉目的"眉",并无实质的区别。"麋"的构形有部分象人眉目,是取"麋"之"眉"与人之"眉"相似,二字有语源关系。至于"天"、"释"、"无"、"须"、"能"等是纯粹象形字,不存在某一部分兼表音的情形。① "能"字《说文》以"目"为声,则属于古文字中的讹声之例。② 从这些例子看,部分兼表音的情况在独体象形字中是否存在还值得研究,即使有些字的某一部分与字音相同或相近,也可能只是同源关系或偶合,数量是十分有限的,因此,将形声字的起源归结于此也难于作出令人满意的论证。

上述四种看法,虽然未能正确说明起源的问题,却对问题的再探讨奠定了一定基础,如他们都认为形声结构的发生与会意字有关,唐兰先生认为形声字是由象意字声化而来,杨树达先生指出注形有会意性质,进一步发展为形声字,于省吾先生则将会意字的出现和相当发展作为形声字产生的前提条件。他们都认为形声结构不是直接由形、声两个部分组合而成的,而是从另一种构形方式中孕育分化出来的,唐兰、于省吾先生说得尤为明白,不过主张形声源于假借说,就不承认这些见解了。

通过对古汉字形声结构的分类研究,以及分析较早的原始文字材料,我们认为形声结构导源于早期会意字个别构形部件的经常性游动而形成的声义分工。

---

① 于省吾《甲骨文字释林》第435—443页,中华书局1979年版。
② "能"字为独体象形兼表音的说法,见于省吾《释"能"和"赢"以及"从赢"的字》,《古文字研究》第八辑。

上文提到大汶口文化晚期出现的"旦"字初文,有繁简两形,如果我们肯定它们是早期的文字,就得承认"旦"字作为简体所代表的音义,与"旦"加"山"繁体所代表的音义是相同的,"山"形则是一个附加的、游离的因素。"旦"的单独出现,说明它已经可以作为一个形音义相对固定的单位,加与不加"山"并不影响它的作用。所以从某种程度上来说,"旦"字的繁形,已蕴含了形声结构发生的可能。因为当"旦"作为一种固定的形式长期单独存在,它已经习惯性地凝聚了这个字的音与义,加上"山"只是从构形上对字义作某种补充、限制和标志。这样在"旦"的繁体中,似乎已经孕育了"旦"与"山"分工的可能,一旦这种分工被意识到,并变为有意识的行为,形声结构就应运而生了。早期会意字个别部位的游离增加,体现出以形会意时思维角度或严密程度的差异,不应该是少数的、偶然的现象。由来源较早的"族徽"文字中,我们还可以举出一些例子。如下列A字,郭沫若释"鬥",繁形多一"戈";①B字郭沫若释"蠱";②C字唐兰隶定为"於"加"虹"或"日"加"虹";③D字于省吾先生释为"举"之本字,本象人举手形(D最后一形),加"子",象举子形(D第一形),D第二形则为举子于床形,其余皆为变体。④

这些字中个别部件的游离或增加的特点,与大汶口文化晚期的"旦"是一脉相承的。用作"族徽"的文字,郭沫若认为可能为"'图

---

①② 见郭沫若《殷周青铜器铭文研究》第一篇《殷彝中图形文字之一解》,日本大东书局1931年版。

③ 唐兰《古文字学导论》(增订本)第209页,齐鲁书社1981年版。

④ 于省吾《释蚕》,《考古》1979年第4期。

A. ꇏ 父丁卣　　　ꇐ 且癸觚

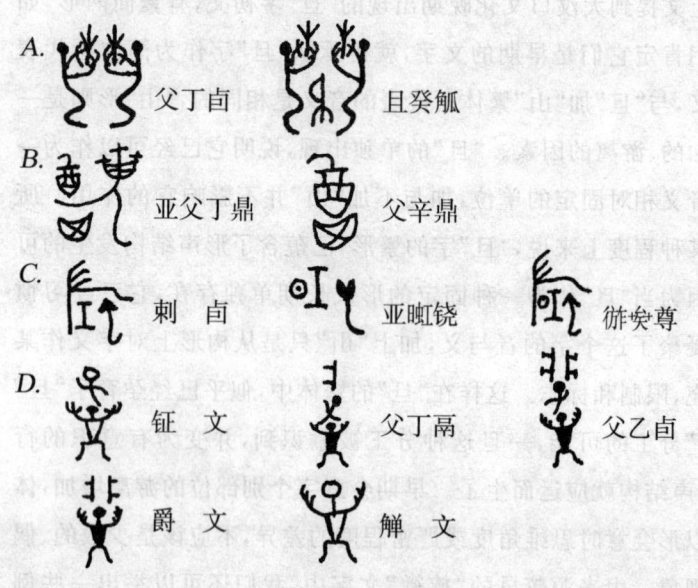

B. ꇑ 亚父丁鼎　　ꇒ 父辛鼎

C. ꇓ 刺卣　　ꇔ 亚畎铙　　ꇕ 俫矣尊

D. ꇖ 钲文　　ꇗ 父丁鬲　　ꇘ 父乙卣
　ꇙ 爵文　　ꇚ 觯文

腾'之孑遗或转变"①，它们在构形中透露的与"且"字相一致的信息，说明早期会意字个别构形符号的增加或游离的现象是常见的。正是这种现象的经常发生，使处于固定地位的其余符号获得与字音更为密切的联系，而游离不定的符号则获得了相对的独立性，这样当它们再度结合时，就有了形声分工的可能，形声结构的基本要素——形符和声符就是这样孕育出来的。当增加一种符号只标示字义的某一方面，使它与音义固定的另一符号相组合变成自觉的行为，形声分工的优越性逐步显示出来并被认识到以后，形声结构就正式诞生了。从大汶口文化晚期至夏商之际，大约近千年的历

---

① 见郭沫若《殷周青铜器铭文研究》第一篇《殷彝中图形文字之一解》，日本大东书局1931年版。

史,形声结构通过这种方式逐渐孕育出来是完全可能的。

这一推想,从形声系统的分析中,也可以得到部分证明。通过成熟的形声体系必然能窥出有关这一结构起源的某些蛛丝马迹。从每一个形声字的构造看甲骨文以及后来的形声字,大致可以分为三种类形:其一,注形形声字,即通过在本字或借字上加一个形符而形成的形声字,如在"且"上加"示",构造出"祖",在"黄"上加"王"构造出"璜",在"须"上加"皿"构成"盨"等等;其二,形声同取形声字,即同时取一符号记音,又取一符号表义组成的结构,如甲骨文中的"驳"、"狝"、"杞"、"洹"等字;其三,注声形声字,即在本字或借字的基础上加注声符组成的形声字,如:"雞"本象鸡形,然后加"奚"声成为形声字,"鳳"本象鳳鸟形,又加"凡"声成为形声字,"藉"本象人持耒耜而耕作,后加"昔"声而成为形声字。这三种类型惟有注形一种出现的较早,注声和形声同取是形声字发展到自觉阶段的产物。注形形声字的形符都是后加的,被注的部分本来或为象形,或为会意,它们已经是形、音、义完整的结合体,注形只是对其意义的某一方面给以标示,注形的结果,使被注的部分相对地沦为声符,加注的部分充当形声结构的形符。可见注形形声字与早期会意字个别构形部位的经常性游动有渊源关系。

我们说注形形声字出现最早,从甲骨文众多的注形形声字可以得到一些证明。而且从思维发展的一般程序推论,也不可能一下就出现形声同取或直接注音的构造方式,这是很显然的。甲骨文由注声而产生的形声字大都出现在三期以后,更是一个有力的证据。

从结构特点看,只有会意字具备偏旁组合的性质,从中分化出形声组合的结构也十分顺理成章,象形、指事不具备孕育形声结构的可能。

我们强调过,形声结构的出现是为适应文字精确记录语言的要求,这是指明导致形声结构产生的原因。这里所讨论的,则是作为一种结构方式,它的直接导源问题。当形声结构意识形成后,普遍发生的假借现象就相应减少,一些假借字也就逐步演变为形声字了。这是因为同音假借的大量使用,往往造成书面上的同形同音异义的广泛存在,容易造成混淆而影响文字作用的充分发挥,所以率先要求在字形上区别,从而形成了大量的由假借注形的形声字。有些学者正是发现了这一普遍现象,于是就认为形声源于假借,这个结论是有问题的。假借作为一种用字方式不具备孕育形声结构意识的基本条件。但是,假借字变为形声字之后,形声字的声符成为一个纯粹的借音符号,对于形声字摆脱原始状态,向形声同取和注声的发展有重要意义,因此,假借使形声字进一步音化,则是一个值得重视的问题。唐兰先生"象意字声化"的见解,已接近于形声起源问题的实质了,可惜他没有将萌芽状态与以后的形声字区分对待,没搞清声化的过程。于省吾先生的探讨给我们以很大的启发,但他说的部分表音独体象形字,在文字材料中极为少见,且解释上存在歧义,也无法找到它与整个形声体系的必然联系,似难于成立。我们提出的设想,可以得到部分原始文字材料和后来的形声体系分类研究的证明,正确与否,尚须新材料的证实和检验。

形声结构的类型①

以形声构形方式构成的形声字是汉字的主体。古汉字阶段正是形声结构逐步发展的阶段,新形声字不断涌现,形声系统处于动态发展之中,情况十分复杂。因而,对形声字适当地分类研究,就成为一项显得尤为重要的基础工作。

前人曾对形声字从不同角度作过分类工作。唐贾公彦根据形符与声符位置配合的特点,将形声字分为"左形右声"(如"江、河")、"右形左声"(如"鳩、鴿")等类型,这种分类至今尚被人提及。② 然而正如吕思勉所说,这样的分类"殊属无关宏旨"。"因中国字之配合,除指事外,部位大体不拘故也。"③ 宋郑樵《六书略》将形声字分为"正生"、"变生"两大类,郑氏的分类确实反映出形声结构的某些特点。元杨桓《六书统》将形声字分为"天象、天运、地理、人体"等十八目,又分为"本声"、"谐声"、"近声"、"谐近声"等四体。明赵古则之分类"与杨氏同,而加密焉"。同时,赵氏论形声配合,又分"声兼意不兼意"、"二体三体"、"位置配合"(如"左形右声"之

---

① 本文选自《古汉字形声结构论》第二部分,全文收入《中国人文社会科学博士硕士文库[续编]·文学卷[中]》,浙江教育出版社 2005 年版。
② 见《周礼·保氏疏》,中华书局《十三经注疏》影印本第 731 页。
③ 见《文字学四种·字例略说》第 183 页,上海教育出版社 1985 年版。

类)、"散居"(如"黄"之声散居"田"之上下)、"省声"等五例。[①] 至宋元形声字的分类已经极为琐细,涉及形体特征、字义类别、谐声关系等不同层面。清人对形声字分类的研究,大体没有超出以上方面。甄尚灵先生曾对前人关于形声字分类的研究进行过归纳,分为"重音"、"重义"两大派别,有七种分类方法,并指出:"诸说或重形与声部位之配合,或重形与声成分之配合,或重声与字音之关系,或重声与字义之关系,其分类得失,暂置不论,唯有一弊,为诸家所同具者,即仅就文字既成之后以立言,而未能溯其原始是也。"[②] 甄氏的论述可谓切中形声字分类研究之弊端。由于前人研究汉字的主要对象是《说文》保存的小篆,时或参阅古文、籀文或钟鼎文字,但其出发点则只是证成《说文》,因此,他们对形声字的分类研究只能是"就文字既成之后以立言"。这种研究的缺陷,往往是将文字漫长演进历史过程中所形成的种种现象,放在同一历史层面,作简单的共时的分析,从而得出一些十分表面的结论,掩盖了这些现象背后的起决定作用的本质性内涵。

甄氏试图从"一字之构成"的历史,来讨论形声字的类别,以形与声之组合的先后关系对《说文》形声字分类,这是一个十分值得称道的努力。[③] 遗憾的是,甄氏研究所用材料依然有很大局限,虽然他已经使用了不少古文字资料,力求"自其史实观之",但这些资料的运用是有选择的,还不是古文字形声字的全部而系统的考察,以至于他的研究工作没能引起应有的重视。在《殷虚卜辞综述》第

---

① 见赵古则《六书本义》,参阅胡韫玉《六书浅说·六书通论》,收入《说文解字诂林》前编(中)。

②③ 甄尚灵《说文形声字之分析》,《中国文化研究汇刊》1942年第2卷。

2章中,陈梦家先生将《说文》"形声相益"解释为:(1)形与声之相益;(2)形与形之相益;(3)声与声之相益。并将甲骨文增加形与音构成的形声字分为五种不同方式,实际也就是一种分类研究。吴振武先生对古文字形声字类别的研究,与甄氏的分析颇多相合,他认为"从古文字材料来看,汉字中形声结构的字大致可分为三种类型",即直接用义符和音符构成的义类形声字,通过加注音符而构成的注音形声字和加注义符而构成的注义形声字。[①] 经过对古汉字形声结构的全面考察,我们以为他们的研究结论值得参考。

　　分类研究的目的是能够将数以千计的形声字条理统系,以透过各种纷纭复杂的现象揭示其本质,而不是仅仅就各种表面现象进行简单的描述。因此,我们认为对古汉字形声结构的分类研究,应该从形声字产生的不同途径入手。将形声字按产生的不同途径分类,有助于我们探求和认识形声结构的形成、发展及其性质。从这个角度出发,我们在甄尚灵、陈梦家和吴振武等先生的研究基础上,将形声结构分为三种基本类型,下面分别以例证说之。

一　注形式

　　注形式形声结构是在既有字形的基础上,加注形符而构成的。这一类形声字来源颇不一致,有的是在本字基础上加注形符,使本字表意更趋明晰和完密,或由本字分化出表示某一义项的专用字;

[①] 吴振武《古文字中形声字类别的研究——论"注音形声字"》,吉林大学《研究生论文集刊》1982年第1期。

有的则是在借字基础上加注形符使借字字义得以标示,从而构成一个新的形声字,或另造专用的本字。

(一) 本字加注形符例

祖,甲骨文原作"且",用作"祖",西周金文"祖考"之"祖"尚作"且",战国加注形符"示"作"祖"。《说文》:"示,天垂象见吉凶,所以示人也",又说:"示,神事也。""且"本为象形,因为是祭祀的对象,故加注形符"示",以标示其字义范围。许慎分析"祖"的构形为"从示且声",是一个典型的形声结构。这个字即为注形式形声字。《说文》卷一示部所收诸字,有许多是在本字基础上加注形符构成的。

禮,甲骨文、两周金文都不从"示",字本象"玨"在器中,作"豊"(甲骨文)、"豊"(何尊),以表示"所以事神致福"之意,是会意字,到战国出现加注"示"的"禮"以显明其字义所属。

福,本作"畐",不从"示",为酒器的象形。古人灌酒祭神以报神之福佑或求神以赐福佑,故加"示"以示明其义,构成"福"字。

神,本作"申",甲骨文"申"象闪电虬曲之形,《说文》"虹"下说:"申,电也","申"下则云:"申,神也。"是"申"之本义为闪电,引申之义为"神"。宁簋"其用各百神"、父辛卣"多神",均已加形符"示",构成"从示申声"的形声字。"申"借用为地支字,"电"作"電",加注形符"雨"构成表示其本义之形声字,"申"与"電"、"神"遂区分为三字。

祭,甲骨文不从"示",乃"以手持肉"祭祀,是会意字。又加注"示"以足祭祀之意,《说文》以为仍为会意字。从静态看,许慎分析不误,但与"祖、禮、福、神"相比较,"示"同样为后加注的形符,它们之间并没有质的差别,也可归结为注形形声类。只是"以手持肉"的 🖐(⺈) 没有成为一个表音的部件而另构他字,习惯上就将它归为会意字。

与此相似,"祝"也为注形形声字,甲骨文作"𠙷",象人跪于地而祷告,又加"示"作形符,表明此字义与祭祀求神有关,产生方式与"祖、福"等无别。小盂鼎作"𥛗",𥛜讹变作𠙷。《说文》谓"从示从人口,一曰从兑省",也将它分析为会意字。盖因"兄"(祝)与"兄弟"之"兄"这两个甲骨文分别明确的字后来讹混为一,不能确定"兄"为"祝"之本字,也凝结了"祝"之读音的缘故。

社,甲骨文与"土"同字,"社"乃土地之神,故"土"又读作"社",如甲骨文之"邦土(社)、亳土(社)、唐土(社)"。战国文字始有加注"示"的"社",与"祖"等相一致,也应是加注形符的形声字。《说文》谓"社""从示土",以会意字说之,此乃因"土"与"社"音在汉代已相差较远,"社神"又为"土地之神",字义相因,故许慎认为是会意字。实际上"土"与"社"上古同属鱼部,声纽发音部位相近,"土"也可以看作"社"的声符。如"单"声的"郸、惮"为端组,而"阐、禅"为章组,同一声符读为声纽发音部位相近的两组,"土"、"社"与此一致。如按某些古音学家的意见,端组与章组上古应合二为一。[①]

从"祖"的分析出发,我们列举了示部"礼、福、神、祭、祝、社"等一组形成过程相同的字,我们认为它们都是在本字之上加注形符的形声字。但就《说文》来看,"祭、祝、社"等被分析为会意字,"神"

[①] 参阅李珍华、周长楫《汉字古今音表·汉语语音发展史说略》,中华书局1993年版。

字大徐本或删去"申声"之"声",也以为是会意,"禮"字许慎以为"从豊,豊亦声"。由此可见,在本字之上加注形符,与会意字之间有着较为密切的关系,许慎在这类形声字的处理上往往与会意相混,或以形声兼会意来处理。如果忽视它们的形成过程,仅对其结构作平面的分析,它们确实与会意字相差无几。但是,如果从其发生和形成过程看,当一个完整表达音义的字符被加注形符之后,由于文字符号使用的心理定势,这个字符在长期使用中已与固定的读音建立了牢固的约定关系,加注形符后它理所当然地成为记录它原已建立凝固关系的字音的声符。我们将本字加注形符归为注形式形声字,而不同意将它们作会意字看待,还因为,一方面传统文字学从来就认为这类字是典型的形声结构,如《说文》分析"祖"等;另一方面,会意结构是就字形一次性构成而言的,也即会意结构的各个构形要素在同一历史平面中参与了这一结构的构成,而不体现为一种历时的过程。许慎将某些本字上加注形符构成的形声字作为会意字,正是由于各方面的局限,他将这类形声字的各个构形要素放到同一历史平面上来处理的结果。以上所论,通过下列本字加注形符而构成的形声字,可以看得更加明白。

鼓,甲骨文或作"荳",象鼓之形,又加注"殳",以表示"击鼓"。甲骨文"壴、鼓"用法同,后世"鼓"代"壴、鼓",既为鼓名,又为"击鼓"之行为。《说文》:"鼓,击鼓也,从支从壴,壴亦声";"鼓,郭也,春分之音,万物郭皮甲而出,故谓之鼓。从壴支,象其手击之也。"许慎所列二字分别在三卷支部和五卷壴部,前者为动词,后者为名词,盖依据后来字形而分一字异体为二字。段玉裁以为大徐读前者为"公户切"是因字与"鼓"相近而混,应"读若属"。古文字从

"攴"与从"殳"每通用无别,我们以为大徐不误,是乃一字因名、动两用,许慎取其异体以别之。甲骨文正有从殳、从支之异,而从支之形则为后出金文讹误者,古文字中三者实为一字异体。

鄙,甲骨文作"啚","边邑"之意,为会意字,如"东啚"、"西啚"。《说文》:"鄙,从邑啚声。""邑"也为加注形符,以标示"边邑"之义。与此字相关,"啚,从口㐭","㐭"甲骨文象仓廪之形。金文加注"禾"作"稟"(召伯簋),加注"米"作"𥞦"(罳卣),都是"㐭"的异形,从禾(米)㐭声,许慎却以会意说之。《说文》"㐭"或体有"廩"字,谓"从广从禾",当是在"稟"之上再加注与仓廪义相关的"广",如果从发展过程看,应分析为"从广稟声"。由"㐭"而"稟"而"廩",正是一个注形分化的过程,对原字而言,新字都是注形而构成的形声字。

国,金文初文作"或"(保卣)。《说文》:"或,邦也","域"为其或体。金文"国"本作"或",又加注形符"邑"作"𨛪"(师寰簋)。或加注"匚、囗"作"𢧌"(蔡侯钟)、"国"(彔卣)。"或、域、国"本为一字,"域"、"国"当为注形形声字。《说文》:"国,邦也,从囗从或。"以会意说之。这个字与"圆"字作"员",又加注"囗"作"圆"产生过程完全一致,可是许慎分析"圆"的结构时则谓"从囗员声",准此,"国"则应分析为"从囗或声"。"国"上古为职部见纽字,"或"为职部匣纽字,韵同纽近,读音相差并不太远。

盧,甲骨文作"𠙽",实际是在初文"𠙽"之上加注声符的形声字。战国文字中出现加注形符"皿"的"盧"(货币文),或加注"金"的"鑪"。《说文》:"盧,饭器也。从皿虍声。"

往,甲骨文本作"𨑒",从止王声,为形声字。《说文》:"𨑒,草木妄生也,从止在土上。读若皇。"许慎根据已讹变的形体说字,其误明显。战国文字中,又加注"彳"或"辵",构成"往"、"迬"。《说文》:"往,之也,从彳坐声,迬,古文从辵。"

持,《说文》:"握也,从手寺声。"而"寺"正是"持"的初文,金文"从又之声"。《说文》谓"寺,廷也。有法度者也。从寸之声"。这不是"寺"的本形本义。"持"正是在本字上加注形符"手"而构成的形声字。

总之,本字加注形符是构成形声字的一个重要途径。杨树达在《文字中的加旁字》一文中,早已详细阐明了这种现象。但是,他认为"加旁字盖六书以外独特之一种矣"[①],则未必恰当。加注形符(或加旁)是就文字符号的构成过程而言,"六书"则是对既有文字符号的归纳分析。事实上,以《说文》为代表的传统汉字分析方法,因为着眼于汉字系统的静态归纳,一般并不考虑单个符号的构成过程。这些加注形符的字,许慎主要将它们归为形声类。只是由于加注形符的形声字,被加注部分原为它的本字,其音义的历史继承性对加符构成字的分析会产生各种影响:当被注字符的字义比较明显地被分析者感受到时,这个新构成的注形形声字就有可能被分析为"会意字"或"会意兼声字";当被注字的读音与注形形声字的读音由于时代或地域之隔难以被分析者清晰把握时,分析者按照汉字构形的理据性,则有可能更多地从意义上寻找其联系,也会以会意结构来处理它;当某些被注字因形体讹变或使用过程中(如假作他字)脱离本形本义较远,也会使分析者发生种种错误。正因为如此,我们发现许慎对这一类形声字的分析颇多不一致。

---

① 杨树达《积微居小学述林》卷五,中华书局1983年版。

在本字基础上构成注形形声字,或因为形体变异,或因为孳乳分化,加注的形符主要是为了显现形体特征、标示字义范围或区分某一意义。因此,就注形形声结构而言,被注部分始终是这种结构的核心部分,作为新生字的前身,它在形、音、义三方面都因历史的承袭而占据优势。但是,这种优势在使用过程中将逐步消失,不作推源溯本的考察,一般并不能体会到这种优势所在。它与其他途径构成的形声字也就浑然一体,难以分辨了。由此我们可以看到对形声字不分其来源作平面分析的局限性了。

(二) 借字加注形符例

在借字基础上加注形符,是注形式形声字的另一重要来源,其使用的普遍性和对形声结构发展的意义,都超过了本字加注形符构成的形声字。

甲骨文殷王诸妇名字,许多显然是在假借字之上加注形符而构成的形声字。如"妇井、妇良、妇多、妇羊、妇丰"等,"井"又作"妌","良"又作"娘","多"又作"姼","羊"又作"姅","丰"又作"妦",都在假借之上加注表示性别的"女"作形符,从而构成专用的形声字。《说文》收"妌、姼"等,也都以形声结构析之。

在示部字中,有一部分字在较早的古文字资料中原不从"示",而是假借他字以代替,此后皆加注形符"示"而构成专用的形声字。如"禄"甲骨文、金文都不从"示",借用"录"。颂鼎:"通录(禄)永令(命)",墙盘:"福怀衩录(禄)",都借"录"为"禄"。"录"本象桔槔汲水之形,为"漉"之初文。《说文》:"录,刻木录录也,象形","禄,福也,从示录声。"此为借字加注形符而构成形声字。"佑"甲骨文原借"又",又加形符"示"作"示又"。"又"为"右"之本字,象右手之形,用为"福佑"、"侑祭"为假借,加注"示"构成形声字。《说文》:"佑,从示右声。""祀"甲骨文本借"巳",又加"示"形。《说文》:"祀,祭无已也,从示巳声。""禘"甲骨文、金文均借用"帝",《说文》:"禘,谛祭也,从示帝声。""示"也为加注之形符。"禄、佑、祀、禘"等都是在假借字之上加注形符而构成的。

邑部字中有许多字是地名或国名,出现在古文字资料中,比较清楚地反映出它们由假借加注形符向形声字的发展。以徐中舒主编的《汉语古文字字形表》卷六邑部所列有关字为例,足以表明地名、国名用字由假借加注形符而发展成为形声字的普遍性。如"昌——鄙、豊——鄷、奠——鄭、北——邶、井——邢、甘——邯、無——鄦、匚——郾、登——鄧、咢——鄂、朱(毫)——邾、會——鄶、余——郐、寺——邿、取——郰、丕——邳、炎——郯、曾——鄫",等等。《说文》分析这些字的构形,无一例外,都作为形声字处理,形符"邑"在这些字中,只是表示一个非常宽泛的含义。尽管如此,加注"邑"之后,却构成了一批专用的形声字。

考借字加注形符之例,或为借义造专用字,如上举各例;也或为本字造专用字,如"其"加注形符"竹"而有"箕","叜"加注"手"而有"搜","爰"加注"手"而有"援","盇"加注"艸"而有"盖","莫"加注"日"而有"暮","寺"加注"手"而有"持",等等,注形而构成的形声字均为本义专造,而本字则为借义所专。

在借字基础上加注形符构成的形声字只有利用大量的地下发现的古文字资料,从形成的历史过程来分析,才能将它们从众多的形声字中区分出来。前人研究形声字对这一类型早已有所注意,许多先生认为这类形声构成方式就是形声结构的源头。形声结构这一构形方式的起源虽然与形声系统中的形声字的产生有着不可分割的联系,但是,我们认为,形声构形方式作为一种符号构成的模式与用这一模式构成的形声字却不是同一层次的问题。与本字加注形符构成的形声字相比,借字加注形符构成形声字则大大地推进了形声结构方式的发展。首先,本字加注形符构成形声字,尚在一定程度上保持了形声结构的原始性。上文我们已指出,这类形声结构的"声符"是被动形成的,作为本字所凝结的字义,在很大程度上干扰着人们将它作为一个真正的形声结构来对待,如果忽视其产生的历史层次性,很难将它与会意字区分开来。借字加注形符,被加注的部分作为借字,它仅仅凭依语音的联系而临时构成形、音、义在特定语境中的关系。一旦脱离特定语境,借义与字符就毫无关系。假借字这种凭依语音所建立的形、义关系,只有加附形符后才能超越语境得以凝固,因此,这种类型的形声字,被加注的部分作为声符,更有其表音的纯粹性。即使是本字为借义所专而为本义专造的形声字,由于本字成为通用的借字的专用符号,与本义的联系相对比较松散,因此,当这类字成为注形形声字声符时,也就与借字注形形成的形声字声符获得了某种一致性。其次,本字加注形符,其出发点是解决"以形示义"的问题,与汉字早期以形表意的构形思路并无实质差别。而借字加注形符的出发点,主要是"标示区分",是解决依音构形、记音别义的问题。以上两点,显示出借字加注形符对形声结构发展的巨大意义。

注形是形声孳乳派生的主要途径,大量的新形声字,是通过注形而产生的。古文字阶段广泛使用这种手段还构成了一批后来淘汰或不常使用的专用字,如战国文字中的"㧅(弋)、鈛(戈)、邟

(江)、壴(附)、斆(幼)、尗(少)、丗(世)、輮(乘)、辜(胄)、聑(摄)、䰟(鬼)、郕(成)、鄛(秦)、鄫(曹)、鄅(鲁)、鄌(胡)、薺(齐)"等等。这些专用字的出现,表明利用注形方式构成形声字的方法,已成为一种人们意识到的、普遍运用的方法。

二 形声同取式

加注形符构成形声字是早期会意字发展为形声构形方式的合理延伸。从文字符号的运用看,词义的不断引申分化、同音假借的普遍发生,必然促进加注形符分化和构成新字的步伐。当注形作为一种常用的构形手段而运用自如的时候,进而引发人们直接取一记音的字符和示义区分的形符构成形声字,就会水到渠成,这种类型的形声字,我们称之为"形声同取式"。

"形声同取式"构成的形声字,形符与声符的配合是一次完成的。在对历史汉字进行研究时,断言某形声字的构成是一次性完成的,是一件很冒风险的事。没有任何资料,无论是地上或地下的,会为这种断言提供绝对无误的依据。然而,从后来构成新的形声字的事实和事物发展的内在逻辑推断,这又是形声结构发展到一定阶段之后必然要出现的一种类型。下面讨论的例子,立足于两个条件,一是这些形声字我们尚未发现它们分步发展的踪迹,即它们一开始便是以一种完善的形声结构出现的;二是这些字的构成有着与之密切相关的特定的语言文化背景——比如在一定时期与这些形声字相关的语言文化现象十分流行,构字者浸润其中,可以毫不费力地实现构字的愿望;或某一时期一类新事物的出现引发出一大批新字的产生,无须经过艰难漫长的发展、形成过程。

例如甲骨文中"柳、杞、榆、柏、榮、桷、相、柰、柄"等从"木"的形声字,多为专名,卜辞多指某地;"河、涂、洛、汝、淮、洧、洓、洹、洱、㳄、演、潘、沘、潢、潦、涵、淫、洒、涛、沌、洱、滴"等从"水"的形声字也都用作专名。由于用同一形符和不同声符构成的专名如此普遍,而这些专名又都是与殷人活动密切相关的,所以这些字完全有可能是利用形符和声符的一次性组合而构成的。从"马"的"骘(骊)、驳、骉、騽"以及从"犬"的"犷、献、狂、猶、狼、狐、狈"等字,也都应看作形声结构。"马"与"犬"皆是人们较早驯养的动物,与古人的生活关系十分密切,因此,他们对这些动物的观察和认识也就比较细致。从"马"的这一组形声字,与《尔雅·释兽》记载的各种"马"的命名和别异体现了某种一致。狩猎的经常进行,同样使古人对各种动物的命名和认知比较发达,故从"犬"的形声字在甲骨文中较多出现。由此看来,形声同取这一形声结构的类型,最早有可能主要用于构成那些人们十分熟悉的专名字。

在战国文字中涌现了一批新的形声字,其中许多是形声同取类的。如竹部的"箭、簬、簜、箬、節、筥、筴、简、笵、符、箪、箸、筐、策、篓、篙、箸"等,这些从"竹"的形声字,大多见于楚系文字,盖因南方竹器流行,故以"竹"为形符而构成一批专用形声字。甲骨文和两周金文中,从"糸"的形声字较少,而战国文字中出现许多以"糸"为形符的新的形声字,如"绎、绪、给、纺、纡、紫、红、缫、縩、纷、缡、组、絭、绠、繮、绊、绹、络、緰、缪、绸、练、绰、绕、緌、纂、缝、绖、徐、緺、绊、缵、缕、缇、缓、绵、缁、绣、纷、约"等等。从"糸"形声字的大量出现,显然与战国时期丝麻等纺织品的大量发展有关。包山楚墓竹简中从"糸"的字将近70个(不计使用频率),出现许多新字。这与春秋到战国时期楚地蚕桑业与丝织业的高度发展有着密切关系。战国文字中新出现的从"竹"、从"糸"的形声字,是当时社会生活在语言文字中的反映,这些字基本可以归为形声同取类。

形声同取构成新的形声字这一类型,在甲骨文中已经出现是毋庸置疑的。战国文字中出现大量的形声同取型的形声字,与形声系统在这一时期的发展有关。形声同取类型的出现是形声结构摆脱原始状态,发展到成熟阶段的标志。尽管在整个形声体系中,注形式形声字始终占有相当比例,并且一直伴随着形声结构的发展,是调节文字符号系统内部字义引申与新字派生的关系以及文字应用中语言与文字(假借)关系的重要手段,但是,形声同取式这种类型则真正体现了形声结构的优越性。这种方式克服了汉字构成从形义关系入手或通过某些过渡环节的局限,而进入选取声符记录语音、选取形符标志字义的自由王国,使形声结构的发展获得了广阔的前景。

三 注声式

形声结构发展到"形声同取式"这一自觉阶段之后,汉字使用者更加意识到"音"在汉字构形中的重要地位。追求汉字构形的"形音统一"似乎在殷商甲骨文中即已初露端倪,这就是"注声式"形声字的出现。所谓注声形声字,就是将已有字加附一个纯粹表音的声符,从而改造原字,构成一个新字。由于这种类型的结构包含一个明确无疑的声符,原字习惯性地继承了其意义(甚至读音),从性质看,它们应属于形声结构的一类。"注声式"作为形声构形的一类,自甲骨文以降,不绝如缕,虽然用这种手段构成的形声字不多,但是从形声体系的描述和形声结构的发展来看,又是必须予以重视的。

凤,甲骨文原象凤鸟之形,作"❀"用为"凤",三期卜辞出现加"凡"声的"❀"。华冠长尾的凤鸟之形又逐步类化为从"鸟",成为"从鸟凡声"的形声字。

雉,甲骨文本象雉形(合354),又加"矢"或"夷"声,屯南2320、2328片"雉众"之"雉"所从依然不同于"佳",此后逐渐类化为"从佳、矢(夷)声"的形声字。"鸡"之来源与发展与此一致。

斧,甲骨文原作"❀",象横列的斧形,为"斧"的初文。三期卜辞作"❀",加注"午"声,成为形声字,小篆变为"从斤父声",为另造新字。

耤,甲骨文象人持耒耜以耕作,字作"❀",甲骨文又作"❀、❀",为"耤"之省形,"❀、❀"即甲骨文"❀"(灾)和"昔",为加注的声符,"昔"也以"❀"为声符。令鼎作"❀",《说文》:"耤,从耒昔声",形符"耒"是由原字省简而来。[①]

蛛,甲骨文为象形,作"❀、❀"等形,甲骨文又作"❀",加注声符"朿"。金文将"朿"声改为"朱"声,作"❀"。"朱"古音章纽侯部,"朿"书纽屋部,相近。《说文》作"❀",原字类化为"从黾,朱声",或

---

① 参阅刘钊《释甲骨文耤……诸字》,《吉林大学社会科学学报》1990年第2期。

体作"蛛",形符进一步改换为形体较为省简的"虫"。①

翌,甲骨文本借"羽",作"𦏕",或曰字象羽翼之形,甲骨文又加附"立"声作"𦏵",即"翌"字的初形。《说文》:"翊,飞也,从羽立声。"《尔雅·释言》:"翌,明也。""翊、翌"本为一字,从"羽"乃由羽翼之象形类化而成。

鑪,甲骨文作"㠁",为炉的初文。又加注声符"虍"作"盧",成为形声字,其后累加形符"皿"、"金"、"火"等,出现"盧、鑪、爐"等形体。②

在,甲骨文作"才",又作"𡉈"(合371反)、"𡉈"(英1989),加注"士"声。《说文》:"在,存也,从土才声",此据讹形说字,盂鼎、启尊等器铭文,"在"均从"士",不从"土"。"才"为从纽之部字,"士"崇纽之部字,读音近同。中山王方壶"在"用作"士",如"贤士"、"士大夫"都作"在"。或以为是"士"上加附"才"声,甲骨文"𡉈"所从也可能是"士",其后"在"、"士"分化。③

以上所举各例,为甲骨文中注声式形声字。两周金文与战国秦汉文字中,这种注声的构形手段依然经常使用。如:

髭,早期金文、甲骨文均象人口上有须,作"𩑋、𩑌",盂鼎作"𩑍",又加注声符"此"。小篆将原象形字类化改换为"须",成为"从须,此声"的形声字,后又改换形符作"髭"。

盾,初文作"𥄖、𥄗",象盾之形。彔簋铭文作"𥄘",加注声符

---

① 参阅刘钊《释甲骨文耤……诸字》,《吉林大学社会科学学报》1990年第2期。
② 于省吾《甲骨文字释林》第30页,中华书局1979年版。
③ 林沄《王士同源及相关问题》,1994年古文字学术研讨会论文·广州中山大学。

"豚",成为"从十,豚声"的形声字。① "豚"与"盾"古音同,"遁"之异体作"逫"。

曼,甲骨文作"◯",金文曼龚父盨作"◯",加注"冃"声,遂省作"曼"。

宝,甲骨文作"◯",商代金文或作"◯",加注声符"缶"之后,"宝"由会意字变为形声字。《说文》:"寶,从宀、从王、从贝、缶声。"金文"宝"字按历史发展过程看,应为"从賏,缶声"。其后又进一步简化原形,曾作"◯"(宰甫簋),省"贝",或作"◯",从宀缶声,见姑冯母鼎、仲盘等器铭。

铸,早期金文作"◯"(作册大鼎),为会意字,又加注声符"◯",作"◯"(守簋)、"◯"(铸公匜),成为"从◯得声"的形声字,其省简原形,或作"◯"(王人獻)、"◯"(余义钟)等形。《说文》:"铸,销金也。从金寿声。"中山王壶又作"◯",从金寸声,为最简之形。

禽,甲骨文作"◯",为擒鸟器具的象形,是"擒"的初文。金文加注"今"声,作"◯、◯、◯"等形。"今"、"禽"上古声纽同组,韵部相同,音本近同。《说文》以为"禽"字下部象走兽之形,是据变形而误说,但认为"今"为声符则是正确的。

野,金文本作"◯",加注"予"声,作"◯"(包山楚简),又改"林"为"田"作"◯"(宜野乡印),小篆遂"从里予声"。

受这种方式影响,还有一些常用字本无须注声而加注了声符。如:"古"本为"固"字初文,从"盾"之象形本字加"口"以示区别而构

---

① 唐兰《用青铜器铭文来研究西周史》,《文物》1976年第6期。

字。① 秦公鎛"鞑邦"之"鞑",即在"古"上加"丰"声,"害"从"古"声又从"丰"声可证。古玺、陶文"囲"即为"固"之异体,"固"为"古"注形分化之字,又加"丰"注声。②

福,此本为形声字,但乎卣铭文作"䰜"或省简作"朴"(或者鼎),加注声符"北"。"北"、"畐"、"福"本皆声纽同组,韵部相同。

上,甲骨文作"二",春秋金文或作"上",本为指事字。中山王壶作"堂",加注声符"尚",成为形声字。如此相类的,他如:兄,金文加注"生"声,作"䶈"。定,古玺或作"㝎",加注"丁声"。邻,初文作"吅",战国秦汉文字中加"文"或"命(令)"声,作"䚢"、"䚊"。"兹氏"之"兹",古玺文或货币文字中加"才"声,作"䋦、䋨"。卵,秦简加"鱻"声作"䲜",等等。③

金文、战国文字中注声式形声字为数不少,如常为大家称引的"裘"加"又"(又改为"求")声,"疑"加"牛"声,"俯"加"府"声,"星"加"生"声,"鼻"加"畀"声,"绅"加"东"声,"绝"加"卩"声,"齿"加"止"声,"圣"加"壬"声,凡此种种,皆为公认之注声式形声字。古文字中还有许多注声形声字未被揭明,以至于可识之字未被尽识。

注声式形声字的出现是形声结构发展中值得重视的现象。要充分认识其意义,首先必须在理论上确认它们属于形声字的一类。杨树达看出"加旁"而构成的这类字(包括加形旁)与"江、河"之类

---

① 裘锡圭《古文字论集》第645页,中华书局1992年版。
② 参阅李零《楚国铜器铭文编年汇释》,《古文字研究》十三辑;吴振武《古玺文编校订》第873条,吉林大学博士论文;张亚初《金文新释》,《第二届国际中国古文字学研讨会论文集》第298—299页(香港,1993年)。
③ "定、邻、兹"三字,参阅吴振武《古玺文编校订》第601、915和502条。

形声同取构成形声字的差别是很有见地的。他指出"江、河"之字"水与工可,一为形,一为声,互相对待,如车之两轮,鸟之两翼,缺一不可",而加旁字往往犯重复之病,加形旁重复在形,加声符则重复在声。[①] 这些见解无疑都有正确可取的一面。但是,如果我们将对《说文》资料的考察推广到所有的古文字资料,从形声结构的构形和发展来看,"加旁"正是形声系统日益发展的不可或缺的源泉之一。"加附形旁"不仅促成了部分字向形声结构转化,而且始终是汉字孳乳和形声构字的重要手段,这在上文已有论及。"加附声旁",更体现了汉字体系和形声结构系统的发展。"声符"的加附,无疑反映了古人在构形时对以字记音的追求,这对于以形表意为主要手段来构造符号的早期汉字系统来说,是一个富有重大意义的变化。就上举甲骨文、金文等"注声式"字例来看,"声符"的加入促成原字省简或改换类化为比较抽象的形符,这是对"以形表意"、"象形会意"的有意识的矫正。"凤、雉、斧、秸、卢、髡、宝、铸、野"等字,原来作为象形或会意字,加附声符后,通过改造原形(省简或类化)均转化为纯粹的形声字。"上、福、兄、定、兹、卵"等字加附声符,虽然没有促成原字改变,但却显示了对"记音"的热烈向往。"注声式"的产生,可能基于两个主要原因:一是形声结构作为一种构形方式日益成熟并高度发展后,使汉字构形由以形表义向记音表义转变,影响所及,使得人们有意识地将那些非形声结构的字改变为形声字;二是汉字形体到甲骨文已经高度线条化,比较原始的描摹物体轮廓而构成的符号与实际对象的形象直观的联系相

[①] 杨树达《积微居小学述林》卷五,中华书局1983年版。

中断,或客观对象发生变化与文字产生时所反映的实际已相差甚远,从而导致了"象形不象",故而引发人们利用记音表义这一先进的构形手段,对不象之形进行改造。此外,由于地域方音和形体分化,也会采取标示方音或以标音手段分化新字。

注声式形声字,与形声同取和注形式确实明显有别。注声的对象,作为初文,在形、音、义三方面是一个独立使用的整体,声作为附着成分,极易脱落,只有通过省简、类化等手段削弱原字的优势,使之失去独立使用的资格,这时"声符"才真正完成了对原字的介入,从而形成一个新字。那些在后来成为典型的形声结构的字,大都经历了这样一个历程,如"凤、野、耤"等。注形的对象虽然也是一个具备独立使用资格的整体,所注形符与原字也有一个凝固的过程,但这只是时间和习惯的问题,被注部分在使用过程中逐步完成向"声符"角色的转化,而不需要进行特别的改造。注声形声字的"声符"作为附着因素,只有通过改造原字,使之被动地沦为形符并失去在形声结构中的中心地位,"声符"才相应变为注声式形声字的重心所在,注声式形声字的定型过程,也就是这种重心的转移过程。注形则不存在重心转移的问题,被注部分既凝结了原字的义,也凝结了原字的音,所注形符始终是一种附着性要素,注形式形声结构的"重心",依然在被注部分。因此,注形式形声构形方法构造新字比较便捷,无论是依原字引申义分化构字,还是就假借字加形构字,都能轻而易举地完成新字形的构造,是将已有字改换成形声结构的主要手段。注声式形声结构方法构造新字,实际上要困难得多,尽管以形记音的愿望利用这种方式可以很好得以体现,但对已有字的改造的困难,使这种方法的运用十分不便。被注字在长期使用中早已定型,对注声改造有巨大的抵御力,所以许多曾经加注声符的字依然故我,声符最终被淘汰。形声同取式作为一种比较完善的类型,形与声在构成过程中是相对立而产生、相统一而存在的。但是,这并不意味着二者平分秋色,如"车之两轮,鸟之两翼"。形声同取式结构中,其重心依然在"声"。正是依靠"声"对词语读音的记载,"形"对字义范围的标指,这种方式才得以出现。"声"的地位远比"形"重要,它们在同一结构中,绝不像形式上体现的那样是一种对等的关系。

综上所述,我们认为形声结构可以分为三种基本类型。注形式形声结构出现最早,它是通过在已有的本字或借字上加附形符而构成的,被加附的部分逐步淡化原来所凝结的音义,而相对转化为声符。借字加附形符,使形声结构摆脱原始性,向声符纯粹记音方向转变,是形声结构发展、完善的重要环节。"注形式"也是汉字孳乳派生新形声字的主要手段,具有很强的造字功能。形声同取式形声结构,是形声结构发展到成熟阶段的产物。通过选取标志性的形符和记音的声符一次性组合成新的形声字,使汉字构形完成了由以形表义向记音表义的真正飞跃,具有十分重要的意义。这种构形类别造字方便,成为新字构成最主要的手段,在形声系统中逐步占据主要地位。注声式形声结构出现相对较晚,这是形声结构方式高度发展、记音表义成为汉字构形自觉追求的重要标志。注声通过改造旧字而构成新的形声结构,尽管在标音、区别方言读音和某些分化字方面有一定作用,总体看来,却并不具备很强的构形功能。不过这种类型应在形声结构系统中占有重要位置,则是毋庸置疑的。按照我们对形声结构系统的考察,上述三种基本类型是对形声结构系统的比较完整的描述。

论 形 符[1]

　　形符是形声结构二要素之一,研究形符是认识形声结构性质和特点的关键。形符与声符在一个有机统一体中发挥着各自的作用,二者关系密切,相辅相成。将它们分开论述,[2]仅仅是为了探讨问题的方便,在研究过程中,我们始终是通过形声结构这个整体去观察、分析的。古汉字形声结构,正处于一个发展完善的阶段,通过对这一阶段形符的特点及其与字义关系等方面的研究,我们认为过去将形符的作用说成是"表意"的,或表"类属意义"的是不准确的,形符的主要作用应当是"区分"和"标示",它只是一种与字义相关的约定俗成的区别性符号。

　　古汉字阶段形符的变动不居,同一形声结构存在多种异形分歧及义近通用,是十分突出的特点。

　　形符的变动不居。从使用频率高的形声字来看,形符的变动不居主要表现为三个方面:其一,可有可无。有的形声字,很多情况下使用的是这个字的声符部分,形符成为可有可无的游动因素,如图一"匜"字,可从"皿",也可只作"也";"盘"可从"皿",也可不

---

[1] 本文原载于《淮北煤师院学报》(社会科学版)1986年第1期。
[2] 声符将另有专文讨论。

从;"盨"可作"须",也可作"盨"等等。其二,可增可减。有的形声字,可以累增形符,如图一"匜"从"皿",又加形符"金";"盨"又累增形符"米"或"金"等,这种累增的部分也可以随时取消,增之则叠床架屋不以为繁,减之并不影响该字的使用功能。其三,可以改换。某些形符往往因不同的时代、不同的地域和不同的书写者而发生更换,如图一"盂、盘、盉"等字的形符更换。由于上述三个方面,形成了古汉字形声字形符变动不居的特点。这种特点,不仅反映在整个形符系统中,同一字的形符往往也能很典型地体现出来。上面分别谈到的例字,在图一中很清楚地反映出形符变动不居的几种形式。

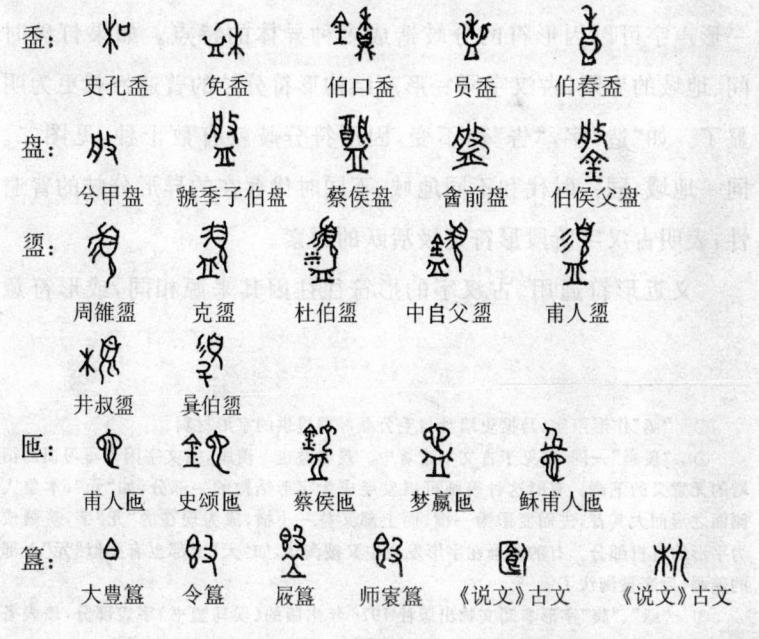

盂: 史孔盂　免盂　伯口盂　员盂　伯春盂

盘: 兮甲盘　虢季子伯盘　蔡侯盘　舍前盘　伯侯父盘

盨: 周雒盨　克盨　杜伯盨　中自父盨　甫人盨
　　井叔盨　吴伯盨

匜: 甫人匜　史颂匜　蔡侯匜　梦嬴匜　鲦甫人匜

簋: 大丰簋　令簋　𠭰簋　师𡨥簋　《说文》古文　《说文》古文

(图一)

同一形声结构形符分歧突出。古汉字形声结构往往存在多种异体分歧,而这又主要表现为形符的分歧,声符则是一个相对稳定的因素。《侯马盟书》为同一时代、同一地域的文字材料,异形分歧却极为突出,很有典型性。如"亟"①从攴,亙声,声符不变,形符则有从攴、卜、口、心、止、彳、示等分别,加上它们的组合变化,异形达十一种之多。若加上因羡画②、改变声符、书写省简等造成的差异,异体分歧就更为严重了。又如"腹"③字异体竟达九十七种之多,其中仅因形符发生分歧而造成的异体就有二十四种,基本形符是"肉",累加或变换的形符就有口、心、勹、厂、止、彳、辵、夊等数种。"亟、腹"的异形繁多,具有相当的典型性,比较突出地反映同一形声字可以因形符的分歧造成多种异体的特点。如果打破时间、地域的界限,古汉字同一形声结构形符分歧的普遍性就更为明显了。如"造"字,"告"声不变,因形符分歧就有数十种,见图二。同一地域、同一时代和不同地域、不同时代存在的异形分歧的普遍性,表明古汉字阶段形符是极活跃的因素。

义近形符通用。古汉字的形符往往因其来源相同,或形符意

---

① "亟"作形声字,乃据史墙盘与毛公鼎等器提供的字形材料。

② "羡画"一词,常见于古文字论著中。羡增益也。羡画,指文字因书写习惯而衍增的无意义的笔画。有时这种羡画可以发展成为字形结构的一部分,如"元",本象人侧面之形而大其首,进而变形为一横,而上部又益一小横,成为现在的"元"字,羡画成为字形的有机部分。有的羡画在字形发展中又被淘汰,如"天"上部也有类似"元"上部的羡画,后来被淘汰了。

③ "亟"、"腹"字形参阅文物出版社 1976 年出版的《侯马盟书》字表部分,该表备列各种异体,这里不再摹录。

论 形 符   69

| 颂鼎 | 颂簋 | 颂簋 | 御侯之戈 | 郜造遣鼎 | 申鼎 | 齐侯镈 | 奁录2·2 |

| 羊子戈 | 高密戈 | 宋公栾戈 | 曹公子戈 | 郘竝杲戈 | 邦之新造戈 | 滕侯戈 |

| 新郑兵器 | 古玺2550 |

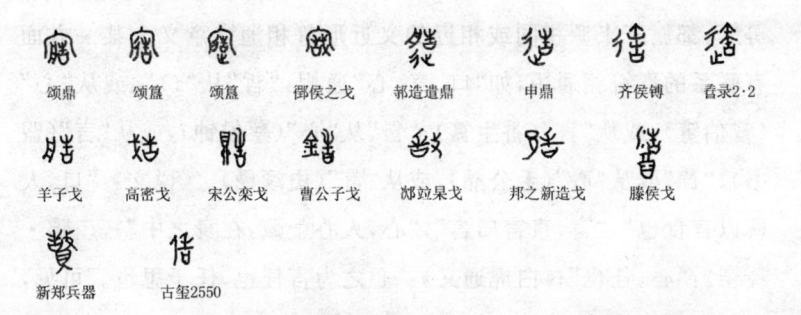

(图二)

义之间的某一种联系,存在着通用情况,[1]这是形符的又一特点。如形符"人""女""儿"通用:"嬴"或从"卩"(嬴季簋),或从"女"(嬴氏鼎);"姓"或从"人"(齐镈),或从"女"(诅楚文);"允"或从"女"(不期簋),或从"儿"(石鼓文);"卩"、"人"、"女"、"儿",除"女"有性别之分外,都是"人"形的分化,故可通用。"止""辵""走""彳"等通用:如甲骨文中"逆"从"辵"(佚725),或从"止"(乙4865);"边"从"辵"(散盘),或从"彳"(盂鼎);"趄"从"辵"(史趄簋),或从"走"(封仲簋),这四个形符在意义上密切相关,"止"为脚趾的象形,在古文字结构中多表示与人的行动有关的意义;"辵"表示人(止)在道路上行走,"彳"是"行"的省减,"行"为通衢象形;"走"表示一人在道路上大步行走,早期还保留了"彳"(叔多父簋),它们在意义上都是可以相通的。[2] 他如从屮、从艸、从茻通用,从木、从林、从森、从棥相通,从页与从首、从目与从见、从言与从音、从宀与从厂及广通用

---

[1] 高明1986年10月著《古体汉字义近形旁通用例》,收罗了大部分形符相通之例,见香港《中国语文研究》1982年第4期。

[2] 许慎《说文解字》依据小篆形体解说,上述四个形符没有一个解说确切的。

等等,都属于来源相同或相近的义近形符相通。意义上某一方面有联系的形符相通用,如"口、言、心"通用:"哲"从"口",或从"心"(曾伯簠),或从"言"(番生簋);"詈"从"心"(蔡侯钟),或从"言"(盟书);"德"或从"心"(毛公鼎),或从"言"(史颂鼎)。《说文》:"口,人所以言食也","言,直言曰言","心,人心土藏,在身之中";《广雅·释亲》:"心,任也";《白虎通义》:"心之为言任也,任于思也。"可见,"口、言、心"在意义上有相联系的一面,故可通用。又如"土"与"啚、田、阜"等通用:"城"从啚(郭)①(城虢遣生簋),或从"土"(邻罄尹钲);"型"从"田"(郐大宰匜),或从"土"(信阳楚简);"疆"从"土"(吴王光鉴),或从"阜"(南疆钲),这四个形符相通,也是由于它们在意义上存在一定的联系。啚,《说文》:"度也,民所度居也,从回,象城郭之重,两亭相对也。"甲骨文字形正合许慎所说。《说文》:又曰"城,以盛民也,从土成,成亦声",这里说明了"城"从"土"是因为"土筑"的缘故,所以"啚"与"土"可相通。《说文》:"阜,大陆,山无石者。"《尔雅·释地》:"土地独高大名阜",所以,"阜"又与"土"意义相关。《广雅·释地》:"田,土也",《尔雅·释言》:"土,田也","田、土"互训,更可通用。由于意义某一方面的联系而通用的形符,他如:"衣"与"巾、系"通用,从"系"、从"索"、从"素"、从"罔"无别,从"米"与从"食"、从"禾",从"皿"与从"缶"、从"瓦",从"飞"与从"羽"相通等等。

除上述三个主要特点外,形符近似,有时混用,也是值得注意的现象之一。如"月、夕、肉"三个形符因形近就常有互混的现象。

---

① 见《说文解字段注》上册,第241页,成都古籍书店1981年9月版。

甲骨文中三者相对区别，"月"与"夕"是同形分化的两个字，早期"月"中不加一笔，"夕"中有一笔，晚期正好相反，在金文中二者虽已分别，但常常通用。"肉"在甲骨文中与"月、夕"有别，金文写法与"月"无异，小篆已相同，《睡虎地秦简》单独出现也与"月"同（上

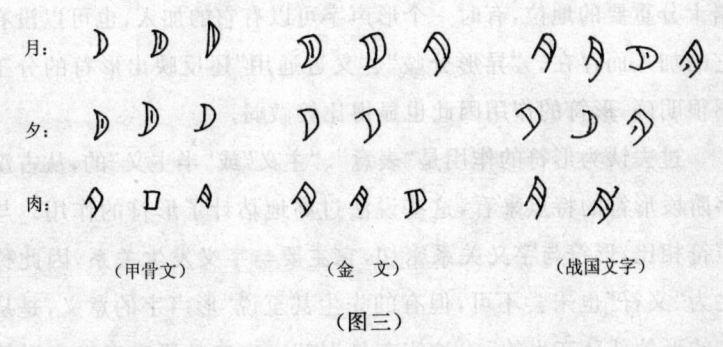

月：　　　　　　　　　　　　　　　　　

夕：　　　　　　　　　　　　　　　　　

肉：　　　　　　　　　　　　　　　　　

（甲骨文）　　　　　　（金　文）　　　　　　（战国文字）

（图三）

举字形均详见图三）。如"肖"字，《说文》："从肉小声"，这是因小篆从"月"从"肉"难于分别而造成的误解。从古玺"肖"或从"夕"，宵簋的"宵"中"肖"从"月"的形体可证明"肖"为"从月小声"。酓前鼎、鄂君启节、长沙帛书等材料中有一个"歲（戠）"字，是从肉戈声的"臷"，还是"岁"字，争论颇大，后来于省吾先生发现汉瓦当文字中"千秋万岁"的"岁"作"戠"，才确认此字从"月"不从"肉"。[①] 可见，"月""肉"形近相混是一件比较麻烦的事情。战国期间为了避免它们因形近而混，曾采用了附加区分笔划的方式加以补救，"肉"在右肩上加一笔，"月""夕"在缺口处加一笔，如图三所附诸字。正是由于混淆的普遍性，才产生区分的要求。

形符的特点表明，古汉字阶段形符还处于发展、变化的阶段，

---

① 见于省吾《鄂君启节考释》，《考古》1963年第8期。

"变动不居"、"异形分歧"都是形符发展过程中的现象。形符在变动与分歧之中淘汰、选择,最后才确定一种固定的写法,或分化为几种代表不同意义的固定写法。与形符这种活跃性和复杂性相比,声符则显得较为稳定和单一,这说明在形声结构中形符并不占据十分重要的地位,有时一个形声字可以有它的加入,也可以没有它的加入而存在。"异形分歧"、"义近通用"还反映出形符的分工不很明确,形符的作用因此也显得比较微弱。

过去认为形符的作用是"表意"、"主义"或"半主义"的,从古汉字阶段形符的特点来看,这些说法过高地估计了形符的作用。与声符相比,形符与字义关系密切,它主要与字义发生关系,因此称之为"义符"也未尝不可,但有的先生甚至说"形声字的意义,是从它的形的部分产生的",[1]这实在是误解。也有的研究者发现形符并不能起到表意作用,[2]有人说仅仅表示的是"类属意义"或"意义范畴",这些说法虽然有很大的进步,但仍嫌笼统和片面。要进一步明了形符的作用与性质,有必要进一步考察形符与字义的关系。就古汉字而言,形符与字义的关系主要有以下几种:

一、形符完全或基本表义的。先看几组字:(一)"晶"与"星"。《说文》:"星,万物之精,上列为星,从晶生声。一曰象形,从口,古口复注中,故与日同,㊂,古文星。"形符"晶",《说文》:"精光也",许慎以"精"训"星",《吕氏春秋》以"精"为"星",[3]"精光"就是"星光"。甲骨文中"晶"与"星"本为一字,"晶"就是列星的象形,后加

---

[1] 《马叙伦学术论文集》,科学出版社 1958 年版。
[2] 姚孝遂《古汉字的形体结构及其发展阶段》,《古文字研究》第四辑。
[3] 杨树达《积微居小学述林》第 37 页,中华书局 1983 年版。

声符"生",出现了以"生"为声的"星"字,"晶"成为形符,因此,"晶"的意义与"星"本是相同无异的,后来一分为二,成为两个字。(二)"勹"与"匍"、"匐"。《说文》:"匍,手行也,从勹甫声";"匐,伏地也,从勹畐声";"勹,裹也,象人曲形有所包裹"。许慎释"勹"不确,据于省吾先生的研究,此字本象侧面伏地手行之状,后加"甫"、"畐"为声,成为两个形声字,进而发展为"双声诔语"。① "勹"表示的意义与"匍、匐"本同。(三)"邑"与"邦"、"都"。"邦"金文中出现较早,《说文》:"国也,从邑丰声";邑,《说文》:"国也,从口,先王之制,尊卑有大小,从卩",二者意义按许慎的解释是相同的,而段玉裁注云:"古者城郭所在曰国,曰邑,而不曰邦,邦之言封也",这说明形符"邑"与"邦"在意义上还是有细微差别的。都,《说文》:"有先君之旧宗庙曰都,从邑者声","邑"与"都"也相近而有别。上列字例,(一)、(二)组形符含义与字义完全相同,(三)组相近。形符含义与字义完全相同的"星、匍、匐"等字,都是在象形字基础上加声符而形成的形声字,形符原本就是这个字,这类情况在形声字中为数极少。形符含义与字义相近的,一般是一些出现较早的形声字,随着形符的使用日广,表义范围不断地扩大,也相对地减弱了它在早期出现的形声字中的表意作用。如从"邑"的"都"、"邦"等字出现较早,形符与它们的含义也很接近,但春秋以后,凡地名大都增加"邑"作形符,产生了一大批新形声字,这时"邑"能表示的意义就极为有限了,它在"都"、"邦"等字中的表意作用也相对地减弱。而且,形符的含义与字义相近的机会

---

① 于省吾《甲骨文字释林》第 374 页,中华书局 1979 年版。

不可能很多,因此,从总体上看,能够完全或基本表义的形符,在形声体系中只占很小一部分。

二、**形符表示类属意义**。这类形符表明了形声字所包含的概念的类属,在形符系统中占相当大一部分,使用范围很广,殷商时代已出现。不过这种类属的划分是不严格的,它相当的宽泛,有时甚至显得混乱。许慎分析形声字,常用"从某,某声"的方式,实际上已经指明了部分形符表达类属意义的事实。但是客观地看,许慎的"从某",更主要的是体现他"方以类聚,物以群分,同条牵属,共理相贯,杂而不越,据形系联"的分部思想。[①] 他并不以探求形符与字义的关系为目标。形符表示类属意义的字例很多,早已为研究者所道明,如从"马"的"驹、驷、骓、骥、骝、驾"等字都为"马"一类,从"木"的"杞、杜、柏、柳"等都为"木"属。值得注意的是,古汉字形声字中义近形符通用,往往打破某些形符间的类分界限,造成一些混淆,如"艸、木、禾"相通等,这也说明古汉字阶段,形声字对于形符表示类属的要求有时并不十分严格。

三、**形符与字义相关联**。有的先生认为形符与字义的关系仅仅为上述两种。[②] 无论从古汉字形声字,还是从全部形声字来看,问题都不如此简单,很多形符往往以特定的方式和字义构成一定的关系,而这种关系又是极为复杂而巧妙的。如"抉、择、掸、拕"等字,形符"手",古文字作"又",只是表明这些字的意义与"手"相关,换句话说,形符只表明这些动作是用"手"完成的。"依、倍、偶"等

---

① 见《说文解字序》。
② 见梁东汉《汉字的结构及其流变》第 130—131 页,上海教育出版社 1959 年版。

字,形符"人"是行为的主动者;"琱、理、琢"等字中,形符"玉"则是行为的受动者。"榑、戮、戦、割"等字中的形符"干、戈、刀"等,只注明使用的武器或工具,而"钟、棺、组、鞲"等字中,形符"金、木、糸、革"等,则是制造这些物品的质料。除此以外,有的形符表示事物存在或行为发生的场所,还有的形符表明字义的范围与表达对象的性状,关系相当复杂。这是因为形符所包含的概念,可以从不同的角度与不同的字义发生关系,而同一字的字义,则又可以从不同角度与不同的形符发生联系,所以,造成了形符分歧的普遍存在,以及形符与字义关系复杂化的局面。形符与字义的不同关系,体现了人们构字时"心理联想"的特点,形符选择的不同,反映了心理联想的方向不同。一般说来,同一字义可以与众多的形符发生联想关系,但是,由于文字的社会性及构字的"习惯"和"经验",往往使得联想有一个"定势"(心向),这样联想就获得相对的稳定性,形符的选择才不至于漫无边际,我们今天寻求形符与字义的关系才有了可能。这里已经牵涉到汉字构造的心理学问题,本文不能作更深入的探讨。由此,我们可以认识到造成形符与字义复杂关系的原因所在了,同时也可以使我们避免片面地、简单化地看待形符与字义的关系。

四、形符与字义关系模糊。上面分析表明,形符的选择大都有其有理性,我们可以从不同的角度找到形符与字义之间的各种联系。但是,我们也不可否认,某些形符的选择有可能仅凭一种习惯,本来就与字义的关系模糊不清。如小篆中的"风"为何从"虫"?就是一个难于说明的问题,许慎尽管想努力解释,但很难令人信服。① 又如甲骨文中"唐",从口庚声,从"口"何意?"霽"字甲骨文不从"云"而是从隹今声,为什么从"隹"? 这些都是无法理解的。这类形符或者构字时选择它即是一种朦胧的意识,或者由于今天各方面的局限,我们尚不能发现它们与字义间的确切联系。但无论如何,它们与字义间的关系在今天看来是不明晰的。由于社会、思维、语言诸方面的发展,以及字形分化、简省、讹变、混用等原因,形符的有理性常常遭到破坏,或发生这样、那样的变异,使形符与字义的关系变得模糊的,就更不在少数。构字时部分形符有可能只起模糊表意的作用,这只是我们的推测,难于作进一步的论证。至于因发展演变形符系统中有一部分变得表义模糊了则是毋庸置疑的。探讨形符的表意作用,一方面我们要探求形符选择的初衷,另一方面还要研究形符客观上所产生的表意效果。这样,对本不是形符的装饰符号和区别性符号,也应引起注意。因为有时它们也可能进入形符系统并被认可,成为其中的模糊成分,如"口"作区别符号,古文字中较为常见,"君"、"右"都是利用"口"使之与"尹"、"又"区别开来的,这种"口"若被看成是表义的形符,就成了模糊的因素。"口"还作为一种装饰的符号存在于古汉字阶段,如西周楙车父壶两件同铭,乙壶"姞"作原型,甲壶"姞"下则多一"口";侯马盟书"巫"有时下部多一"口"字,"寇"字或在"元"下加一"口";长沙帛书"纪"、"青",齐国刀币文的"大"等,下部都增加一个"口"字。中山王大鼎"今"、"余"下也分别加一"口"字,有人误认为是"含"和"舍",借为"今"、"余"用,将"口"作为形符,但从同鼎"念"、"後"等

---

① 《说文》说:"风动虫生,故虫八日而化,从虫凡声。"

字加装饰的"口"来看,"口"都是无意义的装饰符号。这类装饰符号和区别符号一经流传,并为人们所习惯而沿用日久,就可能进入形符系统而成为模糊表义的成分,如许慎对"君"、"右"从"口"的解释。还有"台"从"口",《说文》误认为是形符,当成"怡"的本字。① 其实,西周时"台"还不从"口",春秋出现加"口"的写法,但不加"口"的到战国仍并存,"口"只是起装饰作用。在古文字中因书写习惯而增添的无意义笔画——羡画,进一步发展成为字形结构的有机成分,也可能成为模糊表义的因素,如"元"、"丕"二字,《说文》收入"一"部,都作为形声字处理,但"元"上一横,"丕"下一横都是羡画,古文字资料中羡画演变之迹清晰可辨,误把它当作形符,必然会出现牵强附会之说。② 当然,由字形演变及装饰、区别符号或羡画而造成的模糊表义成分,与选择形符的无理性而造成的模糊因素在本质上是不同的,但是从客观效果看,它们都导致形符系统中部分形符与字义关系的茫然难解,都已成为表义模糊的形符。这些模糊成分虽然不能较好地表义,但很多情况下却可以起到区分、标示的作用,如:尹——君、又——右、㠯——台、兀——元、不——丕等,都是利用这些成分造成字形分化的。

形符与字义的种种关系告诉我们,它的选择通常受字义的制约,不管它以何种方式、与字义发生何种程度的联系,这种联系一般都应该是可以寻求到的,"形符表意"正是部分地揭示了这一客观事实。但是,这个概括显然不能确切指明形符的实际作用。因

---

①② 见《说文》口部"台",一部"丕"、"元"等字的解说。"元"大徐本少"声"字,应从段注。

为能表示或大致表示字义的形符在数量上是微乎其微的,大多数形符仅不严格地标明类属意义,或从某一方面与字义发生一定的联系,而且还有一部分模糊成分进入形符系统,这客观地使形符的表意功能减弱。古汉字阶段形符变动不居、异形分歧的普遍存在,义近形符的通用无别,形近形符的混用,表明形符作为一个活跃的、不稳定的因素,基本上还不完全具备明确的表义分工,这些特点说明这个阶段的形符不能产生较好的表意效果。从形符的特点和形符与字义的种种关系考察,我们认为,就整个形符系统而言,形符与字义相关,但表意功能相当微弱。

在大多数情况下,形符具有十分明显的标示和区分作用。从形符的来源看,在本字或借字上加一个标示性或区别性的符号,形成注形形声字,出现得最早,而且比较普遍,这使我们看到,开始形符的加入只是为了对该字的意义给予某一方面的标示,或者使一字多义中的某一义项与其他义项区分出来。如"冓"本来有多种义项,后加"辵、女、言"等,写作"遘、媾、讲",通过形符的区分,从而造出几个分工明晰的专用字,新字之间因形符的限制而不至于相混。如果从同一形声谱系看,形符的区别作用似乎显得更为重要,如以"工"为声符的形声字,古文字中有"仜、巩、项、恐(中山方壶从心,工声)、虹、𤴁、红、杠、邛、江、攻"等,若没有形符的附着,这一系列字在形体上就无法区别了。尽管每一个形符并不都是能确切表义的,但是,因"仜"从"人",而不至于当作从"隹"的"𤴁";"江"从"水",而不至于混同从"虫"的"虹",这里形符至少可以规定和指示我们将同一"工"声而含义不同的字,按不同的联想方式辨别出来,因此,形符在形声谱系中的区分作用就发挥出来了。

古汉字阶段形符的特点,它与字义的关系,以及它产生与发展的事实,都使我们有理由作出这样的判断:从作用上看,形符通过物质符号刺激人们的视觉,规定、指示人们联想的方向,以造成对相同语音符号的区别;就性质而论,它只是一种与字义相关的约定俗成的区别性(标示性)符号。

古汉字形声结构声符初探[①]

形声字的声符作为结构要素的形成,对汉字的发展具有深远的意义。它的形成,标志着古汉字由以形表意向记音表意的结构方式的重大转变,对汉字体系的形成和完善产生了决定性的影响。因此,研究声符是研究形声结构乃至整个汉字体系的重要课题。但是,与形符的研究相比,过去对声符的研究不够深入,对声符的特点、表音功能、声义关系及其在形声结构中的地位等重要问题,都需要作进一步的研究。本文利用古文字资料,对上述问题进行初步的探讨。

古汉字形声结构的基本声符,经初步整理有五百多个。[②] 在形声结构中,似乎可以这样认为,声符的特点基本上是与形符的特点相对的。与形符相比,最突出的就是它具有相对的稳定性。形符在古汉字形声结构中常处于变动不居的状态,声符则始终如一,如经常出现于铜器铭文中的器名"盉"、"盤"、"盨"、"匜"等字,其形符可有可无,可增可减,还可以改换,可是不管形符如何变动,声符

[①] 本文原载于《安徽大学学报》(哲学社会科学版)1989年第3期。
[②] 基本声符的这个约数,是就古汉字已识的形声字来分析、统计的,可能实际上要大于这个数字,因一些字还未能取得一致的结论,故不列入统计对象。作者制有《基本声符表》,因篇幅过长未附。

"禾、般、须、也"等则始终是很稳定的因素。在形声结构中形符的异形分歧是相当普遍的,如"亟"、"腹"、"造"等字,异形分歧达数十种,但由于它们基本声符的相对稳定性,才使得各种异形在结构上获得了联系的纽带。因此,就古汉字而言,正是以声符的相对稳定性维系了形声结构的系统性,如果破坏了这种稳定性,形声结构作为一个系统的存在是难以想象的。

形符与字义发生关系,可以有多种可能,这势必导致形符分歧的普遍发生。作为记录语音的符号,从理论上说,同一字的声符也可以有多种选取的机会,从而发生声符分歧的现象。但是,就我们对古汉字形声系统整理的结果来看,同一字声符分歧的情况较为少见,虽然有些字的声符出现分歧,但与形符分歧的实质是不同的。形符分歧往往体现了构形思想的差异,在与概念发生联系的方式上、程度上有明显差别,而声符的分歧并不影响它们记录语音的共同性,尽管符号形式出现了差别,记录语音的实质则不变,这又是声符单一性的一面。如下列诸字,尽管声符形式有别,记录语音的效果则无异:

雉,甲骨文或以"夷"为声符,或以"矢"为声符;道,在散盘同篇铭文和《侯马盟书》同一时代、同一地域的材料中,或以"首"为声符,或以"舀"为声符,这些都属读音极相近的声符通用。

在古汉字中,除上述因选择的不同而造成分歧外,还有一部分声符有分歧的形声字,应看做声符的改换。改换声符不同于形符的任意变动,它们往往是地域方音和历史音变造成的,改换的目的是为了适应实际语音。如三晋文字中"铸"作"钊",改"寿"声为"寸"声;燕文字中"都"字不以"者"为声符,而是改作"旅"(氺)声,可能都是由于方言的关系。"疑"由"牛"声变为"子"声(秦诏版);"资"(陈侯因资敦)改换声符作"齋","次"声改为"齐"声,所有这些,是不是反映了语音发展变化的某些痕迹?由于材料限制,加之当前对殷周时期方言、语音系统还没获得更为确切的结论,我们不能作进一步的讨论。但是,声符的改换受实际语音的制约,在理论上则是无疑的。声符的单一性,服从于它记录语音的作用的单一性。因此,相对稳定性和单一性是声符最为显著的特点。

声符的表音功能问题,是历来研究形声字的焦点。任何一种文字符号体系,与语言的物质外壳——语音发生联系,都是约定俗成的结果。尽管人们力图将语音在文字符号上准确无误地反映出来,但结果总是不能令人十分满意。即使是比较先进的拼音文字,也不能做到十分精确地记录实际语音,因此,文字符号记录语音只能是相对的。古汉字形声结构作为一种表音的文字符号,自然也只能相对精确地反映古汉语的语音。我们要讨论的问题则是,声符作为一个记音符号,与形声结构所代表的语音契合程度怎样?即声符对形声结构而言能否真正起到准确表音的作用?

一般研究形声字的学者,早已指出声符与形声字的读音发生分歧,即声符不能完全表音的现象。周有光先生曾对现代通行形声字声符表音的实况作过统计,得出声符的有效表音率为39%。[①]但是对于古汉字形声字,因我们不能确切掌握每一字当时的准确读音,没有办法进行科学的统计,用数字来显示声符的表音功能,并与现代形声字的表音率作一比较。从理论上说,选择声符之初,

---

① 见《现代汉字中声旁的表音功能问题》,《中国语文》1978年第3期。

声符与字音应该相同,至少也应极为接近,否则声符将失去其作用。对于注形形声字而言,声符本就是这类字的前身,与形声字同音是无可怀疑的。其余两种类型的形声字也应该如此。① "考周秦有韵之文,某声必在某部,至啧而不可乱"。② 段玉裁首先与周秦韵文印证,指出同声必同部的事实,这不仅对古音的研究是一大贡献,对于形声结构的研究也是富有重要意义的。根据"同声必同部"的原则,同声符的形声字韵部都相同,声符与形声字之间至少有叠韵关系。那么声母情况怎样呢?这个问题,至今并没有得到充分的论证。研究古音的学者,一般都假设同谱系的形声字声母也相同(或相类),形声字与声符不仅叠韵而且双声,利用形声字探讨上古声类就是建立在这个假设的基础上的。黄侃先生曾论断:"形声子母必相应也。顾形声之子间有声类与母不同者,必通转也,与音韵不同者,必声母多声也"。③ 按照这种看法,声符与形声字的读音是相契合的。

对于声符的表音功能,利用古汉字有关通假和韵文材料,可以提供一定的证明。如"止"系下列诸字,按王力先生的看法,上古声母三十二个,韵部三十,可分为:

(1)章母,之部:止、沚、芷、志

(2)昌母,之部:蚩、齿

---

① 根据形成途径的不同,我们认为古汉字形声字可分为注形、注声和形声同取三种基本类型。

② 段玉裁《说文解字注》后附《六书音均表》(二),上海古籍出版社1981年版。

③ 这段引文中,"子"指形声字,"母"指声符的声符。黄侃先生认为:"有声之字必从无声,则有声之字无声之子,无声之字有声之母。""音韵不同"即"韵部"不同。见《文字声韵训诂笔记》第36页,上海古籍出版社1983年版。

(3) 禅母,之部:侍、恃、时
(4) 定母,之部:待
(5) 邪母,之部:寺[①]

它们的基本声符是"止",虽然同属之部,声母却有些差异,章、昌、禅舌面音,接近定母,邪母为舌尖前音。如果依据这个声母系统,声符"止"只能算作基本表音,因为声符与字音有些相同,有些只相近;如果认为同属一声符的字声母、韵母都必须相同,那么这些字或者归类有问题,或者这个上古声母系统的拟测不合理。这是一个目前还没有很好解决的问题。从古汉字通假材料看,从"止"得声的字都可互通,说明它们在读音上不可能存在很大分歧,如《睡虎地秦简》以"侍"通"待";马王堆帛书《老子》甲本以"寺"通"恃"、"待",以"之"通"志";马王堆帛书《春秋事语》以"志"通"恃";《老子》乙本以"寺"通"志"、"待",以"侍"通"待"、"恃",以"之"通"蚩";帛书《战国策》也以"侍"通"待",以"持"通"恃";银雀山汉简《孙子兵法》以"侍"、"寺"通"待";《孙膑兵法》以"侍"通"待"、"恃"。杨树达先生曾利用传世典籍中的材料,证明"寺、持、时、恃、侍、之"等,古皆读如"待",[②]因此,"止"系的字古汉字阶段应统归为定母,之部。

再如"㠯(台)"系下列诸字:

(1) 透母、之部:(台)、胎
(2) 定母、之部:给、怠、瘛

---

① 《汉语音韵》,中华书局 1963 年版。
② 见《积微居小学金石论丛》(增订本)第 90—93 页,中华书局 1983 年版。

(3)喻母、之部：㠯、诒、饴、贻

(4)书母、之部：始

(5)邪母、之部：似、(姒)①

以"㠯"为基本声符的各字韵部相同,声母的分歧与"止"系颇为相似。但是在古汉字通假材料中,凡以"㠯"为基本声符的字都可通用无别,如《睡虎地秦简》以"治"通"笞";马王堆帛书《老子》甲本以"始"、"治"通"似",以"佁"通"始",以"台"通"始";帛书《春秋事语》以"台"、"怠"通"殆";《老子》乙本以"佁"通"始"、"殆",以"殆"、"台"通"怠";银雀山汉简《孙膑兵法》以"骀"通"怠";《尉缭子》以"台"通"胎",可见同从一基本声符的各字都可辗转相通。杨树达先生也证明"诒、怡、贻、饴、始"等古读如"台",②那么"㠯"系的字古皆属透母(或定母)之部。"止"、"㠯"两系的字见于金文韵文的也皆通押"之"部韵,如孟姜匜"之"与"熙"、"期"押韵;者汈钟"之"与"德、有、兹"押韵;蔡侯盧"台"与"亥、祐、子、巳、母"押韵;郱公釯钟"寺"与"忌、堵、士"押韵;齐子仲姜鎛"以"与"鄙、改、忌"押韵等等。③

利用韵文证明同韵部关系并无疑问,至于利用通假材料证明形声体系内声符表音程度的问题,则是建立在"通假必同音"的前提下。通假是不是也有音近的可能? 仅双声或叠韵是否也可以相

---

① "台"由"㠯"分化,实为一字,音读按王力先生所拟上古音系有分歧,故以"( )"的形式重出;"(姒)"与"始"古文字阶段也为一字,加"( )"理同上。

② 见《积微居小学金石论丛》(增订本)第90—93页,中华书局1983年版。

③ 见陈世辉《金文韵文合编》,内收王国维《两周金石文韵读》、郭沫若《金文韵读续辑》及陈先生的补辑,吉林大学历史系油印本。

通？意见并不统一。要论证这一问题,需要以上古音为根据,而研究上古音则又利用了通假和形声字材料,认定同声符和假借字都是同音关系,[1]这在方法上存在着悖论现象,而这一矛盾目前是无法解决的。如果我们同意古音学家的做法,将假借字认定为完全同音关系,那么古汉字同声符的形声字同音,就可以得到证明,如上举"止"、"目"两系的字因各系声符相同而通用无别,就可以证明从"止"或"目"得声的字都分别是同音的。这种同声相通的现象在古汉字材料中有相当的普遍性,我们不能详细列举,下面统计的数字可以说明问题。按钱玄先生《金文通借释例》所提供的材料,两周金文中同声符之间相通者,占全部通假字的 79.1%;我们将秦汉之际《睡虎地秦墓竹简》等十余种简帛书通假材料进行了初步的统计,共有通假字 1675 对,其中同声相通者 1344 对,占 80.2%,[2]与两周金文中同声符相通的比例十分接近,这说明同声相通在古汉字阶段是极为普遍的现象。如果通假字之间一定是同音关系,那么可证明同声符的形声字读音一定相同,由此可以看出古汉字阶段声符具有准确表音的作用。退一步说,即使通假关系有音近的可能,那么这些材料也可以表明形声字的声符具有较强的表音功能。因为,如果形声系统内部读音分歧很大,就不可能产生带有普遍性的同声相通现象。

随着语音的发展,形声谱系内部的读音也逐渐出现差异,声符

---

[1] 见魏建功《古音系研究》,北京大学出版社 1935 年版。
[2] 据《睡虎地秦墓竹简》、《马王堆老子甲本及卷后佚文》、《老子乙本及卷前佚文》、马王堆帛书《春秋事语》、《战国策》、银雀山汉简《孙子兵法》、《孙膑兵法》、《尉缭子》等材料统计。作者另有"通借字谱",繁而未附。

表音功能相对减弱,至迟在东汉,这种差异就已经发生了。许慎《说文》中有关形声字的"读若"材料,[①]就反映出这一点。具体表现在下面三种情况中:

(一)字从某声,又以从某之字拟音。如:珣,"从玉句声,读若苟";瑋,"从玉隹声,读若维"。"苟"本以"句"为声符,"维"本以"隹"作声符,许慎既已指明"句声"、"隹声",却又以"苟"、"维"拟音,这说明声符"句"、"隹"当时的实际读音与从句、从隹得声的"珣"、"苟"、"瑋"、"维"已经有了分歧,否则,没有必要作此赘语。

(二)指明声符之外,又以另一字拟音。如:珣,"从玉旬声","读若宣";琄,"从玉有声,读若畜牧之畜"。由于声符为较常用字,所以这类拟音,不属于注偏难字音读,而是表明结构上虽从某得声,但此字的实际读音与它所从得声的声符读音已有了分歧。

(三)"声读同字",既已指明该字从某得声,又以此声符拟音。如瑂,"眉声,读若眉"等数十字。对这一拟音方式,段玉裁注《说文解字》未加留意,王筠《说文释例》释"读若"虽详,也疑惑莫解。[②]我们推测,可能当时这一类字的读音与声符有分歧,按变音去读,声符则不能表音,但许慎仍以为声符是表正音的,不应当忽视它的存在而苟合流变,故特加注明,以正时误。

"读若"与形声字相关的这三种情况,说明东汉形声系统内部的读音分歧现象已不在少数。同声符形声字读音分歧,是实际语

---

① 关于"读若",目前看法不一。段玉裁认为"凡言读若者,皆拟其音",钱竹汀曰"皆古书假借之例",王筠主张"有第明其音者,有兼明假借者,不可一概而论"。我以段说为是。

② 见王筠《说文释例》,世界书局版。

音发展变化的反映。实际语音的"历时音变"与"共时音变"的交织进行,使同一声符所记录的语音可能发生非同步的变异,这样,形声谱系内部就必然出现读音的分歧。"历时音变"所经历的时代越久,"共时音变"的机会越多,谱系内部的读音差异就会越明显,分歧也就会越大。这种情况的发生,也与文字的符号特点有关。文字符号的相对固定及其与语音的约定性质,使它不可能及时而准确地反映实际语音的变化。任何一种文字符号,它的历史愈悠久,与它所记录的实际语音的距离就可能越大,分歧也就可能越明显,即使是西方的拼音文字也不例外,也不能做到完全准确地记录实际语音。由此看待形声谱系内部发生的种种读音差异,就不足为奇了。很多人利用这种差异否定形声字表音的进步性,这在方法上是不科学的。因此,即使声符的音读分歧存在,也不能动摇古汉字形声结构的声符具有较强表音功能的基本论点。

形声结构二要素(形符与声符)各有分工,又相辅相成,组成一个完整统一体。在形声结构中二要素是平分秋色呢,还是有主有次? 这是研究形声结构所不能回避的问题。将二者看作是"半主形,半主声",还是"以形为主"或"以声为主",对形声结构性质的认识就可能会不同。在形声结构研究史上,"以形为主"或"半主形、半主声"的论点影响甚大。[①] 我以为从形符与声符各自的特点看,形符的不稳定、不定型及表意的不明确,使之只能处于配角的地位,而声符的相对稳定性和单一性,其较强的表音功能,足以决定它在形声结构中的主导和核心地位。从形声孳乳的角度,也可以

[①] 参阅胡朴安《中国文字学史》,商务印书馆1937年版。

进一步论证这一点。

《说文序》说:"仓颉之初作书,盖依类象形,故谓之文,其后形声相益,即谓之字。字者,言孳乳而浸多也。"许慎已经认识到形声结构是汉字"孳乳而浸多"的最主要手段。甲骨文中形声字约占10%左右,两周金文约占35%,到《说文》形声已超过80%,几乎呈直线上升。① 造成形声孳乳的主要原因有四:

(一)字形分化,即同一字因形体分化,而孳乳出新的形声字,如"孚"即"俘"的本字,为加强其表意性,加"亻"作"俘",小篆讹作"俘","俘"的出现仅是字形的分化而已。"各"与"铬"、"迲"也为一字,加形符实为加强"各"的表意作用,遂分化出"铬"、"迲"两个新形声字。"寺"与"持"为一字,"持"是由"寺"再加"手"分化而来。字形分化而孳乳的形声字,开始与原字仅仅是形体结构上的差别,一般互用无别,久之或因意义上各领其职而并存,或某一方被淘汰。

(二)字义引申。字义的引申往往造成同一字包含相关的多种义项,因负担过重而影响表意的明确性,与汉字专字专用的理想不合,于是导致了新字的孳生。如"冓"即"遘"的初文,孳乳为"構"、"遘"、"塴",是字形的分化,其本义是"交遇",引申义有"媾"、"顜"、"覯"、"講"等,后来又因此而孳生了几个相应的新形声字。

(三)同音假借。经常发生的同音假借,使很多字身兼各种假

---

① 这些统计都是约数。甲骨文、金文是拿已识的形声字与其单字总数相比,总字数中必有一部分未识的形声字,因此这两种材料形声字实占比例应略高于现在提供的数字。《说文》所收字数,既不是秦文字的全部,也不能代表东汉文字的全部,不过这些数字可以反映形声发展的大趋势。

借义项,容易出现概念的混淆,于是采用附加形符的办法孳生新的形声字。如"䜌"字本借为"欒"(欒书缶)、"孿"(孿人朕壶)、"蠻"(兮甲盘)、"鑾"(颂鼎)等,此后,附加形符"木、女、虫、金"等,才孳乳出相应的新形声字。

(四)增强表音。形声结构的发生和发展,加强了汉字的表音性,某些非表音的结构受到影响,也附加表音的声符,从而孳乳出新的形声字。如"立"本用作"位"字,中山方壶在"立"旁加一"胃"作声符。鹿麋的"麋"本为象形,"米"声也是后加的。像大家熟知的"凤"、"鸡"等字,都是在象形的基础上加表音成分形成的形声字,我们曾称这一类为"注声形声字"。[①]

上述四种原因导致的新字孳乳,是通过在原字基础上加形符或声符造成的。还有一种直接构造新字的办法,即同时取一形一声来组成一个形声字。从形声孳乳的过程来看,声符始终占据着核心的地位,字形未分化之前以及"字义引申"、"同音假借",实际上是以后来的声符充当尚未孳乳出来的新形声字使用,也就是说新孳乳的形声字的声符,其使用功能曾经相当于这个字。正因为这样,在孳乳过程中,声符的地位显得十分突出。除为"增强表音"而孳乳的一小部分形声字以外,绝大多数孳乳字都是在声符的基础上附加形符而形成的。形符的特点,使它只能处于次要的辅助位置,而声符不仅因其相对的稳定性和单一性使它获取在结构中具备主导地位的条件,它与语言的关系,也为它的地位奠定了基

---

① 根据形成途径的不同,我们认为古汉字形声字可分为注形、注声和形声同取三种基本类型。

础。因为语言是日益发展的,这种发展反映在汉字系统内,最突出的就是形声孳乳的加速,而古汉字形声字的声符在大多数情况下都代表古汉语一个词的语音形式,这就是声符之所以在孳乳中占据核心地位的内在原因。即使是为"增强表音"加注声符而引起的形声孳乳,同样可以反映出声符在孳乳中的地位。由注声而沦为形符的部分,本来具有形、音、义相对独立性,它们是孳乳字的前身,这种独立性使之经常可以摆脱声符而存在,因此声符一开始带有附着性。但是,通过简省或改换,被动沦为形符的部分往往被相对削弱,使形声结构趋向稳固。如"鸡"、"铸"、"糟"、"宝"等字的变化,就清楚地表明这一点。

形声孳乳的过程及声符在孳乳中的地位,自然形成了以声符为核心的形声谱系。戴东原首先提出"谱系"这一概念,[①]不能不说是形声结构研究的一大发现。根据形声谱系,可以寻出形声字的源流演变及其远近亲疏关系,这对字源和语源的研究都具有十分重要的意义。同谱系的形声字,如果同源,声符在意义上就存在一定的联系,宋人王圣美的"右文说"[②]正是部分地反映了这一事实。"右文说"理论上的不完备,曾引起了旷日持久的争论,至今看法仍难一致。在我看来,"右文说"虽然有以偏概全的缺陷,但是应该肯定其合理成分。"右文说"提出的价值,主要在语言学研究方面。训诂学中的"以声(符)为义"说,正是对"右文说"合理因素的扩充与发展,后来又发展到"声(音)近义通"和语源学的研究,这都

---

① 见《戴震文集·答段若膺论韵》,中华书局1980年版。
② 见沈括《梦溪笔谈》卷十四。

已超出了文字学讨论的范畴。[①] 从文字学角度看,"右文说"所指出的"声"中含义,可以用来指导推求形声字的源流关系,有助于正确理解文字结构中"形声兼会意"这一特殊现象。然而,必须指出,这种"义"只是形声孳乳遗留下的历史痕迹,或者说是形声发展中的沉淀物。对形声结构而言,它只是注重记录语音,从而体现文字记录语言的符号职能,不需要也不可能同时兼顾以它本来的含义来表达概念。因孳乳关系而遗留下的"声"(符)中含义,与声符记录语音从而记录语言中的"义"(概念),是两个不同层次的东西,应该区别对待。因此,我们认为应将文字学中"声"(符)中含义的讨论限制在极小的范围内(讨论孳乳关系、字源问题),并与属于语言学范畴的"声"(音)义关系的研究严格区分开来,这有利于避免研究工作中带来的人为混乱,有利于准确认识声符及形声结构的性质。

通过对声符的上述探讨,我们认为:声符的根本职能是记录语音,它仅仅作为记录语音的物质符号而存在,它的发展、变化都与语言的发展变化关系密切。声符相对稳定性和单一性的特点,它所具备的较强的表音功能,以及在形声结构中的主导和核心地位,都可以说明这一点。也就是说,声符的特点、功能及其地位都是由它作为记录语音的符号性质所决定的。

---

① 参阅沈兼士《"右文说"在训诂学上之沿革及其推阐》,收入《庆祝蔡元培先生六十五岁论文集》(下)。

论形声结构的组合关系、特点和性质[①]

一 "形"与"声"的组合关系

形符与声符相互组合,构成一个形声字,按照文字符号形体相对稳定性的要求,二者的相对位置应当是固定的。但是,在古汉字阶段形与声的自由变动,却是较为常见的。如果我们将声符作为一个定点,则可以看到:形符可左可右,可上可下,可内可外。形声位置的变动不定,说明形声组合关系还不定型,这与古汉字形声结构还处于发展阶段有直接关系。文字符号的定型需要一个过程,只有通过长时间的选择、淘汰,最后才能形成相对稳定的结构。

在某些字中,形声二要素若即若离,形符常有脱落的现象发生。形符脱落,是形声关系不稳定的主要表现。发生形符脱落的形声字,大都是加注形符形成的,这说明形符加注之后,形成形与声的固定组合尚需要凝固的时间。形符脱落的现象,存在于形声结构发展的全过程中,先产生的形声结构在使用与习惯中凝固了,新的结构的产生又会发生同样的不凝固现象。如果忽视了形声结

[①] 本文原载于《安徽大学学报》(哲学社会科学版)1997年第3期。

构发展的历史,形符脱落之后,一般就被看做是以声符作为假借字使用。由注形而成为形声字到形符脱落仅存声符,就一个形声字的发展来看,仿佛是一种"还原"过程。但是前后却有着质的区别,加注形符,使被注部分变为声符,形成一个新的形声结构,是由一种质向另一种质的飞跃,而形符的脱落,则是新质产生后的反复及完善过程中的必然现象。

这里我们需要进一步说明,古汉字阶段形声结构在组合关系中体现的"不定型"、"不稳定",还只是就定型的文字符号系统相比较而言的。实际上形声结构二要素在组合形式上依然存在着一些基本的特点,遵循一些普遍的规则,并且当古汉字发展到小篆系统时,这种特点和规则表现得更为明显,更易于把握。比如前人所说的"右文",即在组合形式上声符主要处于形符之右侧,形左声右,这就是定型小篆系统形声结构的一种很突出的特点与组合规则。甲骨文"水"这个形符,已经显示出偏居于左的倾向,以《甲骨文编》所收字为例,甲骨文中以"水"为形符的字 68 个(可能有些尚不能确定就是形声字),其中"水"的书写形式有 氵 ⌇,或作水点状。"水"旁居左的字有 38 个,占 56％左右;"水"部居右的 2 个,可左可右的 6 个,左右两"水"或作点状穿插其间的 20 个。另外有"𣱵、𤂸"(从水麇声)两字,前者以"水"为主,声符"又"(有)偏下,后者"水"横置"麇"下,均就形符和声符形体的特点而随字安排。就这一部字看,尽管"水"作为形符还面临定型、统一的问题,但其位置居左为主的倾向已很明显。《金文编》水部收两周到战国以"水"为形符的形声字共 64 个,其中"水"居左侧的有 50 个,占 78％以上,居右侧的 5 个,居下的 8 个,左右不定的 1 个。由此可见,两周至战国金文,以"水"为形符的形声字在组合形式上已基本趋向左形右声。睡虎地秦简是秦文字的标本,其以"水"为形旁的形声字有46个,形符"水"全部居左,[①]这表明《说文》所收列的小篆形体与秦文字是一致的。类似"水"作形符的其他左形右声组合式的形声系列,有"示、王(玉)、牛、口、走、辵、彳、齿、足、言、革、目、羊、歹、骨、月、角、食、缶、韦、木、日、禾、米、人、石、豕、豸、马、犬、火、鱼、手、耳、女、弓、糸、虫、土、田、金、车、阜、酉"等等。以这些形符组成的形声结构,在古文字阶段,经过"不定型"到定型定位,逐步成为左形右声式结构。由于这些形符组成的形声系列占有比较大的比重,以至于人们形成形声字以声符居右、形符居左为常规的观念,并以"右文"来概括这种现象。"左形右声"虽然反映了大部分形声字形声组合的形式特点,但并不是文字构成和发展所遵循的基本规则。

形声组合在形式上从来都不是完全一致的,对一个形声组合的结构而言,形与声孰左孰右、孰上孰下,其遵循的组合规则乃是字形结构的平衡律。字形结构的平衡取决于字符的原始构形或变形的特点和书写的习惯。上面我们指出,在西周到战国金文中,形符"水"已基本居左,但是也有少数不居左。这里我们对形符"水"突破常例而居下的八个字的字形特征作一分析,问题就可以看得十分清楚。这八个字是:

▨(同簋) ▨(涂鼎) ▨(鄂君启节) ▨(鄂君启节) ▨(鄂君启节) ▨(鄂君启节) ▨(▨鼎) ▨(鄂君启节)

[①] 张守中《睡虎地秦简文字编》,文物出版社1994年版。

以上八字分别是"河、涂、汉、湘、灒、资、潇、滀"。这一组字所从形符"水"都置于下部,显然与声符的字形特征有关。前六字声符都是左右结构,后两字声符在构形上已形成和谐对称,"水"字置左,无疑使整体结构失去平衡和重心,置下则整个字形组合显得平稳美观。在"水"作形符居左已成定势的情况下,这些出现的并不是很早的形声字形符居下,很突出地表明,形声组合在字形上服从于平衡规则,而不仅仅趋向"左形右声"。由于这八个字中有五个出自鄂君启节,这是不是一种个人或地域的书写习惯使然呢?我们以为答案是否定的。国差𦉜有一个形符"水"居右的形声字"潇",可以为我们提供另一个佐证。这个字写作◇,"水"作为形符书写在右下空位是再恰当不过了。如果不用遵循平衡规则来解释,我们实在找不出更好的理由说明"水"之所以居右的道理。当它们的定型成为左右结构时,除"湘、潇"外,其声符都相应调整,以便与形符的组合平衡和谐。类似现象在包山楚简中可以提供更典型的资料,如这批简中从"水"的形声字出现18个,除"渐"作"◇"、"湘"作"◇"、"沼"作"◇"、"没"作"◇"外,其余皆为"水"在左,声在右;而从"糸"的形声字出现60个,"糸"一般居左,只有"◇(缅)、◇(縢)、◇(鯀)、◇(缘)"等例外,这些例外与"水"居下在字形结构上具有相同的特点。同批简"木"作形符居左与例外的情况也十分一致。因此,这种现象只能用形声组合形式上服从于结构的平衡律,才能得以圆满解释。

这是就一部字中的例外,看形声组合在形式上遵循的规则。如果总体上观察形声组合特点,在形声字逐步走向定型定位的过程中,同样是平衡律决定着形声体系中不同字的形与声的位置组合。如"艹、竹、宀、网、彡、雨"等形符,一般居于声符之上;"皿、虫、蟲"等形符一般居于声符之下;"門、门、口、匚"一般将声符包含其中(如作声符,则将形符包含其中,"问、闻"即是其例);"广、疒、厂、从、尸"等作形符,声符则处于半包状态;"鬲、贝、巾、衣、心"等作形符或居于左,或居于下,取决于声符特点;"羽、鹿、山"等以左居为主,间或上置;而"殳、攴、隹、鸟、刀、虎、邑、见、欠、页、戈、刀、斤、斗"等形符则以居右为常。诸如此类,都是依据形符和声符在字形上的特征,以字形结构平衡为规则,从而使字形组合符合审美要求。

总之,当我们对古汉字形声组合的关系进行历史的考察时,我们不仅能够把握其不定型和不稳定的特点,而且通过其发展趋势和定型定位的过程,还可以明确,形声组合的形式特征,是形符和声符字形间互相和谐、浑然一体的外现,其遵循着构形的平衡律。

二 形声结构的特点

在讨论了形符和声符在组合形式上的有关特征之后,我们有必要深入形声结构内部层次,进一步分析形声结构在构形方面所具备的特点,以更好地认识这种结构方式。

作为一种结构方式,形声结构最突出、显明的特点,就是在构造新字时突破了早期汉字构造以形表意的思维模式,将汉字构形与所记词语的联系纽带建立在"声音"这一中介环节上。象形、指事、会意等构形方式,主要是依靠形体自身形态特征与组合、变通手段,试图将所记录的词语的意义呈现在字形上,从而建立文字符号与词语的固定关系,因此这几种基本的构形方式与词语的"音"的联系,是通过形义关系的反复强化而逐渐建立起来的。在象形、会意、指事等构形方式构成的汉字中,每个构字部件或符号都是从形义联系入手,参与文字符号的构成。用这些方式构成的字与它所记录的词语在音读上并没有必然的、固定的联系。一旦从形义关系入手完成记录某个词语的符号构成,这个词语的"音"也就相应地与这个符号建立了关系。形声结构方式的形符作为一种构形要素,与象形、会意、指事等结构方式所用的构字部件有一定的相似性,然而,声符仅仅作为一个标记词语音读的符号,却与这些构造部件完全不同。由于声符作为汉字构形新要素的出现,使得形声结构具有与其他三种基本构形方式不同的特点。

(一)在形声结构中,构形二要素分工明确,具有不同的构形功能。在象形、会意、指事等结构中,各个构形要素处于同一向度,彼此在参与新字构造时所具有的功能是相同的,即使是指事字结构中的纯抽象符号,它同样也是在汉字形体与意义这个层面来发挥作用的。比如:"寇"由三个构形部件组成,"宀"为屋室形,"元"即人(人头),"攴"为手持器具。这三个部件的组合,表达的意义即为"寇"。如果要寻求每个构形部件与"寇"字字义的联系,可以沿着"持器具入室内以施暴"这一组部件所暗示的意义进行合理联想,从而获得对字义的完整理解。因此从某种程度上说,会意字的所有构形部件都与字义发生或多或少的联系。象形字以其形体特征来负载它所记录的词语的意义,在构形之初,形与义的相互联系性显而易见。至于指事字中的抽象符号,如"刃、亦、本、亽"等中的附加点划,尽管抽象点划自身并不能确指任何具体的内容,但是利用象形字作为基础,指事符号恰当地标示出指事字所要表现的字义,这使得毫无实在意义的抽象点划在字形关系的制约下获得与字义的联系,所以,指事符号本质上依然体现为形义关系。在形声结构中,形符依然从字义层面参与构形,需要特别强调的是,形符标示字义的功能是比较微弱的,绝大多数形声结构的字,其形符只是在一定程度上对字义范围予以暗示,它根本不具备将形声字字义完整呈现出来的可能。尽管如此,作为一个构形要素它的分工是十分明确的。在形声同取类形声字中,形符的选择一开始就是从标示意义出发的。注形形声字,正是通过形符的介入,将被注部分所代表的意义标示出来。注声形声字的形符,是被动形成的,被注部分不仅具有记载某词语意义的能力,而且也凝固着其读音。这种"形符",如是本字,自然是完全表义的;如是借字,则又依据音的联系而记载字义,无论如何,似乎它的功用与真正意义上的形符有别。因此,注声形声字的形符,是经历改造、类化之后而获得一般形符的功能的。有少数借字加注声符而形成的形声字,其"形符"(被注部分)如果一仍旧贯,往往被当做形声结构的一个附类,谓之"两体皆声"或"两声字"、"二重形声",如"替、冇、雩、虖、悟、闵、臭、貦、萠、夔"等。其实,这种"两体皆声"的先在之"声",已习惯上记载着原字义;后加之"声",功能才在记音。前者既已消失了记音功能,也就成为凝结借义的变相"形符"了。由于这类注声字为数极少,作为特殊的一类,并不影响形声结构形符的基本性质。形声结构声符的功能是记录字音,就形声同取式和注声式形声结构而言,记音可以说是声符唯一的功能。一个声符的选择,其最基本的出发点就是与被记词语的读音相同,它无须也不可能同时考虑到与意义的关系。① 如果形声结构的声符同时兼及音与义两个方面,构形就会变得十分艰难,形声结构的进步意义也就丧失殆尽。至于注形形声字的声符,如果是借字注形,声符的功能依然是表音的;如果是在本字上加注形符分化构字,那么被动沦为声符的部分确实承袭了原本记载的"义",这样的声符在某种意义上说不是纯粹记音的,所谓"声中有义"主要是这一类。但是应该承认,从文字孳乳分化过程看,这类"声符"所记载的"义"与原字本义早已相去甚远,或者原字一字多义十分严重,形义关系早已因此而模糊难辨,只有这样才会产生"注形"标示字义的内在要求。实质上"形"的加附,使被注部分加大了与原字字义之间的疏离,在实际使用中它依然相当于一个记音的声符。如果不是有意识地追索与推考,因注形而沦为声符的部分与原字义的联系实际早已中断。因此在形声结构中,构形二要素有着相对明确的分工:形符通过与字义发生关系而标指字义范围,声符通过对字音的记录而传达词义,二者相互依存而构成新字。

(二)形声结构具有构形的二重性。文字作为记录语言的符号,是由各构形部件在同一层面上组合形成的完整体。这个符号完整体具有形、音、义三要素,"形"是其物质存在形式,"音"是由"形"负载的所记录词语的读音,"义"即符号所记录的词语的意义。这是世界上任何严格意义的文字符号所共同的。汉字作为一种文

---

① 自然我们也应该承认,在某些情况下,选择声符时会受到意义上的启发,在多个同音字符并呈共现的时候,也许选择一个不仅在音而且在意方面有一定联系的字符不是不可能的。但是,更多情况下这未必是一种普遍的事实。

字符号系统也不例外,每个汉字都具有这种一般意义上的形、音、义三要素。就文字符号的构形来说,西方拼音文字所有的构形单元,都是在"音"这个层面上参与符号形体的构成。汉字有其自身的特色,会意、象形、指事等结构方式组成的汉字,每个构形部件(单元)则是在"形—义"这一层面上参与符号形体的构成。[①] 对于纯粹从记音出发来拼写词语的拼音文字来说,每个用来拼写的单元(字母)的功能只是标音;对纯粹以形表意的早期汉字而言,每个构形部件的功能只是依形而表义,各个部件原来所具备的其他内容并不参与构形。形声结构既不是纯粹的标音符号,又不是纯粹的表意符号,它兼有双重品格。在形声结构中,形符从"形—义"层面参与构形,与会意结构方式的各构形部件功能相一致;声符从记音层面参与构形,获得与拼音文字拼写单元本质相同的功能。形声结构的这种二重性,实际决定了汉字体系与众不同的发展方向,一方面它沿袭了汉字符号构成的传统,利用既成的符号资源来构成新字,保持了汉字符号系统的连续和稳定;另一方面它又摆脱了以形表意的困境,使汉字符号跨入记音构形的阶段,从而开拓了汉字构形的广阔途径。形声结构的二重性,还表现为这种构形方式的内在互补关系。形符对声符的依附性和对字义的标指作用,以及声符对形符区别功能的凭借和在形声结构中的主导地位,这些都是形声结构内在互补关系的直接体现。当然,形声结构的二重品格,在形声发展过程中以

[①] 于省吾先生指出的少数"附划因声指事字",则也跨越了"形—义"层面。不过这是一种后起的"指事字",有可能是受注形形声字分化构字的影响。参阅《甲骨文字释林》附录《释古文字中附划因声指事字的一例》,中华书局1979年版。

及不同的形声结构类型中并不完全表现得一样明晰。有的注形形声结构中,声符作为记音的符号,多少还带有原始性,还不能算是"纯粹"的记音符号;在注声形声字中,被注部分沦为"形符"的伊始,也不是"纯粹"标示字义的符号。但是,经过发展演变,这两类形声字逐渐摆脱原始状态,并获得形声结构的这种二重品格。因此我们认为,无论就哪一类形声字而言,形声结构在构形上具有二重性都能得到合理地证明。

（三）形声结构是一个矛盾统一体。形声结构的形符从"形—义"层面参与构形,体现了早期汉字以形表意和构形有理性的特点;声符记录语音,以"音"为中介使汉字构形突破了早已形成的传统,从而适应了语言系统对文字符号的最一般要求。在形声结构这种符号体中,形符和声符不仅在形式上相对立而存在,而且在本质上相矛盾而统一。作为一个矛盾统一体,形声结构不只是体现为一般意义上"形"与"声"的相互依存、相互对待,它还在更深层次上反映了两种构形观念的对立统一。早期表意文字作为记录语言的符号系统,无可避免地要陷入困境。事实上,按以形表意的观念来建立一个永远适应语言发展进程并准确记载它的符号体系,根本不具备客观的可能,尽管在文明发展的早期,表意文字在一定时间和范围内曾肩负着这一使命。但是"以形表意"存在着很大的缺点,如:(1)难于借助最初的字符表达一般意义和抽象意义的词以及专用名词;(2)作为一个符号体系,符号繁多,且以意构形来表词无法适应数以万计的词的要求;(3)借助表意字符号不能很好表达语言的语法形式;(4)同语言的发展的联系间隔很远。① 这些缺点,促使早期表意构形观念的转变,通过与语音建立联系成为一种必然的要求,因而普遍的同音假借现象和形声结构的出现,是表意文字符号体系摆脱困境的必然结果。尤其是形声结构,既与早期表意构形观念有着密切关系,又体现了记音构形观念的形成。在某种意义上讲,假借使文字体系内已有的符号丧失其原来的功能,作为一种语音的凭借,这些符号被赋予了一种新的能力——记音表词的能力,它们在构形观念上转变得更为彻底。而形声结构的二重性,在一定程度上反映了两种构形观念的冲突和统一。在早期形声字中,借字注形显然是对假借的抑制和反正,本字注形则是以形表意构形观念的自然体现和强调。形声结构二要素的组合、分工,正是两种构形观念的矛盾统一的表现。文字符号发展过程中这种新质与旧质的矛盾统一关系,使形声构形方式独具特色。从形声字的实际运用来看,同样也反映出了形声结构的内在矛盾统一性。比如同声通假现象,我们以为就反映出形声结构一方面因形符而字各有专,另一方面因通假而"形"同虚设。这很典型地表明形声结构这个统一体在定型过程中内在的矛盾冲突。

以上对形声结构三个特点的分析,可以使我们加深对有关问题的认识。应当承认,形声结构在符号构成上表现的这些特点,显示出在汉字体系中它与其他结构类型确实有着不尽相同的性质。

---

① 参阅[苏]B.A.伊斯特林《文字的产生和发展》有关表词文字的产生和发展的论述。左少兴译本,北京大学出版社1987年版。

三 形声结构的性质

形声结构作为汉字最主要的结构类型,对其性质的估价直接关系到对汉字性质的评价。已出版的一些研究汉字的著作,在论述形声字和讨论汉字性质时,已多少涉及形声字的性质问题。比如,唐兰先生曾说:"形声文字一发生,就立刻比图画文字占优势了……于是图画文字渐渐地无声无响,它们的时代过去了,虽则还有极少数的遗留,整个文字系统是形声文字了。"[1]又说:"形声文字固然是音符的,但同时又指出意义的类别,这可以说是极完美的文字。"[2]由于他对形声字的评价与汉字演进的历史结合起来,认为形声文字就是"注音文字","是极完美的",因此主张汉字的改革应走"新形声文字"的道路。[3] 周有光先生指出:"综合运用表意兼表音两种表达方法的文字,可以称为'意音文字'(Ideophonograph),汉字就是意音文字之一种。""在汉字的发展过程中,表意符号(包括指示、会意和不象形的象形字)的比重相对缩小,表意兼表音的形声字成为全部文字的主体。汉字字典里形声字的比重老早就达到 90% 以上。从甲骨文到现代汉字,文字的组织原则是相同的,也就是说,我们的文字在有记录的三千多年中间始终是意音制度的文字。古今的不同只是形声字的数量和符号体式的变化上。"[4]

---

[1] 唐兰《中国文字学》第 98 页,上海古籍出版社 1979 年版。
[2] 唐兰《古文字学导论》第 123 页,齐鲁书社 1981 年版。
[3] 参阅《古文字学导论》第 287 页,"研究古文字和创造新文字"一节。
[4] 《文字演进的一般规律》,《中国语文》1957 年第 7 期。

他提出"意音制度"说的基本依据,就是形声字形体构造的性质,以及形声字在汉字体系中所占的比例。蒋善国先生则更认为:"由于隶变以来的汉字以形声字为主要形式,形声字遂开辟了后世汉字趋于表意兼标音的道路,把象形文字变了质,就成了象形文字和拼音文字之间的一种形式,是一种混合表意和标音的形式,也就是一种表意兼表音的文字。因此,隶变以来的汉字,既不是单纯地利用形体结构(即象形文字)来表意,也不是采取字母拼音的制度,而只是把表意和标音两种因素作为组成汉字的基础,它形成了汉字的新阶段,变更了汉字的性质,汉以前是象形文字兼表意文字的时代,汉以后是表意文字兼标音文字时代。"[1]这里蒋氏对形声性质的论述与对汉字整体性质的评价是合而为一的。裘锡圭先生在论述汉字的性质时指出:"一种文字的性质就是由这种文字所使用的符号的性质决定的"。通过对汉字使用的"意符"、"音符"和"记号"的全面分析,他得出如下结论:"汉字在象形程度较高的早期阶段(大体上可以说是西周以前),基本上是使用意符和音符(严格说应该称为借音符)的一种文字体系;后来随着字形和语音、字义等方面的变化,逐渐演变成为使用意符(主要是义符)、音符和记号的一种文字体系(隶书的形成可以看做这种演变完成的标志)。如果一定要为这两个阶段的汉字分别安上名称的话,前者似乎可以称为意符音符文字,或者像有些文字学者那样把它简称为意音文字;后者似乎可以称为意符音符记号文字。考虑到后一个阶段的汉字里的记号几乎都由意符和音符变来,以及大部分字仍然由意符、音符

---

[1] 蒋善国《汉字学》第 122—123 页,上海教育出版社 1987 年版。

构成等情况,也可以称这个阶段的汉字为后期意符音符文字或后期意音文字。"而他在论述意符和音符时则明确地认为:形声字的形旁是意符,声旁是音符。① 可见,形声字作为一种构形符号的性质,也是他得出以上结论的主要依据。

以上各家,只有蒋善国先生明确提出"形声字的性质",但他在论述这一问题时,尚没有十分明晰的表述,似乎"以类为形,配以声音","表意兼表音",就是他所说的形声字的性质。② 由于各家在论述汉字为"意音文字"时,都以形声字为基本依据,认为形声字是一种表意兼表音的结构,这似乎同样也体现出他们对形声结构性质的看法。在考察了形声结构的形符、声符以及它的特点以后,我们认为对形声字性质的这种看法尚有待于深化。

形声结构的性质是由其构成要素形符、声符的功能、特点和性质决定的。就古汉字形声结构的形符而言,它只是一种与字义相关的约定俗成的标志性(或区别性)符号;就古汉字形声结构的声符而论,它确实是作为记录语音的符号参与构形的。因此,形声结构实际是一种依靠形符标示的表音文字符号,这就是形声结构的性质。与上引各家的不同之处在于我们强调"形符标示",而不是"表意"。实际上在古汉字阶段,形符"表意"的功能就很有限,它的主要作用是利用形符的标指,暗示字义的范围,引导人们通过合理的联想,从而区分同声符的形声字。形符在形声结构中的分工虽然与字义相关联,但是它不可能将字义有效地显现出来,以起到

---

① 参阅《文字学概要》第二章"汉字的性质",商务印书馆1988年版。
② 参阅蒋善国《汉字学》第五章第一节"形声字的性质和作用",上海教育出版社1987年版。

"表意"的作用。由于声符的功能是表音的,在形声结构中占据主导和核心的地位,因而也就决定形声结构主要是一种表音性质的符号。从形符与字义相关出发,按形符的功能将它称作表意符号,未尝不可。但是,"表意兼表音"、"意音"说将形符与声符的功用相提并论,实际上夸大了形符的作用,并不能真正反映形声结构这种表音符号的性质。姚孝遂师在全面考察古汉字资料的基础上,从文字形体符号的功能和作用出发,深入论述了古汉字形体结构的发展阶段和性质,并分析了形声字的形体结构和性质,认为形符并没有多大的表意作用,只是一种区别符号,声符是表音符号,形声结构作为符号整体的功能和性质是表音的。[1] 这一结论是正确可取的。孙常叙先生曾从假借、形声入手讨论先秦文字的性质,但是他认为,形声字中只有"作为词的书写形式上的一个表音成分而进入字形结构的"声符才是表音的,"注形"一类形声字的声符并不表音,两种来路不同的形声字是本质不同的。因此,不能将形声字作为论证先秦文字是表音文字的证据。[2] 孙常叙先生注意分析不同类型形声结构的构成过程,并有区别地对待它们,这是值得称道的。但是他将形声结构的形成与发展分开,并忽视其符号整体的功能与作用,从而也就难以从形体来源的分析上升到对形声结构性质的正确判断。不过应该承认,形声结构是比较原始的表音符号。这是因为:第一,这种表音符号始终必须借助形符的辅助,形

---

[1] 这些观点在姚孝遂师《古汉字形体结构及其发展阶段》(《古文字研究》第四辑)、《再论汉字的性质》(《古文字研究》第十七辑)等一系列文章都有充分论述。

[2] 孙常叙《假借、形声和先秦文字的性质》,《古文字研究》第十辑,中华书局1983年版。

符的介入，使它与赖以产生的早期以形表意方式构成的文字符号在构形观念上有着割不断的联系。第二，形声结构的声符不是一种纯粹的记音符号。声符取自象形表意符号，在同一符号体系中，充作声符的符号或表意，或表音，功用不一，互相交叉，有的符号甚至既作形符又作声符，这种情形势必对声符记音产生干扰，此其一；本字注形而形成的形声字，声符的表音作用与表意作用因历史的原因交融一体，因语源关系某些声符的选择受到声符原本字的启发而声义相通（如"瑱"与"真"、"珥"与"耳"等），这又使得某些声符作为记音符号的同时还与"义"有着或多或少的联系，此其二；同一声符因历史音变和地域方音而异读并存，同一读音因构形主体和时空差异而声符各异造成一"声"（符）多音和一音多"声"（符），从而影响了声符的表音效果，并使声符系统相对较为庞大，此其三。以上三端使得形声结构的声符并不能发展成为一种纯表音的符号。因此，形声结构还只能说是一种借助形符标指的"准表音"的文字符号。虽然它的出现和发展，反映出汉字符号系统内产生了依音构形新方式，但这还不是一种彻底的表音构形的观念，它在一定程度上带有它的母体——象形表意符号系统遗传下来的某些因子。尽管如此，形声结构的出现毫无疑问地表明了汉字构形由以形表意向记音表义的根本性转变。

形声结构出现之后，汉字一直保持着这一格局，成为一种以形表意符号、标形表音符号和各种变形符号的集合体，因此很难用某种简单的方式对汉字的性质作出恰当的表述。对于汉字为何到形声结构之后没有再进一步向纯表音文字发展，曾有许多学者作过探讨。我们以为这与汉字符号的特点、汉民族的历史文化传统、汉字与汉语的关系等许多因素相关,应从这些相关方面去努力寻求令人满意的答案,而不必拘泥于某些外国语言文字学者设定的所谓"世界文字发展的共同方向"和发展模式,忽略汉字自身的发展历史与实际。

古汉字形声结构的动态分析[①]

我们曾对古汉字形声结构的形符、声符分别作过探讨,[②]那基本上是把形声结构作为一个相对稳定的系统进行观察的。古汉字阶段,正是形声结构发展完善的阶段,不仅每个字有自己发生、发展的历史,整个形声体系也在发展、变化,而且社会、思维、语言及汉字系统的发展,也都对形声结构发生影响,因此,仅作静态的分析是不够的,还必须从形声结构的发展变化,以及影响其发展的各个方面进行动态的分析和多角度的观察,才能对形声系统的各种复杂现象作出较为合理的解释。

一

形声结构产生后若干年的历史,因我们无法见到材料而不知其真面目。甲骨文时期,形声结构显然已经发展到自觉的阶段。[③]但是,就当时汉字系统所反映的情况看,形声结构还不是最主要的

[①] 本文原载于《淮北煤师院学报》(社会科学版)1987年第1期。
[②] 参阅拙作《论形符》(载《淮北煤师院学报》社会科学版1986年第1期)、《古汉字形声结构声符初探》,皆收入本书。
[③] 参阅拙作《形声起源之探索》,《安徽教育学院学报》1986年第3期。

构形方式。西周期间,形声结构有了一定的发展,不过总的看来,这种发展是缓慢的。春秋战国期间,则是形声结构的勃兴时期。可以这样说,自西周以来,汉字中新增的成分,基本上是利用形声结构的方式创造的。就目前掌握的古文字材料来看,从殷商到战国,可识的形声字约两千余,殷商期间出现的约占百分之十七八,西周期间出现的约占百分之二十五六,春秋战国期间出现的几近百分之六十。[①] 这表明,春秋战国以来,中国社会的急剧发展,思想文化各方面的突飞猛进,也间接地促进了汉字的发展,这种发展又突出地体现在形声字的激增上。

与形声体系总的发展趋势相适应,形声结构内部也在不断发生变化。甲骨文中形声结构的形符,基本上是形体简单的象形字,这些象形字,"近取诸身,远取诸物",大都与人们日常行为、物质生产和精神活动有关,即使是反映自然界的动物、植物、天象地貌的形符,对象也都是与人类本身活动有着最为密切的关系的。西周早期,形符的构成没有重大的变化,中、晚期开始出现新的情况,到春秋战国期间,则发生了较为明显的变化。除已有的部分形符有新的发展、分化以外,西周中晚期以来,出现了不少新的形符。较为主要的有:"走、页、见、言、竹、玉、金、巾、羽、角、草、韦、邑"等等。新增加的形符不再仅仅是简单的象形符号了,还有"邑、走、韦"等会意字,在形符的选择上已经由简单趋向复杂。"糸、竹、金、玉"等

---

① 《甲骨文编》(考古所编)、《金文编》(容庚编)、《古文字类编》(高明编)、《古汉字形表》(徐中舒主编)等书收录的字数各有出入,加之目前部分字的考释意见尚不统一,战国期间的简书、汉初帛书和简书等材料还没有得到系统整理,这些数字的精确性只能是相对的,但可以显示总趋势。

形符获得了新的发展,成为非常活跃的构字因素,如从"糸"的形声字,甲骨文寥寥无几,西周期间逐步增多,春秋战国期间则大量涌现;"金"作为形符,西周中期已有所见,[①]如录伯簋的"鎣",史颂匜的"铊",西周晚期以后,从"金"的形声字大量出现;"竹、玉"等形符的构字能力也是逐步加强的。增添新形符,反映了形符量的构成的变化,原有形符构字能力的增强,则是形符发展最主要的标志。另一方面,已出现和新出现的一些形符,还发生某些分化现象,如由"人"分化出"尸"、"卩",由"大"分化出"立",由"又"分化出"寸",由"言"分化出"音",等等,这也导致形符系统发生个别调整。[②] 声符从殷商以来,也在不断地发展,由于声符本身的相对稳定性和单一性的特点,[③]它的发展总的看来只体现在量的增加上,如古汉字阶段的基本声符,我们初步分析,共 501 个,其中殷商已有的基本声符 183 个,西周新增 157 个,春秋战国新增 161 个。[④] 基本声符量的不断增加,为构造记录不同语音的形声字提供了基础。

上述只简略地展示了古汉字形声结构的发展概况,形声结构在发展过程中,受到各种相关因素的影响和制约,这却是我们要着重分析的。

---

① 胡厚宣先生发现五期卜辞(7001 号)中有从"金"的形声字,但因字下部残损,无法确定,又仅此孤证,故目前我们仍认为甲骨文中没有形符"金"。

② 作者另有"基本形符表",揭示形符发生、发展、分化等情况,因不便印刷,未能附录于后。

③ 参阅拙作《古汉字形声结构声符初探》。

④ 作者另有"基本声符表",揭示声符发生、发展、分化等情况,因不便印刷,未能附录于后。

二

形声结构的形符直接与概念发生联系,人们的思维运动,必定会在形符系统留下明显的印迹,因此,形符的发展与思维的运动有着密切的关系。

思维能力的不断抽象化、思维概括程度的日益提高,使形符表义由具体趋于抽象和概括。其表现为:某些早期表义范围十分确定的形符,表义范围逐渐扩大;表义具体的形符通过改换而趋向类化或变得更为概括。

形符"邑",西周时期主要用于表示都邑,在"邦、都"等字中表义十分具体。西周晚期至春秋以后,"邑"的表义范围逐步扩大,凡诸侯封地、一般地名之类,一律取"邑"为形符,出现了大量从"邑"的新形声字,如:"邧、邛、鄆、邮、鄂、邾、邶、邻、郢、鄀、都、郓"等等,都是春秋出现的;战国期间出现的则更多,如:"郕、邯、郊、郃、邙、邦、邢、鄂、巷、郢、郡、郯、聊、鄙、鄢"等等,这些字有很多本来只假借后来的声符代用,如"邮、邦、邢、鄂、郯、聊、鄙、鄢",本只作"戊、寺、井、咢、炎、取、啚、匽",由于"邑"表义范围的扩大,为它们过渡为形声字提供了条件。"邑"由表示"都邑"的意义,扩大到表示所有诸侯封地和一般地名,是一个"具体、个别——抽象、概括"的过程,反映了人们思维的发展对形符的影响。大多数形符的表义范围,随着思维的日益发展都趋向扩大,因此形成了古汉字中很多形符表示的意义仅与字义相关联,和同一形符可表示与之相关的多种意义的情况，造成了形符与字义的各种复杂的关系。①

　　思维概括程度的提高，对形符另一方面的影响，就是表义具体的形符发生改换，这与形符表义范围的扩大显示了同一趋势。甲骨文还遗留了一些早期形符表示具体意义的例子，如甲骨文"臽"（即"陷"的本字，是一种狩猎方式），声符"凵"（坎）不变，形符可以是"人"，也可以写作"鹿、麋、犬、牛"等等，因"臽"的对象不同，而随之改变。不同的形符表示不同的对象，表义很具体。后来废弃异体，取"臽"为固定形体，以形符"人"代替和概括不同的对象。②牝，《说文》："畜母也，从牛匕声"，甲骨文因指称的对象不同，形符"牛"也可以相应改变为"羊、豕、犬、马"等等，最后也只取"牛"作形符概括其余。"臽""牝"二字形符的发展，表明了形符由表示具体意义向表示一般意义的进步。与早期追求表义具体性相比，仅以一个形符代表和概括不同的对象，显然是思维能力发展对形声结构的积极影响。这种情况还属少见，更多的是个别表意具体的形符改换为更加抽象的形符，或不同的形符在不同的形声字中发生着类似的变化，类化为同一个表义更加概括、抽象的形符。"城"本不从"土"，而从"章"，这个形符本为城郭的象形（元年师兑簋），春秋晚期郘黵尹钲、㝬羌钟"城"才变为从"土"，取"土"为形符，是城郭土筑的缘故。形符由"章"变为"土"，表义趋于抽象。与"城"的形符演变相一致，从"章"的形声字都类化为从"土"，如"坏、垩、垣、堵、堝"等字，在竞卣、坒卣、吕钟、史颂簋、籀文等古文字材料中，本

---

① 参阅拙作《论形符》。
② 于省吾《甲骨文字释林》第 270 页，中华书局 1979 年版。

都以"章"为形符,在秦公簋、兆域图、《说文》等材料中都变为从"土"。再如"镬"在甲骨文中从"鬲",哀成叔鼎变为从"金","釜"金文从"缶","匜"金文本从"匚","盨"、"盘"金文从"皿",春秋战国期间也都类化为从"金",或者加上形符"金"。形符"鬲、缶、皿、匚"本都是器之象形,作形符表义是相对具体和不同的,当都类化为从"金"之后,表义就由具体变得更加概括、抽象了。这种类化,反映人们对不同器物质的一致性的认识,是抽象思维的结果。当然,这些字后来并非全部从"金",这又说明形符的发展还受到其他方面的影响。但是,古汉字阶段,形符由表义具体向概括、抽象方面的发展,则无疑表明思维发展对形符的推动作用。思维作为认识的高级阶段,它愈是发展,对对象本质特征认识就愈深刻,就愈能发现各种现象之间的广泛联系性。在形声结构中,形符概括性的加强,以及不同形符之间的类化,同一形符与多种概念之间发生关系,都是思维这种发展的直接体现。

思维发展日趋精密,导致部分形声结构出现形符重叠繁复的现象。一方面思维的发展使形符变得更为概括、抽象,另一方面,汉字在构形上追求有理性,思维的精密化,使人们在形符的选择上希求表意更为完密、具体,当感觉到某一形符表义还不够明白具体时,就采取累加另一形符的办法加以补充。在《论形符》一文中,我们曾分析了"累增形符"的情况,其中"盉、盘、盨、匜、簋"等字的形符累增都属于这种性质。[①] 形符累增,只是因思维发展的影响而发生的特殊现象,思维发展对汉字的影响是有限度的,不能超越汉

---

① 参阅拙作《论形符》。

字本身规律的约束。并且累增形符与形符发展的总趋势并非一致，又与汉字由繁趋简的规律相背离，所以这种现象在古汉字形声体系中并不多见，它们只是出现于个别铭文中，行之不广，最后也多归于淘汰。

思维发展对形符的影响，是造成形符系统复杂性的原因之一，这里只谈到两个较为主要的方面。同时也要看到，这种影响只能是外在的，它必须服从于形声结构本身的特点和性质，所以思维的发展与文字的发展又不可等同起来。

三

形声结构作为记录汉语的汉字体系中最主要的部分，汉语的发展，必须会给它带来影响，这主要表现在以下几个方面：

一、语音系统的发展，造成同谱系的形声字的读音分歧。对此，讨论声符表音功能时我们已经指出。[①] 语音的不断发展是语言发展的普遍事实，由于时代、地域不同，往往形成古今方雅之别。文字虽然随着语言的发展也在不断地发展，但总不能做到亦步亦趋，尤其像形声结构这种性质的文字符号，一旦形成谱系，它的声符的相对稳定性、谱系内部的互相制约关系，使它更无法迅速适应语音的发展。这样，声符的读音与形声字作为一个符号所代表的实际语音的分歧就不可避免地要发生，而语音本身变化的复杂性，使形声谱系内部的读音差异变得更为复杂。如果从整个汉字形声

---

① 参阅拙作《古汉字形声结构声符初探》。

谱系的音读来看，语音的发展造成的这种分歧至为明显。对于这一点，只要我们给以足够的认识就可以了，目前尚没有条件作出更为详细的论证。

语音发展使形声谱系的读音发生分歧，又导致形声结构声符的相应变动，以尽可能适应实际的语音变化。如从"羸"得声的字，分化为"赢、嬴、蠃"和"赢、嬴"两类，前者属来母、歌部，后者属喻母（四等）、耕部，前人对此疑惑莫解，于省吾先生曾从古音通转的角度，给予较为合理的阐释。① "羸"作为声符分化为两类读音后，从它得声的字在结构上也自然受到影响，进行了相应的调节。如鼄季鼎和乔君钲都有一个"嬴"字，在"羸"上又加注"呈"声，"呈"属定母耕部，注后一种读音，形成两体皆声字，以避免与"羸"读来母歌部的音相混，进而弃"羸"取"衣"为形符，遂分化出"裎"字。《说文》所收"嬴"字，从衣、羸声。典籍往往作"蠃"，也是因音变，而特注"果"声，以示读来母歌部之音，其后乃舍弃"羸"声，取"衣"为形符，变为《说文》所收或体"裸"，从衣果声。"裎、裸"的产生，是由于语音变化导致声符读音分歧后形声系统内部的自动调节，其产生的方式、原因都是一样的。《孟子》"袒裼裸裎"并用，《说文》"裸"、"裎"同训，都可证明二者同出一源。再如同从"古"得声的字，分化为见母、匣母两类后，金文常见器名"匠"因此而出现异形。这个字一般从匚，古声。但鲁士匠却变"古"声为"害"声，季宫父匠变"古"声为"叡"声。"古"本读见母，"害"属匣母。"叡"典籍通常作"胡"，宗周钟厉王名"叡"，典籍作"胡"，师龢鼎"叡德"，典籍作"胡"，如

---

① 于省吾《释"能"和"羸"以及"从羸"的字》，《古文字研究》第八辑。

"胡福"。叙簋"戎馘",典籍作"戎胡",都表明"馘"也读匣母。可以看出"匼""匫"这两个异体的出现,是由于适应声符"古"存在的音读分歧而作的有意变动。它们出现于春秋器铭中,表明从"古"得声而读为见、匣二母的分别,春秋时代大约已经发生。语音发展是相对缓慢的,因此古汉字阶段因语音分歧而出现的这类现象尚不多见,这表明古汉字阶段声符读音分歧还比较小,声符基本上能适应记录语音的需要。

二、语义的发展促进形声结构的孳乳分化。语义的发展是语言发展的一个重要方面。造成形声孳乳原因之一的"字义引申",指的就是语义发展对形声结构的影响。[①]古汉语词和字在书面符号形式上是相一致的,"字义引申"就是词义引申。词义通过引申不断丰富,造成一个文字符号记录相关的多种义项。各个义项因产生的先后不一,与本义的联系也就有亲疏远近之别,较远的引申义项,就有可能分化为一个独立存在的词,这时与之相应就产生了一个新的记录符号。另一方面,同一文字符号所记录的词的引申义项过多,与汉字专字专用的构造意图也相矛盾,需要在文字符号上给以区分,从而孳乳出新字。古汉语由于词义引申而产生的新的文字符号,大都利用形声结构的方式来构造,语义发展促进了"形声孳乳"。我们曾谈到"媾""顜""讲""觏"等字与"冓"的孳乳关系。[②]类似材料非常丰富,下面再示两例以为佐证。"启"甲骨文本象以手开户之形,义为"开",《说文》训"启"为"开",即是它的本义。卜辞除用"启"为"开"义外,又用以表示"启晴",这是引申用法,遂

[①②] 参阅拙作《古汉字形声结构声符初探》。

孳乳出"晵",《说文》作"啓","雨而昼晴也"。再引申为"在前"、"前导"之义(例见《缀合》471),即《周礼·乡师》疏所云:"军在前曰启"。由此,前驱之开道兵器则曰"棨",引申关系至为明显。《说文》还有"瞽"字,曰:"省视也",段注:"如昼晴之明也",这也是将"瞽"与"啓"看作孳乳分化关系。"啓、瞽、棨"都是为适应"启"的词义发展而孳乳出的新形声字。又如"听、声、圣、廷(庭)"等字的产生,也很典型地反映出语义发展对形声孳乳的影响。"听"甲骨文作"耶",魏石经《尚书》古文还保留了这个形体,口耳会意。① 甲骨文有"听闻"和"听治"两个义项。"口有所言,耳得之而为声",②所以由"听闻"之义引申出"声"这一义项,在"耶"上加声符"殸",孳乳一个新形声字。由"听治"之义进一步发展,引申出"圣"义,《管子·四时》"听信之谓圣"。"耶"遂加"壬"声,孳乳出"圣"字。甲骨文还由"听治"引申出听治之所"廷"(庭),因而又增加形符作"𨑨",金文作"廷",其后又分化出"庭"。甲骨文或以"听"为"廷"(庭),《左传》"圣姜",《公羊》、《谷梁》作"声姜",马王堆帛书《老子》,"圣"甲本作"声",乙本作"听",都可证明"听、声、圣、廷(庭)"之间的音义相通关系,它们的孳乳途径是明了的。

语义的发展是促进形声孳乳的重要原因之一,形声系统中有很大一部分字,就是在这种情况下产生的。因语义发展而产生的形声字,大都是同源字,可以为语源的研究提供可靠的材料。

三、新词的迅速产生,相应地出现大批新的形声字。社会生

---

① 郭沫若《卜辞通纂》第489页,科学出版社1983年重印本。
② 于省吾《甲骨文字释林》第83页,中华书局1979年版。

产的快速发展,人类物质和精神生活的日益丰富,首先影响语言系统词汇的发展。人们必须用大量的新词反映人类各方面的进步,而大量的新词产生,又要求有新的文字符号去记录它们,于是又促进新字的产生。两周中晚期以后,因此而产生的新字绝大多数是利用形声结构方式创造的。如春秋战国时期纺织业有了很大的发展,尤其是南方楚国更具领先地位,长沙、江陵、信阳等地楚墓多次出土精美的纺织品残物。从遣策记载看,陪葬的纺织品名目繁多,也保留了一大批当时的文字资料。从江陵、仰天湖、信阳、望山等楚简和长沙帛书等材料中,可以看到当时仅楚国新出现的与纺织业有关的各种从"糸"的新形声字就近百个。春秋战国是一个辉煌的时代,社会各方面都飞跃前进,汉语在这个时代获得了充分的发展,与此一致,汉字在这个时代也是发展变化最为剧烈的时代。形声结构在这个时代的勃兴,乃是当时社会、语言、文字发展的必然结果。当然,社会的发展与语言的发展是不同步的,语言的发展与文字的发展也是不同步的。

四

形声结构作为古汉字构形方式的一种,其发展还受到汉字形体发展一般规律的影响,它必须遵从字形发展的一般规律。汉字形体的演进、简化、规范化都影响或约束着形声结构的发展,下面我们从三个方面看这种影响。

第一,形体演进造成的"讹形""讹声"。就古汉字自殷商至汉初这一千多年的发展来看,其形体的变化是巨大的。以甲骨文、西周早期和中期金文、东周以后的刻铸款、竹简和汉初帛书简牍等文字材料作一排比,汉字形体的巨大变化一目了然。尤其是秦代隶书的孕育,在结构上冲击了整个古文字构造体系,对各种结构方式都发生重要的影响。因此,研究古汉字的结构要充分估计汉字形体演变所产生的影响。"讹形""讹声"就是形体演变对形声结构影响的结果。"讹形""讹声"不是指古汉字中因偶然性而导致的诡变难识的现象,偶然性的讹变,与坏铸、错刻有关,一般属于铭文创制过程中的疏忽。"讹形""讹声"则是在形体的自然演变中产生的,它们的讹变有形体上的联系和根据,并且因讹承误,成为"形符""声符",取得结构上的合法地位。如"者",《说文》"从白朱声",形符"白"就是形体演变中产生的"讹形",金文"者"从"口"不从"白",在形体演变中出现了从"日、其、白"三种类型,小篆取"白",遂讹为形符,其演变线索十分明显(见图①)。"丧"字,《说文》"亡也,从哭从亡会意,亡亦声",这是根据小篆的形体。"丧"本与"桑"为一字,[①]甲骨文用作人名、地名或借作"丧亡"的"丧",金文出现讹从"亡"的形体,"亡"是由"桑"的根部讹变而来的。旂作父戊鼎、毛公鼎、量侯簋三器中,中间一长弯笔直贯而下,还保存了桑树根干相连的形状,齐侯壶"丧"下部已与主干分离作"亡"(见图②),同器或体下部"亡"省略,更表明当时讹从"亡"是无疑的了。"丧"讹从"亡",与它的假借义"丧亡"有一定关系,应是讹变的形符,《说文》作会意兼声处理,就是考虑到义的这种联系性。再如"鬲",本是象形字,金文曾讹为从"羊"(见图③)。"鬲"下部本象三款足,其变化

---

① 于省吾《甲骨文字释林》第 75 页,中华书局 1979 年版。

是从中间一足开始的,逐渐分离并讹变出"羊"来,其演变过程是很清晰的。

"者、丧、鬲"等字形体演变的结果,都讹变出与形符有关的因素,都是讹形的例子。由于形声字的日益发展,汉字表音性的增强,还有一些非形声结构的字,讹化出声符来,这就是"讹声"。讹变而来的声符,有些与字音只能求大致的相似。因为形体自然演进的规律是不可违背的,即使可以加入某些主观因素,也有一定限度,讹声只能是象征性的。过去对"讹声"未有引起足够的注意,下面略示几例:"甫",《说文》"男子美称也,从用父,父亦声。""父"是讹变而来的声符,其演变的关键是中间一长竖上部的弯曲(见图④)。"父""甫"同音,典籍用作男子美称时可互通。所以许慎说"甫"从"父",又说"父亦声"。从"甫"的演变历史来看,许慎说"从父"是根据假借义释讹声,不可靠。"良",《说文》"善也,从畐省,亡声。"从畐省不够准确,"良"与"畐"无关,"亡声"则是讹声,季良父盂等已讹变的与"亡"相近,到古玺则已讹为声符(见图⑤)。"亡"的讹声与"丧"从"亡"的讹变极为近似。关于"良"的构造本义,至今还存在各种不同说法,无定论。又如"冶",《说文》"销也,从冫台声。"此字形、声皆为讹体。战国文字中"冶"很常见,异体数十种①。"冶"乃是由一种省形讹变,变"二"为"冫",变"旨"为"台"(见图⑥)。此外"匹"金文曾讹从"匕"声(大鼎),"望"或讹从"王"声(古玺),"两"或讹从"羊"声等等。

---

① 黄盛璋《战国"冶"字结构类型与分国研究》,《古文字论集》(初编),香港 1983 年古文字讨论会论文。

古汉字形声结构的动态分析　123

① 者：者婤爵　兮甲盘　朱公牼钟　王孙钟
　　　　秦诏版　秦简
　　　　秦诏版　《说文》小篆

② 丧：甲骨文　旂作父戊鼎　毛公鼎　量侯簋　齐侯壶　《说文》小篆

③ 鬲：邵仲鬲　鬲叔盨　盂鼎　鬲尊　伯姜鬲　伯婴父鬲　同姜鬲

④ 甫：宰甫簋　甫人匜　殷句壶　鲦甫人盘　匡簋　甫丁爵

⑤ 良：甲骨文　甲骨文　季良父簠　季良父盉　尹氏匜　齐侯匜　古玺　秦简　《说文》小篆

⑥ 冶：卅五年庲盉　阳安君鈹　粱陵公戈　鲦冶妊鼎　《说文》小篆

"讹形""讹声"是古汉字演变过程中的特殊现象，它们既是汉字形体演进的自然结果，又是古汉字趋向符号化和表音化的表现。"讹形"的存在，说明它已经突破了构形有理性的束缚，形符成为一个象征性的符号，并不注重其实际的表意效果，这与整个汉字体系由"象形"为基础的书写方式,向象征性的线条艺术发展的趋势是相一致的。"讹声"的出现是形声结构的日益发展,汉字表音趋势不断增强给形体演变带来的积极影响。"讹声"虽然只能取得近似的表音效果,但是,由于部分部件变为声符,整个结构就成为表音为主的结构方式了。"讹形""讹声"作为形声结构中的特殊要素,尽管从构形的有理性看有其消极的一面,但是从汉字发展的总趋势看,应该是形体演变给形声结构的有益影响。汉字形体演变过程中,形符、声符变得泯灭不存或混此为彼的情况,也时有发生,这一问题我们打算讨论汉字字形讹变时再作专门的探讨,这里就从略了。

第二,简化律造成的"省形""省声"。简化是汉字形体发展的一条重要规律,简化的根本目的,是将繁复的形体变得简易些,以利于使用。简化贯穿在汉字发展的全过程中,古汉字阶段就显得十分突出,这早已引起学者们的注意。简化冲击了汉字结构的有理性,象形、会意、指事、形声等结构方式,都可能因此而受到影响,失去其构形的本旨。"省形""省声"就是简化对形声结构影响的结果。正确揭示省简的过程,可以使我们对省形、省声后的结构获得合理的解释。许慎著《说文》已经注意从"省形""省声"的角度分析那些因省简而造成结构不明的形声字。如"釐、耆"等字下,许慎正确地指出了字的形符是"从某省",在"耆、秋"等字下,则正确地说明了"某省声"。《说文》指出省形者少,指明省声者多达三百余处。尽管许慎由于时代、材料的局限,某些具体字的分析不一定很妥当,但他能从省简的角度揭示省简后的形声结构,是颇具卓识的。古文字中尚有很多不曾为许慎见到的省形、省声的例子,如"府"或从贝,少府小器"貝"省作"目";"骑",古玺从"马"省其身;"雎、鸥"

古玺从"隹、鸟"而省其头部;"昂、晨、星",皆由从"晶"省为从"日";"醜"从"鬼"省头部(盟书),这些都是省形的例子。"盧"声符"虍"省"虍"(盧金);"襲"声符省作"龙"(天星观楚简);"棺、馆、輨、䩍、綰"等字声符"官"省作"㠯";"席"声符"石"省作"厂"(卫鼎)等等,都是省声的例子。"省形""省声"早已为研究者认识到,无须多言。"省形""省声"后,形符或声符已失去它应有的作用,形声结构的合理性也不复存在,这时整个形声字只作为一个约定俗成的符号,无法直接分析和探求其结构原意。只有寻找出来未曾省简的原型,才能对省简形体作合理说明,因此,研究形声结构,充分认识简化规律所产生的这一影响是很有必要的。

第三,规范化促使异体淘汰。古汉字处于发展完善的阶段,由于时代、地域、个人书写习惯的差别,同一字往往存在着种种不同的异体,或是笔画结构繁简不一,或是偏旁部位变动无定,或是正反横竖不论,或是形符、声符变换歧出,如此等等,都是发展中的古汉字结构不定型、书写不规范的表现。春秋战国期间,"言语异声,文字异形"的情况更为突出。文字符号的社会性要求它必须有固定的形体和统一的书写形式,字形的过分分歧,势必影响它作为交际工具的职能的发挥,所以,由不规范趋向规范及是文字形体发展的普遍规律。秦并六国,曾经以官方的行政命令,罢除六国古文中"不与秦文合者",实行"书同文",这一行动对古汉字的规范化起到了很大的推动作用。现在能见到的秦权量、诏版上的文字,就是当时"书同文"的范本。规范化对形声结构最有力的影响就是淘汰大量的异体。在《论形符》一文中,我们指出古汉字阶段,形符分歧十分突出,造成了众多的异体。它们的最后划一,则是通过规范化实现的。"造、亚、腹"等字数十种异形,到小篆都被淘汰,只确定了一种标准写法。这类材料甚多,我们不再列举。不属结构分歧,因书写差异而造成的异形,在古汉字中更为普遍,如"阳",仅战国货币文字中就有三百六十余种不同写法,①到小篆则归于一体。秦实行"书同文",使异形突出的形声字与其他文字一样,首先在官方文书中得到划一,这是形声结构发展过程中的重大飞跃。一方面规范化促使形声结构的异体划一,另一方面,形声结构的划一又奠定了汉字规范化的基础。

字形发展的一般规律对形声结构的影响,揭示了形声结构发展与汉字形体发展的密不可分的关系。只有从整个汉字系统的发展考察,"讹形、讹声、省形、省声、异体划一"等现象才能获得较为合理的解释。

本文从不同角度,把形声结构放在一个动态系统中考察,以进一步揭示形声结构某些复杂现象形成的原因。通过初步分析,我们看到形声结构的形符最易受到思维和语言发展的影响。思维的发展直接影响形符,造成它的叠加、改换和表义复杂化。语义的发展促进形声孳乳,而孳乳的主要环节则在于附加形符或改变原字的形符。当由此而形成的新字有些还不能立即获得独立的资格时,就作为原字的异体暂时处于过渡状态,这反映在形声系统内就是异形分歧。因此,古汉字阶段形符的变动不居和异形分歧就显得十分突出。语音发展比较缓慢,声符虽然因语音的发展而出现读音分歧,或发生改换,但在古汉字阶段并不显得突出,所以,声符

---

① 商承祚等《先秦货币文编》,书目文献出版社1983年版。

具有相对的稳定性和单一性。形声结构的发展与整个汉字形体的演变密切相关,形体发展的一般规律对它的约束作用,使它往往违背结构的内部规律而发生种种变异,讹变与省简现象就是因此而产生的。这些现象的出现,打破了形声结构的有理性,使形声系统内增添了一些特殊的成分,造成了形声系统的复杂性。

关于汉字构形功能的确定[①]

若从字形着眼,我们以为汉字阐释的终极目的在于明确字形的功能,即明确字形与字义、字音的结合究竟是偶然的还是必然的,明确字形究竟是暗示意义还是标志读音,究竟暗示何种意义,以及用何种方式来暗示这种意义。

汉字构形功能的确定是汉字研究中最充满魅力又最复杂、困难的命题。

汉字永远不可能自我表述,因此,其构形功能的蒙昧、混沌常常成为阐释者最大的苦恼。例如,《说文解字》卷八所引古文"襄",段注云:"不能得其会意形声所在";[②]卷九:"𠬝,阙",段注云:"谓其义其形其音说皆阙也。"[③]由此可见,作为汉字阐释的根本目标,对汉字点画的功能作出明晰、合理的界定是相当困难的。当人们审视甲骨文"单"字的时候(字形见《甲骨文编》卷二·十四),最容易感知到的信息无疑是树杈或小草,但有人却认为它可能是雄鼍洞穴的象形;而对甲骨文"丧、噩"二字(字形见《甲骨文编》卷二·十四),人们肯定会产生更为丰富的联想,仅其主体部分即可想象

[①] 本文与常森合作,原载于《安徽教育学院学报》1995年第2期。
[②] 段玉裁《说文解字注》第394页,上海古籍出版社1981年版。
[③] 《说文解字注》第448页。

为数种槎枝参差错见、枝干屈曲盘回的树木,但有人却认为:它们很可能不过是雌性鼍鳄巢穴的象形,其中"口"字形的东西与"单"字上部的圆圈一样,暗示鼍鳄出入的洞口。[①] 事实上,由古文字学家作出的与此大异其趣的另一种解释已经为大家广泛接受。"单"原为先民狩猎的工具,系取一枝杈,并缚以石块而成;"丧"之主体部分乃桑树之象形,众"口"乃采桑所用之器,丧之本义指采桑,后来才借为丧亡之丧;[②]"噩"即《说文》之"咢"字,意为哗讼。[③] 上述解释至多只有一种相对正确。然而错误的解释在这里亦并非毫无意义,它们的存在起码可以说明:古文字的构形功能就其表象而言,具有阐释或说解的多种可能性。

汉字构形的功能非常繁复,其遵循的内在标准并不划一。我们姑且借用传统所谓的象形字、指事字、会意字、形声字、记号字等名目对此加以具体的说明。

(一) 象形字:许慎云:"乙,玄鸟也……象形"(《说文》十二上);"册,符命也,……象其札一长一短,中有二编之形"(《说文》二下);"出,进也,象草木益滋上出达也"(《说文》六下)。在许慎看来,"乙"字形体绝非曲蠖之类拳曲前行之貌,而是玄鸟于飞之侧影;"册"字形体绝非摹拟依围院落的篱笆,而是编连简札之形;"出"字形体亦非火苗伏窜之状,而是草木出地、益滋之象。许慎

---

① 甲骨文"单、丧、噩"等字因印刷困难,不直接引用。
② 参阅于省吾《甲骨文字释林》第74—77页,中华书局1979年版。
③ 参阅徐中舒主编《汉语大字典》以及容庚《金文编》。

《说文》的解释,既排除了对"乙、册、出"等字形的可能的歧解,[①]也表明了象形字所具有的特殊性,即以字形摹状对象的形象特征。从一定意义上可以说,象形字的原初意义内含于字形之中,其形、义之间的联系并非纯粹偶然的、全靠后天反复强化才得以明确的硬性规定。当然,作为视觉图像,象形字本身并不能使这种联系不证自明,揭示这种联系正是汉字阐释义不容辞的重任。

值得注意的是,象形字各部分构形的功能可能具有极其微妙的差异。下引甲骨文"页、身、闻"三字无疑都只能作为一个完整不可分割的视觉形象,但在这一整体形象之中,其头部、腹部、耳部却显然居于更为突出的地位。

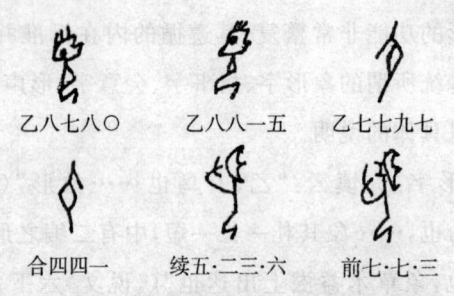

乙八七八〇　　乙八八一五　　乙七七九七

合四四一　　续五·二三·六　　前七·七·三

古人用这种方式,表明类似汉字的各个部分并非均衡地传达整个文字所负载的信息;可以说,这里身体的其他部分只不过是一种初步的界定,被突出的部分才是对该信息的更为具体的指向。

相似的情形还有很多,如果只保留下文"眉、须、齿"三字中描摹眉毛、面毛、牙齿的部分,人们无疑会产生很多不同的联想;创造

---

① 三字篆文字形分别见于《说文》同字之下。实际上许慎释"乙、出"并不准确,但这是另一问题,此文不论。

续四·二九·一　　诔季盨　　后下五·三

汉字的人们为力求字形导致预期的读解,便采用与之密切相关的事物的图像,来暗示、界定、阐明"眉、须、齿"之形所要传达的语义信息。因此,有关眼、面、口的图像并未与其他部分一起平等地参与整个汉字的意义构成;它们虽然不可缺少,但却不过是次要的表义成分。这类次要表义成分与上文"页、身、闻"中的主要表义成分一样,具有某种类似指示符号的功能,但它们又绝非纯粹的指示符号,作为视觉形象,它们与字义之间毕竟存在着一定程度的内在关联。

（二）指事字:《说文》云:"本,木下曰本,从木一在其下";"末,木上曰末,从木一在其上";"朱,赤心木,松柏属,从木一在其中"（六上）。指事字的意义同样内含于其字形之中,但其构形却可以离析为两部分,一是象形符号,一是标指符号。前者是对字义范围的大致界定,如"本、末、朱"三字中的"木"字;后者则是对字义的具体标指,如"本、末、朱"三字中的"一"字,指事字中的标指符号并非以形见义,它完全可以被其他形状不同的符号取代。如果像在某些民族的古文字中那样不同的颜色可以表示特定的字义,便可用某种颜色在汉字象形符号上标明字义所在,从而导致标指符号被彻底取消。[1] 因此,标指符号的感性特征是偶然的;对字义来说,

---

[1] 如纳西东巴文字可以利用涂黑来区别意义与读音。见王元鹿《汉古文字与纳西东巴文字比较研究》第88—95页,华东师大出版社1988年版。

更重要的是它的位置以及它与象形符号所构成的位置关系。

(三)会意字:许慎释"折"云"从斤断草"(《说文》一下),释"秉"云"从又持禾"(《说文》三下),释"伐"云"从人持戈"(《说文》八上);类似的字常常被人们视为会意字。但这种看法明显缺乏科学性。"折、秉、伐"等字虽然涉及并呈现了两种不同事物的图像,但其意义内涵却绝非两种事物的单纯相加;从意义方面看,其各个部分必须被组合,还原为一个视觉整体,根本不存在所谓"会"的问题。这一特征,在甲骨文字形中表现得非常鲜明:

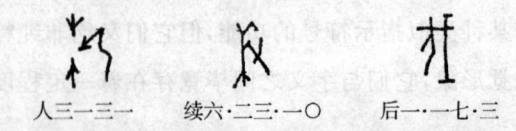

人三一三一　　续六·二三·一〇　　后一·一七·三

可见,这类视觉符号虽与象形字有别,一象"事形",一象"物形",但其功能却并无差异。因此,视之为会意字的传统说法必须纠正。会意这一概念如意欲表征汉字的构形方式,就必须着眼于汉字的内部属性,而不能着眼于汉字表面上是否可以离析为两种或两种以上的、有关事物的视觉形象。当建立在字形与字义之间的联系,与其说以几个相对独立的视觉形象为中介,不如说以这几个形象之间主施和受施等诸种不可分割的关系为中介的时候,汉字根本就不应该被表述为所谓"会意字"。

通常所说的会意字基本上可以分为三类:

第一类,由象形符号加象形符号构成,而且每一个象形符号都以独立的视觉图像的身份呈现整个汉字的部分意义。

许慎云:"吹,嘘也,从口从欠"(《说文》二上)。甲骨文"欠"字本身便象张口嘘吹之形(字形见《甲骨文编》卷二·七),但这一图像既可理解为人之嘘吸,亦可理解为嘘吸之人,故又附以"口"形,以使其内涵更为确定。

此类会意字跟象形字非常相似,它们的根本区别在于会意字所包含的几种视觉符号,不能如象形字那样组织为一个有机整体。

第二类虽由象形符号加象形符号构成,但其中某一(或某些)象形符号却并非以形象显示意义,而是以其后起的借用义或引申义参与整个汉字意义的合成。

《说文》释"馭"云:"马八岁也,从马从八"(十上)。"马"字的形象呈现了"馭"字所指代事物的部分特征,然而"象分别相背之形"的"八"字(《说文》二上)却只不过是以其假借义(即数目八)来标示"馭"字的某些内涵。又如许慎释"雀"云:"雀,依人小鸟也,从小隹"(《说文》四上)。"隹"字以其形象提示了雀作为短尾鸟的感性特征;"小"字本作散落之细小沙粒形,后来引申为表示凡物之小,参与"雀"字意义合成的,显然不是"小"字作为视觉形象的特征或其原初内涵,而是"小"字的引申义。

第三类,各组成部分均已超越其原初构形和内涵,完全以其后起的假借、引申义参与整个汉字的意义合成。

例如"尖"从小从大,"小"本象散落的细沙,"大"本象正面而立的人,二者均以引申义会而为"尖"。又如"歪"从不从正,"不"字本指种子萌发时向地下生长的胚根,"正"字本指示一只脚走向前面的城邑,二者分别以假借义与引申义会合为"歪"。

(四)形声字:形声字由形符与声符组合而成,其中形符以自身的形象特征展示了该字的部分内涵,而声符则仅仅用以提示该字的声读。当然,追究起来,声符亦常常为象形、指事或会意字,但它的构形与意义却并没有参与到这一形声字的整体意义之中。

许慎云:"凤,神鸟也,……从鸟凡声"(《说文》四上),实际上,"鸟"乃类形符,甲骨文中"凤"本为象形,或加注"凡"声,此后用"鸟"为形符以提示凤鸟的类属特征;"凡"字从一开始就只用于标志读音,其构形与凤鸟无涉。又如,犬肥者可以献于宗庙,故"獻"字从犬鬳声(《说文》十上),然"狋"字的意义却绝非以肥犬献祭神主(《说文》十上),因为这里的"示"字仅以识音,其形象、意义与"狋"字并无半点关联。①

(五)记号字:记号字的构形不仅外在于其意义,而且与其读音无涉;当初,其字形与意义、音读之间的联系纯粹是偶然的,②它必须经历反复的强化才能使形体、意义、读音凝成一个牢固的整体。数目字中的"五、六、七"等很可能是典型的记号字。

上述论列无疑并不完备,但却已经可以使我们从中窥见汉字构形功能的复杂性、多变性。因此,在汉字阐释过程中,要明确汉字构形的功能,对不同的字形必须经历一个复杂的"辨析——比较——排除——确认"的判断过程,必须对其形音义作出一种符合构形准则的阐解。这一过程的完成及其获得的结果,还往往渗透着

---

① 在此我们不取"形声兼会意"之类的说法,这并非仅仅是为了表述的明晰。在所谓的形声兼会意字中,某一符号的作用既可以理解为表义,又可以理解为识音;事实上我们首先应当把这类字视为会意字。因为汉字归根到底并不具有表音的功能,形声字中的声符之所以可以识音,只不过是在历史发展过程中字形与字音之间的联系被反复强化的结果。

② 当然,形声字之中的声符与其自身读音的结合,在一开始也是偶然的;只不过当它参与构造一个新字的时候,它已经在实践中经反复强化而变成了一个固定的结合体。

个人的、时代的种种因素。

具体说来,应如何明确汉字构形的功能呢?这实在是一个非常重要却又不曾得到应有重视的、与理论与实践都有重大关涉的问题。

(一)就最一般的意义而言,明确汉字构形功能的根本途径在于建立汉字构形与某种经验背景的联系;换句话说,明确汉字构形的功能,必须关注汉字跟包围汉字的外部文化系统之间的、深刻的相关性。许慎《说文》从古代民俗出发,阐释了一系列汉字;虽然其说是非驳杂,却均可启人深思。

许慎云:"棄,捐也,从廾推芈弃之,从㐬,㐬,逆子也"(《说文》四下)。"棄"之篆、籀、甲骨文字形无疑都可以理解为以双手持箕中

"棄"之篆、籀文字形与甲骨文"棄"(后下二一·一四)

新生儿;然而这种构形却具有明显的多义性,除可以理解为"捐弃"外,或许还可以理解为"安置"或其他。历来说者俱从"捐弃"义出发来阐释其字形的功能,但"棄"字的构形所内含的原初意义很可能不是"捐弃"。

据《诗经·生民》记载,周始祖后稷初生时曾有"诞置之隘巷"、"诞置之平林"、"诞置之寒冰"的独特经历。汉人对此不能深知,故有"初欲弃之,因名曰弃"的说法。[①] "棄"的早期构形所反映的,很可能是一种古老的民俗——试子之俗。人类的发展从来都是充满

---

① 司马迁《史记·周本纪》。

艰难与险恶的,追溯历史的早期,诸多材料都表明了人类生存所面临的巨大压力。有些人类学家曾对北京人头骨上的一些伤痕作过分析,他们认为这些伤痕乃人为所致,很可能与食人之风有关。通过对三十八个北京人个体的研究,人们还发现:这些北京人除十六位死于成年期并难以确定岁数外,其余二十二人中竟有十五位夭折于十四岁以前。[①] 这种残酷的事实,可以使我们从侧面了解:后稷之时,生存并非一件轻松的事。婴儿的降生所带来的与其说是兴奋,不如说是忧虑;因此将他们置于箕中(或其他东西之中)放到某一地方,并通过各种偶然的事件来推测其命运、前途的吉凶便成了情理之中的一桩大事。这种风习虽早已衰歇,却依然可以从后代某些民族的习惯中找到其余绪和佐证。晋张华《博物志》卷二云:"荆州极西南界至蜀诸民,曰獠子,妇人妊娠七月而产临水,生儿便置于水中,浮则收养之,沉便弃之。"又苦聪人"孩子生下后用水洗过便用芭蕉叶包裹好放于大塘边"。[②]《颜氏家训·风操》记载的江南"试儿"风俗,又称"试晬"、"抓周",则可能是试子古风的另一种演化形式。凡此种种,对我们揭示"弃"字所传达的民俗学内容均不无启发。

与试子之风相映成趣的是有关丧葬的礼俗。许慎云:"葬,藏也,从死在茻中,一,其中所以荐之。《易》曰:'古之葬者,厚衣之以薪'"(《说文》一下);"弔,问终也,古之葬者,厚衣之以薪,从人持弓会殴禽"(《说文》八上)。

[①] 参阅邓福星《艺术前的艺术》第 45 页,山东文艺出版社 1987 年第 2 版。
[②] 徐志远、杨毓骧《拉祜族社会历史调查》(二),转自全国民俗少数民族民间文学讲习班《少数民族民俗资料》上第 305 页。

仅就字形而言,"葬"字中的"茻"完全可以视为仅仅标志声读的音符;但正如许慎所说,"葬"字的构形反映了古代那种以草薪覆荐尸体的风习,因此,"茻"无疑以其形象特征呈现了"葬"字的部分意义。许慎称引的野葬之俗记载于《周易·系辞下》,所谓"古之葬者,厚衣之以薪,葬之中野,不封不树,……后世圣人易之以棺椁"。然葬之中野便难免鸟兽之灾,《庄子·列御寇》所谓"在上为乌鸢食";故古代又有守丧殴禽之风。《吴越春秋·勾践阴谋外传》载楚人陈音谓越王曰:"古者人民朴质,饥食鸟兽,渴饮雾露,死则裹之以白茅,投于中野。孝子不忍见父母为禽兽所食,故作弹以守之,绝鸟兽之害",因而弔者亦常常持弓往助之。[①]许慎之说可能未必真确,然而如果没有所谓弔者"持弓会殴禽"这一经验背景作参照,则小篆"弔"字从人、从弓何指,均不得而知。

与"葬"字相似,"婚"亦由二字组合而成,从女之意,自可了然,但从昏之意实难猝然作解。"婚"字中的"昏"完全可以理解为单纯的记音符号,可这种观点显然跟自许慎以来的传统说法迥不相同。可见,如果不将"婚"字同其背后潜在的古代社会习尚相联结,便很难明确"昏"的具体功能。许慎云:"婚,妇家也,礼娶妇以昏时,妇人阴也,故曰婚,从女从昏昏亦声"(《说文》十二下);"婚"字既然反映了古代黄昏婚嫁的礼俗,则黄昏之"昏"参与了"婚"字整体意义的合成,断然可知。

除以上论列的生、死、婚嫁之俗曾被许慎视为相关汉字的经验

---

① 参阅《说文解字注》第383页。

背景以外，古代民俗中某些特有的思维方式亦曾为许慎《说文解字》提供过不可缺少的参照。许慎释"腥"云："腥，星见食豕，令肉中生小息肉也"（《说文》四下）。参照段注，可知"息"指寄肉，而"腥"则指猪肉中如米而似星者；许慎认为"腥"之生成，与"星见食豕"有关，"星"字与"肉"字一样呈现了"腥"的部分意义。

许慎绝非强为解人，或故作高深之语，其背后实潜藏一饶有兴味的民俗心理传统，即一种跟弗雷泽所谓"模仿、感染巫术"极为相似的异类相感观念。张华《博物志》卷二云："妇人妊身，不欲令见丑恶物、异类鸟兽，食当避其异常味"，"故古者妇人妊娠，必慎所感，感于善则善，感于恶则恶矣。妊娠者不可啖兔肉，又不可见兔，令儿唇缺；不可啖生姜，令儿多指"。这正是异类相感观念的典型体现。它如"白鹢雄雌相视则孕"、"兔舐毫望月而孕"等等，亦可见其一斑。异类相感观念的根本特征，在于把某种偶然的相似性视为物物"感应"的必然结果。猪肉中米粒般的息肉如星，故被牵合为猪彘见食于星空之下的特定感应；这与上述有关孕妇的种种禁忌实乃异曲同工。

此外，汉字构形有时极其相似，很难看出其功能的细微不同；只有揭示它们与特定背景的关联，才能使这种差异变得具体明晰。譬如"集、枭"两字，[①]前者既然可以理解为短尾鸟停于木上，后者为何不能相应理解为长尾鸟停于木上呢？

许慎云："枭，不孝鸟也，日至捕枭磔之，从鸟在木上"（《说文》

[①] 篆文见《说文解字》。大徐本"鸟"篆无足，段注本已正。

六上)。① 枭之不孝,以其食母,段玉裁《说文注》以为黄帝欲绝其类,故或磔之于木上,逮至汉代,犹于五月五日作枭羹以赐百官。② 以这种背景观照"枭"字的构形,方能发现其具体功能与"集"字似同实异。

《说文解字》的突出特征和巨大意义之一,便是注重从汉字的经验背景出发来考析汉字,注重对汉字构形的直觉感悟和体认,注重汉字构形同某种经验背景的联系与契合。证据俯拾皆是,不烦一一列举。

(二)更深一层说,与汉字构形联结在一起的经验背景必须具有某种普遍意义。

汉字构形不能自行呈现其功能。这样说,并不意味着明确汉字构形的功能可以依靠个人的、纯粹主观的认定。事实上,作为记录语言的符号系统,汉字具有也必须具有毋庸置疑的社会普遍性。汉字乃某一社会集团所共享的文化机制的产物,其定型亦不能脱离广大社会成员的认同。因此,明确汉字构形的功能,必须从具有一般意义的、为广大社会成员共享的文化传统出发。

《说文》云:"秃,无发也,从人,上象禾粟之形……王育说:苍颉出,见秃人伏禾中,因以制字。未知其审"(八下)。王育提供的这种"经验背景"只不过是一种极其个别、偶然的现象,它没有构成汉字所指事物或现象的任何层次上的特征,根本不可能影响汉字的构形。故段玉裁曾讥之云:"因一时之偶见,遂定千古之书契,秃人

---

① 大徐本作"从鸟头在木上",此依段注改。
② 参阅《说文解字注》第271页。

不必皆伏禾中,此说殆未然矣。"段玉裁又云:"象禾粟之形"当作"象禾秀之形",以避讳改之,"象禾秀之形者,谓禾秀之颖屈曲下垂,茎屈处圆转光润如折钗股,秃者全无发,首光润似之,故曰象禾秀之形"。① 段氏此注虽多想象之辞,但他所提供的经验背景却比王育所说具有更明显的一般性。这已经暗含了接近事实真相的巨大可能。

许慎《说文解字》在这一方面也显示了其特有的深刻性。许慎已经或多或少地意识到影响汉字构形和内涵的经验背景绝非种种孤立、偶然的现象,而是具有明显普遍内涵的东西。他用以说文解字的古代风俗以及图腾遗风、宗教信仰、神话传说、阴阳五行思想、儒学传统、日常经验等都是为某一社会部落或集团所共享的、渗透于该部落集团的思维和行为之中的一般特征。许慎对王育那种以一时之偶见来定千古之书契的做法流露了明显的怀疑。

(三)值得注意的是,建立在汉字构形与某种经验背景之间的联系还应当具有一定的历史性。

汉字不仅在特定的历史经验背景之下产生,而且以自己的形体呈现了这一背景的某些内容,因此字形与字义的结合,常常具有不可逾越的历史层次性。甲骨文"监"字的构形只能产生于"以水为镜"的那一特定历史阶段(字形见《甲骨文编》卷八·九);《说文》所收古文"社"字的构形,亦只能产生于古代那一"树其土所宜之木"为社的特定历史环境中(字形见《说文》一上)。许慎在说解文字之时,显然已经意识到了这种朴素的道理。例如,许慎释"表"

---

① 《说文解字注》第407页。

云:"表,上衣也,从衣从毛,古者衣裘,以毛为表"(《说文》八上);释"姓"云:"姓,人所生也,古之神圣母感天而生子,……从女从生生亦声"(《说文》十二下)。类似材料,都说明了许慎把汉字构形跟可能与之共生于同一历史层面之中的民俗联结起来考察的努力。

不过这种努力具有一定的限度。当许慎用成熟于春秋战国并盛行于两汉时期的阴阳五行学说来阐释天干、地支乃至某些数目字的时候,他似乎对汉字构形同某种经验背景的历史的结合一点都不关注。当然,许慎所审视、观照的主要是小篆,这种汉字书写体系曾经秦人李斯等有意识的改定、划一,阴阳五行学说等文化思潮完全可能构成这次字形改定的错误导向;但历史的误会绝对不等于历史的真实。更何况就基本情形而言,小篆只是由甲骨文、金文演变而来的字形的对应性规整。因此,汉字阐释必须注意这一事实,即汉字从产生以后,便不可避免地要与种种文化思潮发生极为密切的关系,譬如"一、二、三、四、甲、乙、丙、丁"之于阴阳五行,但是这种关系却并非字形的内在属性,相反,它只不过是外在于汉字构形的、历史的反复强化的结晶;汉字阐释根本不应立足于这种关系而强为其说。

我们上文之所以说许慎有时"似乎对汉字构形同某种经验背景的历史的结合一点都不关注",是因为这一倾向只表现于许慎说文解字的某一阈限之内,在其理性层面上,他完全可能把"历史性"作为汉字阐释的基本前提。只不过有时他眼中的"历史性"说到底乃一种假象或者一种错误的认定而已。

(四)必须说明,即便上述三个方面都可以做到,亦很难确保汉字阐释正确无误。因为正确的阐释还有一个不可缺少的前提条件,即:建立在汉字构形与某种经验背景之间的联系,必须具有真实性。

从表面上看,汉字构形有时可以与同一历史层面之上的、多种具有一般意义的经验背景建立联系,然而对其原初构形与意义而言,其中至多只能有一种联系真实可靠。因此,科学的汉字阐释还必须确证它自身的真实性。

最能反映其原初意义的汉字构形常常能够更为确切、形象、直观地显现它与历史经验背景的联结,所以阐释汉字首先必须尽量从各种文化遗存中追索汉字的早期构形。许慎释"美"云:"美,甘也,从羊从大,羊在六畜主给膳也"(《说文》四上)。"美"字身后潜藏的日常经验背景真的是许慎、徐铉等所说的"羊大则美"吗?"美"字的构形真的反映了人们对羊肉的味觉感知吗?在这些问题得到肯定的答复以前,许慎、徐铉所说的只不过是一种主观的假定。

"美"字的甲骨文、金文字形(见《甲骨文编》卷四·一四,《金文编》卷四·二六二)虽与《说文》中的小篆写法极为相似,但却更明显地可以还原为一个完整的视觉形象。这从一定程度上排除了"大"字由其引申义参与"美"字原初内涵的可能性。事实上"美"字原本象一个正面而立、首戴羊头或羊角的人;其分展的两肢与叉开的双腿虽与"大"字极似,但准确说来应为歌舞之象。对"美"字早期构形的这种分析,无疑已经动摇了许慎等人的解释。

进一步说,与汉字密不可分的时代情状亦可以从一定程度上证明建立在汉字构形与历史经验之间的联系是否是一场误会。仍以《说文》释"美"为例。如果"美"字的内涵诚如许慎所说,意指人的味觉感知,那么它为何取意于"羊"而非"马、牛、豕、犬、鸡"呢?《说文》云"羊在六畜主给膳",然《周礼·膳夫》谓"膳用六牲",何独羊哉?徐铉"羊大则美"等等,不过是想象之词耳。段玉裁《说文解字注》云:"羊者,祥也,故美从羊"。① 段氏之说显然更接近历史的真实。可进一步追究下去,人们依然可以问:"羊"何以包含"吉祥"之义呢?

"美"字的原初构形或为先民扮作图腾神明投足歌舞之状。对先民来说,图腾神明可以为本部族成员带来福佑,而图腾歌舞则常常可以给世人以近似迷狂般的陶醉。在前一种意义上,羊被很自然地目为吉祥的象征;在后一种意义上,图腾歌舞又很自然地充当了美感意识的最初起源。② 古代以羊为图腾的部族很多:上古的鬼方氏(即羌族的先民)以羊为原生态图腾,共工氏以羊为准原生态母系图腾,炎帝族和周族亦以羊为准原生态母系图腾。③ 总之,以羊为图腾神明乃影响先民生活至深至广的一种风俗。由此看来,许慎等对"美"字的阐释只是一种想当然的主观设定。

此外,先秦文化典籍中运用汉字的种种具体情形亦往往可以证明有关汉字阐释是事实还是谬误。但运用古文之义例来作汉字原初构形或内涵的佐证必须慎之又慎:在不能多方证明某一义例反映了汉字原初内涵的情况下,不可轻易地将其作为阐发字形功

---

① 《说文解字注》第 146 页。
② 参阅李泽厚、刘纲纪主编《中国美学史》第一卷第 79—81 页注。于省吾认为"美"从"羊"为戴羊角伪装狩猎,进而发展为一般装饰、美观尊荣和礼神装饰,见《释羌、苟、敬、美》,《吉林大学哲学社会科学学报》1963 年第 1 期。
③ 参阅龚维英《原始崇拜纲要》第 6 页,10 页,28 页,42 页,中国民间文艺出版社 1989 年版。

能的出发点;同样,在不能多方证明某一义例完全外在于汉字早期构形的情况下,亦不可轻率地抹煞字形对汉字构形功能的提示作用。

在确证汉字经验背景的真实性方面,许慎《说文解字》无疑存在着种种缺陷。许慎既不可能摆脱自身禀有的个人局限,亦不可能超越当时为人们共享的历史、文化规定。许慎只能是许慎,只能是根植于特定历史土壤中的许慎;《说文》亦只能是《说文》,只能是汉字意义与功能在特定个人——历史层面中的显现。

汉字形义关系的疏离与弥合[1]

"汉字以形表义"这一根深蒂固的观念,使传统语言文字学将形义统一性视为研究文字和古代文献语言的不容违背的原则。这一方面为中国文字学和语言学的研究提供了相当坚实的基础并使之独具特色,一方面却窒碍着古代语言文字学的理论思维视野,使人们对许多重要的语言文字现象不能作出深入的理论思考与探求,以致对语言文字学的一些基本问题造成种种误解。这种情况至今尚未得到根本的改变。实际上,汉字形体并不能独立规定其自身的功能。从阐释角度看,在单纯观照那些陌生的汉字形体时,人们常常无法完成由字形到字义的正确转换,而且汉字构形及其发展也越来越背离其早期构成的形义统一性原则。

就现存最早、最成熟的汉字系统来看,汉字构形确实从一开始便自觉不自觉地遵循了以形表义的原则。但是,汉字从产生之日起便无法摆脱这样一种困扰,即它无法排除种种视觉图像的多义性。比如将"至"字诠释为"矢远来降至地之形"[2]固然很有道理,但就小篆字形而言,像许慎那样释之为"鸟飞从高下至地也",也未

---

[1] 本文与常森合作,原载于《语文建设》1994年第12期。
[2] 参阅徐中舒主编《甲骨文字典》第1272页,四川辞书出版社1989年版。

必没有相关的经验背景。

这种歧解产生的根本原因,并不在于汉字构形不能更准确、更细腻地呈现它所要传达的对象或信息。实际上,即便是对事物的高度写实的图像,有时也不能彻底排除观照者的歧解,更何况汉字。[①] 汉字既不可能也没必要将其所要传达的对象无微不至地呈现在人们面前;它只能也只须概括表现对象的某些基本形象或感性特征。这无疑增加了汉字构形作为视觉图像的多义性。[②] 在汉字的构形部件中,一个方框既可以被理解为一方城邑,又可以被理解为一块田地、一领席子或一个猪圈,例如它在"邑、囿、因、圂"等字中便是如此。古文字形㐭既可以理解为手有所执的样子,如在"执"中;又可以理解为跪拜祈祷的样子,如在"祝"中。"[③]与此相关,甲骨文"夙"与令鼎"扬"字一方面可以理解为人在日、月之下劳作,一方面也可以理解为人对日、月的朝拜和祈祷。[④] 而后者并非于古无征,《礼记·祭法》所谓"埋少牢……王宫,祭日也;夜明,祭月也",《尚书·尧典》所谓"寅宾出日"、"寅饯纳日",正说明了古人常常祷祈、祝颂于日月。

在汉字阐释过程中,字形的多义性有时甚至表现为对同一字

---

① [英]E. H. 贡布里希《图像与眼睛:图画再现心理学的再研究》第19—20页曾讨论过人们对木叶蝶与入幕宾飞蛾的可能的歧解,可以参看。浙江摄影出版社1981年版。

② 人们在感受图像可能蕴含的情感或观点时,具有相当明显的随机性。这一点已为一系列实验所证实。参阅[英]E. H. 贡布里希《图像与眼睛:图画再现心理学的再研究》第195—196页。

③ 二字字形见《甲骨文编》卷三·一一,卷一·五,中华书局1965年版。

④ 见《甲骨文编》卷七·八"夙"字;《金文编》卷一二"扬"字,中华书局1985年版。

形的截然相反的理解。就日常经验而言,"日在茻中"(莫)、"日见地上"(旦)、"日在木上"(杲)、"日在木下"(杳)等既可以理解为对日出前后有关景象的表征,又可以理解为对日落前后有关景象的表征。人们一般认为:甲骨文"朝"字象日月同见草木之中,为朝日已出、残月尚在之象;"夙"字则为人侵月而起并执事于月下之象,其义为"早"。这些解释,显然只能说明"朝、夙"的已知意义对其字形功能的界定。实际上,二字形体与意义之间含有巨大的间隔。如果脱离语言背景和既定字义的制约,甲骨文"朝"字的字形完全可以理解为暮色苍茫之中落日尚见、月牙依稀并与草木互相掩映;"夙"字的字形则完全可以理解为日已下山,朗月当空而执事者"虽夕不休"(《说文》七上)。由此可见,是意义的预先认定消弥了二字形体原有的歧义,而字形本身并无这种功能。

汉字的理论研究,显然不应回避汉字形义之间的疏离。这种疏离在以下几个侧面表现得更为突出。

其一,形声字成为汉字的主体,其形体构成的二要素之一——声符的作用仅在于记音,这在很大程度上冲破了早期汉字构形的形义统一性原则。声符在形声字构形过程中,因为约定俗成而将其原本代表的字义弃置不顾,这样它们的形体特征就不再参与形声字的意义构成。形声字形符的功能又主要在于区分和标指。[①]因此,形声字的出现及其发展从根本上已动摇了早期汉字构形的形义统一性原则。由于声符产生相对较早,其形音义在历史的反

[①] 参阅黄德宽《古汉字形声结构声符初探》,《安徽大学学报》(哲学社会科学版)1989年第3期;《论形符》,《淮北煤师院学报》(社会科学版)1986年第1期。

复强化过程中已凝结为一个整体。对于一个解释者而言,如果不是那些后天习得的知识经验规定着汉字构形的具体功能,在审视"棚、瘼、但"等汉字的时候便不能不产生种种诱惑:"凤鸟于飞"这种景象是否表明了"棚"字的部分意义?"日在草丛"、"日在地上"这种景象是否显现了"瘼"与"但"的部分意义?① 与此相类,如果没有丰富的知识经验作诱导,人们同样无法肯定"䳡、聝、聚"诸字的内涵与禽鸟、与耳朵、与众人并立有关。② 从这种意义上看,形声字大量产生的过程,可以说正是汉字形体与意义进一步疏离的过程。

其二,传统所谓的会意字有时亦难以让人见其"指拗"。构成会意字的某一部件不仅可能以自己的形体呈现整个汉字的部分内涵,而且可能以其与形体间隔较远或者了无关联的引申、假借义参与全部字义的合成。《说文》释"夾"云:"夾,持也,从大俠二人",——此处"大"字以其本形本义融会于夹持义中;《说文》释"赤"云:"赤,南方色也,从大从火"(十下),——此处"大"字则以其引申义融会于"南方色"中。③ 这种情形无疑可以导致人们对有关汉字的歧解。如"美"字,其本义究竟是指人冠戴羊形或羊头装饰呢,④ 还是指大羊味美呢?⑤ 仅就构形而言,前一种理解固非无理,而后一种理解亦绝非妄说。要之,即使是坚持形义统一性原则而构成的会意字,由于其形义关系的远近疏密之不同,人们理解它时

---

① 见《说文解字》六上、七下、八上之"棚、瘼、但"三字。
② 见《说文解字》四上、四下、八上。
③ 参阅段玉裁《说文解字注》十下。
④ 参阅于省吾《释羌、苟、敬、美》,《吉林大学社会科学学报》1963 年第 1 期;李泽厚、刘纲纪主编《中国美学史》第一卷第 79—81 页,中国社会科学出版社 1984 年版。
⑤ 参阅《说文解字》四上关于"美"的解释及徐铉等的注释,中华书局 1963 年版(大徐本)。

也显然难以单纯依据字形来作出决断。

其三,按照许慎、段玉裁等人的看法,某些汉字的内涵必须依赖特有的笔势来体现。许慎释"丨"云:"丨,下上通也,引而上行读若囟,引而下行读若退"(《说文》一上)。段玉裁曰:"凡字之直,有引而上、引而下之不同,若'至'字当引而下,'不'字当引而上,又若'才、中、木、生'字皆当引而上之类是也。"[1]"引而上"指书写时运笔上行,"引而下"指书写时运笔下行,许、段的意思是这种运笔方向的不同具有区别字义的功能。或许汉字构形之初这种可能性不能完全排除,但是,这显然有悖于汉字的形义统一性原则。因为汉字作为记录语言的符号系统,常常只能以一种静止的整体形态呈现在人们面前,它几乎不可能表现为某种动态的过程。

其四,汉字构形对形义统一性原则的背离,还表现于同一构形方式常常包含不同的实质内容。汉字中两个或者三个相同部件的并现每每表示"众多"义,《说文》所谓"重夕为'多'"便是典型的例子。按照许慎发明的这一原则,"林、森"为丛木或树木众多,"晶"为群星共明,"品"为众庶之意,而不是"二木"或"三木"、"三日"或"三口"的简单的量的表现。与此相类,"喿"为众鸟群鸣,"聶"为众耳相附窃窃私语,"羴"为群羊相厕,等等。上述诸字所具有的量的内涵都已超出其字形本身的规定。然而,许慎又将"廿"解释为二"十"相并,"卅"为三"十"相并,"世"为三"十"相并而曳长之。与此相类,"隻"为手持一"隹"(鸟),"雙"为手持两"隹","雔"为双鸟,"珏"为二玉,"秉"为手持一禾,"兼"为手持二禾。以上诸字所具有

---

[1] 段玉裁《说文解字注》第20页,上海古籍出版社1981年版。

的量的内涵,却又没有超出字形本身的规定。构形方式相同而表义功能不一,是形义关系疏离的一种表现。这种不一致只能让人困惑不解。在不明此类汉字意义的情况下,即便人们明了其中个别部件的内涵,也无法确知这一部件的并现所要传达的准确的信息。

此外,汉字在历史发展过程中形体不断演变,符号化程度不断提高,汉字在具体应用中又日益远离其原初意义,这些都不断增加汉字形义之间的疏离。惟其如此,对汉字的阐释应该也必须追索古形与造意,索本求源,以寻求重新弥合其形义间隔的各种纽结。

我们指出汉字构形对形义统一性原则的背离,并非意指汉字在以形表义方面一开始便完全陷入了困境。在汉字发生与发展的某个特定时期,汉字构形的功能并不存在太多的不确定性。但是值得注意的是:汉字形体功能(或内涵)的确定性显然不存在于字形本身,而是存在于施指(即字形)与所指(即汉字原初的意义或读音)的紧密联系之中。字义与字音规定着字形的指向功能,字形则标志、启示着字义、字音的所在。施指与所指之间的这种双向关系无疑可以在相当程度上掩盖汉字形义之间的疏离。从汉字发生的角度看,施指与所指之间的相互指向、相互规定只有以特定的社会成员来体现;从汉字阐释的角度看,施指与所指之间的互明关系,只有通过特定社会成员的介入才能确立。字形本身对此无能为力:首先,规定字形功能的所指并不处于一种自我呈现的状态;其次,字形本身只能部分地呈现其造意,或者说,字形本身只能相当有限地趋近汉字的原初意义。汉字的这种特质,从客观上突出了阐释者介入的重要性。

汉字阐释者究竟应以何种手段介入呢？换言之，汉字阐释者究竟应以何种手段来弥合汉字形义之间的分离呢？简单地历史考察可以使我们发现：阐释者几乎是"从终点又回到了起点"，他只能从对汉字字形的视觉感知开始。

追索汉字的原初内涵无法脱离对汉字作为视觉形象的感知，这样说不会引起任何异议。然而，人们在许多情况下却忽视了在图像感知过程中感知与判断密不可分的关系。事实上，人们从字形感知到的信息仅仅是已经推断出来的东西，它有时甚至与汉字的造意毫不相干。如果人们断定"不"字像"花萼之柎"，[①]其感觉会从各方面主动地确证这一判断；如果人们认为"不"字像种子萌发前向地下生长的胚根，其感觉同样会自觉地确证、支持这一判断。[②]就是说，一旦人们对某一字形作出推断，其感觉便将更多地关注字形中能够证明这一推断的特征，而相对忽视游离或有乖于这一推断的其他特征。基于这种原因，当看到许慎一方面用人体从头到脚各个组成部分来解释天干用字的构形，一方面又用阴阳二气的升降流行对其加以解释的时候，我们一点儿都不感到惊讶；人的感官的确能够从这些汉字中，提取出某些证成两种相异判断的特征。

影响对汉字字形感知的判断既受制于汉字出现的有关语言背景（立足这一方面，传统训诂学、文字学已经取得了相当的成就），又受制于左右阐释者的庞大文化系统。人们日常生活中可以经验

[①] 参阅郭沫若《甲古文字研究·释祖妣》，《郭沫若全集》考古编第一卷第53页，科学出版社1982年版。

[②] 如李乐毅《汉字演变五百例》第23页所示，北京语言学院出版社1992年版。

感知的、具有一般意义的自然或社会现象,是这一系统中最显而易见,最具体生动的内容。《说文解字》对有关汉字的阐释可以清楚地显示:许慎认知汉字时无可避免地受到了他直接或间接了解到的日常经验知识的影响。

许慎云:"東,动也,从木,官溥说从日在木中"(《说文》六上);"西,鸟在巢上,象形,日在西方而鸟栖,故因以为东西之西"(《说文》十二上);"南,草木至南方有枝任也"(《说文》六下)。朝日升起于东方、太阳西落而鸟栖息、南方草木畅茂等日常经验对许慎考察"东、西、南"三字构形的影响显而易见。当某些汉字可以被置于几种不同背景之上的时候,判断对字形感知的影响作用与这些背景的关系则显得更为复杂。如"寸、尺、咫、寻、仞、度"等与度量有关的字,至少可以放在三种不同的背景上来感知。其一,《淮南子·天文训》认为"尺、寸、寻"等字表示的意义皆由于"天道"的先验规定。其二,《山海经·海外东经》有"帝命竖亥步,自东极至于西极"的记载,其说虽荒诞不经,但它的经验意义是:人乃是度量外物的主体。由此可以解释"寸、度"何以从"又","尺"、"仞"何以与"人"有关。其三,现实经验中,取法自身来衡量外物长短的现象极为常见,周制诸度量字"皆以人之体为法"。基于这种经验背景,可以解释"寸、尺、咫、寻、仞"等从"又"或"寸"或"尸"或人的根本原因,在于诸度量字原本取法于人的自然属性。在三种不同的背景上,许慎从日常经验出发,选择最后一种作为解释这些汉字构形的文化背景,指出"周制,寸、尺、咫、寻、常、仞诸度量皆以人之体为法"。谓"尺","从尸从乙,乙所识也","中妇人手长八寸谓之咫"(《说文》八下);"寸","人手却一寸动脉谓之寸口,从又从一","度人之两臂为寻"(《说文》三下);"仞,伸臂一寻八尺,从人刃声"(《说文》八上)。这种选择,与至今依然为人所共知的"指、拃、庹、拱、搂、抱"等测量长度的单位及方式可相印证。

从情理上说,在感知汉字构形的时候,"错认"乃不可避免。开始人们从字形中感受到的信息以及从经验知识中获得的"暗示",都可能不完全、不确定、不具体,由二者初步遇合而产生的判断也未必能够从汉字字形、从有关经验事实以及汉字出现的一定语境中得到确证。汉字形体作为视觉图像的多义性,使同一字形有时可以分别与多种经验背景建立联系;如果字形接受的判断是虚假判断,谬误便会产生。《说文》释"东"、释"南"都是如此。"南"本为古代一种钟形瓦制乐器,"东"本为古代一种两端以绳捆扎的袋子。但是许慎对此了无所知,经验的欠缺使他无法获得应有的暗示,因此,也无法作出正确的判断。就古文字形看,许慎释"西"之形是错的,然而,至今我们对构成"西"字古形的依据和背景不能确知,所以依然不能作出进一步的判断。由于"错认"可能性的存在,阐释者必须反复推求,以纠正自己的错误论断。许慎释"寸、尺"等字,很可能便经历过这种"错认"与"纠谬"的过程。汉字研究的事实表明,这种"错认——纠谬"的反复甚至贯穿于整个汉字阐释的历史过程中。

总而言之,在审视汉字构形的时候,阐释者常常可以从中悟出多种相异的信息,最终他只能选择一种作为该字的诠释。不管是阐释者的领悟还是抉择,都关联着他对传统文化(包括日常经验)所内涵的诸种可能性的预先知识。没有这种预先知识,人们将无以合理地从汉字构形中感知任何东西。当然,人们"说文解字"未必总由审视字形开始,并以领悟字形所指结束。对相当一部分汉字来说,阐释过程实发轫于既定的字义,而归结于明确字形的功能。但是,即便在这种情况下,阐释者仍然要从日常经验、古代民俗等预先知识中来寻求汉字命名或构形的合理性。例如《说文》以为"禾""二月始生,八月而孰,得时之中,故谓之禾"(七上);"乙,玄鸟也,齐鲁之间谓之乙,取其鸣自呼"(十二上);"狗,孔子曰:狗,叩也。叩气吠以守"(十上)。举凡此类,皆从日常经验中揭示汉字的读音何以跟其形、义结合在一起。《说文》释"獨",谓"犬相得而斗也,从犬蜀声,羊为群,犬为独也"(十上);释"名",谓"自命也,从口从夕,夕者冥也,冥不相见,故以口自名"(二上)。举凡此类,皆从日常经验中寻求汉字构形的内在理据。

汉字形义之间的疏离,使得汉字阐释无法脱离介入者的主观判断;而这种判断作为主体"以意逆之"的结果,又根本不可能超越传统文化对阐释主体的特有规定。这就使得汉字阐释变得十分复杂而兴味无穷。一方面,汉字形义关系的疏离必须靠阐释者来弥合,另一方面,阐释者作为汉字与传统文化、现实生活的中介,又必然将种种丰富的文化内涵投注于对汉字形义的阐解之中,正是这种"投注"成为弥合汉字形义关系疏离的纽结。以上就是我们研究这一问题所得出的初步结论。这一结论提示我们,必须客观、恰当地估计汉字以形表义的功能,对汉字的性质及其形义关系作出更加科学、合理的评价。

同声通假:汉字构形与运用的矛盾统一[①]

形义统一性是汉字构形及其运用所遵循的基本原则。对这一原则的体认,在一定意义上可以说是中国文字学赖以确立的基础。然而,当我们对西周到秦汉时期汉字发展及其运用的实际予以全面的考察后,我们发现这一原则在汉字的构形和运用过程中,并不是一开始就体现得十分明晰,许多汉字实际是在经历了构形和运用的矛盾统一之后,才得以定型并最终实现这一原则的。古文字资料中普遍存在的"同声通假"现象就是其典型的表现。

所谓"同声通假"是指同声符形声字相互借用的现象。在地下出土的文字资料中,"同声通假"占有相当的比例,颇为引人注意。钱玄先生曾统计两周金文、秦汉简牍帛书、传世先秦典籍使用通假字的情况,平均百字中之通假字,两周金文在十五六,秦汉简牍帛书约为六,先秦传世典籍则为一。而两周金文通假字中同声符相通之例,则占总数79%强。[②] 我们对《睡虎地秦墓竹简》、马王堆《老子》甲本及卷后佚文、《春秋事语》、《老子》乙本及卷前佚文、《帛

[①] 本文原载于《中国语言学报》第九期,1999年6月。
[②] 《金文通借释例》(初稿),南京师范学院1981年油印本。

书战国策》、银雀山简本《孙子兵法》、《尉缭子》等秦汉简牍帛书的假借字进行了一次比较全面的整理,共搜集常用假借字 1675 字。其中属同声符相通者 1344 字,占总数 80% 强。这很可能反映出先秦至秦汉之际通假字使用的真实情况,传世典籍中的通假字有些很可能已被后人改为本字。即使这样,在某些典籍中同声通假依然是十分突出的现象。比如《墨子》,"古字古言,转多沿袭未改",通假字保存甚多。据研究,全书共用通假凡 540 多字,其中习见和罕见而可定者共 453 字。[1] 对这些假借字进行分析统计,同声符相通者也占总字数约 66%。高亨先生《古字通假会典》一书取材先秦两汉大部分主要著作(魏晋以下偶有征引),能比较全面地反映传世典籍通假字的面貌,我们经过抽样统计,"东部"30 个声系共收通假字 432 条,其中同声相通者 248 条,占总数 57% 以上。这同样表明同声通假的普遍性。与两周金文、秦汉之际的简牍帛书相比,其比例有所下降,这与后世对典籍的整理不无关系,同时也应看到两汉之书中的通假字总体比先秦及秦汉之际少,也与汉字体系的发展有关。

上述"同声通假"情况可以分为三种不同的类别:一是形声字以其声符为借字。如:"且"借作"祖"、"屯"借作"纯"、"每"借作"敏"、"折"借作"誓"、"田"借作"甸"(以上见两周金文),"又"借作"有"、"直"借作"置"、"翏"借作"戮"、"耤"借作"藉"、"辟"借作"臂、避、壁"(以上见睡虎地秦简),"失"借作"佚"、"兹"借作"慈"、"立"借作"位"、"耆"借作"嗜"、"合"借作"答"、"正"借作"政"、"古"借作

---

[1] 参阅周富美《墨子假借字集证》,台湾大学文学院 1963 年印行。

"固"(以上见马王堆帛书),等等。这类以声符为借字的通假例,在同声通假中占有相当的比重。据我们统计,两周金文同声通假中这种情况高达72%强[1],在秦汉简牍帛书同声通假例中,约占45%。二是声符字以同声符形声字为借字。如:"譬"借作"辟"、"啻"借作"帝"、"迈"借作"万"、"囿"借作"有"、"征"借作"正"(以上见两周金文),"有"借作"又"、"贼"借作"则"、"诱"借作"秀"、"造"借作"告"、"苞"借作"包"、"投"借作"殳"、"溉"借作"既"、"蔡"借作"祭"(以上见睡虎地秦简),"智"借作"知"、"视"借作"示"、"氣"借作"气"、"浴"借作"谷"、"畸"借作"奇"、"静"借作"争"、"宵"借作"肖"(以上见马王堆帛书),等等。以形声字作为它的声符的借字,与第一种情况正好相反,这种现象用传统的通假理论是难以得到令人满意的解释的。这种情况在同声通假中所占比例相对较小,两周金文中约占5%,秦汉简牍帛书中也占5%弱。三是同声符形声字相互借用。如:"祜"借用"匡"、"悔"借作"敏"、"媵"借作"朕"、"哉"借作"载"、"赢"借作"嬴"、"阳"借作"扬"(以上见金文),"治"借作"笞"、"幅"借作"福"、"福"借作"幅"、"组"借作"祖"、"择"借作"释"、"避"借作"僻"、"臂"借作"壁"、"适"借作"敌"、"俗"借作"容"、"棺"借作"棺"(以上见睡虎地秦简),"侍"借作"待"、"请"借作"情"、"渴"借作"竭"、"检"借作"俭"、"贤"借作"坚"、"依"借作"哀"、"格"借作"客"(以上见马王堆帛书),等等。同声符互借者在两周金文中占同声通假例的22%强,秦汉简牍帛书中占50%多。

对普遍存在的同声通假现象应如何解释呢?郑玄对假借曾有

---

[1] 此项统计参阅了钱玄先生的《金文通借释例》。

一段很著名的话:"其始书之也,仓卒无其字,或以音类比方假借为之,趣于近之而已。"①这是古今论假借者所共识的,"仓卒无其字"是假借产生的原因。以古汉字通假字,尤其是秦汉简牍帛书通假字来验证郑玄的说法,却有不然。同一篇章往往既有其字而借作他用反而借他字以为己用者并不鲜见,如《秦律十八种》"被"借作"柀",而"柀"借作"罢",即是其例。高亨先生等在论及马王堆帛书《老子》多用借字时说:"帛书《老子》用借字的地方很多……主要原因是古时字少。"并指出:"古书中用借字,不外四种情况:(1)原来没有本字,所以用借字,以后也未造本字。(2)原来没有本字,所以用借字,以后造了本字。(3)原来有本字,可是写书人不认识或不熟悉,所以用借字(等于写别字)。(4)原来有本字,可是写书的人因本字画多,有意舍繁从简,所以用借字(等于写简体字)。这四种情况,帛书《老子》中当然都有。"②这四种情况似乎与古文字资料中反映的同声通假现象并不完全相符。一是同声通假中许多是有"本字"而不用者,二是有些是有本字而借用他字者,三是某些通假既不能说是不认识或不熟悉本字,也不能说是"舍繁从简",而上述第二类同声通假字恰恰是"舍简从繁"。由此看来,用一般的同音通假的理论难以圆满解释"同声通假"现象。

当我们将同声通假与形声结构及其发展联系起来考察时,我们发现二者有着密切关系。我们曾指出:西周以降以形表意类的构形方式渐趋衰微,形声结构的构形功能日益增强,而春秋战国则

---

① 见唐·陆德明《经典释文序》所引。
② 高亨等《试谈马王堆汉墓中的帛书〈老子〉》,《文物》1974年第11期。

已进入形声结构的勃兴时期。① 同声通假的发生则主要从两周开始,秦简代表了战国晚期到秦的部分资料,而马王堆、银雀山等地出土的简牍帛书,虽为汉初人的手抄本,但其书如《老子》、《孙子兵法》、《孙膑兵法》、《战国策》、《尉缭子》等,正是形声结构蓬勃发展时期的作品,当能反映这一时期文字使用与发展的实际情况。两周以至汉初同声通假的大量存在与形声结构的发展是相一致的。

如何看待形声结构的发展与假借的关系呢?许多形声字是通过在假借字上加附形符而构成的。加附形符的目的是构成专用的本字,以减少假借字。因此,表面看来形声结构的发展应抑制大量使用假借,而不会造成更多的假借现象发生。这样看来,将同声通假的普遍发生与形声结构的发展联系起来似乎自相矛盾。但是,当我们对三类同声通假的情况进一步分析后,问题的实质就会显露出来。

第一种类别,以声符为同声符形声字的借字,就一般的假借理论而言,可以解释为舍繁从简。但是,对这一类通假情况的确定,往往依据的是定型的汉字系统内已有的本字。两周金文此类情况比例高达 70% 以上,实际可分为两种不同的情形:一是当时已有本字不用者,如"且"借作"祖"、"畗"借作"福"之类,约占总数一半以上;二是目前尚没有发现本字,可以初步认为本字是后起的,如"堇"借作"勤"、"各"借作"略"、"巩"借作"鞏"之类,这类通假例约近一半。前者中的形声字多为声符加注形符而形成的,这说明本字与借字之间有一个历史发展的渊源关系,声符在形声字出现以

---

① 参看拙文《汉字构形方式:一个历时态演进的系统》,见本书 174 页。

前就已具备这个形声字的功能,这种历史优势和使用习惯,使它依然具有随时替代加附形符而构成的形声字的资格;当加附形符而构成的形声字作为本字尚没能在运用中凝固为一个整体并真正获取专用字的资格时,这个加附的形符有时自可略去不计。因此,形声字以其声符为借字就成为一种常见的现象。后者中的形声字,作为后起字尚未出现时,充当此字的声符实是那些所谓本字的前身。严格地说用定型的文字体系为参照而认定这种情况也为通假未必恰当。在本字未出现之前,它们最多也只是一种本无其字的假借。但是,这类通假例却可以显示后起本字产生的过程,同样是形声结构发展研究所不可忽视的。到秦汉之际的有关材料中,以声符为借字的比例大为下降,表明形声结构在历史的进程中有了较大发展,许多声符加附形符后得以凝固,声符一般不再具有代替它们的功能,另一些过去无本字的声符借字加附形符后也构成专用字。

第二种类别比较难解释,作为声符字借字的形声字,从字形看繁于本字,从使用历史看迟于本字,为何不用形体简单、沿袭已久的本字,反而用形体繁复产生较晚的借字呢?这是不是反映了个人或地域的用字习惯呢?某些通假字在一部书中的使用,确实可能反映出用字的习惯问题,但是,如果同一现象在不同的语料中反复出现就不能以"用字习惯"一言以蔽之了。如:"智"借作"知"字,在秦简中凡数十见,但也出现于马王堆《老子》、《帛书战国策》、《孙子兵法》、《孙膑兵法》、《尉缭子》等简牍帛书文字资料中。"有"借作"又"字,睡虎地秦简中出现数十次,但《春秋事语》、《老子》、《帛书战国策》、《孙子兵法》、《孙膑兵法》等材料中也同样出现这种通假用法。"视"借作"示"字,虽然使用频率没有"智""有"借作"知""又"字高,但睡虎地秦简、《春秋事语》、《帛书战国策》、《孙子兵法》、《孙膑兵法》都有这样的用法。同时这些材料又存在以"知"为"智"、以"又"为"有"、以"示"为"视"的情况,这种相互错位的通假现象,表明本字与借字的职能只存在于使用中的相对区分,而不完全与它们构形所体现的形义统一性一致。但是,更多的通假例并不一定表现为这样的对应关系,如:马王堆帛书等材料中"争"既借"静"字,又借"挣""净"等字,同时"静"却借"清"字为之;睡虎地秦简中"青"既借"清"字,又借"精"字;同时"清"又借"精",马王堆帛书《老子》等又借"请"字,而"精"又以"请、睛、青、清"等为借字,"请"字又为"情"的借字。这些用例显示,无论是以从"争"声和"青"声的形声字为"争""青"的借字,还是相反,抑或同声符形声字彼此互相借用,它们都不体现为一种相对区分的对应关系,同声符似乎是它们彼此相通的唯一条件。根据以上分析,我们认为用字习惯不是造成以形声字为声符借字的这类通假现象出现的主要原因。我们考察了形声结构的发展历史之后,认为这种情况的出现应是形声系统处于快速发展时期的自然反映。首先,形声字的大量出现,加附形符形成专用字成为一时之尚,影响所及,未加附形符的声符用字,也有可能在不明文字构形规则的使用者那里被加附形符的形声字取代。其次,大量加附形符的新形声字和其他类型的形声字的涌现,冲破了已经形成的文字体系的格局,新字的定型需要一个过程,在这种情况下,必然会使文字的使用出现短期的无序状态,同声符交叉互借成为常例,以同声符形声字为声符的借字的现象偶有发生也就不足为怪。第三,形声字的勃兴在一定意义上是对通假字泛滥的反正,但是,二者在以表音为原则来记录语言这一点上相一致。尽管形声字通过形符的调节,使汉字的发展没有彻底丢弃以形表意的传统,但形符的功用在于区分和标指,在形声结构中它处于次要的、附属的地位,因此,我们指出形声结构是一种准表音性质的文字符号。[①] 这样看来,无论是假借还是形声,都是以表音来记录语言的符号,因此,以同声符形声字为声符字的借字的出现,与其他两种情况一样,正是汉字体系中表音倾向增强的结果。所以在同声通假中表现为以同声符为唯一条件。当然,文字使用的制约因素是多方面的,这类舍简从繁,以后起字为借字的现象并不符合文字使用的经济原则,故在整个同声通假中比例很低,且主要出现在形声结构蓬勃发展的时期。随着大量新的形声字的定型和功能的明确,这类通假情况就越来越罕见。

第三类情况,同声符形声字的互相通用无别。在某些材料中,这种互通似乎也有一定的规律。如:睡虎地秦简中"幅"借作"福"、"福"借作"幅","俗"借作"容","容"借作"鎔",这类互相交错或递相借用的例子虽然有,但并不普遍。更常见的用例是同声符字互通无别,如:睡虎地秦简中"辟"声系的字通用情况是:"避"借作"僻","辟"借作"臂"、"避"和"壁","臂"借作"壁","廦"借作"壁";"皮"声系字,"被"借作"柀","波"借作"破","彼"借作"破","柀"借作"破";马王堆帛书及秦简等材料中,"青"声系的字互相通用,等等,都比较典型地反映出同声符形声字相互借用的无规律状态。然而普遍存在的同声相通却又遵循一个共同的规则,即只要声符

[①] 参看拙文《形声结构的组合关系、特点和性质》,见本书第93页。

相同,彼此就可以通用无别。第三类同声相通情况,更为典型地体现了形声结构发展过程中形声字使用的面貌,一方面新形声字的大量出现减少了以声为借字的用例,一批后起的本字成为形声体系中的新成员;另一方面这些新字在使用过程中还必须经过全社会文字使用者的认同,逐渐作到形音义相统一、字型结构稳定、使用功能明确。只有这时这些新造的形声字才真正获得专用字的资格,同声相通现象才会减少乃至消失。西周以降汉字构形进入形声结构为主体的阶段,春秋战国以至秦汉之际,形声字随着社会政治、经济和语言的发展大量增加,同声符形声字相互借用无别,正是在这样的背景下出现的必然现象。

综上所述,同声通假的普遍存在,实质上是形声结构处于蓬勃发展阶段的产物,是汉字体系发展演进所呈现出的景象,仅仅以传统的文字通假的理论是不能对这种现象作出全面合理解释的。

同声通假现象的普遍存在不仅与形声结构处于发展阶段有关,也为形声结构自身的特点所决定。[1] 首先,形声结构以声符为核心,是同声通假普遍存在的基本依据。声符作为形声结构这个矛盾统一体的主要方面,它在构形中的主体地位,使"同声"作为通假的唯一条件具备可能。形符的作用和性质,它在形声组合关系的凝固过程中表现的不稳定、不定型,使得实际运用中它变得可有可无,成为极易被忽视的因素,从而使同声相通的合理性相对增强。其次,同声通假反映了形声结构的内在矛盾性。形符的功用和声符的功用,体现了形声结构构形观念的矛盾统一。在形声字

---

[1] 参看拙文《形声结构的组合关系、特点和性质》,见本书第93页。

的使用中,同声相通对形符的功用是一个彻底的否定,这表明形声字构形所追求的专字专用的理想和实际使用中以"声"为核心而忽视"形"的存在相矛盾。这种矛盾性是形声结构内在矛盾性在具体运用中的反映。由于形声结构又是一个完整的统一体,当形声字在发展中逐步定型并获得社会成员的认可后,这种构形和用字的矛盾也就最终达到了统一。

本文对"同声通假"的讨论说明:汉字运用中表现出的某些现象,往往与其构形及发展状态密切相关。当我们分析某些用字现象时,应深入考察相关字的结构和历史发展情况,以寻求更加合理的解释;当我们分析汉字的构形时,同样应该考察相关字的运用实际,从动态的历史的观点出发,去揭示其本质特点和规律。

关于古代汉字字际关系的确定
——以"顧"及相关字为例[①]

一

字际关系指的是形、音、义某一方面相关联的一组字之间的关系。异体字、繁简字、古今字、同源字、通假字、同形字等,都是从字际关系角度提出的概念。汉字的整理、研究以及古代书面文献的训释,字际关系的确定是重要的基础性工作。

在古代汉字的整理、研究过程中,字际关系的确定涉及到文字的考释、工具书的编纂等不同方面,进行古文字的信息化处理工作,也必然经常遇到这个问题。姚孝遂先生主持编纂《殷墟甲骨刻辞类纂》时,对"文字形体的同异和分合"的论述及处理,就是确定甲骨文字字际关系的一次很好的实践。[②]

比较流行的各类古文字工具书和一些研究文章,在确定古文字字际关系时,基本上以《说文》和后世定型文字为参照。这种参照有其合理性,但也有其局限性。我们感到对这个问题应引起重

---

① 本文原载于《中国文字研究》第四辑,华东师范大学中国文字研究与应用中心编,广西教育出版社 2003 年版。

② 《殷墟甲骨文刻辞类纂·序》,中华书局 1989 年版。

视。这不仅关系到古文字整理水平的提高,对汉字发展演变史研究和一些古文字的考释也是很有意义的。

二

我们以"顧"及相关字字际关系的确定,为进一步讨论这个问题提供一个实例。

《金文编》卷九"顧"(1476)下收中山王器𩁹字。就辞例而言,此字确实可读"顧",但是,从字形看,字从鸟,寡省声,与"顧"形体大异,故有人或据文义释此字为"辨"。

郭店楚简《缁衣》第34号:"古(故)君子顧言而行,以成其信。""顧"作𥈠。这个字《郭店楚墓竹简》释文注释裘锡圭先生按语:"此字今本作'寡',但郑注认为'寡当为顧,声之误也'。简文此字从'见'(亦可谓从'视',偏旁二字一般不别),当释为'顧',可证郑注之确。"上海博物馆藏《战国楚竹书》(一)之《缁衣》篇,此字作𥈠,该书注:"䫉,即'寡'字,与'顧'通。""顧"字异文材料的处理,即涉及字际关系。今本郑玄注认为"寡"是"顧"之声误,也即音同(均见纽鱼部)而误用,上海简注文谓"寡"与"顧"通是沿用此说;裘注则将郭店简此字直接释为"顧",把这个从"见"(或"视")、"寡"省声的字确定为"顧"的异体字。目前能看到的真正与《说文》"顧"相同的字形,见于《睡虎地秦简·法律答问》。这样,"顧"就有了三个异体:𥈠(郭店)、𩁹(中山王壶)和顧(法律答问),新出《战国文字编》正是将三形列于"顧"下作为异体的。

战国文字"顧"以"䫉"为声符,有可能透露出"顧"与"寡"的某种深层关系。根据研究,在古文字通假中,用声符字相通相当普遍。① 许多同声相通的字是孳乳分化过程中字形分工尚未定型的反映。当一个字分化出另一个字的时候,分化字往往是在原字上加附形符而构成的一个形声字。在分化字处于未定型阶段,它既可以与同声符字互通,也可以只用声符代表这个字,这类现象有大量的例子。由此看来,"顨"之异文从"寡"省,或以"寡"(或其省形)通"顨",可能是"顨"与"寡"构形和分化关系的一种表现。

"寡",《金文编》卷七收录六例,据华东师大汉字研究中心编《金文引得·商周金文断代字频表》统计,"寡"西周金文四见,皆从宀从页作。春秋一见,从宀,从页,页讹为贝重叠繁化,并加八为饰。战国金文十见,皆出自中山王器,字省宀,从页,增八作 𩠴。楚简"寡"字也多作 𩠴(见郭店,上海简)。可见"寡"省"宀"之形流行于战国。根据我们对省形的研究,一般情况下,形声结构类型的字多可省形符而以声符充当这个字。这样看来,"寡"当是以𩠴为声符。考西周金文,此字作:

父辛卣　　寡子卣　　毛公鼎

《说文》分析"寡"字字形谓"从宀頒。頒,分也。宀分故为少也。"(七下·宀部)显然,许慎是以小篆𩠴的字形为据立说的,故十分牵强。小篆所谓从"頒",当是战国文字𩠴之形讹。我们怀疑"寡"所从这个声符,可能是"顨"的象形原字。

时代偏早的父辛卣和寡子卣铭文,这个偏旁都比较突出头部

---

① 参看拙文《同声通假:汉字运用和构形的矛盾统一》,见本书第 155 页。

和眼睛。"顧",《说文》:"还视也,从页雇声。"段注:"还视者,返而视也。《桧风》笺云:迴首曰顧。"父辛卣"寡"字所从作ᵁ,正像回首顧视之状。其字突出眼目,人身直立,与"望""视"构形之理相近。其他"寡"字虽不作回首状,但突出眼目和直体,与"页"之形有微别,如毛公鼎之"寡",所从作ᵁ,同器"显"从"页"作ᵁ,人体部分之曲直对比尚可分辨,同器其他带"人"体的字,如"配"所从作ᵁ,"命"所从作ᵁ,"邵"所从作ᵁ等,则与"显"所从一致,与"寡"所从有别。只是这种细微区别,极易忽视。如此,我们怀疑"寡"字所从正是"顧"的本字,这个字也就可以分析为"从宀,页(顧)声","寡""顧"古音声韵相同,"寡"以"顧"(本字)为声符,因此可以互相通用。"寡"为形声字,故可省形用声。因"寡"之声符"顧",与"页"形近,西周晚期之后又加两撇(西周晚期)或四撇(战国时期)为饰,并起区分作用。"寡"在父辛卣、毛公鼎铭文中都用作"鳏寡",《尚书》、《诗》此为常语。《鸿雁》"哀此鳏寡",毛传:"无妻曰鳏,偏丧曰寡。"《释名·释亲属》释"孤"曰:"孤,顾也。顾望无所瞻见也。"这个解释也许可以帮助我们理解"寡"何以从"顧"。参照《释名》对"孤"的训释,"寡"可分析为以"顧"为声兼表意,是后者的分化字。

对"寡"的构形分析如果成立,郭店楚简和中山王器中的两个"顧"字则可作如下分析:鸏,从鸟,寡省声,也可以说是"顧"字本字增加形符"鸟";赗,从见(或视),寡省声,也可以说"顧"字本字,增加义符见(或视)。这样郭店简"顧"可能是战国时期产生的一个专用字,因为"頾"已用作"寡",并不能体现"顧"的构形特征,遂加义符见(或视)以表示其意,分化出一个异体字。而中山王器从"鸟""頾"声这个字,可能并不是"顧"的异体,而是另一个从寡省声(或

"頋"声)的字。

《金文编》卷九"頢"下收以下两形：

毛公鼎/集成 2841　　　　沈子它簋/集成 4330

此字还见于帅隹鼎(集成 2774)，作. 《金文编》将此字列于"頢"下，而《说文》："頢，出頟也。从页隹声。"清代学者对此字的考释基本以许说为据。[①] 诸家之释，均不能妥帖读通金文铭辞，大都在从"隹"声求通假上绕弯子。而沈子它簋是西周早期器，其字所从当是"鸟"而非"隹"，同器"乌虖"之"乌"与此形相近，而"唯"所从之"隹"则判然有别。西周早期何尊"鸟"字上部与此完全相同，是"鸟""乌"字形尚未完全区别的例证。因此，这个字从"鸟"或从"隹"乃是意符，而"页"或是义符，或是声符。由上文对中山王器之"顧"和"寡"的分析，我们认为沈子它簋这个字就是中山王器"䫏"的早期形态，是一个从"隹"或"鸟"，"頋"声的形声字。作"頋"声的这个字与"寡"所从一致，突出头部和眼目，直体，毛公鼎这个字与"寡"所从几乎同形。沈子它簋之"䫏"所从与同铭"显"从"页"上部虽相同，身体部分则分别明显。这篇铭文中带人体的"稽、显、邵、令、见、饗"等，无一例外都作卪，唯独"䫏"所从作㇉。这种相对区别，与"见"和"视"，"望"和"监"是同理的。依中山王器之例，则金文此字，我们可以认为是从"隹"(或"鸟")，"頋"(本字)声。在这些铭文中将该字读作"顧"，都文通字顺，而且其辞例于文献可证。如

---

① 《金文诂林》十一册卷九"頢"下，香港中文大学 1975 年版。

沈子它簋铭文:"乃沈子其顨怀多公能福。"《诗·那》郑笺:"顾犹念也。"《诗·小明》:"念彼共人,睠睠怀顾。岂不怀归,畏此谴怒。""怀顾"即"顾怀",同义复词,词序倒正无别。帅隹鼎铭文:"乃頿子帅隹王母",读"頿"为"顾",大意是"唯王母乃顾子帅。"《诗·蓼莪》:"父兮生我,母兮鞠我,拊我畜我,长我育我,顾我复我,出入腹我。"诗意与铭文相近,皆为表达对养育之恩的顾念和感激。这篇铭文第一句是"帅唯懋晲念王母勤陶",最后一句说:"唯用自念于周公孙子,曰余必无庸又忘。"读此字为"顾",与《诗》"顾我复我"之"顾"作相同的理解是颇为允当的。毛公鼎铭文:"命女极一方,宏我帮我家,毋頿于政。""頿"这个字历来解释分歧很大。此乃周王申命毛公的训诫之辞,这种训诫在《尚书》中有类似的例子。《康王之诰》说:"今予一二伯父,尚胥暨顾,绥尔先公之臣服于先王,虽尔身在外,乃心罔不在王室。"这段文字中的"顾",与毛公鼎"頿"可能相近。"毋頿于政"读作"顾",典籍中也有类似的辞例,如《左传·哀公十四年》:"齐简公之在鲁也,阚止有宠焉。及即位,使为政,陈成子惮之,骤顾诸朝。"杜注:"成子陈常心不安,故数顾之。""頿于政"、"顾诸朝",实际指顾念朝政,心有所系。这样理解来读毛公鼎似亦通畅无碍。就以上辞例的释读,可见金文"頿"或"頵"读"顾"可通,这进一步说明将这个字分析为从"隹"(鸟),"顾"声(本字)是可能的。诸家将它释作《说文》"頿",当是因同形而误。

"頿"可读为"顾",是否就是"顾"的古字,似乎还可以讨论。按汉字结构的一般规则,这个字应与"鸟"类有关。《说文》谓"顾"从"雇"声。"雇",《说文》:"九雇,农桑候鸟。扈民不淫者。从隹,户声。"籀文从"鸟"作。甲骨文有𩿧字,诸家皆释"雇"字,或读"扈",

或读"顧",用作方国或地名。[1]"雇"作为"农桑候鸟"之说当有悠久历史,甲骨文已借作地名。而金文"頋"从"顧"之本字为声,从隹(鸟),是"雇"之异体,抑或"顧"的古字,尚有待进一步研究。"顧"之来源无非两种可能,一是在"頋"上增加"户"声,二是取"雇"为声符。比较而言,前一种可能性更大。无论哪种情况,都是"顧"的本字因形体演变,类化为从"页"之后发生的,目前出土资料只有秦简中才有"顧"字,就是这个原因。

三

通过对"顧"及相关的一组字的讨论,古代汉字字际关系确定的复杂性显而易见。首先,汉字早期构形与定型字形之间差距较大,古今关系的确立有时比较困难。我们认为"顧"本来是一个象形字,直接描摹人"还视"的形态,主要立足于对战国"顧"从"寡"省声,或与"寡"通,进而提出较早的"寡"字所从偏旁就是"顧"的古字,其字形或作"还视"状,以直体并突出眼目为基本特征,与"视""望"等构形之理相似。从这个线索出发,不仅可以正确分析"寡"之形体结构,而且也能较好解释"寡"为什么可省作"羿",以及增加符号"八"可能的含义,对小篆"寡"的形体讹变也可作出恰当解释。了解了"顧"的古字,对西周金文、战国文字中的"顧"发展和构形的解释就有了一个新的视角。汉字经过三千余年的发展,古今形体变化甚剧,将一个字的古今形体系连起来,并正确分析各个变

---

[1] 《甲骨文字诂林》第1774/1718页,中华书局1996年版。

化环节,则是我们确定有关汉字字际关系的一个重要步骤。

其次,古代汉字正处于一个发展演变过程之中,许多字因孳乳繁衍而构成分化派生关系,这种关系在运用过程中又不断地调整变动,最后才能形成功能定型,这要求我们在确立字际关系时必须坚持从历时的动态的角度来综合考察。就"顾"字而言,我们认为它可能经历了由早期象形,到西周金文通假(以"頾"为"顾"),再到战国时期分化造专用字(䁖),然后才定型为"顾"这样一个历时发展;同时,它又与"寡"曾经发生过密不可分的联系,这不仅表现在形与音两个方面,在通用和字义相承上也有关系,二者可能是一种同源分化关系。

第三,古代汉字的构形分析与实际应用往往并不是密合的,对字形结构的分析虽然可以为我们确定字际关系奠定基础,但是还必须同时考察其实际使用状态。西周金文中的"頾"(䁖),从字形结构分析确实可以与《说文》"从页,隹声"的同形字相对照,因而诱导许多学者沿着一个错误方向考释此字。当全面分析辞例,辨析该字的使用情况后,结合战国中山王器之读作"顾"的"䁖",我们才将它读作"顾"。此前已有人在个别铭文中将这个字直接隶作"顾",但并未有论述。[①] 只有将与它相关的辞例分析透彻,并以传世文献和古代训释资料予以印证,才能真正确定这个字与"顾"是通用关系,并重新理解其构形原理。

第四,古代汉字某些形体因时代、地域或其他原因,往往多种

---

① 《殷周金文集成释文·沈子它簋》,中国社科院考古所编,香港中文大学出版社2001年版。

异体并存,某些形体也可能与后起字完全同形。我们在确立字际关系时,应尽可能地避免以定型的汉字与古代汉字作简单地对照比附,以后人的用字习惯和规则来确定古代汉字。如"雇"与"顧"是否可能为异体关系?"顧"是由"頋"加"户"声而构成,还是如《说文》所分析的"从页,雇声"等,都不能作出一个简单的结论。

第五,古代汉字字际关系的确定,应从系统的观点出发,将各种形体和用字现象放在汉字系统中仔细比较观察,特别是将相关字联系起来比较分析,这样才可能得出较为正确的看法。我们认为"寡"字所从为"顧"的象形本字,除其自身形体特点外,与其相关的"视""望"等字,以及同篇铭文有关字的形体特征对比,也坚定了我们这个看法。而古代汉字形体的历史发展,汉字形体的符号化程度逐步增强,使这个字形原来赖以区别的特征逐渐消失,并与"页"同化,西周晚期之后"寡"之省形从"八",正是在这个过程中新增的区别要素,郭店楚简《老子》甲"寡"作 ,释文认为是"误写",有可能是一种"误判"。① 虽然其形与"须"相同,但更有可能是 的省写。本文对"顧"及相关字字际关系的讨论,也许未必都正确,但一些看法的提出则是从整个汉字系统着眼的。

---

① 《郭店楚墓竹简》第114页,文物出版社1998年版。

汉字构形方式:一个历时态演进的系统

分析汉字的构成,实际上涉及到两个有着密切联系又有一定区别的概念:构形方式与结构类型。构形方式是汉字形体符号的生成方式,结构类型则是对用不同构形方式构成的汉字进行共时的、静态的分析归纳的结果。

长期以来,文字学研究偏重汉字个体结构的分析,将不同历史阶段产生的汉字置于同一历史平面作类型性概括,而较少重视对构形方式及其历时发展的探讨,故而在汉字构形理论的研究方面,得出许多似是而非的结论。这些结论不仅关系到文字学理论建设,而且也直接影响对汉字发展的估价、语文政策的制定和汉字的教学。本文通过汉字基本结构类型及其消长变化的研究,试揭示汉字构形方式系统的历时态演进的实际面貌。

一

汉字构形方式是一个随着汉字体系的发展而发展的动态演进

---

① 本文原载于《安徽大学学报》(哲学社会科学版)1994 年第 3 期。

的系统。在汉字发展的不同历史层面,构形方式系统也有着相应的发展和调整。这种发展反映在汉字体系中,即是不同结构类型的汉字分布情况的消长变化。

我们采用统计方法考察和揭示汉字结构类型的分布情况。对汉字按结构类型予以统计是一件十分复杂的工作。首先,用作统计分析的材料要有代表性,能反映汉字构形的实际发展;其次,对同一时期所有的汉字进行结构分析,需要作大量细致的工作,而且,由于汉字形体的长期发展,产生了大量的省简、讹混现象,加之有些汉字的构形原理还无法找到有力的证据予以说明,所以对不同时期的汉字作穷尽性结构分析难免有不精确之处;再次,对同一结构的汉字,往往众说纷纭,不同学者对其分析标准未必一样。因此,这种统计分析只能反映构形方式发展的基本趋势,所得数值也并非绝对精确无误。鉴于此,我们以代表汉字形成体系后的殷商时期的甲骨文(下限时间为公元前 1027 年)[①]、《说文解字》记载的古文字终结时期的小篆(下限时间为公元 100 年)[②]和郑樵《六书略》为代表的定型楷书(下限时间为公元 1160 年左右)作为统计对象。这三个时期代表了汉字发展的不同阶段,具有一定的典型性,而且李孝定、朱骏声、郑樵作过的结构分析可资借鉴[③]。不过他们都是按传统"六书"来分类的,在具体字的归类上也存在不少分歧。为了反映不同结构类型汉字的分布的变化,按照我们对汉字基本

[①] 陈梦家《殷虚卜辞综述》,第 34 页,第 80 页,中华书局 1988 年版。
[②] 黄德宽等《汉语文字学史》,第 24—25 页,安徽教育出版社 1990 年版。
[③] 李孝定《从六书的观点看甲骨文字》,《南洋大学学报》1968 年第 2 期;朱骏声《说文解字六书爻列》,收入《说文解字诂林》第一册;郑樵《通志》卷三十一《六书略》。

结构类型的认识,在三位学者分类的基础上,我们对具体字用统一的标准重新调整归类,剔去重出字形,这样统计的结果就大不相同了[1]。统计情况见表一。

字体 \ 分布情况 \ 类型		指事	象形	会意	形声	总计
甲骨文	字量	47	310	411	319	1087
	比例	4.32	28.51	37.81	29.34	100(%)
小篆	字量	117	347	819	8070	9353
	比例	1.25	3.71	8.75	86.29	100(%)
楷书	字量	123	481	821	21841	23266
	比例	0.53	2.07	3.53	93.87	100(%)

(表一)

从表一反映的结果看,在以甲骨文为代表的早期汉字中,指事、象形、会意结构类型的汉字所占比例为70%多,形声结构汉字所占比例不足30%;实际上未识字中的大部分属指事、象形、会意结构,形声结构的比例还要打一个较大的折扣。此外,由于对具体材料的处理和统计方法的不同,结果也会很不一样。我们曾将已识

---

[1] 如李氏统计中129个假借字已归于四种基本结构,不应重出;70个"未详"字中有61个可以重新归类,实际归类字数应为1087字,这与甲骨文单字数相差甚远。《六书爻列》中转注、假借不应计入总数,会意兼声大部分应并入形声类,这样有单字9353,与《说文》所载相合。《六书略》收字原载24235,但转注、假借实为重出字形,加之部分重出的其他字,删除后实际字为23266个。

形声字与甲骨文单字总字数相比,得出甲骨文中的形声字约占10%左右;将古文字中全部的形声字进行分期统计,甲骨文时期的形声字约占18%左右[1]。尽管如此,表一的统计数字仍足以说明,甲骨文时期形声结构不是主要的构形方式,指事、象形和会意等构形方式还占有绝对优势。殷商甲骨文是原始汉字长期积累和发展的结果,这种优势,反映出汉字形成过程中表意类的构形方式所占有的地位。如果对二百余年甲骨文的发展作进一步的考察,可知道"武丁以后到帝乙、帝辛,主要的发展是形声字的逐渐加多起来。"[2]形声结构在甲骨文时期虽然不是最主要的构形方式,但已经呈现出发展趋势。《说文解字》反映的小篆文字系统,是古文字千余年来发展的自然结果。小篆终结于秦,隶书的出现和小篆的终结在时间上存在着一个交叉阶段。到许慎撰《说文解字》之时(约公元83—100年),小篆早已退出了日常使用领域,但在某些场合仍有一定的使用价值。因此,就分析汉字构形而言,《说文》所载小篆也基本上反映了当时汉字体系的情况。《说文》中的指事、象形、会意结构类型的汉字不足14%,形声结构的汉字超过86%,这反映不同类型构形方式的构字功能发生了根本性的变化,象形、指事、会意等表意类的构形方式构字功能衰退,形声构形方式蓬勃发展,占据了绝对优势。到楷书早已定型的宋代,指事、象形,会意结构的汉字比例降至6%左右,而形声结构类型的汉字高达94%左右。这一事实表明,表意类型的构形方式实际上已不再具备构形

---

[1] 黄德宽《古汉字形声结构的动态分析》,见本书第110页;《古汉字形声结构声符初探》,见本书第80页。

[2] 陈梦家《殷虚卜辞综述》,第34页,第80页,中华书局1988年版。

能力,形声已成为唯一的构形方式。

　　如果我们进一步统计各种构形方式生成新字的情况及不同类型汉字在汉字体系中所占比例的消长,问题表现得就更加明显(见表二)。

字体	类型 变化情况	指事	象形	会意	形声
甲骨文	字数	47	310	411	319
	比例	4.32	28.51	37.81	29.34
小篆	字数	+70	+37	+408	+7751
	比例	-3.07	-24.80	-29.06	+56.95
楷书	字数	+6	+134	+2	+13771
	比例	-0.72	-1.64	-5.22	+7.58

(表二)

指事字在小篆和楷书中分别增到 117 和 123 个,而在汉字体系中的比例却从占 4.32% 降至 1.25%,再降至 0.53%;象形字分别增长到 347 和 481 个,所占比例却由 28.51% 降到 3.71%,再降到 2.07%;会意字分别增到 819 和 821 个,所占比例却从 37.81% 降到 8.75%,再降到 3.53%。因此,在表二中一方面它们的绝对数量有缓慢增加,另一方面在汉字体系中的比例却大幅降低,一正一负对比鲜明,只有形声一类,绝对数字大幅度增长(分别超过 24 倍和 2.7 倍多),所占比例也快速上升。表二统计的每一类型的字数显然不是十分准确的,但是,四种结构类型汉字分布的消长变化,基本是合乎实际的,这种变化的实质,即反映了汉字构形的基本方式发生了重大调整,指事、象形、会意等早期形成的构形方式逐步丧失构字能力,汉字构形方式趋于单一化。

上述统计,时间跨度大,涉及整个汉字体系,其统计结果的可靠性程度自然会令人置疑。下面我们再随机抽取"口、日、鱼"三个部首的汉字,以《甲骨文编》(中华书局,1965)、《金文编》(中华书局,1985)、《说文解字》(大徐本)、《玉篇》(宋本)等收录不同时期汉字的字书为据作穷尽性统计分析予以验证。在统计时不计古文重复者,《说文》他部字,在《玉篇》中有列入以上三部者予以剔除,为保证分析的精确性,凡结构类型不明或有疑义的另列"未详"一栏。现将统计结果列表如次:

出处 \ 类型分布情况	指事	象形	会意	形声	未详	总计
甲骨文编 字数	1	5	15	9	41	71
比例	1.41	7.04	21.12	12.68	57.75	100(%)
金文编 字数	1	3	18	27	10	59
比例	1.69	5.09	30.51	45.76	16.95	100(%)
说文解字 字数	1	3	32	320	0	356
比例	0.28	0.84	8.99	89.89	0	100(%)
玉篇 字数	1	3	39	999	14	1056
比例	0.10	0.28	3.69	94.60	1.33	100(%)

(表三)

表三反映的数据与前两表相比,似乎更能说明问题。以《甲骨文编》收字为基础统计甲骨文中这三部字的情况,因增加比重达57.75%的"未详"字一栏,指事、象形、会意等结构类型的汉字只占29.57%,形声结构的字占12.68%,整个比例较表一的统计明显下降。但是如果用表一的统计办法将"未详"字从总数中减去,计算的结果,指事、象形、会意字的比例达70%,形声字占30%,两表的结果就极为一致了。在《说文》代表的小篆之前,增加了《金文编》所反映的两周文字,其分布情况表明,两周时期指事、象形、会意字所占的比例已下降到37.29%,形声字的比例上升到45.76%,表意类型的汉字由占绝对优势转为劣势,形声类型的汉字则开始占据优势。这一环节的加入,使我们对以《说文》为代表的小篆进行统计分析所得到的结果更易理解。表三反映的《说文》、《玉篇》中形声、会意字的比例与表一的情况基本一致,指事、象形所占的比例则下降得更多,因此,表三的统计完全可以验证表一、表二统计结果的可靠性。

　　通过考察"口、日、鱼"三部具体字的增长情况,我们发现,指事字自甲骨文以后未增加一个新字。甲骨文时期的"晕""周"本为象形结构,其后发展为形声结构,这样三部中象形字反而减少两个,会意字的增长也是十分有限的,与《甲骨文编》的收字相比,《金文编》收新增的会意字7个,《说文》收新增的会意字12个,《玉篇》收新增的会意字10个,共计不足30个新字。与此相比,形声字则以几倍、十几倍的速度激增。这一事实,与上文得到的结论也完全吻合。

　　综上所述,汉字构形方式系统自殷商时期已开始发生内部的调整,指事、象形两种基本构形方式殷商以后构字功能逐步丧失,会意构形方式只有微弱的构字能力,自西周以后形声这一构形方式迅速发展成为最重要的构形方式。运用共时的、静态的方法归纳汉字基本结构类型,只是汉字体系经数千年积累下来的汉字结构类型的分布情况,并不能反映汉字构形方式系统的实际面貌。汉字构形方式是一个动态的系统,不同构形方式在一定历史层面的共存和交叉关系只是短暂而表面的现象,在汉字发展的不同时期,不同构形方式之间存在着一种发展演进的更替关系。

二

构形方式系统的发展,与各个构形方式内部的深刻变化紧密相关,上文统计结果反映的各种结构类型汉字量的变化及由此得出的不同构形方式构字功能的变化和构形方式系统的调整,应从不同构形方式的内在发展中寻求到有力的佐证。情况是否如此?通过对四种基本构形方式发展的粗略考察,即可得到明确的回答。

指事构形方式生成文字符号的能力,在汉字构形系统中是比较微弱的。用记号(或抽象符号)的组合构成的所谓指事字,就其来源看,更多地是继承了原始的刻划记事符号。在汉字发展到殷商时期以后,已不再出现利用抽象符号构成的新的指事字,而在象形字的基础上附加标指性符号构成的指事字的能力依然较强,"白"与"百","舌"与"言","又"与"尤、厷、肘","口"与"曰、甘","矢"与"寅、黄","夕"与"月","弓"与"弘","止"与"之","矢"与"至"等等。在原象形字(前者)基础上附加标指符号生成指事字

（后者）的关系历历可见，早已为甲骨学者揭明。殷商以后，汉字符号化程度增强，对指事构形方式发生了两方面的重要影响：一方面象形字的形体逐步失却象形特征，使指事构形失去依托；另一方面汉字体系的高度符号化淹没了指事附加符号，利用符号作为标志构形的独特性不复存在。因此，西周以后，指事构形方式快速趋于萎缩，只是在象形形体变化较小和形体对应区分明确的情况下，才产生极少数分化字，如"木"与"本、末"，"衣"与"卒"，"言"与"音"，"不"与"丕"，"止"与"世"等。可以初步判断，两周以后指事构形方式基本不具备构字功能。

象形构形方式是汉字最基础的构形方式。没有象形字，就不会组成独具特色的汉字符号系统。许慎《说文解字·序》给象形下的定义是："画成其物，随体诘诎"，这个定义比较精练准确。作为一种构形方式，象形来源于原始绘画和图画记事是比较一致的看法。从原始图画记事和原始绘画的图形中不自觉地继承的象形字，与通过描摹词语概括的对象的轮廓构成象形字，代表象形构形方式发展的不同阶段。到殷商时期，象形构形方式显然早已经过长时间的发展而进入到自觉的阶段。虽然某些象形字形象生动逼真，可是大多数象形字构形符号简练，只是仿佛其意，有些符号则根本无法看出所描摹对象的任何特征，字形书写普遍线条化，一些象动物之形的形体适应行款要求取纵势，更重要的是，绝大多数象形字可以充当字符或成为假借字，这表明殷商甲骨文中出现的象形字大部分来源较早，象形构形方式在殷商之前早已获得较充分的发展。如果对比一下《说文》所收的象形字，几乎所有的象形字都以独体或字符形式出现在甲骨文中。这意味着，甲骨文时期以后,象形构形方式已基本不再构成新的象形字(像伞、凸、凹之类的象形字极罕见)。作为一种构形方式,殷商时期它就可能已经历过了黄金时代并丧失构字功能。

会意构形方式与象形的来源一样悠久,在山东大汶口文化遗址发现的反映原始汉字面貌的陶文符号中,我们就看到象形文字符号与以象形文字符号组成的会意式图形文字的共存并处。在铜器铭文中,那些保存较原始形态的图形文字大多也是会意式结构。早期会意字,以象形符号的组合关系直观地体现所要表达的意义,与图形记事的因袭关系十分明显。殷商时期,会意字的构成依然保存着以形相会的原始性。例如利用字符方向、位置的差别构成不同的会意字("出"与"各"、"立"与"替"、"伐"与"戍"、"陟"与"降"等等);利用代表人体不同形态的字符与相关字符的配合,直观、形象地体现构形内涵("望、监、既、飨"等等)。这类以形相会的会意字,在甲骨文中占有相当的比例.西周以后直到古文字的终结时期,会意构形方式仍具有一定的生成新字的能力。由于以形相会构形模式生成的字形较为繁复,过于依赖字符形体的形象特征及其组合关系,具有很大的局限性。因此,在汉字体系的发展过程中,逐步发生由以形相会向以意相会的蜕变,产生了"止戈(制止战争)为武"、"人言为信"这样的构形模式。[①] 这种蜕变发生的确切时间一时尚不能下定论,从殷商到两周的会意字看,基本都是以形相会式的。利用字符意义之间关系构成的以意相会式新字,如按

[①] "武"字见甲骨文,也应为以形相会式的会意字;"信"或以为是形声字。这里仅引成说以说明问题,不代表我们对这两个字构形的看法。

《说文》的解释,甲骨文中有"美""武",春秋金文中有"昶"字。"美"字构形,于省吾先生已有论定。① 至于"昶",按《说文》新附的解释"日长也",则是典型的以意相会了。我们估计以意相会的表意构形模式大约于春秋战国以后才真正出现。然而,当会意构形方式发生这种变化的同时,形声构形方式已经发展到比较完善的阶段,显示出了巨大优势。人们当然不会避易就难,违背构形方式发展的主流,而将以意相会作为构字的主要方式。观察一下新增会意字的情况,我们会清楚地看到利用这种方式构成的像"劣、昊、尘、嵩、岩、凭"等一类字,为数是极少的。魏晋南北朝时期,曾用这种方式新造了一些俗体字,但最终大都未真正进入汉字系统。因此,从构形实际看,由于古汉字发展阶段的终结,会意构形方式即使发生了内部的调整,但构字功能依然极其微弱,只是作为一种不具活力的构形方式存在而已。

形声构形方式的发展代表了汉字构形方式系统发展的主流。对形声结构这一重要的结构类型,我们曾进行过比较充分的讨论,②这里我们着重观察形声构形方式的发展。殷商时期,形声结构已发展到自觉的阶段,出现注形形声字(祝、祖、唯)、注声形声字(风、星、卢)和形声同取形声字(洹、狈、杞)三种类型,但从字形组合形式(形符、声符的配合)、形声字的分布比例看,殷商时期形声构形方式尚处于发展的初期阶段。殷商以后,形声字大量出现并

---

① 于省吾《释羌、苟、敬、美》,《吉林大学社会科学学报》1963 年第 1 期。
② 黄德宽《古汉字形声结构的动态分析》,见本书第 110 页;《古汉字形声结构声符初探》,见本书第 80 页;作者另有《形声起源之探索》,见本书第 32 页;《论形符》,见本书第 66 页。

逐步成为唯一能产的构形方式,是与形声构形方式内部的优化、调整密切相关的。

形声结构的声符始终相对稳定和单一,在形声结构中起着主导和核心作用。① 作为记录语音的符号,声符的选用相对集中,加之新的形声字的孳乳往往以声符为核心,逐步形成了一个基本声符系统。

基本声符系统包括一定数量的声符,清人以《说文》为对象统计,得出的数量很不一致,多的达 1543 个,少的只有 651 个;② 沈兼士统计《广韵》所收字归纳声符 947 个。③ 我们采取离析最基本的声符的办法,得知古文字阶段大约有声符 500 左右,全部汉字的声符,大约不超过 1000 个。声符作为形声构形的二要素之一,之所以能形成系统,表明构造形声字时对声符的选择有一定的范围,受某种定势的制约,声符系统的形成,使基本字符控制在一定数量之内,并形成部分字符的职能分工,有利于形声构形方式进一步走向规范。

形符的优化和调整,是形声构形方式内部发展的主要方面。殷商时期及两周期间,形声构形方式处于急剧发展阶段。形符

---

① 黄德宽《古汉字形声结构的动态分析》,见本书第 110 页;《古汉字形声结构声符初探》,见本书第 80 页。

② 对声符系统的整理始于清人。戴东原在《答段若膺论韵》中提出形声谱系的概念。段玉裁《十七部谐声表》统计《说文》形声字声符 1543;江沅《说文解字音韵表》统计为 1291;张惠言《说文谐声谱》为 1263;陈立《说文谐声孳生述》为 1211;江有诰《谐声表》为 1172;朱骏声《说文通训定声》为 1137;龙启瑞《古韵通说》为 1121;姚文田《说文声谱》为 1112;严可均《说文声类》为 938;苗夔《说文声读表》为 651,等等。由于各人对形声字切分方法不一,故相差较大。

③ 沈兼士《广韵声系》,辅仁大学 1945 年印行。

是形声结构中一个十分活跃的构形要素,呈现出明显的特色,一是变动不居,表现为形符可增可减,位置游移不定。二是同一形声字多种形符变换不定,异形纷出。三是义近形符通用无别。①这些都是形声结构发展阶段特有的现象。形符的优化,经过了以下几个环节:①形符表义泛化,区分和标指成为形符最主要的职能。早期出现的形声字,无论是注形、注声还是形声同取类型的,形符表义相对明确,在发展过程中,一些早期表义较为具体的形符,表义逐步变得抽象。如"邑"西周时期主要用于表示都邑,在"邦""都"等字中表义都很具体,西周晚期至春秋以后表义范围扩大,凡诸侯封地都可加"邑",再进一步发展为表示一切乡镇县邑和地名,这当然是一个比较典型的例子。但是像"水、心、止、又、示、金"等常用形符的表义范围无不程度不同地扩大,这种扩大我们称之为"泛化"。形符表义的泛化,表明其表义程度强弱与否已无关紧要。表义的泛化,促使一些表义具体但构形复杂的形符的调整,如"城、坏、垣、堵、堨"等字的形符,原并不是"土"而是城垣的象形字"𩫏"。随着形符表义的泛化,这些字都相应改换"土"为形符,尽管古城以土夯成,与"土"有关,但在表义程度上,却远不如原来形符。表义的泛化,还导致不同形符出现类化现象,如一些器物名称的形声字,形符分别由从"匚"、"皿"、"缶"等类化为从"金"、从"木"、从"竹";动物类名称大都类化从"犬";昆虫、爬行类动物形体大都从"虫",等等。形符表义

---

① 黄德宽《古汉字形声结构的动态分析》,见本书第110页;《论形符》,见本书第66页。

泛化,增加形符选择的自由度,是形符性质由表义向标指区分变化的重要表现,这一变化大大加强了形声构形方式的构字功能。②形符系统逐步形成。殷商时期形声字较少,形符不很完备。随着形声字结构的发展,两周以后出现了一批新的形符,这些形符在构形过程中,职能分工逐步明确。如"水、木、心、人、大、女、又、手、口、目、耳、页、示、力、牛、羊、马、犬、虫、鱼、糸、衣、中、食、米、禾、木、竹、缶、皿、车、舟、刀、戈、弓、矢、斤、广、土、雨、山、日、月、石、火、金"等最为常用的形符,在构形时一般不充当声符,除单独使用外,它们的主要职能就是充当意符(形符)。由于这种分工的逐步形成,我们似乎也可以说与声符系统相对应,也存在着一个形符系统。许慎《说文解字》540部首的归纳,已在一定程度上揭示了这种系统的存在。郑樵作《象类书》定"三百三十母为形之主,八百七十子为声之主,合千二百文而成无穷之字。"①因原书不存,我们无法肯定地认为这是将基本形符和声符分作两个相互因依的系统,但无疑已包含了这一方面的认识。将《说文》部首当做文字系统的基本构形要素并进行专题研究的"偏旁字原"学,始于唐宋,盛于清代。② 日本学者岛邦男的《殷墟卜辞综类》、姚孝遂先生主编的《殷墟甲骨刻辞类纂》等利用古文字资料对《说文》部首进行大胆的调整,分别将部首合并为164和149个,也是比较注重汉字构造的基本形体单位的。③ 由于上

---

① 郑樵《六书略·论子母》。
② 参阅拙著《汉语文字学史》第159页。
③ 姚孝遂《许慎与〈说文解字〉》,中华书局1983年版;《殷墟甲骨刻辞类纂·序》,中华书局1989年版。

述研究着眼点主要是汉字构形基本形体和部首,因此均未能就形声结构而提出"形符系统"这一概念,我们曾将古汉字形声字的形符作过归纳,得到常用形符110多个。一般情况下,汉字构形的基本形体,大都可以充当形符。这样岛邦男、姚孝遂先生等归纳的用作部首的基本形体,也大体与形声结构的形符系统相当。尽管目前这方面的研究还很不够,但是,形符系统在长期发展中已经形成并在构形上呈现出职能分工,却是一个客观存在的事实。形符系统的形成与声符系统相对应,标志形声构形方式的发展日趋完善。③形符的定型定位。形声结构发展过程中,形符变动不居的现象逐步减少。经过长期的选择,形声结构的形符一般都淘汰了异形,结构定型,而且形符的位置由上下左右任意变动发展到居左为主,有些形符则根据其来源和构形需要确定自己的结构位置,如"艹、网、竹、雨"等居上,"血、皿"等居下。形符的定型定位也是增强形声构形方式构字能力,使字形符号的构成进一步走向规整化的重要条件。总之,形符经过以上三个主要环节的发展,形声构形方式大大优化,构字能力大为增强。

  基本构形方式内部的发展表明:指事、象形两种构形方式到西周以后已开始萎缩和衰退,会意构形方式春秋以后发生了蜕变。与此同时,形声构形方式经过内部的优化和调整,构字功能不断增强,逐步成为一种比较完善的构形方式。由此看来,作为一个动态演进的系统,不同构形方式的兴衰变化构成了这一系统发展变化的基本格局,构形方式系统的发展正是各构形方式自身发展变化的综合反映。

三

汉字构形方式的发展演进,实际上是汉字体系发展演进的本质反映。下面我们对影响构形方式发展的汉字体系发展的有关因素作进一步的分析,以便阐明上文揭示的汉字构形方式发展的必然性趋势。

(一)汉字形体符号化的进程,动摇了以象形表意为基本方式的早期汉字构形的基础,长期以来形成的构形思想和构形模式因之而相应改革。文字本就是符号,所谓"符号化",指的是汉字摆脱原始形态的进程和程度。汉字发展到殷商时期,形体符号化程度已经比较高。甲骨文作为目前能看到的代表殷商文字形态主要面貌的形体,由于书写工具的特殊,使之符号化程度较同期铜器铭文上铸就的文字形体大大地超前。字形以匀称的单线线条组成,一些常用字出现了高度简化的写法。西周以后汉字形体进一步沿着简化的道路发展,曲线线条逐步发展到点画组合,字体形态规整划一,成为纯粹的抽象点画组成的符号。早期形成的象形构形方式,以描摹客观物象的轮廓而构形,一旦文字脱离毕肖物象的畛域而踏上线条化的道路,象形构形的基础即已不复存在。早期的附加符号类的指事和会意构形,是建立在象形基础上的,一旦象形构形失去基础,象形字自身的形象特征逐步消失,标指符号就无所加施,形体组合也失去凭依。因而,随着汉字体系字体形态的符号化程度的提高,早期产生的象形表意式的构形方式就必然要退出舞台。尽管汉字形体的符号化是汉字体系的表层发展,但这种表层发展却成为影响汉字体系构形方式深层发展的一个重要的因素。

(二) 同音借用现象的普遍发生,有力冲击了早期构形方式,加速了文字符号的构成由形义关系向音义关系的跃进。汉字作为记录汉语的符号系统,同音借用是早期汉字完善记录汉语职能的重要手段。用以形表意的方式造不出一个完整记录汉语的文字体系,这是最浅显明白的事实。利用同音借用的手段,则是早期汉字用以弥补自身缺陷的唯一有效的方式。不同民族的原始文字资料中,几乎都无一例外地大量采用同音借用的方法。据抽样分析,甲骨刻辞中同音假借的数量高达70%多。[1] 这说明同音假借是汉字发展过程中出现的很重要的现象。有的学者对甲骨文中形成比较固定关系的120多个假借字进行分析,发现这些假借字本来都是象形、指事和会意字。[2] 表明同音借用是济早期象形表意构字方式之穷的重要手段。同音借用开拓了汉字构形的思路,使汉字形体与它所代表的义之间发生了人为的分离,形体仅仅作为一个纯粹的记音符号出现。这就沟通了字符与词语音节之间的直接联系,这种联系是促成汉字构形模式由以形表意向记音表意转变的枢纽。另一方面,同音借用的大量出现,对以形表意的早期汉字是一个巨大冲击,造成了书面上同音异义的分歧,给习惯于由形及义来辨识文字的人们带来困难。于是,继承以形表意之长、扬弃同音

---

[1] 姚孝遂《古文字的形体结构及其发展阶段》,《古文字研究》第四辑,中华书局出版。

[2] 李孝定《中国文字的原始与演变》,(台)《历史语言研究所集刊》第45本第二、三分册,1974年。

借用之短的形声构形方式就自然成为一种比较理想的选择了。甲骨刻辞大量使用假借字,有力地推动了形声构形方式的发展,而在假借字基础上加注形符生成的大量形声字,对形声构形方式摆脱原始状态,强化声符的语音功能方面的意义同样是不可低估的。因而,同音借用现象的普遍发生,也是促成汉字构形方式由早期的以形表意模式向记音表意模式发展的重要因素。

(三)汉语系统的发展对汉字体系的要求,是汉字构形方式发展的重要动力。出现较早的指事、象形、会意等构形方式自身存在着严重缺陷,难于适应语言发展对文字符号系统发展的要求。这些早期出现的构形方式,方法原始,"近取诸身,远取诸物",依客观物象为参照,通过形义关系构成记录语言的符号。这种构形方式只适合文字形成的早期阶段。一旦文字从原始状态脱离,真正成为记录语言的工具,这类构形方式的缺陷就暴露无遗。而语言的高度发展,新词的大量增加,更加速这类构形方式的衰落。文字体系要适应语言需要,必须另辟蹊径。形声构形方式通过记录语音来构形,沟通了汉字和汉语的深层关系,使文字符号系统与语言符号系统和谐发展,以适应语言发展对文字系统的要求。因而,在象形表意式的构形方式走向衰落的时候,它能起而代之,并获得经久不衰的生命力。

(四)文字体系作为符号系统,遵循符号构成的优化原则。象形表意式构形方式构成符号的规律性不强,潜藏着形的有限性和义的无限性之间的深刻矛盾,利用这种方式很难构成一个便于操作而有序的符号系统,有悖符号学的"简易法则"。而形声构形方式在符号生成上有着极大的便利,这种便利表现在如下几个方面：一是形声组合的结构，类型明确，组合方式有限，不外乎左右、上下、内外、半包围等几种模式，符号构成容易作到规整。二是形符、声符系统的形成，基本字符数量有限。有限的结构组合类型和有限的基本字符，使构形和运用更为便利。三是具有巨大的生成有规律的符号的能力。象形、指事、会意等构形方式生成符号的能力都比较有限而且规律性不强。形声构形方式利用一个形符和一个声符构形，符号组合规律性强，并且具有较强的生成能力。以基本形符系统（X_n）和基本声符系统（S_n）相配合，在理论上可以构成数字巨大的不同形的形声字系统。如果再加上组合方式的变化，同一形符和声符并不止生成一个形声字，如"忠"和"忡"、"吟"和"含"等，这样形声系统生成新字的数量，可以用如下数学公式来表示：

$$N > N_1 = X_n \cdot S_n$$

用这个公式计算，150个基本形符和1000个基本声符的组合，在理论上可以产生大于150000这一庞大数字的不同形的形声类符号。事实上，汉字体系中的形声字永远不会发展到这个极限数字。但由此可见，形声构形方式在符号构成方面的巨大优越性，它具备其他构形方式无可比拟的发展成为最主要的构形方式的基础，故最终能取代其他构形方式而独占鳌头。

以上四个方面，反映了汉字体系发展与构形方式发展的紧密关系，各构形方式的发展变化，也是汉字体系发展变化影响的必然结果。

通过统计分析不同结构类型汉字的分布，考察不同构形方式内部的发展，揭示汉字体系发展对构形方式发展的决定性影响，我

汉字构形方式:一个历时态演进的系统 193

们认为,汉字构形方式是一个历时态演进的系统,这一事实是无可怀疑的,文字学研究不应忽视这一隐藏于结构类型背后的重要理论问题。我们希望本文的探讨和结论对当前的汉字理论研究、汉字教学及应用研究能有所裨益。

汉字构形方式的动态分析[①]

一 动态分析的提出

汉字结构的研究历来是中国文字学最基本的问题之一,也是传统文字学最有成就的方面。影响中国文字学近两千年历史的"六书"理论,就是对汉字结构最早的理论概括。近百年来,中国文字学研究虽然取得了前所未有的成就,而汉字结构的理论研究却没能获得根本的突破。我们以为当前关于汉字结构的理论研究,应注意从以下几个方面着手,即:(一)古文字资料的全面运用;(二)研究方法和手段的改进;(三)理论视角的调整和阐释水平的提升。"动态分析"正是基于上述考虑提出的。

汉字结构的研究涉及到构形方式(或造字方法)、不同结构的字及结构类型三个不同层次的问题。所谓构形方式,指的是文字符号的生成方式,也即构造文字符号的方法;用不同的构形方式即构造出不同结构特征的汉字;将不同结构特征的汉字予以归纳分类就概括出不同的结构类型。对汉字结构的研究,通常是由单个汉字形体的分析,上升到对结构类型的概括,进而认识到与结构类

[①] 本文原载于《安徽大学学报》(哲学社会科学版)2003年第4期。

型相应的构形方式的。实际上,已有讨论汉字结构的论著,基本上是对汉字系统单个形体符号进行共时的、静态的分析归纳,对结构类型和构形方式一般不作明确的区分。李孝定先生曾指出:"中国文字学的研究,有静态和动态两面,静态研究的主要对象,便是文字的结构。"[1]这基本上反映了中国文字学关于汉字结构分析的实际。我们认为,共时的、静态的分析归纳,得出的只是汉字的不同结构类型。这种类型性概括,虽然不失为研究汉字结构的基本手段,但是却忽视了汉字体系的历史演进,也掩盖了汉字构形方式的发展变化,在此基础上建立的汉字结构理论,只能是一个笼统而模糊的理论。

汉字体系经历了漫长的历史发展,殷商甲骨文的发现和西周金文、战国文字、秦汉简帛的大量出土,已清晰地向我们展现出汉字体系演进的历程和历史风貌。就整个体系而言,汉字是一个伴随着历史发展而次第积累并逐步完成的符号系统,这个系统不仅总体上具有历史的层次性,而且系统内部形体符号也是动态演进的。对这样一个具有历史层次性且动态演进的系统,只是运用共时的、静态的分析方法来研究显然是有问题的。因此,我们认为对汉字结构的科学研究,应该建立在动态的分析基础上。

动态分析不仅可以运用于考察汉字系统内部不同形体符号的历史演变、结构调整和定型情况,也可以运用于对构成这些单个形

---

[1] 李孝定《从中国文字的结构和演变过程泛论汉字的整理》,收入《汉字的起源与演变论丛》,台北联经出版事业公司 1986 年版。

体符号的构形方式的分析考察。① 汉字构形方式是一个隐藏于汉字符号系统背后的深层的系统,它借助于汉字结构类型这个表层系统得以显现,这正是研究者将结构类型和构形方式混而不别的原因所在。对构形方式系统的发展变化,前人虽没有明确的论述,但实际上已有涉及,《说文序》说:"仓颉之初作书,盖依类象形,故谓之文,其后形声相益,即谓之字,字者言孳乳而浸多也。"这里由文而字的论述,就涉及到构形方式由"象形"到"形声"的发展。其后,不少学者研究"六书"的次第,也多少触及到构形方式发展的问题。宋人郑樵曾认为:"六书也者,象形为本,形不可象,则属诸事,事不可指,则属诸意,意不可会,则属诸声,声则无不谐矣。五不足而后假借生焉。"② 清人戴东原则更明确地指出:"大致造字之始,无所凭依,宇宙间事与形两大端而已,指其事之实曰指事,一二上下是也;象其形之大体曰象形,日月水火是也。文字既立,则声寄于字,而字有可调之声,意寄于字,而字有可通之意,是又文字两大端也。因而博衍之,取乎声谐曰谐声,声不谐而会其意曰会意。四者书之体止此矣。"③ 这些关于"六书"产生次第的论述,表明他们已经在一定程度上认识到汉字不同的构形方式(造字方法)产生于不同的历史层次,在构形功能上具有互补性,只是这种认识尚处于比较朦胧的阶段。李孝定先生在上世纪六十年代,曾对甲骨文字

---

① 对构形方式系统的历时发展,我们曾有专文讨论,本文是在原讨论的基础上着重于研究方法的阐述,请参看《汉字构形方式:一个历时态演进的系统》,见本书第174页。

② 郑樵《六书序》,《通志·六书略》第一。

③ 戴震《答江慎修先生论小学书》,收入《戴震全书》第三册,黄山书社1994年版。

进行过"六书"分类统计,他不仅统计出甲骨文字"六书"分类的各项比例,并且引用了清人朱骏声对《说文》"六书"分类(见《说文六书爻列》)和宋人郑樵对宋代汉字的"六书"分类(见《六书略》),将甲骨文、《说文》小篆、宋代汉字按"六书"分类进行比较,从比较中发现了"各种书体的百分比,有了显著的消长"。而且,还详细考察了"文字声化趋势和衍变过程中所产生的混乱现象"。[①] 李先生所进行的是一项对汉字构形方式进行动态分析的富有启发意义的工作。他的研究不仅显示了对汉字结构进行动态分析的必要性,而且也启示我们开展这种分析具有可能性。

二 构形方式的动态分析

汉字构形方式作为一个深层的系统,其发展变化是以不同结构类型汉字的分布变化呈现的。对汉字构形方式系统发展演进的动态分析,首先应基于对不同结构类型汉字的分析,并在汉字体系历史演进的不同层次揭示各类型汉字的消长变化及其分布情况,进而由不同的结构类型探讨构形方式系统的发展变化。这正与汉字符号生成过程相反,是一个逆向追溯的过程。因此,构形方式动态分析的基础,依然是单体符号构形特征的分析和类型概括。

目前,对汉字形体符号的分析,有多种不同的新说。据我们研究,"象形、指事、会意、形声"四书,大体符合汉字符号生成的实际,也比较适宜于汉字结构的研究及构形方式系统的动态分析。在汉

[①] 李孝定《从六书的观点看甲骨文字》,收入《汉字的起源与演变论丛》。

字构形分析中,我们对"四书"赋予了新的解释。我们将"象形构形方式"定义为"通过描摹客观物象的特征或形体轮廓而生成文字符号的一种方式",运用这种方式生成的符号即"象形字",不同象形字的类聚,即"象形结构类型"。"指事构形方式"是通过在已有文字符号之上加附标志性符号或由抽象符号组合来生成文字符号的方式;"会意构形方式"是通过两个以上字符组合来构成新的文字符号的方式;"形声构形方式"则是运用声符记音,形符标示和区分来构成文字符号的方式。以上不同构形方式构成不同结构特征的汉字,相应归为不同的结构类型。汉字形体发展中出现的各种现象以及每个汉字自身形成、发展和定型的过程,使得汉字结构的分析变得相当复杂,有时甚至难以确定。但是,总体上我们还是可以通过考辨分析,将相关汉字归于不同结构类型并进而考察构形方式系统的。

对构形方式系统动态分析的基础,是将不同结构类型汉字分布的考察建立在汉字不同的历史发展层次上。通过不同历史时期的汉字分布情况变化进行比较分析,就能显示汉字构形方式系统的变化情况,上文所引李孝定先生的比较虽不以考察汉字构形方式发展为目的,但却证明这种方法的可行性。下面,我们选择殷商、西周、战国、秦汉和宋代等不同历史时期的代表性资料,来考察不同结构类型汉字的分布情况。殷商时期代表资料是甲骨文字,根据最新统计,甲骨文单字大约在 4000 左右,[①]能确认的三分之一左右;以《殷周金文集成》所收西周金文代表西周时期的资料,其

[①] 沈建华、曹锦炎《新编甲骨文字形总表》,香港中文大学出版社 2001 年版。

使用的单字经统计为 2488 个,能确认者 1753 字;[1]战国文字资料我们选择战国中期偏晚的郭店楚简为代表,所用单字共 1293 个,能确认者 1257 字;[2]秦汉文字可以《说文》小篆为代表,共 9353 字;宋代楷书以《六书略》所收为准,凡 23266 字。将上述材料所收字按四种结构类型分析归类,[3]各类所占比例如下表:

类型\字体分布	甲骨文 字量	甲骨文 比例	西周金文 字量	西周金文 比例	战国文字 字量	战国文字 比例	小篆 字量	小篆 比例	楷书 字量	楷书 比例
指事	47	4.29	57	3.25	24	1.84	117	1.25	123	0.53
象形	310	28.28	224	12.78	118	9.06	347	3.71	481	2.07
会意	411	37.50	333	19.00	148	11.36	819	8.75	821	3.53
形声	319	29.10	1051	59.95	909	69.76	8070	86.29	21841	93.87
未详	9	0.82	88	5.02	104	8.00	0	0	0	0
总计	1096	100%	1753	100%	1303	100%	9353	100%	23266	100%

(表一)

---

[1] 本文所据西周金文资料,统计工作由笔者指导江学旺博士完成,见《西周金文研究》,南京大学博士论文,2001 年。

[2] 此项资料统计工作,由笔者指导张静博士完成,见《郭店楚简文字研究》,安徽大学博士论文,2002 年。

[3] 本文所用甲骨文数据,参考李孝定《从六书的观点看甲骨文字》,收入《汉字的起源与演变论丛》。李文的统计,各字的分析及有关问题的处理皆依笔者的原则,虽不敢说精确无误,但不会影响本文的讨论和结果。

上表统计的殷商甲骨文和西周金文只是就已识字来分析,而且各时期汉字结构的分析及其归类,都会存在这样或那样的不准确之处,但大体能反映各类型汉字在殷商、西周、战国、东汉和宋代等不同时期的分布情况。从殷商到宋代,历时约 2500 年,汉字经历了从古文字到近代文字的发展。从统计数据可以看出四种结构类型汉字分布比例的变化,指事类型的汉字分布从 4.29% 降到 0.53%,象形类从 28.28% 降到 2.07%,会意类从 37.50% 降到 3.53%,只有形声类从 29.10% 上升到 93.87%。如果考虑到多达三分之二以上的甲骨文和三分之一多的西周金文未识字主要可归于指事、象形和会意三类,则四种结构类型汉字分布情况的相对升降变化将更为显著。即便如此,依然十分清晰地显示,不同构形方式的构字功能在这一历史进程中发生了重大调整和变化。指事、象形和会意三类以形表意性质的构形方式,所构成的汉字比例由甲骨文时期 70% 多降到宋代 10% 左右;与之相反,形声构形方式构成的汉字其比例则从不足 30% 增到 90% 以上,此消彼长,相互补充。

汉字构形方式的这种调整变化,许多学者早已意识到,但由于材料的限制,尚未有人作过明确的论述。[①] 如果说这种较大历史跨度的统计分析,还只是宏观上反映汉字构形方式系统的发展,那么将具备断代分期可能的材料进行更细致的分析,则更能反映这种变化的程度和轨迹。江学旺博士将西周金文按早、中、晚进行分

[①] 笔者《汉字构形方式:一个历时态演进的系统》首次对这个问题进行了专题的讨论,见本书第 174 页。

期,进一步统计分析这四种结构类型汉字的分布情况,反映的结果如下表:

类型\字体分布	早期 数量	早期 比例	中期 数量	中期 比例	晚期 数量	晚期 比例
指事	45	4.5	43	4.1	42	4.0
象形	170	16.8	158	15.0	150	14.5
会意	225	22.3	219	20.8	199	19.2
形声	506	50.1	575	54.6	586	56.5
未详	64	6.3	58	5.5	61	5.8
总计	1010	100%	1053	100%	1038	100%

(表二)

以上分期统计,可以看出四种结构类型汉字分布情况的明显变化,前三种类型各自比例在缓慢降低,而形声结构类汉字比例分布则稳步提高。这种情况大体反映了西周时期不同构形方式构字功能的变化,与殷商相比这种变化也可以说是相当快速的。

以上所有的统计分析,都是对某一时期汉字给予总体的分析讨论。这些不同时期的汉字,实际上既包括传承字,也含有那个时期的新增字。不同结构类型汉字分布比例的变化,虽然反映了不同时期构形方式系统的发展变化和不同构形方式构字功能的调整,但是由于历代积累的传承字掺杂其间,各构形方式构成汉字的比例分布并不能十分精确地反映当时汉字构形方式的实际功能状态。而只有不同时期的新增字,才能反映出这个时期各构形方式的实际构字功能。不过确定某一时期的新增字则是一项非常困难的工作。首先,需要对这个时期之前的汉字系统全面整理;其次,在比较中才能分清哪些是传承字,哪些是新增字;第三,由于不同时期特别是最能反映汉字构形方式发展的古文字阶段的汉字资料有限,已掌握的资料不一定就是当时或以前的汉字的全部,传承字和新增字的确认,只能是就已知材料进行,所以结论并不是十分可靠。尽管如此,相对确定的新增字则是汉字构形方式在不同时期构形功能最为直观的反映。以西周金文为例,我们将这一时期的新增字反映的不同结构类型汉字的分布与表一西周金文整体反映的分布情况作一比较:

类型	指事	象形	会意	形声	未详	合计
总体	57	224	333	1051	88	1753
	3.25	12.78	19.00	59.95	5.02	100%
新增	10	22	97	765	35	929
	1.08	2.37	10.44	82.35	3.76	100%

(表三)

这个比较不仅反映总体统计分析与新增字分布统计有较大差异,而且显现了西周时期汉字构形方式的功能所发生的根本性改变。统计表明,西周时期新增字82%以上是形声构形方式构成的,指事、象形构形方式的构字功能已经衰弱,会意构形方式的构字能力也不强。新增字是以殷商甲骨文字为比较确定的,甲骨文字中70%以上的已识字是由指事、象形、会意三种构形方式构成的。而西周新增字只有不足14%是用这三种方式构成的。由于这种巨大的变化长期被忽视,以致我们未能真正认识到汉字构形方式内部构形功能的重要调整,对形声构形方式在西周的重大发展及其对西周时期汉字构形系统的影响未能予以确切的评价。

通过对不同结构类型汉字分布情况变化的考察和西周新增字的结构类型分布的分析,我们已比较清晰地揭示了汉字构形方式的发展变化。汉字不同构形方式构成一个互补的系统,从历时的、动态的角度可以看到这个系统内不同的构形方式此消彼长,在不同历史时期发挥着各自的作用,并经历着内部的功能调整。殷商时期,指事、象形、会意等以形表意类的构形方式,具有较强的构字能力,而形声尚处于发展阶段;西周时期的新增字表明,形声构形方式一跃而成为占主导地位的构形方式,80%多的新字由这种方式构成,而相应的其他三种构形方式则逐渐丧失构形功能或功能变得极其微弱。这表明,汉字构形方式的动态分析,是揭示构形方式系统这种调整变化的有效方法。

三 构形方式动态分析的理论意义

动态分析所获得的结果,为汉字构形分析和汉字史的研究提出了一系列新的问题,具有重要的理论意义。

首先,汉字构形方式系统的调整和发展,有其深刻的内在和外部原因,对这种原因的揭示是汉字构形理论研究的重要任务。我们认为,不同构形方式自身的优点和局限是决定其发展抑或萎缩的内因;能否适应汉字体系发展的要求,则是构形方式获得不断发展还是逐渐被淘汰的外部决定因素。①

从构形方式自身来看,以形表意类构形方式的式微,形声构形方式的快速发展,均有其内在深层原因。指事构形方式,主要是利用抽象符号的标指和组合来构成新的符号。殷商时期,这种构形方式尚具有一定的构形能力。西周以后,只有在相对区分形体时,才使用这种方法,其构形能力基本丧失。而甲骨文中的指事字,是否有相当一部分是殷商以前的传承字,目前还难以断定。大体上,这种依靠已有文字,通过符号标指字义所在或形体相对区分来构形,是比较原始与落后的。随着汉字形体符号化程度加强,象形字的形象特征逐步消失,多种笔划符号随汉字形体符号化进程出现,使得符号标指所依托的对象和符号本身的标志特征相应变得难以辨识,只有在同一形体相对分化时才易于确定,这就使得指事构形方式的衰落成为必然。象形构形方式是汉字构形系统的基础,单个字符多是象形类结构。从殷商时期的文字看,象形构形方式早已发展到极致,汉字系统中几乎所有的象形字都以单字或字符方式出现于甲骨文中,而甲骨文字高度的线条化,使得通过对客观物象的轮廓性摹写来构成文字符号不再具有更大的空间。可以推测,到殷商时期,象形构形方式已度过了它的黄金时代,基本丧失构成新字的能力。从早期图形文字看会意构形方式也是来源久远的。殷商乃至西周时期的会意构形方式,还具备一定的构形功能。

---

① 参阅《汉字构形方式:一个历时态演进的系统》,见本书第174页。

会意构形方式利用不同字符的方向、位置与意义关系构成新字,字符的形体特征和组合关系在构形中具有十分突出的作用。直到西周会意构形依然保持这种原始性。由于过于依赖形体特征和组合关系,会意字往往形体繁复,局限性明显。西周以后产生《说文》所谓"人言为信"这样的以意义关系搭配而成的会意字类别。会意构形方式自身的这种调整,一定程度上摆脱了依赖形式特征而带来的束缚,从而获得了新的构形能力。但是,会意构形方式的调整,较形声构形方式的完善而言则显得微不足道。在上述三种构形方式衰落的同时,形声构形方式获得了快速的发展。在殷商时期,不少形声字是通过对假借字加附形符而形成的,并逐渐发展到加注声符和直接以一形一声组合而构成新字的阶段。到了西周以后,形声构形方式构字功能的飞速提高,与形声构形方式内部调整优化密切相关。通过调整优化,形声结构形成形符和声符两个相对分工的字符系统,声符的功能逐步转向单纯记录字音,形符的功能逐步扩大到区分、标指为主,这就为构成新字形提供了多种可能。同时,形符与声符的组合逐渐模式化,形式上更趋美观并易于区别。由于内部这种调整,使得利用形声构形方式构造新字形变得易如反掌,而且汉字系统积累下来的丰富资源为选择形符、声符乃至构成新字提供了多种可能。因此,其勃兴也就成为必然趋势。

从汉字体系的发展来看,外部因素至少在以下几个方面对构形方式产生着影响:(一)汉字形体符号化进程,从根本上动摇了以形表意类构形方式的基础。现有文字资料显示,汉字形体是以"画成其物"为基础而形成的形象性符号,随着汉字的发展,这种形象性符号逐步失去形象特征,并转化成不同的符号样式,这个过程就是汉字形体的符号化进程。一旦汉字进入到符号和线条化阶段，以形表意类的象形和会意构形方式，以及依托形体特征标志的指事构形方式，就失去了发展的基础。正是这种字形的表层变化，改变并决定着汉字构形方式系统的调整方向。(二)同音假借的普遍发生，使记音成为文字符号实现记录语言功能的主要选择。殷商甲骨文中，假借方式已普遍运用。① 这种现象不仅是古人补文字之不足而采取的不得已的办法，而且也启发人们走上依音构形的道路，从而促进了形声构形方式的发展。大量的形声字，实际上就是通过假借他字，再加注形符而形成的。同音假借加速了汉字构形由以形表意向记音表意转变，使古人很自然地抛弃了已走向穷途末路的以形表意构形方式，而专注于形声构形方式的运用，并最终促使形声结构不断完善发展成唯一的构形方式。(三)新字的大量产生，对汉字构形方式选择也有着决定性的作用。文字符号是为记录语言而产生的，并且随着记录对象的发展而发展。殷商以后，中国文明的日益进步，社会精神和物质生活的发展，使汉语日趋精密和丰富，汉语词汇系统也相应有了快速发展。汉字系统适应汉语的发展需要不断构成新字，以记录实际变化的语言，因此也同时获得快速发展。这就使得具有构形优势的形声构形方式有了用武之地，大量的新字即由这种方式构成。相形之下，那些已经失去构形能力的以形表意类构形方式则更趋衰落。

其次，构形方式动态分析的结果，为我们更加清晰地认识汉字发展史提供了新视角。关于汉字起源和发展，是汉字史和中华文

---

① 参阅姚孝遂《古文字的形体结构及其发展阶段》，《古文字研究》第四辑。

明史重要的研究课题。近年来,随着许多新石器时代陶文和陶符的考古发现,对这一课题的研究已取得重要进展。动态分析显示,指事、象形和会意等构形方式在殷商时期已经发展到比较完善的阶段,这表明汉字在殷商之前必然经历了一个漫长的发展阶段。这个结论可以与考古发现的零星资料在一定程度上相互印证,为汉字起源的探讨提供某些内在的证明。[①] 构形方式作为一个动态系统,各构形方式在不同历史时期此消彼长的事实,对研究汉字体系的发展具有更加重大的意义。西周时期形声构形方式已发展成为汉字构形的主要方式,这表明我们对古文字阶段汉字的发展程度应该给予更高的估计。汉字构形在西周已进入以形声为主的时代,至少可以启示我们形声结构的优越性在那时已为人们所认识,汉字构形的形声化随着汉字体系的成熟即已确立。西周之后,汉字构形方式总体上看再也没有发生根本的变化。形声构形方式的勃兴和表意构形方式的衰落,其时间之早是以往学者所未曾揭明的。由此看来,所谓汉字是"表意文字"的说法显然不能从构形方式系统发展的角度得到有力的支持。

第三,动态分析揭示的构形方式历时发展的史实告诉我们,全面反思长期以来汉字结构理论研究的成果和方法是非常必要的。几乎无一例外,研究者对汉字结构的分析都是以全部的汉字为对象的,不管是"六书说"还是"四书说"或"三书说",都未能考虑汉字并非都产生于同一历史层次而将它们进行分层次研究。笼统的类

---

① 参阅李孝定《殷商甲骨文字在汉字发展史上的相对位置》,台北《中央研究院历史语言研究所集刊》第六十卷第四分册,1993年。

型性概括，虽然也能从一定程度上反映汉字结构的总体情况，但是这种概括是模糊含混的，建立在此基础上的进一步的理论论断就不一定正确科学。汉字构形方式的动态分析结果，要求我们不仅需要对汉字的结构进行类型性概括分析，也必须进行历史的分层次研究，只有这样我们才有可能对不同构形方式的特点和功能、汉字构形方式系统获得全面正确的认识，才能对汉字结构理论、汉字的特点和性质这样基本的理论问题作出比较接近事实的判断。在汉字结构研究的方法方面，静态的分析是动态研究的基础，但如果仅仅停留在这个层面上就不能清晰反映汉字结构的历史面貌，更不能揭明汉字构形方式作为一个系统的消长变化。构形方式的动态分析方法从单一汉字的结构分析入手，根据其不同时代再进行类型性概括，进而将不同类型汉字在不同历史层次的分布进行统计分析，然后比较同一结构类型不同时期分布量的变化，从而揭示出构形方式系统的历史发展。在宏观比较分析的同时，对不同时期的新增字进行结构类型的分析概括，不仅可以更加直接地观察不同时期各构形方式的构字功能及整个构形方式系统的情况，而且分析的结果与总体性动态分析的结论可以相互印证。动态分析方法的运用，既可证实许多学者关于汉字结构历史发展的基本看法，又可避免他们所采用的印象性描述方式，而将研究的结论建立在科学的统计分析基础上。

此外，动态分析获得的研究结论，对汉字相关问题甚至古汉语一些问题的研究也是有意义的。西周汉字构形即已进入形声为主的时代，许多汉字现象和问题的研究应该与形声字的勃兴和快速发展结合起来考虑,如古汉字使用中普遍存在的"同声通假"现象、①形声字的发展与汉字的孳乳派生和同源字的研究,以及形声字的发展与西周之后新增字的考释等。形声字一直是古音学研究的重要资料,动态分析的结果可以提供时代层次更加分明的材料,也有利于上古音的构拟和重建。

(附记:2002年11月作者应邀到台湾中央研究院历史语言研究所进行学术访问,本文是11月28日上午作者在该所所作《古文字新发现与汉字理论研究》学术演讲的一部分。)

---

① 参阅拙文《同声通假:汉字构形与运用的矛盾统一》,见本书第155页。

汉字阐释与文化传统[①]

中国文化乃是依赖于中华各民族运用符号的能力而形成的超有机体的存在。它包括制度、工具、居所、语言、哲学、信仰、风俗以及行为模式等种种要素。它是一个富有生命活力的动态系统,是各种要素互相作用的流程。在这一流程中,每个要素都冲击着其他要素,有些要素因日益陈旧被剔除,而新的要素则不时地被结合进来,发明与发现作为文化要素的新型综合体,也在这一流程之中不停地产生。本文所说的"文化传统",正是特指这一富有活力的动态系统。[②] 汉字无疑是中国文化传统中的根本要素之一。

即使从商朝算起,汉字的发生、发展也已经有几千年的历史,然而,它的价值迄今为止并没有得到清醒的、全面的反思。

我们认为汉字的价值不是后人主观随意的"给定",而是特定历史——文化中的固有内涵。它表现在两个互相联系却并不相同的层面:

首先,形成完整符号系统的汉字,使汉语这种文化要素超越了

[①] 本文与常森合作,原载于《学术界》1995年第1期。
[②] 对"文化传统"的界定主要参阅[美]L.A.怀特《文化的科学:人类与文明研究》第72页,第120页,山东人民出版社1988年版;以及[美]菲利普·巴格比《文化:历史的投影》第86—112页有关文化概念的讨论,上海人民出版社1987年版。

自身的时、空局限而物化为一种可以视觉感知的形式,并以此贮存、呈现着文化传统生息嬗变、日积月累的过程。早在东汉时期,汉字在这一向度上的价值便被人们清醒地认识和表述过。许慎《说文叙》即云:"盖文字者,经艺之本,王政之始,前人所以垂后,后人所以识古。"许慎以降,以汉字为根基、以经典为关键、以通古贤圣之心为目的便成了传统文字学追索汉字价值的鲜明轨迹。

其次,作为文化传统合规律发展的结果,汉字自身实际上积淀着中国文化的深幽奥秘,并在客观上充当着文化传统的生动提示和指向。例如从商代甲骨文中至少可以静观古人在文化心理方面的具象性。从发生学的角度看,实际上几乎所有早期汉字的构形都根源于对具体事物或现象的感知。假如没有高度的具体把握并传达事物或现象特征的能力,"初造书契"的人们根本不可能通过汉字构形来呈现如此多姿多彩的事物形象。

在通常的情况下,思维的具象性使古人难以从同类事物或现象中抽绎出某种共同的、一般的特征,因此,早期汉字往往存在着大量的所谓的"异体"。《甲骨文编》归属于"牢"字的种种异构是极为典型的例子。[①] 许慎释"牢"云:"牢,闲养牛马圈也,从牛冬省,取其四周匝也。"(《说文》二上)甲骨文"牢"的确像养畜的圈栏,但是它所关注的却并非圈栏本身的抽象功能,而是圈栏养畜的种种具体的情境。对初造书契的古人来说,不存在抽象的"牢",只有养牛、养羊、养马的具体的"牢"。将这些字简单地归为异体字并不科

---

① 字形见《甲骨文编》卷二·五,中华书局1965年版。

学,从牛字的"牢"字与从羊的"宰"字在当时实际具有本质的不同。①

甲骨文字无疑已非汉字在发生时的原始状态,但是它却显然贮存着这样一个文化学事实,即对于在蒙昧之中创造文明的古人来说,周围的一切都是具体的、形象的,古人只是凭借对具体形象的感受、视辨、判断、记忆等把握着自身的周围的各种对象。② 这样说并非意指远古祖先没有任何抽象能力。以对禽兽的感知来说,人们甚至不可能对任何两只鸡拥有完全相同的视觉表象,而早期汉字却可以把握并传达大多数鸡的共同形态特征,这便是一种"抽象",但这种抽象却根本没有超出具象层次。历史地看,人类语言均由较为具体的状态进展到较为抽象的状态,最初的名称无不"依附于对特殊事实或特殊活动的领悟",后人在具体经验中可以发现的"一切细微差别",都曾被古人用种种名称精密而又详尽地描述过。而且彼时这些名称"并未被归于共同的种属之下"。③《尔雅·释兽》中保留的马的特称竟有五十多个,各因不同的毛色、形状、性别、高矮等命名。

由汉字本身不仅可以窥见古人特有的文化心理,而且可以窥见工具、居所、制度、语言、哲学、信仰、风俗、行为规范等文化要素及其流变。因此可以说,汉字从本身内容到形式都标志着中国文化鲜活的存在。遗憾的是,过去研究者对汉字自身文化价值的理

---

① 参阅姚孝遂先生《牢宰考辩》,《古文字研究》第九辑,中华书局1984年版。
② 参阅邓福星《艺术前的艺术:史前艺术研究》第104页,山东文艺出版社1987年版。
③ [德]恩斯特·卡西尔《人论》第172页,上海译文出版社1985年版。

论自觉却显得十分不够。

汉字的两种价值具有不同的特点。由于每个汉字与文化传统的原初关系固定不变,故汉字自身即汉字构形或读音所反映的文化信息具有明显的单一性;而由于文化传统不断地赋予语言并从而赋予汉字新的东西,故汉字作为语言符号的价值处于不停的增殖之中。为了履行自身的符号职能,汉字跟文化传统的关系日渐发生着深刻的转换。例如,"日"由太阳的象形演进为表示"白天"这一时间概念,这是"引申转换";"其"由簸箕的象形演进为抽象的语词,这是"假借转换";"甲""乙"由铠甲、鱼肠的象形[①]演进为天干用字、演进为阴阳运行的表征,这是"强制转换",——在强制转换之中,汉字与文化传统之间的关系并非原初关系的自然发展,因而不存在本形、本义、本音方面的基础或依据。经过上述转换,汉字悄悄地建构或重建着它对语言乃至整个文化传统的适应。

不过,这些转换客观上使得汉字自身价值的突现常常以汉字在语言符号系统中所获得的完整功能的淡化为前提。甲骨卜辞"其自西来雨"一句凡五字,其中只有"雨"字的两种价值功能完全一致,"其"本为簸箕之象却用为语词,"自"本为鼻子之象却用为介词,"来"本为来麰之象却用为动词,"西"本为宿鸟栖于树上之象(姑从旧说)却用为方位名词。由此可以看出,当汉字被纳入特定的语言系统之中,其自身的价值常常被不同程度地遮蔽。

所以只有全面地观照汉字的价值,才能发现汉字在文化传统

[①] 释"甲"参阅朱骏声《说文通训定声》,释"乙"采自郭沫若《甲骨文字研究·释干支》,见《郭沫若全集》考古编第一卷第169—170页,科学出版社1982年版。

中的定位不仅依赖于它作为语言符号的功能,还可以超越或部分地超越自身跟语言的联系,而相对独立地接受人们的观照。[①] 在通常情况下,一个不能传达完整语言信息的汉字却可以呈现出相对完整的文化内涵。

汉字的两种价值之间并不存在绝对的疏离或间隔,二者实际可以通过汉字阐释这一中介环节联系在一起。汉字阐释即依据汉字本形、本义、本音而作出的解释,它既可以揭示汉字自身与文化传统的原初关系,亦可以间接地表明这种关系的引申转换、假借转换以及强制转换。

传统语言文字学具有几种与汉字阐释相关的重大误解。其一,仅仅把字义视为汉字的自身的属性。科学地说,字义归根结底乃文化传统的赋予。圆形与太阳之间并没有必然的、不可变更的联系,是文化传统规定着圆形作为语言符号的意义(或称价值)。其二,仅仅把汉字阐释视为字形、字音、字义范围以内的事情。然而,正如字形与字义之间一样,字音与字义之间亦没有必然的、不可变更的联系。规定字形价值的是文化传统,规定字音价值的也是文化传统。

汉字阐释与其说是人的行为,不如说是文化的行为。这样说并非指从事阐释的主体不是"人",而是指单纯的从有机体方面不能对汉字阐释作出准确、合理的说明。汉字阐释说到底是主体对种种文化诱导的反应,是字形这种文化要素与其他文化要素在主

[①] 譬如我们可以把早期象形文字当做造型艺术来观照。作为"艺术",这些形象实在不逊于美国人类学家弗良兹·博厄斯《原始艺术》一书所收录的象形符号;参阅该书第153—154页,上海文艺出版社1989年版。

体身上的综合或结合。以释"甘"为例,字形的诱导是:"甘"从口含一。其他文化要素的诱导是:(一)"甘"有美的意思。(二)"一"常常被用来指称独立无待的"道"。(三)儒家的"道"主要是指礼、让、忠、信等道德规范或品性。(四)儒学传统中的美感不仅包括感官的快适,而且包括道德给予的主体心灵的愉悦。《说文》释"甘"云:"甘,美也,从口含一;一,道也。"(五上)寥寥数语,实际是对以上诸种文化要素的整合。

可见汉字阐释是在文化传统支配下的复杂的主体行为过程。在这一过程中,阐释者虽能摆脱某种文化要素的制约,却无以超越所有文化要素的诱导或羁束。文化传统既可以成全阐释者追索汉字原初内涵的初衷,又可以使阐释者自觉不自觉地偏离自己的初衷;既可以成为阐释者的正确导向,又可以成为阐释者难以摆脱的局限。

于省吾先生《甲骨文释林》一书体现了一种重要的观念,即甲骨文时代的社会是阶级社会,"阶级社会,都是在政治上人压迫人、在经济上人剥削人的社会"。正是在这种观念引导下于省吾先生考定了甲骨文"尼"字的构形及其含义,并使他认定"尼"字象一个人坐或骑在另一人的背上,是阶级社会人压迫人、人践踏人的极其残酷的"具体事例"。[①]

在我们看来,于说的意义不仅在于给予"尼"字一种新的解释,而且在于为人们提供了文化传统制约汉字阐释的典型事例。许慎释"尼"云:"从后近之,从尸匕声";(《说文》八上)段玉裁《六书音均表》推定"尼"字古音在十五部,故可用同部"匕"(卑履切)作声符。

[①] 于省吾《甲骨文字释林》第303—308页,中华书局1979年版。

许、段两家均以为在"尼"字中,"匕"之本形本义并无实质作用,起作用的只是与之凝结在一起的读音。即便将"匕"视为人形,各家的看法也大不相同。王筠《说文句读》以为:"匕者比也,人与人比,是相近也;人在人下,是从后也。"林义光《文源》则说"尼"字"象二人相昵形,实昵之本字"。王、林二家显然将"尼"字的构形视为日常经验的表征。于省吾先生视"匕"为"反人",视"尼"为一人在另一人背上。这种论断与王说、林说相近,然而他进而将"尼"字理解为"人压迫人"、"人践踏人",王、林二人则将其理解为"亲昵",①其间相去何止千里!这说明阐释者对某种文化要素的体察愈深刻明晰,便愈难保持相对于这种要素的必要的超脱。就这一例子而言,若于说正确,那只是因为文化传统中的某些要素在主体面前彰明了汉字的真实内涵;若于说错误,那只是因为文化传统中的某些要素遮蔽了汉字真实内涵的外呈。

文化传统对汉字阐释的支配作用可以分以下三个主要方面:

其一,从字义方面言,汉字阐释乃汉字构形功能在特定文化背景之上的显现,许慎释"日"云:"日,实也,太阳之精不亏,从囗一";(《说文》七上)唐人李阳冰谓:"古文正圜,象日形,其中一点,象乌。"②段玉裁认为《说文》所收"日"之古文,即象日中有乌之形。③许慎又云:"叒,日出东方汤谷所登榑桑桑木也";(《说文》六下)"榑,榑桑,神木,日所出也";(《说文》六上)段玉裁以为,"杲、東、

---

① 王筠《句读》之说申《说文》"从后近之",实亦暗示亲昵之意,《说文》七上释"昵"云:"日近也"(段注:"日谓日日也,皆日之引申义也"),由此显然可知。

② 徐锴《说文解字系传》第320页,中华书局1987年版。

③ 段玉裁《说文解字注》第302页,上海古籍出版社1981年版。

杳"三字中的木皆指榑桑,其整体构形生动地呈现了太阳出入于榑桑的情景。[①] 显然,规定以上解释的不是字形或主体自身,而是文化传统中与太阳有关的神话传说。《山海经·大荒东经》云:"汤谷上有扶木,一日方至,一日方出,皆载于乌。"战国时期屈原的长诗《天问》涉及到后羿射日、阳乌堕羽的传说。[②] 金乌载日的观念至汉代而极盛,南阳两汉画像石或于一圆轮内雕一金乌,或于一金乌身上雕一圆轮,都是这种观念的直观体现。[③]

其二,从主体方面看,所有的阐释者都为特定的文化传统所支配,因而在阐释过程中,人们往往把某种文化要素视为汉字构形、读音等指向的内容;阐释过程,实际上是主体将支配自身的文化传统不断地投注于汉字之中的过程。例如,许慎生活于以血缘为基础、以等级为特征的儒家传统之中,在那里,父亲乃"家之隆",人们普遍认为"隆一而治,二而乱,……未有二隆争重而能长久者。"[④] 惟其如此,许慎才认定"父"字象以手持杖,指示的是父亲在一家之中的地位与威严。(《说文》三下)

其三,从字形方面看,对汉字构形的认知有待于主体对文化传统的"预先知识"。例如"妇"字何以"从女从帚"?许慎解释说:"妇,服也,从女持帚洒扫也,"(《说文》十二下)许慎指明"妇"的构形为"从女持帚"自然十分准确,但关键的问题却在于这一构形的

---

① 段玉裁《说文解字注》第252页。
② 《天问》有云:"羿焉彃日?乌焉解羽?"
③ 参阅王建中等《南阳两汉画像石》图版179,269,271,274,275,279,280,文物出版社1990年版。
④ 《荀子·致士》。

功能何以被主体确定。"持帚洒扫"最浅显明白地体现了特定历史时期女性在社会中的劳动分工,这一点无论在现代还是古代都不难理解。然而许慎却取"服"字来界定其意义。这种界定显示出阐释者对字形的认知游离了字形构成这一"浅显明白"的表层,进入文化传统为之设定的预先知识领域。以"服"训"妇"并非简单地表明二者音近,为声训关系。不管"服"字取古汉语常用的"使用、服事"义,抑或取"顺从"义,都表明女性在家庭和社会中独立人格的丧失。许慎对字形的认知、对字形功能的界定,只是当时一种普遍的社会观念的反映。这充分说明:是文化传统的预先知识诱导许慎放弃了"子之妻"或"已嫁之女"这些古代妇孺皆知的通常含义,而选取了最能体现当时观念的解释,并试图寻求它与字形构成的关系,以揭示"妇"字构形的理据性。

总之,脱离了汉字得以产生与发展的文化传统,汉字便不可能获得正确的阐释;汉字阐释亦只能产生于某一文化传统之中。也许,有些阐释对后世来说已多少有点儿隔膜甚或荒唐可笑,那是因为与之相关的文化要素已在漫长的历史行程中流失,或者是当时文化传统诱使阐释者陷入重重迷障的结果。

受文化传统支配的汉字阐释过程可以表述为如下模式:

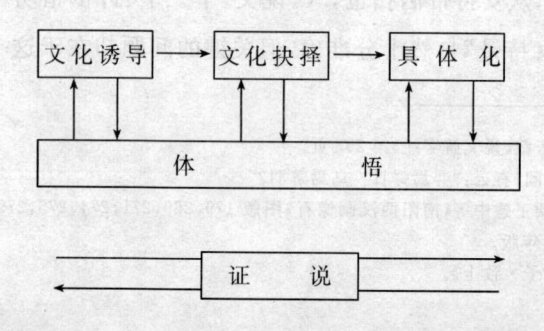

文化诱导 → 文化抉择 → 具体化

体　　悟

证　　说

这一模式包括几种重要因素：

其一，文化诱导。"文化诱导"指文化传统对汉字阐释的导向作用，它是潜伏于汉字阐释背后的无形之手。

在汉字阐释过程中，排斥文化诱导不仅不科学，而且不可能。一方面，汉字与文化传统的联结乃客观事实；一方面，文化传统又是诸多汉字阐释者存在的表征。就前一侧面而言，只有文化传统可以提供正确认知汉字的种种可能，除非深刻把握文化传统，否则人们将无以科学地理解汉字。就后一侧面而言，汉字阐释不论正确与否都可以归结为对某种文化要素的认同。任何一个严肃的阐释者，都不可能在实际上拒斥文化传统的诱导作用。

其二，文化抉择。"文化抉择"是指对诱导阐释过程的不同文化信息的选择与取舍。

文化诱导并非总是单向的，多向乃至反向的诱导不可避免。汉字以形表义的不确定性，使来自不同文化要素的不同诱导都可能对认知过程发挥重要作用。譬如，"闽""蛮"二字何以从虫呢？虽然"虫"字的古文字形生动地呈现事物的形体特征。但除此以外，它显然不能呈现与"虫"字有关的其他任何内涵，悠久的图腾遗风提示"闽""蛮"从虫，是因为闽蛮俱为虫生，即为"蛇种"；儒家人文意识则提示：以"虫"或"犬、豸"为意符与以"人"或"大"为意符的民族具有对立性的内容，"闽""蛮"从虫显示了闽蛮不像夷人那样禀有仁厚的道德品性。

从理论上说，阐释者不应在多种文化诱导并存的情况下对汉字构形的功能作出不同的分析、界定。因为造字之初，人们只会采取种种办法来排除字形的多义性，而不会使之同时担任几种不同的角色。然而许慎释"闽""蛮"却接受了上述两种实质不同的诱导,从而使这些解释呈现出明显的混杂状态。① 这种情形,跟他对天干用字的解释一样,究其实,"甲"字无论如何不会像许慎所说的那样,既"象人头",又指示草木"戴孚甲之象"。认定许慎没有意识到这种简单的道理恐怕不能会令人信服。但许慎却的确无法摆脱自相矛盾的困窘状态。文化抉择并非一件轻松的事情,所有的阐释者都有可能被纷繁的诱导投入两难处境之中。经过正确的抉择,文化传统可以成为使人洞见汉字幽隐意旨的火烛。经过错误的抉择,文化传统则可以成为阐释者的"普罗克拉斯蒂铁床"。许慎用阴阳二气在时空中的不停消长、流转来阐释干支用字的构形,实际上正反映了汉字阐释中的"普罗克拉斯蒂铁床"现象。

文化抉择,它总是依循着汉字与文化传统在某一历史层面上的关系:或者是原初关系,或者是次生的引申转换关系、假借转换关系与强制转换关系。文化抉择归根结底是必然的,也是不自由的。

其三,具体化。"具体化"是指把汉字指向的文化信息落实到汉字构形或读音之中的过程。

文化抉择的目的是为了明确汉字指向的文化信息,具体化的目的则在于为这种信息寻求字形、字音方面的具体证明。例如,许慎认为"父"字指示一家中的权威。这种意义同字形并没有直接的联系。《说文》云:"父"从又举杖,象以手举杖之形。(三下)在中国,以手举杖正是权威的经验表征。

---

① 参阅《说文》十三上释"蛮"、释"闽",四上释"羌",十上释"狄",九下释"貉"。

需要说明的是,汉字阐释过程中的具体化不等于对字形的具体化(或具体性)的理解,它包括对字形的具体化、抽象化、虚化三种不同的途径。一般来说,汉字阐释过程中的具体化便意味着对汉字构形的具体性的理解,例如"不"为否词,"至"有到达之意,这在两汉乃人之共识。但这些意义与二字的构形并非完全契合无间,于是许慎将"不"字的构形解释为"鸟飞上翔不下来",将"至"字的构形解释为"鸟飞从高下至地"。(《说文》十二上)这样一来,表示否定的"不"便成了某种具体情境中的否定性内容,而表示到达的"至"则成了"到达"的某种具体可感的方式。愈是靠近汉字发生时期,对汉字的具体性理解愈合理。

但是在阐释过程中,对字形的抽象化理解同样不可避免。当许慎将"至""旦"之中的"一"解释为地(《说文》十二上,七上),将"不"字中的"一"解释为天(《说文》十二上),将"亟"字中的上划解释为天,下划解释为地的时候(《说文》十三下),他对"一"的理解来自具体化。但许慎同时又把"一"解释为"造分天地,化成万物"的独立无待的道,(《说文》一上)把"毋、乍、甘、正"之中的"一"解释为规范人类道德行为或价值观念的道,(《说文》十二下,五上,二下)这些解释明显来自对字形的抽象化。[①]

另外,汉字阐释的具体化过程不能排除对字形的虚化。当阐释者将某一汉字视为记号字,或者将某一汉字中的某一笔画、某一字符视为标指、记音符号的时候,他们实际上既拒绝对这些字符的

[①] 这里对毋字构形的理解,参阅段玉裁的说法而不依大徐本《说文》,见《说文解字注》第626页。

具体化理解,又拒绝对这些字符的抽象化理解。他们的论断意味着这些字符的形象或抽象特征完全外在于字义。

因此严格地说,汉字阐释过程中的"具体化"范畴实际概括了这一种过程,即通过对字形的具体化、抽象化乃至虚化的理解,使汉字的构形的功能同某种文化信息达成一致。

其四,体悟。"体悟"是指阐释者对汉字构形的直观感知,它虽然为文化诱导、文化抉择、具体化等过程包容,但却具有鲜明的相对独立性。

首先,体悟可以引发其他文化要素对汉字阐释的诱导。例如,几乎所有的阐释都认为甲骨文"乘"字象人张足立于木上。[①] 历史地看来,这种体悟至少曾经引发过两种不同的诱导因素,一是人爬树这种日常经验,一是有巢氏构木为巢、以避禽兽虫蛇的古史传说。

其次,在缺乏其他文化要素诱导的情况下,对字形的体悟可以直接由诱导变为抉择。如杨树达释"甬"云:"'甬'象钟形,乃'钟'字之初文也,知者:'甬'字形上象钟悬,下象钟体,中横画象钟带"。[②] 在古往今来的有关著论中,类似情形可谓比比皆是。

最后,体悟常常极大地影响具体化的过程。从《说文》可以看出,有些已知的远离其原初状态的汉字形义关系往往直接由文化诱导变为主体的抉择。在这种情况下,将文化抉择具体化的过程明显取决于主体对字形的体悟。

---

① 字形见《甲骨文编》卷五·二七。
② 杨树达《积微居小学述林·释甬》,中华书局1983年版。

其五，证说。"证说"是指汉字阐释对自身合理性的证明。它应当展示阐释过程及结果的理据和可靠性。为此，阐释者常常要追索汉字早期构形及其种种发展形态，常常要考察与汉字密不可分的时代情状以及历代典籍。证说使种种文化要素成为汉字阐释的支持。

"文化诱导""文化抉择""具体化""体悟"与"证说"五个范畴，构成了一个完整的模式化过程。虽然并非每一个汉字的阐释都涵盖这一模式的全部内容，但几乎连最简单的阐释都必然包含其中的部分实质。

中国文化有一个个难解之谜。迄今为止，人们依然不知道龙的真相，不知道饕餮的真相。尤其重要的是，人们依然不知道贮存于一大批汉字之中的文化奥秘，汉字阐释便致力于破解汉字之谜，因此，它具有极为重要的历史、文化意义。本文首先从汉字价值入手为汉字阐释定位，继而讨论了汉字阐释的文化学特质以及阐释过程中的完整模式，其主要的目的在于使汉字阐释由自发升华为自觉，从而纠正传统文字学的某些根本性偏失。时至今日，人们已经不应当把汉字阐释仅仅视为一种具体的实践，必须把它当做一门科学，从理论高度上认真地加以反思。

历史性:汉字阐释的原则[①]

程树德《说文稽古篇·凡例》云:"《说文》为汉人所作,其中字义,可以发见汉以前之逸史、制度、风俗者不少,亦断代为史之一种"。[②] 事实的确如此,《尔雅》之后,最能从小学上体现中国文化特色的著作,首推许慎的《说文解字》。[③] 但是在以汉字阐释为立足点来证说古代"逸史""制度""风俗"的时候,必须要排除主观随意性,必须要追溯汉字与汉文化在特定历史层面上的客观、真实的联系。

甲骨文"乘"字像人张足立于木上,故或谓:"上古之世,人民少而禽兽众,人民不胜禽兽虫蛇","乘"字便反映了有巢氏"构木为巢",以避禽兽虫蛇的史实;篆文"炙"字像肉在火上,意为炮肉,故或谓:上古之世,人民茹毛饮血,"食果蓏蚌蛤,腥臊恶臭,而伤害腹胃,民多疾病","炙"字便反映了燧人氏"钻燧取火,以化腥臊"的史实。如果这种申说能够成立,那么它必须具有下列历史、逻辑前提:或者二字的构形产生于"构木为巢""火化腥臊"的历史背景之中,或者二字的构形反映了古人对这一段历史的记忆。然而,前者

[①] 本文与常森合作,原载于《人文杂志》1996年第2期。
[②] 程树德《说文稽古篇》第3页,商务印书馆1957年版。
[③] 胡奇光《中国小学史》第78页,上海人民出版社1987年版。

无以得到古典文献与考古发掘的必要证明;后者则显然有乖于常情常理:当登高于树、炙肉于火成为一种平凡、普通的日常经验的时候,人们不会舍弃自身熟悉的经验,而去追寻日渐遥远、日渐陌生的"历史"。

汉字是伴随历史发展而次第产生并逐步完成的符号系统,它天生具有历史层次性。然而,当汉字作为一种系统、完整的文化遗存留传后世的时候,人们已几乎无法再现其中暗含的、井然分明的历史层次。

许慎释"贝"云:"贝,海介虫也,……象形;古者货贝而宝龟,周而有泉,至秦废贝行钱。"(《说文》六下)许慎寥寥数语,几乎可以充当古代货币演变史的提要。《盐铁论·错币》云:"夏后以玄贝,周人以紫石",大约夏人已用海贝作商品交易的媒介。殷商时期,海贝依然充当商品交换的等价物。但真贝产于南洋,似乎须经南太平洋系人种传入,得之甚为不易,故殷人后来尝改用珧制、骨制、铜制之贝。[①] 周代有泉(即钱),而未尝废贝。至秦,"珠玉、龟贝、银锡之属为器饰宝藏,不为币"。[②] 新莽尝一度发行钱、金、银、龟、贝、布六种新币,凡二十八品,时称"宝货"。[③]

贝用作商品等价物对古代社会生活的影响至深至巨。这一点明显地表现于汉字构形之中:买卖以贝为媒介,故"贸、赎、贾、贩、

[①] 参阅罗振玉《殷墟古器物图录·附说》;以及翦伯赞《先秦史》第187—188页,北京大学出版社1990年版。

[②] 《汉书·食货志》。[英]崔瑞德、鲁惟一主编《剑桥中国秦汉史》第75—76页,中国社会科学出版社1992年版。翦伯赞《秦汉史》第37页,北京大学出版社1983年版。

[③] 翦伯赞《秦汉史》第228页。

买、购"等字取义于"贝",故表示物类价值高低的"贵、贱"等字取义于"贝",故表示商品交易赢余的"赢、赖"等字取义于"贝",故表示人之贫富的"赈、贫"等字取义于"贝",故表示财物、蓄积的"货、贿、贤、贮"等字亦取义于"贝"。另外,借债用贝,故"贷、贳、赊、贯"诸字取焉;抵押用贝,故"赘、质"诸字取焉;送礼、庆贺用贝,故"贺、赍、赠、赂、赞、贶"诸字取焉;缴租、纳税用贝,故"贡、赋、赛"诸字取焉;赏赐用贝,故"赏、赐、赣、赉"诸字取焉;赎罪、求卜用贝,故"赀、赆"二字取焉;贝为人之大欲,故"贪"字取焉。①

对于这一组汉字,《说文》只能告诉人们"贝"字产生于诸字之先,它根本没有展示其间存在的复杂历史层次。像《说文》(或某些以《说文》证说有关史实的著论)那样,将该组汉字及其反映的社会现象笼统地归属于"古者"或"古代",显然不科学、不严密。因为"古今"乃一相对的、没有定指的概念,所谓"古今无定时,周为古则汉为今,汉为古则晋、宋为今"。②

贝用为商品交换的媒介历夏、商、周三代,至两汉尚有余绪。可人们却没有确证,"贝"以及与"贝"有关的一系列汉字究竟产生于哪一具体的历史阶段;没有确证在这些汉字之中,"贝"字究竟是海贝的象形,还是殷商时期曾一度流行的珧、骨贝或铜贝的象形。③

---

① 参阅《说文》六下贝部。不能否认"贝"在有些汉字之中可能只是某种性质的表征,这是一个极为复杂的问题,此文不论。
② 段玉裁《说文解字注》第94页"谊"字条,上海古籍出版社1981年版。
③ 罗振玉《殷墟古器物图录·附说》云珧制、骨制、铜制之贝,"状与真贝"不异。书中图录之真贝与珧制之贝俱出土于殷墟。众所周知,殷墟还出土了迄今为止发现最早而又最成熟的汉字——甲骨文。这种考古学上的发现,实在发人深思。

在这一方面,传统文字学的重大弊端不在于它不能再现汉字发生的历史层次,而在于它根本无意于再现这种层次。商代已成熟的汉字与它在后世的流变,以及两汉以来日益丰富的汉字阐释等,或被用来证说三皇时期的"史实",如"构木为巢""火化腥臊";或被用来证说有关五帝时期的神话,如汉儒王育以为"无"之古文奇字像"天屈西北"。① 人们曾用汉字"图解"过几乎每一个时期的历史——文化现象,这是一个尚未得到认真反思的惊人的事实。许慎《说文》用殷商时期便已存在的汉字来图解春秋战国时期定型的阴阳五行观念,这不可接受,却可以理解。匪夷所思者,乃汉字早期构形竟至被附会于某些欧美风俗,如有人用"一火不点三烟"来穿凿籀文"灾"字。② 仿佛汉字产生于一种纵贯古今、横跨中外的巨大时空背景之中。迄今为止,传统文字学理论无意于遏制这种现代神话的产生。

汉字的历史层次性绝不是一种主观的认定。它在一条历时性轴线上呈现着汉字与汉文化之间固有的、不容分割的联系。汉字发生的上限尚未探明,但它成熟于商代却是一个基本的历史——文化事实。当然,汉字的历史层次并不以朝代的更替为表征,而以汉字发生的早晚与其发生、发展过程中的某些深刻变异为标志。随意将汉字安置于三皇时期、五帝时期或夏、商、周、春秋、战国的

---

① 关于"无"字的解释可以参阅徐锴《说文解字系传》第248页,中华书局1987年版。

② 《新民晚报》1993年12月22日第11版姚志卫《中国也有点烟习惯》一文云:美国人有一种习惯,即点烟至第三人,须将火柴熄灭,再重新划燃;中国早就有这种习惯,繁体"灾"字(实为籀文之变)的形象是"三人合一火",意谓点烟三人就会有灾。是为不祥,故常以为忌讳。

做法,不仅不能彰明汉字的层次,而且适足以掩盖这种层次。

就《说文》言,将汉字自觉不自觉地置于同一历史层面上,时常淹没或淡化传统观念中的根本性的变异。考察一下《说文》中能够反映古代宗教意识的内容,便可以明晰地看出这一点。

许慎释"巫"云:"巫,巫觋也,女能事无形,以舞降神者也,象人两袖舞形,……古者巫咸初作巫";①释"觋"云:"觋,能斋肃事神明也,……从巫从见。"(《说文》五上)徐锴解释"觋"字从见的原因说:觋"能见神也"。② 巫觋能同神明进行视觉、听觉的交流,这是先人一种极为古老的观念,《国语·楚语》即云:"……其明光照之,其聪能听彻之,如是则明神降之,在男曰觋,在女曰巫。"

巫的职能,主要在于沟通神、人关系,将神明的意志传达于世间。清儒王夫之云:"楚俗尚鬼,巫或降神,神附于巫而传语焉";③这与《国语》明神降于巫觋的说法完全一致。可以说,在歌舞婆娑的事神活动中,巫常常一身二任,他首先是巫,其次又可代表神。④

巫之事神,其来有自。论者或以为黄帝、帝尧以及夏、春秋之时均有巫名咸。⑤《山海经·大荒西经》之"灵山十巫"径以巫咸为首。看来,许慎所谓"初作巫"的巫咸似不会迟于夏代。

殷商时期,稽考神明意志的最为普遍的途径则是占卜。据甲

---

① 大徐本"巫觋也"作"祝也",段注改。
② 徐锴《说文解字系传》第90页。
③ 王夫之《楚辞通释·离骚》释文。
④ 参阅钱钟书《管锥编》(二)第598—600页《九歌》(一),中华书局1979年版。
⑤ 参阅程树德《说文稽古篇》第18页。

骨文记载,商人的一切行事如祭、告、征伐、田猎、行止、年、雨、霁、瘳、梦、命、旬等,几乎无所不卜。① 占卜的主要程序是:在龟甲或兽骨的背面(间有在正面者)钻出一个个圆孔,有时兼凿出一只只长槽;灼炙孔槽以使龟甲爆裂;然后视正面角质的坼纹来确定吉凶休咎。占卜的主要目的在于决疑。

许慎认为:"卜"象灼龟之形;"卦"指龟甲因灼炙而出现的裂纹,其中"兆"字即裂纹之象形;"卟、贞、占、卲"诸字则意指占问或卜问。(《说文》三下)

占卜乃"所以卟之于先君,考之于神明"②的途径。卜者普遍认为,神灵或人鬼可以用龟甲、兽骨上或纵或横的裂纹来传达自己的意愿。因而,占卜的结果决定着先民的基本现实抉择。《尚书·洪范》记载:禹兴,天予之洪范九畴,其七"明用稽疑"即指卜龟与占筮。自此而下,从卜而行者史不绝载。《史记·田敬仲完世家》载齐懿仲卜妻完,《赵世家》载赵衰卜事公子重耳,《秦始皇本纪》载始皇卜游徙等,都是极为典型的例子。许慎以这种经验事实为背景,阐释了"用"字的特有意蕴和构形:"用,可施行也,从卜从中。"(《说文》三下)就是说,"用"字的构形包含着占卜而可,方能施行的意思。南唐徐锴深知许慎之意,有"先人不违卜"云云。③

宗教哲学中的核心概念是"神"或"上帝",宗教哲学中的核心

---

① 参阅翦伯赞《先秦史》第 235 页,北京大学出版社 1990 年版。
② 徐锴《说文解字系传》第 62 页"用"字条。
③ 《说文解字系传》第 62 页"用"字条。许慎对"用"字的解释也许并不准确,但"用"字与占卜的密切关系似乎可由刻辞中的用辞证明。甲版卜兆旁边除刻写卜辞外,间或还刻用辞,如"用""不用""兹不用""兹勿用"等。大约商人并非每卜必"用"。参阅吴浩坤、潘悠《中国甲骨学史》第 91—92 页,上海人民出版社 1985 年版。

理论则是神或上帝的性质以及神或上帝与世界、与人类的关系。[①]巫觋降神跟占卜稽疑虽有表层上的巨大差异,但却内含明显一致的神——人关系:神或上帝,乃与人类对立的异物;两种活动固可呈显神灵的意志,但活动的主体却永远不能真正与神灵合而为一。因此,我们可以从较为宽泛的意义上将上述汉字或它们所积淀的两种文化现象归于同一历史层面。

遗憾的是,许慎对另一组汉字的解释,却突然使这一历史层面涵盖了另一种截然不同的异质宗教观念。

许慎《说文》云:"伸,神也,从人身声。"(八上)"伸"为"神"意而字从人,这显然暗示二者在某种情况下可以弥合其分际。许慎之意正在于此。在他眼中,"伸"既是神的世俗化、人化,又是人的神圣化、神化;其内涵与"仙"最近。仙者,人"长生仙去"也。《说文》"同牵条属,共理相贯"(《说文叙》),[②]将"伸、仙"二字编排在一起。[③]许慎释"真"又云:"真,仙人,变形而登天也,从匕从目从乚;八,所乘载也。"(《说文》八上)这一解释,再一次反映了许慎人神相通的观念。

"人神相通"实产生于战国,盛行于两汉,乃汉末道教思想的起

---

① 何光沪《多元化的上帝观:20世纪西方宗教哲学概览》第30页,贵州人民出版社1991年版。

② "同牵条属"段注本作"同条牵属",此依大徐本。

③ 《说文》"伸,神也",段注云:"按'神'当作'身',声之误也。……《玉篇》曰:'伸,妊身也'。……'身'者,古字;'伸'者,今字。一说许之'神也'盖许所据古义。今不可详;段注《说文》"佁,庙佁穆,父为佁,南面,子为穆,北面"云:"……且生曰父曰母,死曰考曰妣;考妣则字当从鬼、从示,从人何居? 当删去。"(《说文注》第383页)段注实未得许旨。许意人神、人鬼、鬼神在某种情形下可以弥合为一。《说文》将"佁、伸、仙"先后相次,盖有深意焉;《说文》以"魋"为神、"禔"为鬼(九上)亦可作为旁证。

源。先秦思想家庄子及其后学较早地给予世人升天成仙的许诺："……千岁厌世,去而上仙;乘彼白云,至于帝乡,三患莫至,身常无殃。"①庄子学派所说的"神人、真人、至人、圣人",都是"知之登假于道"者,都是"神"化之"人";庄子认为古之狶韦氏、伏羲氏、黄帝、颛顼、彭祖、傅说等莫不以得"道"而变为神仙灵明。② 逮止秦皇汉武,得道成仙的观念进一步世俗化。世人可不必汲汲以求"登假于道",只须服用某种药物便可以"修成正果",故始皇、武帝孜孜以求"不死之药",希图"服食求神仙"。③ 汉武帝竟至感慨:"吾诚得如黄帝(成仙而登天),吾视去妻子,如脱蹝耳。"④羽化成仙、变形成仙的观念,至此可谓盛极。《抱朴子·对俗》云:"古之得仙者,或身生羽翼,变化飞行";在后世出土的两汉画像石中,"身生羽翼"的仙人触目皆是。⑤

如果许慎对"仸、仙、真"诸字的解释正确无误,那么三字理应产生于战国宗教观念转型以后,这样,三字便不可能与"巫、觋、占、卜"等字处于同一层面。如果"仸、仙、真"与"巫、觋、占、卜"等字同处一个层面,那么许慎对这一组字的解释肯定只是历史的误会。许慎既无意于分界两组汉字,又无意于分界两段历史;许慎既泯灭了汉字的历史层次,又泯灭了汉文化的历史层次。

汉字的历史层次与汉字跟汉文化的历史关系,在一定程度上

---

① 《庄子·天地》。
② 《庄子·大宗师》。
③ 《古诗十九首》"驱车上东门"。
④ 《史记·孝武本纪》。
⑤ 参阅王建中、闪修山《南阳两汉画像石》图版 185,198,199,244,248,253,254,262,264,文物出版社 1990 年版。

可以互相证明、互相界定。对前者的无知,可以使人们在汉字与汉文化之间乱点鸳鸯谱;对后者的无知,同样可以使人们随意将汉字许诺给自三皇、五帝直至春秋、战国的传说或历史。

汉字研究无疑应当恢复汉字与汉文化之间的历史联结。这实际上是汉字研究的必然的方向。只是在这条路上,人们会遇到很多困难。

困难之一,汉字(尤其是早期汉字)之形、义、音本身都是需要证明的东西。

近百年来,人们已从十数万片甲骨刻辞中整理出四千多个形体符号不同的汉字,其中可以准确辨识的仅一千余。而且,人们对这批有限的一千多个汉字多半也是知其然而不知其所以然。譬如,人们知道甲骨文"一、二、三、四"是积画记数字,却不知道四个字为何采取这种构形方式,不知道这四种概念的最早起源与经验背景。

困难之二是,迄今为止,出土最早而且最完整的汉语言符号系统甲骨文已经呈现出相当成熟的体态,其中一部分已可纳入"甲骨文——金文——小篆——隶书"这一对应体系中。但人们对前甲骨文阶段(尤其是发生阶段)的汉字蒙昧无知,无法重建它与甲骨文之间的对应关系。

困难之三是,人们几乎无以完全呈现汉字本身固有的历史层次;或者说,人们几乎无法将汉字重新安置在它们所由产生、具有"编年"意义的历史背景上。

从许慎《说文解字》开始,传统文字学对汉字的研究主要是共时性研究;它相对缺乏趋向历时性研究的努力。共时性研究所关注的是既定汉字系统内部的种种关系,历时性研究所关注的则是处于形成状态的汉字系统的变化与发展。六书理论基本上是共时性研究的结果;汉字形体演变的理论虽以历时观照为主,但它直到今天仍主要是对汉字发展的一种残缺不全的描述而非"解释"。就科学的目的来说,"解释"不是指有关理由的争辩,而是指对规则的阐明。①

困难之四在于,传统文字学并没有为汉字的发生学研究提供充分准备和必要的基础。有关汉字发生的"鸟兽足迹说"经不起实证的考验,"书画同源说""书源于画说"等实际上是对汉字发生问题的回避或搁置。

然而,汉字发生问题却是汉字科学最为根本的问题之一。一旦求得这一问题的正确答案,其他所有重要问题都将迎刃而解。没有哪一种研究可比科学揭示汉字的发生更能彰明汉字的本质属性和价值。遗憾的是,人们几乎不能肯定日后的汉字研究可以上溯到一些确定无疑、具有典型发生学意义、处于原生历史层次的"汉字字原"。

困难之五在于,由于历史——文化的断裂与流失,相伴于汉字产生与发展、变化的漫长历史——文化背景存在着很多混沌不明的领域;因此,文化本身也需要证明。

殷商以上的文化尤其缺乏物化的表现形态。司马迁博览经传古籍,博览"金匮石室"之书,集数代文化之大成,并历游长江中下

---

① 参阅[美]菲利普·巴格比《文化:历史的投影》第159页,上海人民出版社1987年版。

游、淮河、黄河流域乃至巴、蜀之地;但他却无奈地感慨:"五帝、三代之记,尚矣。自殷以前,诸侯不可得而谱。周以来,乃颇可著",①"书缺有间矣。"②

无情的历史使最为重要的东西成了最缺乏的东西;蒙昧不明的夏商文化,正是汉字发生发展的最重要的母体。

幸而"书""记"只是文化的外在表征。文化的实质则在于它因标志人类存在而获得的顽强生命力,它"是历史的幽灵,是社会的魂魄;它存在于典籍,也存在于人民的生活之中;它有它的物质性,也有它的精神性。能够用火烧掉的只是它的物质形象,至于文化的精神则不是人间任何暴力所能消灭的。"③在正常的情况下,文化代代相嗣不绝。每一个个体成员的社会化过程都是个体在不同程度上认同群体文化模式的过程:"个体生活历史首先是适应由他的社区代代相传下来的生活模式和标准。从他出生之时起,他生于其中的风俗就在塑造着他的经验与行为。到他能说话时,他就成了自己文化的小小的创造物,而当他长大成人并能参与这种文化的活动时,其文化的习惯就是他的习惯,其文化的信仰就是他的信仰,其文化的不可能性亦就是他的不可能性。"④文化的这种特征使人们有幸可以跨越遥远的历史间隔,找到自己的"生命之根"。

另外,原始民族⑤面对类似的社会、自然问题,往往形成类似

---

① 《史记·三代世表》。
② 《史记·五帝本纪》。
③ 翦伯赞《秦汉史》第81页。
④ [美]露丝·本尼迪克《文化模式》第2页,华夏出版社1987年版。
⑤ 文化学意义上的"原始民族"并不等同于通常所说的原始社会的民族。

的思维、行为方式和观念。因而,反思中国文化传统的时候,我们可以借鉴世界各国的文化学成果。

《诗·鹤鸣》有云:"它山之石,可以攻玉。"西方文化学理论常常能使我们豁然明白古代某些文化现象的意义。《吕氏春秋·顺民篇》云:"昔者汤克夏而正天下,天大旱,五年不收。汤乃以身祷于桑林,……于是翦其发,鄌其手,以身为牺牲,用祈福于上帝。民乃甚说,雨乃大至。"①《史记·鲁周公世家》云:"初,成王少时,病,周公乃自揃其蚤,沉之于河以祝于神。"《尚书·金縢》记载同一件事,而云周公"自以为功",亦即自以为质、自以为牺牲。这里显然有一个极为重要的问题:为何商汤、周公剪发、断爪以祭,而典籍却每每称之自以为牺牲呢?原始文化研究的诸多成果使我们明白:断爪、剪发这类看似平常的行为对先民的灵魂具有强大的震撼力。

英国最著名的文化学家詹姆斯·G·弗雷泽(1854—1941)经过深入研究,将巫术活动分为模仿巫术与感染巫术两类。感染巫术(又称接触巫术)基于原始思维中的这样一种原则:凡接触过的事物,在脱离接触以后仍可继续发挥作用;只要对其中一物施加影响,便必然会影响到另一物。

澳洲土著部族在为青年人举行成人礼时,常常要打掉他们的一只或几只门牙,并且认为这些门牙必须妥为保管,否则就会使它的主人陷入巨大的危险:连蚂蚁在上面爬都会使他的牙痛。澳洲土人还认为,只要在人的脚印上放置玻璃、尖石、骨头或木炭,便可

---

① "鄌其手"当为"鄌其手",形近而误。《论衡·感虚篇》径作"丽"。鄌、丽音近而通,亦剪割之义。

以使这人变成瘸子。新南威尔士的土人也坚信：只要在动物足印上撒下热的木炭，便可以使它热得喘不过气来。①

这种文化学背景，可以显示商汤、周公剪发、断爪的深层意义，可以说明古人何以将这种行为视作"以身为牺牲"。最能使先人惊恐的，不是永恒沉默的宇宙，而是永恒沉默的终极存在，万能的神。把断爪沉于河中，便意味着将自己整个生命授于河神。②

由此可见，对传统文化的反思不仅有待于对古典文献、考古发掘等的深入理解，而且有待于对文化学成果的深刻领会、把握和运用。对文化的反思，说到底是对一个民族自身的反思。与此相关，汉字研究的实践与理论不惟必须向汉文化开放，而且必须向世界文化开放。

困难之六在于，建立在汉字与汉文化之间的关系必须得到有力的证明。与其无力地表达，不如沉默；与其阐释某字却不能排除其他不同的认知结果，不如不予阐释。

困难之七，在于汉字与汉文化关系的历史层累。

古文字中的"一、二、三、四"何以作"一、二、三、亖"呢？郭沫若先生认为，古文"一、二、三、四"本为手指的象形。③ 这种说法颇有见地。

丰富的文化学材料证明，原始民族并没有脱离具体事物的抽

---

① 参阅朱狄《原始文化研究》第51—52页，生活·读书·新知三联书店1988年版；[法]列维—布留尔《原始思维》第227页，商务印书馆1981年版。
② 巫术心理对汉字发生的影响极为深远，此文不能申论。
③ 参阅郭沫若《甲骨文字研究·释五十》，《郭沫若全集》考古编第一卷第115—134页，科学出版社1982年版。

象的数的观念。甲骨文"一、二、三、四"像手指之形,计数便是建立事物与一只、两只、三只、四只手指之间的对应。

认定从"一"到"十"的数目同时产生并不科学。在非常多的原始民族中间,用于数的单独名称常常只有"一"和"二",间或有"三";超过这几个数时,人们便说"许多、很多、太多",或者将"三"说成"二、一",将"四"说成"二、二"等。澳大利亚土人计数实为建立事物跟身体诸多部位的联系:从左手小指始,次无名指,中指,食指,拇指,再转腕,肘、腋,肩,上锁骨窝,胸廓,接下去按相反方向从右上锁骨窝数到右手小指,可计数到 21;然后再用脚趾,又可计数到 10。英属新几内亚人计数时也用过类似的方法。[1]

可以肯定地说,甲骨文"一、二、三、四"反映的最早文化内涵,乃字形对手指的表征。[2]

随着历史的发展,"一"字抽象为纯粹的数目之始。这是"一"字与传统文化的第二层关系。

春秋战国至秦汉时期,人们赋予"一"字更多的内涵。《老子·十四章》,《管子·法法》《内业》,《韩非子·扬权》《吕览·论人》、《君守》,《淮南子·精神》、《原道》、《诠言》等,或以之指"无敌、无双、混而为一、为"万物之本"的"道",或以之指"气质未分"、化成万物的"元气"或"太和之精气"。这两个方面的内容紧密相联,显示了"一"字与传统文化的第三层关系。

汉儒高诱注《淮南子·坠形训》"天一,地二,人三"云:"一,阳;

---

[1] 更为丰富的材料可以参阅列维—布留尔《原始思维》第 175—187 页。
[2] 由儿童的认知心理常常可以推知人类童年时期各种观念的发生。儿童借助手指计数在今天依然是随处可见的经验事实。

二，阴也"；《大戴礼记·易本命》云："天一，地二，人三，三三而九，九九八十一。一，主日。""一"指阳、指天、指日，这是它与传统文化的第四层关系。

汉字与汉文化的关系便处于这种缓慢的层累过程中。这一过程有时与词义的自然引申一致，有时则只是历史——文化的硬性给予。[①] 天干、地支用字脱离其原初内涵而演化为阴阳流转的表征，是后者的典型例证。

汉字与汉文化的关系层累过程有其根本的方向，即由具体到抽象，由非理性或原始、朴素到理性或文明、科学。第一种方向可以用"一"字与汉文化的上述层累关系来证明。第二种方向则可以用某些表征动物、植物的汉字吐故纳新、日益获得科学内涵的过程来证明。

同一草木、同一鸟兽在不同的文化层面上会被赋予截然不同的含义。这种现象不是由知识的多少所致，而是由不同文化层面的异质内容造成。《说文》释"萑"尝云："萑，鸱属，从丫，有毛角，所鸣其民有祇。"（四上）《说文》的解释显然不科学。但就某一特定的历史阶段而言，它却比任何有关萑鸟的科学认知更真实。萑似鸱鸮而小，头部有角状的羽毛，鸟纲，鸱鸮科，为猫头鹰的一种。古人以猫头鹰为不祥之鸟。汉儒贾谊因鹏鸟集于舍而有"野鸟入处兮，

[①] 这意味着由那些表示复杂哲学概念的汉字的构形和本意，"多半无法引申出哲学思想的全貌。"杜维明在揭示儒学研究的语言文字障碍时几乎触及到这一规律。杜文《有关"儒学研究"的几重障碍》见于杜著《儒家传统的现代转化》一书，中国广播电视出版社1992年版。

主人将去"的感慨。① 鹏鸟,即俗之猫头鹰。《说苑·谈丛》有寓言"枭将东徙",云:"乡人皆恶我鸣,以故东徙";枭即鸮,亦猫头鹰也。晋·张华《博物志》则云:"鸺鹠一名鸱鸺,昼目无所见,夜则目至明;人截爪甲弃露地,此鸟夜至人家拾取爪,分别视之,则知有吉凶,凶者辄便鸣,其家有殃。"② 鸺鹠与萑鸟同属鸱鸮科。《说文》揭示了萑鸟与古代民俗的特殊关系。与对萑鸟的科学知识相比,这种关系无疑产生于更早的历史——文化层面。

汉字阐释必须清醒地剥落层层的历史沉积,以追索汉字与传统文化之间的最初关系,唯这种关系具有发生学意义;唯这种关系能显示汉字构形的功能与内涵,显示汉字的价值与实质。这是汉字阐释所必须坚持的原则和应该明确的方向。

---

① 贾谊《鹏鸟赋》,见《史记·屈原贾生列传》。
② 此为《博物志》逸文,见新文丰出版公司印行《丛书集成新编》(四三)第74页。

儒家学说经典化与
汉字系统的稳定性[①]

中国文明的持久性(continuity)在世界文明发展史上是绝无仅有的现象。汉字系统的稳定性是保持中国文明持久性的重要基础。著名学者饶宗颐认为,汉字的稳定性是"最令人注目而不容易理解的问题",并称之为"汉字图形化持续使用之谜"。[②]

揭示汉字系统持续稳定的原因,是中国文明史尤其是文字学研究的一个重要课题,已有不少学者在这方面发表过意见。我们认为,这个问题的研究可以从两个阶段、三个角度进一步向深入推进。所谓两个阶段,即汉字体系的形成和发展阶段。汉字体系的形成阶段,指汉字从早期萌芽到形成完整的体系。这个阶段汉字系统符号运用的选择及其呈现出的特点和倾向,最终决定了汉字形成成熟体系时的基本面貌和特征。汉字至少在殷商晚期(公元前14世纪前后)就已经完成了这个阶段。此后,汉字进入发展阶段,这个阶段汉字体系不断走向完善,虽有若干调整和变革,但是

[①] 本文曾在德国波恩大学等单位举办的"亚美古代文明中的文字和礼仪"国际学术研讨会(上海,2005年10月5—7日)上宣读。

[②] 饶宗颐《符号·初文与字母——汉字树》第174页,香港商务印书馆1998年版。

没有发生本质的变化。这个阶段从殷商晚期持续至今。三个角度,即汉字符号系统的构成和优化、汉字与汉语的关系、汉字产生和发展的文化背景。以往的研究工作,自觉或不自觉地皆不出这三个观察角度。对不同阶段汉字系统形成和发展的研究,观察的重点往往会有所不同。比如,研究汉字初期形成时,汉字符号类型的确定和汉语特点的关系一直是一个观察的重点,并已有很深入的论述;①成为成熟的文字体系后,汉字与文化背景相互依存和影响关系的研究就非常重要。② 在探讨汉字与中国文化相互影响的过程中,我们认识到,儒家学说经典化对汉字稳定性的影响尤为深远。

由孔子创建的儒家学派,在春秋战国时期已是最有影响的学派。汉武帝罢黜百家,独尊儒术,设立"五经博士",从此确立了儒家学说在漫长的中国历史上的正统地位。以孔子(公元前551—前479年)为代表的儒家所编著的书籍成为"经",对这些经典进行阐发议论的学说成为"经学"。③ 儒家学说经典化的完成,不仅对中国古代思想史、学术史来说意义重大,对汉字发展到隶楷阶段后长期保持稳定也产生了深远影响。

---

① [苏]B.A.伊斯特林《文字的产生和发展》第155—156页,左少兴译,北京大学出版社1987年版。

② 瑞典著名汉学家高本汉就认为,汉字是中国文化的脊梁,中国不废除自己的特殊文字而采用拼音文字,与中国自己的文化基础和传统有关。这个观点得到英国语言学家L.R.帕默尔的赞同。参阅帕默尔《语言学概论》第六章,李荣等译,商务印书馆1983年版。

③ 参阅《周予同经学史论著选集》第649—661页,上海人民出版社1983年版。

一　儒家学说经典化确立了汉字的神圣地位

儒家学说的经典化,使在西周到春秋文化背景下产生的"六经"[①]获得了神圣的地位,从而也确立了汉字的神圣地位。"六经"是经过孔子的整理和传授才逐步成为儒家经典的。春秋末期,孔子继承了西周文化遗产,一方面对文化遗产采取"述而不作"的保守态度,另一方面又结合现实社会的变化,使西周文化精华因他的重新阐释和适当发扬而"垂之永久"。[②]孔子作为儒家学派的奠基人,"一方面依据对于西周制度的正义心而自认为儒,另方面又批判了儒的形式化或具文化,以现实问题的提出与解决为无上命令,使他在讲解诗书礼乐上亦注入了系统的道德化观点,而绝不约束于西周古义。[③]孔子的门人继承和发展孔子学说,到战国末年,"儒分为八",形成不同分支。[④]但是,战国时代,百家并起,儒家学说也只是与墨家学说并称显学而已。秦王朝建立,不尊崇儒学,"以法为教","以吏为师",以至于发生"焚书坑儒"这样的事件。[⑤]

[①]　"六经"指先秦儒家整理和传习的六部书:《诗》、《书》、《礼》、《乐》、《易》、《春秋》。汉武设"五经"博士,不包括《乐》。后汉又有"七经",盖"六经"之外加《论语》;唐代有"九经",一说"五经"之《礼》为《周礼》、《仪礼》、《礼记》,外加《论语》、《孝经》,或说外加《公羊》、《穀梁》;宋代"十三经"即《诗》、《书》、《易》、"三礼"、"三传",另加《论语》、《孝经》、《孟子》、《尔雅》。

[②]　冯友兰《中国哲学简史》第43页,北京大学出版社1996年第2版。

[③]　侯外庐等《中国思想通史》(第一卷)第125页,生活·读书·新知三联书店1951年第4版。

[④]　《韩非子集解·显学》,中华书局《诸子集成》本第五册。

[⑤]　见《史记·秦始皇本纪》。

汉文、景之世,好黄老之学,儒学无足轻重。到汉武帝罢黜百家,儒家学说才获得独尊的地位。"自武帝立五经博士,开弟子员,设科射策,劝以官禄。讫于元始,百有余年,传业者浸盛,支叶蕃滋,一经说至百余万言,大师众至千余人,盖禄利之路然也。"①东汉时学习儒学的太学生竟多达三万余人。儒家经师家居教授者也甚众,门徒著录者多的达到万人以上。② 正是在汉代统治者确立儒学为国家官方学说、读经成为谋求利禄的途径之后,儒家学说才完成经典化历程的。汉代之后,尽管中国社会经历过巨大变迁,儒家学说内涵也在发生着变化和调整,但是它的神圣地位始终没有从根本上动摇过。

作为儒家经典的"六经",其形成时期(即西周到春秋时期)也正是汉字处于快速发展并逐步完善的时期。汉武帝之世,汉字发展到隶书的成熟阶段,自此之后,儒家经典神圣不可改易的地位的确定,使得记载它们的汉字也获得同样神圣不可改易的地位。尽管各个时代的经学是在不断发展的,但是儒家学者在对待经典文本方面则一贯态度矜慎,不敢改易。为防止文本流传时造成讹错,官方还采取了一系列措施,如东汉熹平四年(公元175年)蔡邕以通行隶书将经书刻于石上,立于太学门外,供人摹写,世称"熹平石经"。其后刊经于石,就成为一种传统。魏正始年间(240—248年)洛阳太学立古文、篆文和隶书"三体石经";唐开成二年(837年)校正经书,镂石太学,刻成"唐石经";此外,还有后蜀时刻成的

---

① 见《汉书·儒林传》。
② 见《后汉书·牟长传》、《蔡玄传》。

"蜀石经"(又称"广政石经")、"北宋国子监石经"、南宋"绍兴御书石经"等,历代立石刻经的风气确保了经书文本的准确无误,汉字的持续稳定性也因此得到根本保障。

西汉发明造纸,经东汉蔡伦进行技术改进之后,造纸技术逐步推广,促进了汉字书写材料的改革,也有利于经书的传抄。始于隋而盛于唐的印刷术,更是适应了经书文本传播的需要。[1] 五代后唐时诏令国子监刻印《九经》,广颁天下;两宋时汉魏六朝诸儒注释经书的著作印本广为流传,国子监也大量刊印儒家经书作为学习的范本。纸和印刷术的发明不仅为经书的传播提供了技术保障,而且使得经书文本不会因传抄而发生新的变化,也强化了汉字形体的稳定性。

二 儒家学说经典化促成了"小学"的创立和汉字的规范

中国传统语言文字学——"小学"的创立,是经学发展的结果。儒家学说取得"独尊"地位后,传授经学成为一时之盛,尤其是董仲舒的"春秋公羊学"风靡天下。当时传授的经书是用隶书书写的,即今文经。西汉后期,成、哀之世(公元前32—前1年)求天下遗书,刘向、刘歆父子领校秘书,始见"古文经"书。刘歆以古文与今文经书相校,"以考学官所传,经或脱简,传或间编",因此他批评今

---

[1] 潘吉星《中国古代四大发明——源流、外传及世界影响》,中国科学技术大学出版社2002年版。

文经学家"不思废绝之阙,苟因陋就寡,分析文字,烦言碎辞,学者罢(疲)老且不能究一艺,信口说而背传记,是末师而非往古。"[1]今文学家对刘歆的批评予以反驳,从而引发了经学今、古文论争。这场论争对经学和"小学"的发展都产生了深远的影响。

今、古文之争,主要是因文本的差异而引起的。今文学家攻击古文学家"诡更正文,向壁虚造不可知之书,变乱常行,以耀于世";[2]古文学家则说今文学家"不思多闻阙疑之意,而务碎义逃难,便辞巧说,破坏形体","安其所习,毁所不见,终以自蔽"。[3]文本和语言文字的歧异,成为两汉今古文经学论争的基本问题,得到统治者、经学家和"小学"家的共同重视。如"元始(公元1—5年)中,征天下通小学者以百数,各令记字于庭中。杨雄取其有用者以作《训纂篇》,顺续《苍颉》。"[4]"建初(公元76—84年)中,大会诸儒于白虎观,考详同异,连月乃罢。"[5]这些规模和影响都很大的活动,促进了语言文字的研究,使以文字训诂为主要内容的"小学"应运而生。而古文经学家对"小学"的贡献尤大,两汉"小学"家大都为古文经学家。王国维说:"观两汉小学家皆出古学家中,盖可识也。原古学家之所以兼小学家者,当缘所传经本多用古文,其解经须得小学之助,其异字亦足供小学之资,故小学家多出其中。"[6]两汉"小学"主要是为经学服务,如世称"五经无双"的许慎,撰著文字

---

[1] 见《汉书·刘歆传》。
[2] 许慎《说文解字·序》。
[3][4] 见《汉书·艺文志》。
[5] 见《后汉书·儒林传》。
[6] 王国维《观堂集林》卷七,第330页,中华书局。

学的奠基之作《说文解字》,"六艺群书之诂,皆训其意"①,具有很强的针对性和实用性。

在经学论争背景下成长起来的传统"小学",长期以来一直保持着自身的传统,处于经学的附庸地位。随着经学文本的校订,"小学"成果在规范和制约语言文字方面的作用也不断得到加强。到唐代这种规范意识表现的尤其鲜明。如唐贞观初年,颜师古奉诏考订五经文字,撰成《五经定本》,颁行天下;后又撰《颜氏字样》,以为文字范本,颜元孙撰《干禄字书》,为读经求仕之用。张参《五经文字》为避免"五经本文,荡而无守"所作。②"开成石经"既成,唐玄度奉诏复校九经字体,纂录为《新加九经字样》。无论是两汉对经书文字的训释校订,还是唐代校正经书而形成的"字样"之学,或者是"小学"复兴的清代,"小学明而经学明"③,经学和"小学"相互依存,关系越来越稳固。传统"小学"的功能不断强化着汉字系统的稳定性和规范性,在近两千年的漫长岁月中几乎没有留给汉字发展新要素任何官方认可的空间。

三 儒家经典成为科举考试内容,强化了汉字系统的稳定性

中国科举制度出现于隋朝,到唐代发展成一种较为完善的官

---

① 许冲《上〈说文〉表》,《说文解字》第 320 页,中华书局影印 1963 年版。
② 张参《五经文字·序例》。
③ 王念孙《〈说文解字注〉序》,见段玉裁《说文解字注》,上海古籍出版社 1981 年版。

吏选拔制度,持续沿袭到上个世纪初。儒家经典始终是科举考试的重要内容,因此一千三百余年来儒家经典也就成为教育的范本,孔子被尊奉为"至圣先师"。虽然汉武帝推崇儒术后,精通儒家经典就成为读书人谋求功名利禄的手段,但是实行科举制度,更使尊孔读经成为全社会读书人通向仕途的唯一选择。南朝已设"明经"科以考试取寒门士人入仕。唐朝不仅明经科主要考帖经、墨义,进士科也考帖经。南宋朱熹将理学发展为完善的学术体系,他为"四书"(《论语》、《孟子》、《大学》、《中庸》)作集注,理学遂成为科举考试的依据。自元代仁宗(公元1313年)将"四书"及朱注作为科举考试的国家准绳,明清两朝沿袭不改。明清科举考试规定用八股文体,读书人沉溺于"四书五经",拘于"八股"之法而不敢有所逾越,科举制度弊端日渐突出,最终走到了尽头。

科举考试制度的长期实行,直接影响了教育的发展。读诵儒家经典关系到个人的前途命运,这就使得儒家经典获得至高无上的地位。对经典文本的尊崇和汉字使用的规范要求,直接地是为科举考试的需要服务,间接地也就对保证汉字系统的稳定规范产生了极大作用。唐颜元孙编撰《干禄字书》,为求得禄位者规范文字使用提供参照。唐代校勘经书形成的"字样"之学,清代对经书的全面校勘,无不在加强着经书文字稳定性和规范性。从隋唐到上个世纪初(1905年),科举制度的长期实行,既保证了儒家学说在教育中的主导和稳定地位,同时也使传统语言文字学"小学"始终不能不附庸经学,二者的共同作用又使得汉字一直维持着儒家学说经典化初期的面貌而不曾发生大的变化。

就以上三点可以看出,儒家学说经典化及其在中国古代长期占据的中心地位,使记录儒家经典的汉字也因此笼罩着神圣的光环,保持着长期的稳定。随着儒家学说向中国周边传播,汉字还在日本、朝鲜得到运用,越南甚至将汉字称作"儒字",这些也成为保持汉字系统持续稳定的积极因素。儒家经典与汉字相互依存的紧密关系,甚至使得新文化运动倡导者钱玄同不得不提出"欲废孔学,不可不先废汉文"的偏激主张。[①]

---

① 钱玄同《中国今后之文字问题》,见《新青年》四卷四期,1918年。

古文字考释方法综论[①]

古文字学作为一门学科,方法论的研究极为重要。任何一门独立的科学,由于研究的对象不同,研究问题的方法也因之而异。只有运用科学的方法和手段,才能获得可靠的正确的结论,以建立起一门学科的基本格局。因此,方法论是古文字学不可忽视的问题。回顾古文字研究的历史,不同时期,由于研究者科学思维水平的差异,取得的成就是不一样的。从纵的方面看,研究方法日趋严密,往往是后出转精;从横的方面看,处于同一时期的众多古文字研究者,成就大小也是不一样的。如果排除其他因素,成就的大小,一般取决于科学思维水平的高低和研究方法的正确与否。

于省吾先生曾指出:"过去在古文字考释的方法上,长期存在着唯物辩证法和唯心主义形而上学的斗争。古文字是客观存在的,有形可识,有音可读,有义可寻。其形、音、义之间是相互联系的。而且,任何古文字都不是孤立存在的。我们研究古文字,既应注意每一字本身的形、音、义三方面的相互关系,又应注意每一个字和同时代其他字的横的关系;以及它们在不同时代的发生、发展和变化的纵的关系。只要深入具体地全面分析这几种关系,是可

---

① 本文原载于《文物研究》第六辑,黄山书社出版。

以得出符合客观的认识的。"[1]这是非常精辟的论述,是于先生从事古文字研究数十年的经验总结。这一论述正确地阐明了古文字研究的基本指导思想,即唯物辩证法。于省吾先生在罗、王之后能新释甲骨文字三百余个,或发前人之未发,或纠正前人之纰缪,成就卓著,是与他在正确的指导思想下从事研究分不开的。在唯物辩证法这一总的原则指导下,我们就可以对历代考释古文字的经验加以总结概括,披沙拣金,综合论证,探索出一套考释古文字的行之有效的科学方法。

一　字形比较法

古文字释读的依据主要是字形,字形是从事古文字研究的基础。在古文字考释中,字形比较的方法是一种最为简便而有效的方法。在人类文化史上,古文字作为某种文字的历史形态,经历种种嬗变,它可能与现行文字相关联,也可能与现行文字相脱节,某些古文字甚至成为一种早已被淘汰的系统(如古埃及圣书文字)。无论怎样,要想释读历史上曾经存在的古文字,最好的办法莫过于寻找一个比较对照的系统。古埃及圣书文字、美索不达米亚楔形文字的凿破鸿蒙之功,就应该归功于比较的方法,如埃及圣书文字的辨认,就是从 Rosetta 双语题铭的比较研究入手。Rosetta 刻石同一内容用了圣书字、民书字和希腊文字,前两者记的是埃及语,后者记的是希腊语。由于这件宝物提供了三种字体两种语言的对

---

[1]　于省吾《甲骨文释林序》,中华书局 1979 年版。

比材料,古语文学家才得以通过比较打开了释读埃及文字的神秘大门。①

　　古代汉字的研究相对说来更有许多有利条件。汉字古今发展一脉相承,没有中断,尽管几千年来发生种种变化,但其根本性质没变,现行汉字本身就是一个完整的对照系统。古汉字的研究开始于古今汉字交替后不久的两汉,当时不乏对古汉字有较高修养的学者。他们的成果,在许慎所著《说文解字》一书中得到了集中的反映。《说文》以小篆为对象,参照古、籀文,附以释形、说义、注音,为我们建构了一个比较完善的参照系统。而且,这个系统本身以篆书为核心,下与隶书(今文)相对照,上与古籀相比较,运用的基本方法就是字形比较法。因该书宗旨的限制,作为对照的隶书,只是一个潜在的系统。魏三体石经,古文、篆文、隶书三种字体并存,其比较对照的用意十分明显。三体石经不仅规模大,而且是同一语言的代表不同发展阶段的三种字体,作为字形比较研究的资料,它比 Rosetta 刻石更为理想。像《汗简》、《古文四声韵》等古文字字书,也为进行字形比较研究提供了大量可资参照的材料。正因为有这些条件,历史上不管是发现汲冢竹书,还是金文、甲骨文,很快都能有众多学者发表考释意见,而这些考释无疑大多数是建立在字形比较的基础上的。但是,这并不意味着"字形比较法"在古文字研究史上早已成为一种自觉的方法。直到清代,孙诒让、吴大澂等人才比较有意识地运用这一方法,此前,在一些研究者中运

---

①　[德]Johannes Friedrich《古语文的释读》第 36 页,高慧敏译,香港商务印书馆 1979 年版。

用这一方法取得成就和违背它妄呈臆说的情况是并存的。近代以来，人们才逐步认识"字形比较法"的作用。罗振玉"由许书以溯金文，由金文以窥书契"，即以《说文》作为比较系统考证金文，以金文作为比较对象辨认甲骨文。一些古文字学家所总结的：据金文释字、据《说文》释字、据《汗简》释字等等，均以一种已识字形作比较，辨认未识字，都属"字形比较法"的范畴。到唐兰先生才明确提出"对照法——或比较法"。[①] 然而，即使到今天，从事古文字研究的学者，并不是都能自觉运用这一方法的。

所谓"字形比较法"，具体说来就是利用汉字系统性和古今发展的相互关系，拿已经确认的字（或偏旁）与未识字（或偏旁）作形体上的细致对比，来考释未识字，这种比较可以分为纵横两个方面。横的方面，即将同一时代层次的已识字与未识字相比较，求同别异；纵的方面，则是寻求某一字形在不同时期发展演变的线索，将同一字形不同时代的书写形态排成系列，以沟通古今之间的联系，从而达到以今识古的目的。如果古今字形未曾发生根本的变化，有时甚至可能跨越不同时期，寻找直接的对应关系，这种比较更为简单省事。

汉字作为一个符号系统，在同一历史层次中，各种字形之间存在着不可分割的联系，同一字或同一偏旁，出现在不同环境，其符号形式也应该是基本一致的。这样，利用处于同一历史层次的字形材料作比较，就可以辨认未识字。如《宰辟父簋》"黹屯"二字，自宋以来，诸家皆从吕大临释为"带束"，只有孙诒让所释是对的。孙

---

① 唐兰《古文字学导论》第163页，齐鲁书社1981年版。

氏详细比较了二字在金文中多次出现的字形,指出:前一字只是"笔画少有减省",后一字在传摹中"有讹挽",确认了字形,并以《尚书》"黼纯"读之,结论正确无疑。① 孙氏用的就是横向的字形比较。再如于省吾先生考释甲骨文的"心"字,也是利用字形的横向比较。甲骨文"心"字与"貝"二字字形相近,过去的研究者,一直未能正确地分辨,误释"心"为"貝"。于先生从甲骨文"心"与"貝"二字比较中,发现其细微差别,同中求异,把二者区分开来,又根据对"心"出现的语言环境和"心"旁诸字的分析比较,发现"心"在不同的环境和合体字中,形体有其一致性,从而确认出"心"和一系列从"心"的字。②

纵向比较的前提条件,是要掌握同一字在不同时代的字形资料,尤其是典型的字形。这些资料如果按时代前后排列成系列,足以显示出该字发展演变的轨迹。这种比较由古及今,循序递进,自然就沟通了已识字与未识字的联系。纵向比较,不仅可以认识未知字,而且可以细致观察字形演变的细节,总结一些规律性的东西。如"宜"字,按纵向比较,可排成如下系列:

甲文 —— 卯卣 —— 矢簋 —— 秦公簋 —— 秦子戈

盟书 —— 战国玺文 —— 小篆

---

① 孙诒让《古籀拾遗》卷上《宰辟父簋》。
② 于省吾《甲骨文字释林·释心》第361页。

许慎《说文》说:"宜,所安也,从宀之下,一之上,多省声。"通过字形的纵向比较,我们可以清楚地看到这个字的发展演变过程,以及字形演变中的讹化现象,许慎据小篆解说字形的错误之处也就一目了然了。[①] 充分地占有不同时代的字形资料,运用纵向比较,释出的字大抵是可靠的。

如果字形变化不大,就可以省去纵向比较的一些不必要环节,如直接利用《说文》、《汗简》等书保存的字形,与甲骨文、金文或战国文字相比较考释未识字,在古文字考释中就运用得很普遍,有时甚至利用隶书与古文字相比较认字。这是因为大多数字形,虽然因时代而变更,但并不是变得面目全非。《汗简》所存字形以战国文字为多,《说文》除小篆属秦汉时期的字形为古文字的最后形态外,还保留了不少籀文和古文,利用它们作为参照考释古文字,也属于纵向比较。用这种方法辨认的古文字占相当大的比例。金文考释起步较早,有些已经确认的字,同样可以作为比较对象来辨认甲骨文,如孙诒让《契文举例》一书,考证甲骨文"甲丙丁戊庚辛壬癸"等字,以金文作为比较对象,考证"子申亥亘帝我求"等字,均以《说文》古文为比照,而释"羌启年牢且省禺及受丰京"等数十字,则直接以《说文》篆文作对比,这都是纵向的比较。

对于难识字的考证,往往是纵向和横向比较的交叉运用。利用纵向比较寻找出字形演变的关键环节,利用横向比较,揭示处于同一时代层次的字形变化的同步性,加强论证力量。因此,纵横比较的配合运用,得出的结论更为可靠。于省吾先生释甲骨文"屯"

---

① 俎宜同源,甲骨文、金文均象肉在且上之形,《说文》对宜字形、义的解说均误。

就是运用字形比较法释字的典型例子。① 甲骨文"屯"是常见字，骨臼刻辞"某示若干屯"的辞例多次出现。除于省吾先生释"屯"外，尚有其他六种说法：

（一）叶玉森疑为"矛"，②王襄又以所谓"楙"字为证，提供了字形比较的依据。③ 董作宾进一步分析"矛"的字形演变。④

（二）郭沫若释为"包"的古文，谓有所包裹而加缄縢之形。⑤

（三）唐兰以为是豕形无足而倒写者。⑥

（四）丁山据"今屯""来屯"辞例，释为"夕"。⑦

（五）胡厚宣纯由辞例入手释为"匹"。⑧

（六）曾毅公释"身"，引申为一副称一身。左右肩胛骨为一对，称一身。⑨

以上各家除胡、曾二位外，都或详或略地对字形作了纵横比较，有的还以辞例佐证，然结论各异。

于省吾先生细致地罗列了"屯"字字形演变的材料，分析了字形变化的环节，尤其是正确地释出了"春"字，纠正了释"楙"等错误，使横向比较建立在可靠的基点上，遂使结论确定不易。

诸家对"屯"的考释，启发我们如果不注意下面几个问题，即使

---

① 于省吾《甲骨文字释林·释屯荐》。
② 叶玉森《殷虚书契前编集释》卷五，第34页。
③ 王襄《簠室殷契类纂》卷一，第3页。
④ 董作宾《帚矛说》，《安阳发掘报告》第四期。
⑤ 郭沫若《骨臼刻辞之一考察》，《殷契余论》，《全集》考古编卷一，第411—430页。
⑥ 唐兰《天壤阁甲骨文存》第20页。
⑦ 丁山《甲骨文所见氏族及其制度》第4—9页，科学出版社1956年版。
⑧ 胡厚宣《武丁时代五种记事刻辞考》，《商史论丛初集》三册。
⑨ 曾毅公《甲骨叕存》第6页18片释文。

运用"字形比较法",也不一定能得出正确的结论。首先,必须详细占有字形资料。释"矛、包、豕"等说,也利用了字形比较,但其共同的缺点,是纵向比较的材料不系统,仅以个别字形为比照,具有较大的随意性,因此,结论不甚可靠。于省吾先生的结论之所以可信,是由于他掌握了比较全面的字形材料,并将这些字形按时代发展排成系列,清楚地揭示了"屯"字逐步演变的轨迹。大凡全面掌握同一字形在不同时代演变的材料,进行客观地排比,一般都能得出较为正确的结论。而信手拈来的比较材料,往往忽视其时代的先后,将不同时代层次的字形,作为比较的对象,结果只能是简单比附,形似神离,难于得出可靠的结论。

其次,运用"字形比较法",要注意可比性。"字形比较法",必须是同一字形(或偏旁)在同一时代层次或不同时代层次的比较,一般说来,用作比较的对象应该是确定无疑的。倘若比较的对象或字形模糊不清,或考释未有定论,或为讹变特例,或因铸刻残损,皆不具有可比性,不能作为比较的对象。如释"屯"为"矛"者,皆以"楙"所从"矛"为比较,但所谓"楙"则是甲骨文"春"的误释,用作比较的字本身就未考定明白,自然就不具备可比性。其实金文"楙"从"矛"与"春"字所从有明显的区别,如果进行纵向比较,释"楙"之可疑立现。于省吾先生也用了同一字形,但是他从字形纵向比较和辞例两方面确认它为"春"字,这就为字形的比较提供了可靠的依据。郭沫若释"包"所用的比较字形(偏旁),是不属于同一历史层次的讹变形体,不具备横向的可比性。唐兰指出了这一点,然而他又误释为"豕",所用来比较的字形可能是"豕"的残损之形,辞例不明,同样不具备可比性。将不具备可比性的材料用于字形比较,必然要犯主观片面的错误。"可比性"是字形比较应该坚持的原则。

再次,运用"字形比较法"应以形体为客观依据。字形是客观存在的,在进行字形比较时,我们应该防止先入为主、强说字形、生硬比照以附会主观想象的作法。正确的结论只能是通过字形的认真分析比较之后得出的。董作宾释"矛",也从纵向比较了"矛"的字形演变,然而他所提供的初形是杜撰的。唐兰释"豕"认为是"豕"无足倒写,这不合乎古文字构形和书写的规律,带有很大的主观性。丁山释为"夕(月)"的主要依据是辞例,对字形也作了望文生义的解释。他们都是古文字研究卓有成就者,像唐兰还特别注重考释方法的正确性,稍一疏忽,都难免犯主观想象的错误,更不用说一般的研究者了。因此,进行字形比较时,我们必须注意每一个环节,严格坚持从客观实际出发、以形体为依据的基本原则。

二 偏旁分析法

汉字就结构单位而言,可分为独体与合体。合体是由独体运用一定的方式组合而成的。对合体字形体进行解剖,其最小的音义单位,就是偏旁。对不认识的字,通过分析,确定构成它的各个偏旁,将这些偏旁与已识的字相比较,再组合起来认识所要考释的字,这种方法就是"偏旁分析法"。与"字形比较法"不同,偏旁分析法是通过汉字内部结构的分析来认字的。因此,对那些结构明晰,但因为没有足够资料进行系统的字形比较,或较易辨认,不须繁琐比较的字,"偏旁分析法"则是行之有效的重要方法之一。

分析汉字结构是研究汉字形音义关系的重要手段。当文字学尚处在萌芽时期,即有所谓"夫文,止戈为武",[①]"于文,皿虫为蛊"[②]等说法,这就是通过离析构字偏旁来说明形义关系的。许慎著《说文》,全面利用了这种方法,取书名为"说文解字",突出地反映了该书分解离析汉字结构以说明形音义关系的特点。"偏旁分析法"作为考释古文字的方法可以说是直接导源于《说文》的。宋人考释金文已知运用这一方法,到清代金石学复兴,运用此法释字更为多见。如孙诒让每释一字,大多要对偏旁结构进行分析比较。他释"静"就是一个很好的例子。[③]

○○,窃以此二字所从偏旁析而斠之,而知其形当以作○者为正,其字即"从青争声"之"静"也。何以言之?○字上从"生"明甚,"生"下系以"井"者,当为井中一"·"缺耳(尤盂正从○,《汗简》"女部"载"静"字古文作○,云出《义云章》,按盖借"姘"为"静"),"青"从生丹,《说文》"丹"之古文作○,此从○即从古文"丹"省也。右从○者即"争"字。《说文》"争""从爪","爪,从爪从又"。此作○者,爪也,○者○也,○者又之倒写也(小臣继彝从○不倒)。齐侯甗:"卑旨卑瀞","瀞"字作○,"齐邦灶静安宁""静"作○,其以○为"青",与此异,其以○为"争",则此彝○即"争"形之确证也。

孙诒让利用"偏旁分析法""析而斠之",并借助于字形的横向

---

① 《左传·宣公十二年》。
② 《左传·昭公元年》。
③ 孙诒让《古籀拾遗》卷中《继彝》。

比较,纠正了阮释"静"为"继"的错误,其方法之缜密,由此可见。

将偏旁分析作为一种考释方法正式提出的,是唐兰先生。在《古文字学导论》一书中,他专门论述了这个方法,并且展示了自己用"偏旁分析法"释群字的两组例子。他指出:"这种方法最大的效验,是我们只要认识一个偏旁,就可以认识很多的字。"由于他认出了甲骨文偏旁"斤",从而认识了"折、斫、兵、炘、昕、斧、新"等从"斤"的字二十多个。[1] 于省吾先生释"心"一例也是这样,他先用字形比较考得"心"字,将它与"貝"区别开来,进而利用偏旁分析辨认群字,认出了一系列旧所误识或不识的从"心"的字。[2]

"偏旁分析法"是建立在对汉字内部结构正确认识的基础上的,它将汉字内部结构按其组合规律进行解剖,有着充分的客观根据。中国文字学很早就创建了汉字结构的理论和方法,为"偏旁分析法"提供了理论依据。因此,"偏旁分析法"是一种注重分析的科学方法。要使"偏旁分析法"最大限度地发挥作用,我们必须注意两点:

其一,要充分掌握同一偏旁的各种变体。对于每一偏旁的历史演变及同一时代的各种异体有了全面的了解,分析时我们就有了充分的可资比较的对象,以准确无误地确认未识偏旁,为进一步的考释奠定基础。如果我们对偏旁的分析辨认有误,其结果必然导致整个考释的错误。清人的考释中,运用"偏旁分析法"失误,主要是由于偏旁资料掌握不充分,对同一偏旁的变异写法误认的结

---

[1] 唐兰《古文字学导论》第175,第195页。
[2] 于省吾《甲骨文字释林·释心》,第361页。

果。如阮元释邾公华钟将"名"误释为"听",就是对"夕"的偏旁掌握不全。[①] 孙诒让是精于偏旁分析的,但因对偏旁认识失误而错释的甲骨文字也不在少数。如"㞢"即"往"之古文,甲骨文作㞢,从止王声。孙诒让说:"字恒见难识,疑当为台字之省,《说文》'至'部:'台,观四方而高者也,从至从高省,与室、屋同意,之声。'此上从𐤑为'之',与'市先'二字同,下从大,实非'大'字,疑当为'从高省',猶'就'从'京'作京也。"他对"㞢"的误释,主要错在对偏旁"王"的误认上。他如"既"误析为"从欠从豆",是由于错认偏旁"皀"为"豆","妫"(嘉)误释为"奴",是对偏旁"力"不甚了然,误认为"又"所致。[②] 可见,如果不充分掌握偏旁资料,即使谙熟"偏旁分析法"也不能保证释字无误。孙诒让著《契文举例》仅见到刘鹗《铁云藏龟》所刊布的材料,对甲骨文的偏旁缺乏系统的掌握,出现上述的错误在所难免。

其二,分析偏旁要像庖丁解牛,因循自然之理,防止主观臆断,割裂字形。如果我们分析时,不以偏旁为单位进行,将同一偏旁肢解,或切割为不成偏旁的笔画,违背汉字构形的基本程序和规则,就难以得出正确的结论。古文字考释中因割裂字形而致误的也不在少数。如《攈古录金文》所收《日壬卣》有字,为人名,吴式芬引许印林说:"即,既字从之,象举手,从手既声,乃摡字,此又省其皀。《集韵》摡、扢同字,注云:'《博雅》'取也',一曰拭也,或作

---

① 阮元《积古斋钟鼎彝器款识》卷三《邾公华钟》。
② 孙诒让《契文举例》下卷,第77页,第106页,第94页,齐鲁书社1993年版。

抚'。正其字矣。"[1]其实这个字是"何"(担"荷"本字)的古体,象一人肩有所荷。许氏将人形分割为两部分,又将所荷之物与人头部视为一体,字形割裂分解,只得以省某自圆,又引后世字书材料论证,虽然煞费苦心,结论仍然难以成立。割裂字形的分析法,缺乏科学的依据和基础,自然是要失败的。

在上述误认误析偏旁中,我们看到释字者因错误不能自圆其说,常常以"从某省"为搪塞之词。偏旁的省略,在古文字结构中确实有,但必须有充分的字形比较资料证明,倘若忽视了这一点,就易于犯主观附会的错误。

"偏旁分析法"释字的可靠性在于它坚持客观的科学分析,在偏旁离析、辨别、解说的每一环节,都要细心谨慎,以字形为依据,遵循汉字结构的规律,否则,就动摇了它的基础。孙诒让在利用偏旁分析时取得了很大的成就,同时也出现了许多错误,这可以给我们以有益的启示。"偏旁分析法"将未识字结构分析清楚,但是最后解决字的形音义关系,仍要借助字形的比较。偏旁的确认本就是一个字形比较的过程。如果找不到作为比较对照的偏旁和对应字,即使我们利用"偏旁分析法"可以明白无疑地隶定该字,依然不能真正认识这个字。如唐兰释从"斤"的字,于省吾先生释从"心"的字;不少都只是隶定出来,而未能最后认定,都是因为这个缘故。因此,在考释古文字时,偏旁分析的运用也有一定的局限。要彻底释读一个字,还需要其他考释方法的辅助。

---

[1] 吴式芬《捃古录金文》卷二·上《日壬卣》。

三 辞例归纳法

在考释古文字时,常有这样的情况,由于时代久远或铸刻原因,字形有的残缺不全,模糊不清;有的变化特异,诡谲难辨;有的虽形体清晰,却不传后世;有的形虽可说,义则无解。诸如此类,"字形比较法"和"偏旁分析法"都显得无能为力,必须借助其他的释字手段。"辞例归纳法"的运用,可以在一定程度上解决这类问题。

"辞例归纳法",是依据未识字出现的语言环境,通过对一系列辞例的分析、比较、归纳,从而达到释字目的的方法。任何文字都是语言的符号,汉字作为记录汉语语词的符号,形、音、义三位一体。清王筠曾说:"夫文字之奥,无过形音义三端。而古人之造字也,正名百物,以义为本,而音从之,于是乎有形。后人之识字也,由形以求其音,由音以考其义,而文字之说备。"[①]"字形比较法"和"偏旁分析法"即依据汉字形音义三者的关系,由字形进而了解它代表的音义。另一方面,汉字作为记录语言的符号总是出现于一定的语言环境和具体的辞例中。所谓语言环境,这里除指未识字所出现的上下文关系,还包括它铸刻的位置和使用的场合;所谓辞例,即词语按一定规则组成的序列,在这个序列中,各个词语是有机联系的,存在着相互依存和制约的关系。因此,当语境和辞例清楚时,出现于该语境或辞例中的未识字所代表的词义范围就有了

---

① 王筠《说文释例·自序》。

大致的限定,这种限定引导我们沿着词义指示的方向,由义推及形与音,并通过相同辞例的归纳,以达到释读未识字的目的。"辞例归纳法"是建立在文字形音义三位一体以及文字与语言关系的理论基础上的。许多古文考释的成功例子,表明"辞例归纳法"只要运用得当,是可以解决一部分问题的。"辞例归纳法"的作用主要体现在如下两个方面:

(一)就辞例以辨释字形。这就是利用语境和辞例的归纳,确定未识字代表的词义范围,并与相同、相近辞例的比较、归纳,以启发字形的辨释。如召伯虎簋有"A余既☒有司"一语,第一字过去释"月"或"曰"。孙诒让从辞例入手,认为:"作'月'义不可通,且金文'月、曰'二字并无如此作者,以文义考之,当为'今'之变体。'今余'连文金文常见"。于是他列举金文"今余"连文的八个例子以为辅证,从而认定此字为"今",纠正了误释。① 这是利用辞例的归纳,确认形体有变异的字。金文"讯"字,字形特别,不见于古代字书和典籍,各家考释意见不一,或释"偀",或释"緯",或释"馘",或释"絢",均非确释。陈介祺根据此字出现的语言环境,"折首五百,执🗵五十",发现它与《诗经》"执讯"的"讯"相当,在其他场合也都出现于"执"字之下,而且虢季子白盘所记正是攻伐狎狁之事,遂按字义定为"讯"字。② 吴大澂也主此说,并认为从糸从口,执敌而讯之。③ 王国维考察了敔簋、虢季子白盘、兮甲盘、师寰簋、不嬰簋等

---

① 孙诒让《古籀拾遗·召伯虎簋》。
② 吴式芬《捃古录金文》卷三中《虢季子盤》。
③ 吴大澂《说文古籀补》卷一第 11 页,中国书店 1990 年版。

器铭文,细致比较了此字出现的语言环境,均在"执"之后,正如《诗经》"执讯获丑"、"执讯连连"等语相近,进一步论证此字为"讯",义为"俘虏",遂成定论。① "讯"的考释是由归纳铭文辞例与典籍例证比较而确定的。于省吾先生释甲骨文"攺"也是运用"辞例归纳法"的典范之作。甲骨文"攺"虽形有变化,但结构明晰,均"象以朴击蛇",那么,它到底是一个什么字?义训如何?于先生由辞例归纳入手,将有关此字的辞例归纳为"攺"、"卯或岁与攺连言"、"攺人"、"攺羌"、"攺牲"等五类,列举二十八条辞例,然后通过分析、归纳,辅之以字形的说明,论证推考出"攺"即《说文》"攺",异文作"施",本义为以朴击蛇,引申为割裂支解。②

上述三例,皆以"辞例归纳法"考释未识字,在考释过程中,字形的比较分析同样也起到作用,归纳的结果,尚须与字形的解释相合,否则也难成定论。

(二)就辞例以推求字义。有些古文字字形结构清楚,但是不见于后代字书或典籍,无法利用字形比较来最后确认它,那么要了解它的含义,就全得凭借"辞例归纳法"了。如甲骨文"屮"字,在武丁时期的卜辞中是常见字。孙诒让、罗振玉、王国维等人都释为"之",但其形与甲骨文"之"有明显的差别。胡小石先生在《说文古文考》、《甲骨文例》两书中,根据此字出现的语言环境、辞例,认为它与"又"、"有"等义相同;"考卜辞用屮之例,或以为'又',如:'俘人十屮六人'(菁华六页),即'俘人十又六人'。'自今十年屮五'

---

① 王国维《不娶敦盖铭考释》、《王国维遗书》(六)。
② 于省吾《甲骨文字释林·释攺》第161页。

(簠室殷契征文十一第六十一页),即'自今十又五年'也。或以为'有',如:'允㞢来艰'(菁华一页),即'允有来艰'也。或以为'告'之省,如'贞,㞢于且丁'(前编卷一、十二页);即'贞,告于祖丁'也。其用与'之'绝异。"①郭沫若也认为:"凡卜辞用此字,均与'又'字义相同……唯字形尚未得其解。"②通过学者们对相关辞例的综合研究,"㞢"在甲骨文中分别相当于后来的"有、又、佑、侑"等,已无疑义,但是,字形仍是一悬案。这是因为这个字在武丁之后逐渐消失,而用"又"取代它,字形沿续的中断,为考释带来困难。"㞢"字义项的归纳之所以意见较一致,是因为"㞢""又"通用的辞例为"㞢"读如"又"音提供了证明,而"有"也以"又"为声。有时辞例明确,含义范围也可以确定,但到底释为何字何义最恰当,却颇有争论。甲骨文"囧"字的考释就极有代表性。此字甲骨文使用频率很高,常见辞例如"有～"、"亡(无)～"、"旬有～"、"夕亡(无)～"、"唯～"、"不唯～"等等,就其出现的辞例考察,其含义为"凶灾咎祸"之类是无疑的。到底是什么字?各家之说则很不一致。有"卟、戾、凶、繇、冎、骨、祸、悔、咎"等说法,几乎著名的古文字研究者,如王国维、郭沫若、于省吾、唐兰、陈梦家、胡厚宣、叶玉森等人,都发表过意见,但都没能最终解决这个字的释读问题。可见,仅仅依靠辞例的归纳,有时释义也难于落实具体。同一语义范围,可选择的近义词有时是多个的,这就为最后的判定带来困难。用"戾、凶、祸、悔、咎"等字去替代"囧"字,大抵都可以说得通,甚至都能找

---

① 胡小石《甲骨文例》卷一,第1页,1982年印本。
② 郭沫若《卜辞通纂》第17片考释,第230—231页,《郭沫若全集·考古编》第二卷,科学出版社2002年版。

到典籍辞例为证。事实上"囚"只能代表其中或此外的某一个意义,这样,仅就辞例难于定夺。于省吾先生认为读"咎"可信,并提出了三条验证"囚"字读音的材料:(1)周《鲁侯簋》"鲁侯又(有)囚工",郭沫若读为"有猷功",而囚即囚之异,与"猷"相通;(2)临沂汉简"尧问许囚","许囚"凡三见,即"许由",囚通"由";(3)《龙龛手鉴》"口"部上声有囚字,音"其九反。"囚、猷、由、咎,"均属古韵幽部。"① 根据这些材料,大致可以排除"戾、凶、悔、祸、卟"诸说,范围逐步缩小。但是字形为何也只能存以待考。

还有一些字,辞例明晰,字义也无疑,字形却难于理解。如宋人发现金文中有"乙子"、"癸子"等,历来不得其解,根据甲骨文保存的殷商的干支表,可知殷商皆以"子"为"巳",遂解决一大疑案,所谓"乙子、癸子",实为"乙巳、癸巳"。但是,甲骨文有"巳"字,干支为什么全部用"子"? 又成为一新的疑案。又如中山王器圆壶有铭文"方数百里"、兆域图有"王堂方二百尺"等语,"百"作全、⊕等形,是"百"绝无可疑,但是这个字形却很特别,至今找不出令人满意的解释。

由此可见,"辞例归纳法"尽管可以确定意义范围,甚至能够断定具体的含义,却不能最后认定未识字。字形的确认还必须借助其他手段。

此外,"辞例归纳法"还可能帮助辨别字形。有的字因形体同源,难于分辨,就得依靠辞例的帮助,如甲骨文的"比"与"从"、"月"与"夕"、"女"与"母"、"竝"(替)与"立"、"寅"与"黄"、"人"与"尸"等

---

① 于省吾《甲骨文字释林·释囚》第231页。

等,字形间尽管有相对的区别,但很细微,只有通过辞例和语境,才能准确无误地分辨出来。至于判断一字多义的具体义项,寻求同音通假,离开辞例就无所凭借了。因此,"辞例归纳法"无论是释字释义,还是分辨字形、寻求通假,都具有一定的实用价值,它可以补"字形比较法""偏旁分析法"之不足,应该重视。

四 综合论证法

上述三种方法的运用,可以解决古文字释读的基本问题。对于某些疑难字的考释和构字本义的探求,事实上是一项更为复杂而艰巨的工作,往往需要调动各种相关的知识和手段,以尽可能充分的材料,从不同角度和层次进行综合论证,这种方法我们姑且称之为"综合论证法"。运用"综合论证法",既要立足于文字和语言这一基点,又要求能够高屋建瓴,将要解决的问题置于人类社会历史文化的宏观背景中加以考察,以寻求适切的答案。

文字和语言都是人类文化的重要方面,文字的构造及其发展,与特定时代社会历史文化有着密切的关系。古文字在一定程度上积淀了古代社会的物质文化和精神文化,从古代的语言文字,可以窥测古代人们的某些习俗、观念和心理。正是在这种意义上,于省吾先生曾说:"中国古文字中的某些象形字和会意字,往往形象地反映了古代社会活动的实际情况,可见文字本身也是很珍贵的史料。"[1]古文字本身这一特性表明,通过对古代历史、文化、习俗等

---

① 于省吾《甲骨文释林序》,中华书局1979年版。

方面的考察,有可能为释读疑难字、探求构字本义提供线索,这正是问题的两个方面,也是"综合论证法"赖以建立的基本依据。考释古文字可以利用的古代社会历史文化资料,有三个主要的方面:一是有关的文字记载,包括传世的和出土的文字材料,这是最重要的部分;二是先秦的实物,主要是经考古调查、发掘而了解到的各种遗物、遗址;三是残存于不同民族的古代风尚习俗。因此,对某些古文字进行综合论证时,经常涉及到古文献学、历史学、考古学、文化人类学、民俗学等众多领域和学科,其综合性的特点十分明显。

"综合论证法"是现代科学方法,一方面它体现了唯物论的反映论和辩证法的观点,另一方面又显示了古文字学与其他学科的交叉关系。这一方法的产生和运用,表明古文字学的高度发展以及古文字研究者理论修养的深厚和学识的渊博。我们认为较早地开创性地运用这一方法的是郭沫若。郭沫若一开始研究古文字,就在目的和方法上有明确的追求,他既总结了王国维、罗振玉等人的研究方法,指出:"大抵在目前欲论中国的古学,欲清算中国古代社会,我们是不能不以罗、王二家之业绩为其出发点了。"同时又明确地表示,"我们所要的是材料,不要别人已经穿旧了的衣裳;我们所有的是飞机,再不仰仗别人所依据的城垒。我们要跳出了'国学'的范围,然后才能认清所谓国学的真相。"这就是说要利用旧有材料,以新的方法和观点加以研究,从而揭示中国古代社会的真实面貌。他的目的,就是要填写中国在世界文化史上的白页。他的第一部研究古文字的著作《中国古代社会研究》正是在这种动机下写作的。在初版《自序》中,他说:"本书的性质可以说就是恩格斯的《家庭、私有制和国家的起源》的续篇。研究的方法便是以他为向导,而于他所知道了的美洲的印第安人、欧洲的古希腊罗马之外,提供出来了他未曾提及一字的中国古代。"也让那些"国故"夫子们知道,戴东原、王念孙、章学诚之外,"还有马克思、恩格斯的著作,没有辩证唯物论的观念,连'国故'都不好让你们轻谈。"①郭沫若明显接受了马恩科学世界观和方法论的影响,因而,在古文字研究领域,能够异军突起,成就卓著。他考释古文字,不仅能娴熟地运用字形比较、偏旁分析和辞例归纳等方法,而且还有一显著特点,就是以世界文化史和中国古代社会历史为广阔的背景,从人类社会的发展演进的角度来思考问题。如《释臣宰》一文,以社会发展与阶级的产生、分化,结合古文字资料,论证"臣民"与"宰"字的构形本义,指出"臣民均古之奴隶,宰亦犹臣","一部阶级统治史,于一二字即已透露其端倪,此言文字学者所不可不知者也。"《释支干》详考十干、十二支的产生及构形本义,以巴比伦古十二宫与十二辰、巴比伦星名与十二岁相比较,对中国古代天文历法及其相关的问题,发表了一系列独特的见解。②《殷彝中图形文字之一解》,通过对图形文字的具体分析,最后得出结论:"准诸一般社会进展之公例,及我国自来器物款识之性质,凡图形之作鸟兽虫鱼之形者,必系原始民族之图腾或其孑遗,其非鸟兽虫鱼之形者乃图腾之转变,盖已有相当进展之文化,而已脱去原始畛域者之族徽也",遂

---

① 以上引文均见郭沫若《中国古代社会研究·自序》,人民出版社 1954 年版。
② 以上二文均收入《甲骨文字研究》,《郭沫若全集·考古编》第一卷,科学出版社 2002 年版。

为图形文字的考释点破迷津。[①] 他如《释干卤》、《释黄》、《释鞭鞍》等文,[②]也都属于这一类型。这些文章在思考和解决问题时,不仅能从宏观上着眼,而且在具体论证过程中,尽可能引用实物材料、典籍记载和民俗资料,其思路之广阔,论据之宏富,论证之充分,都是空前的,在方法上有着明显的综合论证的特点。

将"综合论证法"作为一种考释方法倡导的是于省吾先生。在《释羌、苟、敬、美》一文中,于省吾先生指出:"我们对于某些古文字,如果追溯其构形由来,往往可以看出有关古代人类的生活动态和风俗习惯,值得我们很好地加以利用。与此同时,我们如果留意古代史籍和少数民族志中所保存的古代人类生活习惯,也可以寻出自来所未解决的某些古文字的创造本意……在我们已经看到和掌握到大量古文字的今天,不应局限地或孤立地来看问题,需要从事研究世界古代史和少数民族志所保存的原始社会人类的生产和生活的实际情况,以追溯古文字的起源,这是研究古文字的一种新的途径。我写这篇论文,便是走向新辟途径的初步试探。"于省吾先生虽然没明确提出"综合论证法",但他所倡导和运用的正是这一方法。这篇文章作为示范性作品,可以给我们很多启发。文章的第一部分是释"羌",仅就这一部分看,其综合论证的特点就表现得很充分。文章首先引了《诗经》、《国语》等七种古籍材料及甲骨文等古文字资料,考察了羌族与华夏民族的关系,指出:"古代华夏民族在很长时期内,与羌族既有婚媾血缘的联系,又有战争上的频

[①] 见《殷周青铜器铭文研究》,《郭沫若全集·考古编》第四卷,科学出版社 2002 年版。

[②] 均见《金文丛考》,《郭沫若全集·考古编》第五卷,科学出版社 2002 年版。

繁接触，比任何其他外族的关系都较为密切"，这一结论为问题的进一步讨论规定了大的历史文化背景。其次，追溯"羌"字字形演变和构形由来，提出"羌"字来源于"羌族有戴羊角的习俗，造字者遂取以为像"的见解。接着列举了中外十二条材料，证明戴羊角、牛角或鹿角以为饰，是世界上各原始民族的习见风尚，并进而对这些材料展开讨论，揭示了"戴羊角伪装狩猎——一般装饰—美观、尊荣—礼神装饰"的发展过程，从人类物质精神文化的发展来解释戴角这种习俗的产生、发展和演变。最后根据华夏民族与其他民族的物质文化交往关系对汉字的影响，作出如下结论："由于当时羌族有着戴羊角的习俗，造字时取其形象，在亻（人）上部加以羊角形构成羌字。因为羌人经常被中原部落所俘掠，所以又系索于颈作羌形。晚期卜辞和金文中的羌字上部所从的羊角形讹变为从羊，小篆因袭未变，许氏遂根据已经讹变的羌字误解为'从人从羊，羊亦声'的合体形声字。"①他对羌字的构形本义及发展演变的精辟论断，完全是建立在综合论证的基础上的，与郭沫若的有关考释文章在方法上极为一致，只是于省吾先生更为明确地将这种方法作为一种释字新途径提出来。此外，于省吾先生的《释孚》、《释圣》、《释庶》等论文，也都是利用"综合论证法"的成功之作。

由于郭沫若著作的广泛影响和于省吾先生的进一步倡明，"综合论证法"的作用和意义，已为不少学者认识到，并在考释中加以

---

① 于省吾《释羌、苟、敬、美》，《吉林大学社会科学学报》1963年第1期。

运用。像林沄先生的《释王》[①]、黄锡全先生的《甲骨文"ㄓ"字试探》[②]等,都是利用综合论证法去探求构字本义的,而他们则直接受教于于省吾先生。不过"综合论证法"作为一种考释方法,目前还未能成为更多的古文字研究者手中的武器,这种方法难度大,需要有较高的理论素养和多方面的知识准备,固然是其主要原因,但对它缺乏充分的论证和推阐也不能不说是原因之一。

上述四种方法皆来自于古文字考释经验的总结,都是建立在唯物辩证法的基础之上的。作为四种方法,它们各有侧重,涉及对象的层次不尽相同。"字形比较法"侧重字体形态的纵横比较和联系,从文字的表层入手;"偏旁分析法"分解字形结构部件,则进入到汉字的内部层次;"辞例归纳法"却从文字符号代表的语言层面寻求解决问题的线索;"综合论证法"在前三者的基础上,从人类文化的角度去考察,是一种更深层的研究。它们又是相互联系、互为补充的。字形是考释的根本依据,"辞例归纳法"和"综合论证法"脱离了字形,就会成为空中楼阁,无所傍依。背弃字形的任何考释,都失去了客观依据,自然得不出正确结论,因此"辞例归纳法"的终结点是解决字形问题,"综合论证法"的出发点亦是正确的字形分析。而运用"字形比较法"和"偏旁分析法"得到的结果,往往需要以具体的辞例验证,如于省吾先生每释一字,除详考字形结构的来龙去脉,还要逐一验之辞例,必使畅通无碍,才下最后的结论。在考释过程中,这四种方法并不是孤立运用的,它们互相渗透和补

---

① 林沄《释王》,《考古》1965 年第 6 期。
② 黄锡全《甲骨文"ㄓ"字试探》,《古文字研究》第六辑。

充,从不同的角度揭示问题的真相。古文字研究者,为了问题的解决,应当尽可能地调动一切有效的手段。

方法论的研究,是古文字学的薄弱环节。本文只是综合了古文字研究若干成功的经验,还是很初步的。古文字学研究要进一步推向深入,建立其方法论系统是不可忽视的工作。不唯如此,近年来发表的有关古文字考释和研究的某些论著中,违背古文字考释和研究的基本原则和方法,标新立异,以惑视听者并非少见。我们感到,方法论的研究,对保证古文字研究的科学性、纯洁性,尚有不可低估的现实意义。我们希望能读到更多的有关这方面的权威性论著。

崇古、趋俗和语文政策的调整[①]

近年来普遍存在的社会用字不规范问题,引起了社会各界的高度重视,许多语言文字工作者就此发表了看法。社会用字不规范,主要表现为汉字使用中的两种现象。一是不规范地使用已被简化的繁体字。繁体字是一定历史发展时期的规范汉字,在简体字成为正体文字之后,作为历史汉字的繁体字的风行,反映的是汉字使用中的"崇古"现象。[②] 二是滥用不规范的简化字。用中国文字学的传统术语,这类不规范的简化字统称"俗体"(又称俗字、俗体字)。俗体字的广泛流行,反映的则是汉字使用中的"趋俗"现象。《语言文字应用》创刊号(1992年2月)发表的戴昭铭同志《繁体风、"识繁写简"和语文立法问题》一文,对本文所说的"崇古"现象作了分析讨论。我们认为当前出现的"崇古"、"趋俗"现象,是汉字使用中长期存在的一对相辅相成的矛盾,是汉字发展内在规律在汉字使用中的反映,应该从汉字发展和使用的历史进程来分析观察这种矛盾现象,并进而讨论我国当前语文政策的制定和调整问题。

---

① 本文原载于《安徽大学学报》(哲学社会科学版)1992年第3期。
② 用"崇古"指称文字使用中的这种现象,依吕叔湘《四十年间》一文。受此启发,我们提出与之相对应的"趋俗"这一概念。吕文见《语文建设》1991年第8期。

一

汉字的形成和发展至今大约有 5000 年的历史,从商代后期较成熟的成体系的甲骨文算起,汉字也有 3300 年左右的发展历史了。① 在这漫长的进程中,伴随着一定时期正体的确立,一直存在着正体与古体和俗体、"崇古"与"趋俗"的复杂矛盾,以及如何维护已有的汉字规范的问题。

西周晚期前后和秦始皇初并天下之时(公元前 221 年)的两次"书同文",就是古文字阶段有关这方面的较早的文字记载。西周晚期前后的一次"书同文"的记载,只是在《礼记·中庸》、《管子·君臣》等篇中涉及,详情不得而知。不过有一点是明确的,那就是当时已经认识到文字的统一规范应作为国家"礼仪法度"的一个重要方面。我们曾推测,那一次"书同文"的提出,与汉字在那一时期的迅速发展不无关系,而留传下来的《史籀篇》可能就是那一次文字整理的范本。② 秦始皇时期的"书同文",除已为人们所阐述的政治原因外,就文字使用而言,实际是面对当时社会用字的现实情况而采取的必要措施。战国时期,"诸侯力政,不统于王",政治上的分裂,导致"言语异声,文字异形"的现象加剧。③ 从传承关系看,秦系文字以两周文字为规范,秦篆只是两周文字到战国时期的自然发展,对汉字长期以来形成的构形方式、结体特征并未作较大

---

① 见裘锡圭《文字学概要》三,商务印书馆 1988 年版。
② 参看拙著《汉语文字学史》第一章,安徽教育出版社 1990 年版。
③ 见许慎《说文解字·序》。

的改变,李斯作《仓颉篇》也只是对战国以来形成的秦篆作进一步的整理规范工作。六国文字虽然总体上承袭两周文字,但是,它们又各自出现一些新的要素,不仅形成鲜明的地域风格,在字形方面还出现了各种追求简便的简化字、增加偏旁的繁化字、改变笔画和偏旁的异化字以及运用特殊符号构成的新字形,[1]使得六国文字中大量出现与两周文字不相一致的俗体。随着秦的统一,尊崇两周传统的秦系文字,与六国文字尤其是六国文字的俗体之间的矛盾,显得异常尖锐。秦始皇接受李斯的建议,"罢其不与秦文合者",[2]废除的正是这一部分俗体。秦的"书同文"也就是用继两周文字而形成的小篆来规范六国的俗体。

秦虽然规范了六国文字,确立了小篆的正体地位,并广泛用于权量诏版和石刻,解决了秦系文字与六国文字"正"、"俗"矛盾,但是,在秦系文字内部早已孕育的一种日常使用的俗体字——隶书,经过长期的发展却在广泛地流行。作为正体的小篆,并未能扼制秦系文字内部俗体的发展。到汉代这种俗体终于取得绝对优势,确立了正体地位,小篆则成为代表古文字终结形态的古体字。隶书在正体化过程中,一直存在着与"俗体"、"古体"的矛盾。尽管国家法律条文明确规定,"吏民上书,字或不正,辄举劾",取士授官,要求"通知古今文字",[3]但是,实际上"人用己私,是非无正"[4]的状

---

[1] 参看何琳仪《战国文字通论》,中华书局 1989 年版。
[2][4] 见许慎《说文解字·序》。
[3] 班固《汉书·艺文志》,中华书局。

况相当严重,甚至"一县长吏,印文不同。"[1]汉平帝元始年间和汉安帝永初年间曾两次征召全国精通文字的学者进行用字的整理。[2] 考察两汉简牍和碑刻,可以清楚地了解两汉俗体流行的情况。西汉晚期以后发生的经学今古文之争,将今文隶书与古文的矛盾十分突出地表现出来。许慎作《说文解字》明确指出,文字是"前人所以垂后,后人所以识古"的凭借,必须"遵修旧文"。[3]《说文》一书以篆文为正体,"合以古籀",兼及俗体、或体,在解说上推求本形本义,就是古文经学家在文字问题上"崇古"的典型表现。

魏晋南北朝时期,汉字形体经历了由隶书到楷书的转变,加之当时特定的社会政治原因,文字使用较为混乱,新增俗体大量流行。北魏江式《上〈古今文字〉表》说:"世易风移,文字改变,篆形谬错,隶体失真。俗学鄙习,复加虚造。巧谈辩士,以意为疑,炫惑于时,难以厘改。"北齐颜之推也说:"(梁)大同之末,讹替滋生。萧子云改易字体,邵陵王颇行伪字,朝野翕然,以为楷式,画虎不成,多所伤败……北朝丧乱之余,书迹鄙陋,加以专辄造字,猥拙甚于江南。"[4]这些记载与现存的当时的文字资料反映的用字情况基本相符,表明当时文字使用中普遍存在的"趋俗"现象。而同一时期的字书,如魏张揖的《古今字诂》、西晋吕忱的《字林》、北魏江式的《古今文字》、梁顾野王的《玉篇》等,却又都是以许慎《说文》为准绳来规范当时的用字,表现了浓厚的"崇古"思想。北魏道武帝天兴四

---

[1] 见《后汉书·马援传》注引《东观记》,中华书局。
[2] 见《汉书·艺文志》、《后汉书·孝安帝纪》。
[3] 见许慎《说文解字·序》。
[4] 《颜氏家训集解·杂艺》第514页,上海古籍出版社1980年版。

年(公元401年)曾令儒生对经典用字加以整理,太武帝始光二年(公元425年)颁布了1000多新造字,正式承认时俗流行的俗体,①但是,并未能解决当时社会用字存在的问题。

唐王朝建立后,采取了一系列的语文政策。唐太宗命颜师古刊正经籍,辨析异文俗字,于是开创了"字样"之学,产生了以辨正俗讹为目的的字书系列。唐代字样之学推进了楷书正体地位的确立,对规范魏晋以来的社会用字混乱有着重要意义。但是,我们应该看到唐代正字的主要指导思想依然是"崇古"的。像《开元文字音义》、《五经文字》、《新加九经字样》等,都以《说文》、《字林》、《石经》为依据来"匡谬正俗"。这与当时制定的政策是一致的,如唐代科举取士"明书"科要考《说文》、《字林》,国子监置书学博士,所立的也是《说文》、《字林》、《石经》之学。② 唐代以"崇古"为主的正字思想,影响到宋元明清各代的正字字书。宋代张有作《复古编》更是矫枉过正,认为唯《说文》所有的字才是正确的,一切后出的新字都是"俗书讹体"。他主张复《说文》之古,甚至说"《说文》所无,手可断,字不可易也。"③继张有之后,出现了《续复古编》、《增修复古编》、《后复古编》、《复古纠谬编》等一批字书,掀起了汉字使用中的一股"复古"思潮,它的影响延及元明以至近代。

北齐颜之推已感到,"不通古今,必依小篆,是正书记"是行不通的。④ 唐颜元孙则更明确地指出:"若总据《说文》,便下笔多

---

① 见《魏书·太祖纪》、《魏书·世祖纪》,中华书局。
② 见影宋本《大唐六典·吏部·考功员外郎》、《新唐书·百官志》。
③ 陈振孙《书录题解》。
④ 《颜氏家训集解·书证》第462页。

碍。"他作《干禄字书》采取的是一个比较稳妥的正字办法,那就是"俱言俗、通、正三体",指明其使用的范围以及应分别采取的正字态度。① 颜元孙的三分法颇有可取之处,确定"正体字"使正字有依据,承认"通用字"尊重文字使用约定俗成的社会性,对"俗体字"允许它在一定范围内存在,有利于文字体系的发展。这些正字思想对《龙龛手镜》、《俗书刊误》、《字汇》乃至《康熙字典》的编纂都有一定的影响。

唐宋以来,以"崇古"为主导的正字思想,有助于维持汉字在封建正统文化中的稳定性。不过这种稳定性是相对的,千余年来,汉字系统一直处于不断的发展过程中,这表现在:一方面,部分流行已久的俗体逐步取得正体的资格,而一些繁难古老的字体在使用过程中被逐渐取代;另一方面,民间俗体新字依然广泛流行,如宋元以来民间小说、戏剧、词曲刻本中大量使用俗体已经成为普遍的现象。②

20世纪初,随着封建社会的终结,一些有识之士提出"采用俗体字"、"减省汉字笔画"的建议。③ 经过长期的酝酿讨论,50年代中期大陆的《汉字简化方案》公布实施,70年代初台湾公布《标准行书范本》,宋元以来长期流行的俗体字被有选择地吸收,大陆确立简化字为正体,台湾也承认了简体字在手写中的合法地位。本世纪以来,在汉字改革问题的论争过程中,"趋俗"与"崇古"的矛盾

---

① 《干禄字书·序》。
② 参看刘复《宋元以来俗字谱》。
③ 陆费逵《普通教育当采用俗体字》,《教育杂志》创刊号(1909年);钱玄同《减省汉字笔画底提议》,《新青年》七卷三期(1920年)。

冲突一直表现得十分激烈。当前出现的汉字使用的有关问题及学术界有关汉字的讨论，也是这一对矛盾在新的历史时期的表现。

通过简略勾勒，不难看出，"崇古"与"趋俗"的确是始终伴随汉字发展和使用过程中的一对矛盾，只是由于汉字正体概念的历史变化，不同时期所谓的"古"与"俗"、"崇古"与"趋俗"的内涵也相应地发生着变化。

二

"崇古"与"趋俗"的矛盾之所以长期存在，有其深刻的内在原因。

汉字从形成到发展是一个缓慢、渐变的过程。作为一种自源的古老的文字体系，汉字的发展一直局限于内部的调整和优化，未曾发生根本性的变化。汉字体系内部的调整优化，主要表现在两个方面：一是字体形态趋向简便明了，易写易认；二是结构类型趋向规整单一，便于构字。汉字形体从古文字阶段到隶书再到楷书的发展，主要表现为由宛曲线条的篆引到平直笔画组合的转变。伴随这种转变，早期汉字形象特征逐步消失，汉字形体符号化程度逐步加强，汉字书写的基本单位——笔画逐步形成，字体形态和笔画组合方式发生相应的调整。经过形体笔画化过程，汉字书写更为简捷便利，字形之间的区分特征更为明晰。但是，这些变化还只是形体的微观调整，没有改变汉字形体的基本性质。与形体笔画化进程相一致，汉字的构形方式也经过了一个选择和优化的过程。早期汉字以象形、指事、会意等为基本结构方式，殷商以后，形声结构逐步发展,并成为汉字最主要的结构方式。汉字发展进入隶楷阶段以后,象形、指事结构基本丧失构字功能,会意结构由早期的"以形相会"(如"步、保、伐")发展为抽象的"以义相会"(如"岩、尖、歪、凭"),只保存了极其有限的构字能力,形声结构几乎成为唯一的结构方式,汉字结构类型趋向规整单一。汉字体系在基本构形部件相对稳定的前提下,通过记录语音的声符与标指、区分字义范畴的形符相组合的形声结构,较好地适应了社会发展和语言发展的需要,保持了汉字体系的相对稳定性。因而,从总体上看,汉字体系始终没有突破它的传统格局。

汉字体系长期维持相对稳定的格局,直接影响历代对汉字的研究和学习。自许慎《说文》问世,我国传统的汉字研究都是注重字源的探索,重视本字本义的推求,并把它作为文字学研究的最基本的目的。传统文字学偏向汉字的历史形态,对现实的文字体系和状况较少注意,显然是汉字体系长期保持相对稳定这一因素决定的。汉字长期稳定的事实以及传统文字学对汉字的基本认识,自然影响到汉字的教育。传统的汉字教育,总是向学习者传授世代相沿的经验和知识,要求他们接受和遵循既定的规范。因此,在汉字运用上表现出因循旧贯、遵守古已有之的规范就有其必然性了。

汉字体系又总是处在发展变化之中,正如王国维所说:"自其变者观之,则文字殆无往而不变";"自其不变者而观之,则文字之形与势皆以渐变。"[①]我们从"不变"的角度看,汉字的发展是"渐

---

① 王国维《史籀篇疏证·序》,《观堂集林》卷五。

变"的;从"变"的角度看,汉字体系的发展可以说是巨大的。汉字形体由篆而隶,由隶而楷的阶段性变化,反映了汉字纵向发展的轨迹,每一个阶段性的变化,都是汉字形体发展的一次飞跃。而不同时期因汉字使用者个人、文化群体和地域差异的影响,汉字形体也因此而发生相应的变化。这种变化往往形成相对于某一时期汉字正体的变体,也就是所谓"俗体"。俗体的出现和流行,是对已有的传统和规范的突破和冲击,是相对稳定的汉字体系中出现的新的要素。在汉字发展的历史进程中,俗体总是经过与正体的顽强对抗,完成正体化的过程,从而获得正体的地位。如果将《说文》、《干禄字书》、《龙龛手镜》等字书所注明的"俗体"进行跟踪分析,我们会发现许多俗体字后来都成为正体字。考察整个汉字发展的历史,由"俗"而"正"是汉字体系定型之后产生新字的主要途径,"在规范内求稳定,在规范外求发展"可以说是汉字发展的一条基本规律。

　　汉字体系长期因循传统、相对稳定和实际使用中的不断发展更新是一对基本矛盾,正体与俗体、"崇古"和"趋俗"的矛盾就是这一基本矛盾的反映。因为已有规范和传统的维系,汉字几千年来一脉相承,对汉民族文化的传递和发展发挥了巨大的作用;因为汉字体系内部新的要素对已有规范和传统的突破,汉字才能更好地适应社会和语言的发展。矛盾双方的相互制约,使汉字始终保持着动态的稳定,具有长久的生命力。

　　汉字使用中长期存在的"崇古"和"趋俗"的矛盾现象,还与汉字基本功用的发挥有着密切关系。汉字的主要功用有两个方面:一是作为言语交际的辅助工具,二是作为传递历史文化的重要载体。历史上汉字作为交际工具的作用,远不如作为传递历史文化载体的作用发挥得彻底。汉字从一开始就被处于统治地位的贵族集团所垄断,成为记载、传播统治阶级思想文化的工具。比如两汉以后儒家文化确立了正统地位,历代的文化人走的差不多都是一条"读经致仕"的道路。汉字教育以诵读经文为目的,精通经学以精通"小学"为基础。记载儒家经典的文字被奉为"经艺之本,王政之始",[1]研究文字的小学被列入经学的范畴,"以字考经,以经考字"成为传统文字学研究的基本方法,[2]甚至整个传统文字学的发展与经学的发展也休戚相关。对儒家经典的顶礼膜拜,延伸到对汉字的崇拜,汉字在读书人心目中具有神圣的地位。因此,在汉字问题上也就形成了一种"崇古尚正"的文化心理定势,背上了"因循守旧"的沉重包袱。作为交际工具的职能是一切文字的本质属性。汉字在历史上用于交际的范围是有限的,在文化水准较低的下层人民中间,根本不具备利用文字交际的客观条件。即便如此,在一定的文化层次中,汉字只要用于交际活动,它就将遵循交际的原则而获得发展。一旦汉字从神圣的文化殿堂走到凡夫俗子中间,适应日常交际活动的需要,它的神圣面纱便不自觉地脱落了,更为切近时俗要用,从而获得突破传统的机会与可能。事实上,汉字发展的不同时期出现的"俗文杂字",首先总是产生于"非涉雅言"的民间日常言语交际和文化交往活动中。由于文字的社会性特点的制约和实际使用需要,"俗文杂字"有着广泛的使用对象和场所,"趋

---

[1] 见许慎《说文解字·序》。
[2] 陈焕《说文解字注·跋》。

俗从时"的心理便在汉字运用过程中不自觉地形成,已有的规范便被抛置一隅。由此看来,汉字使用中的"崇古"与"趋俗"现象也是汉字作为传统文化的载体和交际过程中切近时俗要用所形成的两种不同心理定势的必然反映。从这个意义上讲,"崇古"与"趋俗"的矛盾,同样是一定社会文化群体矛盾冲突的重要表现。近代以来,虽然汉字作为交际工具的职能得到了更充分的发挥,但是,长期形成的上述两种不同的心理定势对汉字的使用和发展依然发生着潜在的影响。

"崇古"与"趋俗"矛盾的长期存在有其必然性,但是这种矛盾的起伏隐现又受到一定社会历史、文化背景的影响。每当社会处于急剧发展、文化处于较大变更时,这种矛盾就表现得尤为突出,上文的简略勾勒十分清楚地表明这一点。近年来出现的社会用字的"崇古"与"趋俗"现象,就是汉字发展和使用过程中长期存在的这对矛盾在改革开放这一特定历史时期的表现。戴昭铭对繁体风盛行的原因的分析,对此已有所揭示。[①] 我们认为,繁体的风行与新时期的繁简之争,最根本的原因仍是汉字体系内部矛盾的反映。维护繁体,实际是长期以来汉字使用问题上"崇古"心理的表现,有其深厚的历史渊源和充分的现实依据。至于社会上存在的不规范地使用繁体字,并不能表现出更多的文化内涵,只是在一定社会文化背景下反映出的盲目趋附心理,繁简夹杂、半繁半简、错用繁体,则表现出文化素养的某种欠缺。当前社会流行的不规范的简化

[①] 戴昭铭《繁体风、"识繁写简"和语文立法问题》,《语言文字应用》创刊号(1992年)。

字,对已获得正体地位的简化字而言,是新的俗体,与规范的简化字又构成了一对新的"正"与"俗"的矛盾,这也是汉字体系内部发展中长期以来存在的"正"与"俗"矛盾的反映。

三

如何解决当前汉字使用中"崇古"和"趋俗"的问题?戴昭铭提出"语文立法问题"。[①] 语言文字的发展和使用是一种复杂的社会现象,用立法来解决语言文字问题,并非是一件容易的事情,无论在理论上还是在实际操作过程中,都会存在着许多难以克服的困难。根据上文的分析和社会用字的现实情况,我们认为应该把立足点放在调整和完善我国现阶段的语文政策上,进一步发挥语文政策对语言文字应用的规范和引导作用,以解决当前社会用字中出现的问题。语文政策的调整和完善涉及的问题很多,当前应特别重视以下三点:

第一,要进一步明确汉字规范的国家标准。规范地使用汉字,是以汉字规范的确立为前提的。汉字发展和使用的历史表明,汉字不同时期规范的形成是其体系内部发展和一定社会集团力量作用的结果。不同时期虽然汉字规范的内涵有所不同,但都有社会统一遵循的规范,那就是各个时期的正体字。正是这种统一的规范,维系了汉字运用的内部秩序,保证了汉字体系的长期稳定。当

[①] 戴昭铭《繁体风、"识繁写简"和语文立法问题》,《语言文字应用》创刊号(1992年)。

前,应结合汉字使用的现状,进一步明确汉字规范的国家标准。现代简化字作为社会统一规范,已经推行了 36 年,但是,作为国家标准,仅仅公布《简化字总表》是不够的。汉字规范的国家标准应有更丰富的内涵,至少应在以下各方面有明确的规定:(1)"规范汉字"概念的内涵和外延;(2)"规范汉字"的具体标准;(3)"规范汉字"使用的范围;(4)"规范汉字"使用的管理措施;(5)确认和调整汉字规范的权力机构,等等。目前,可以说我们还没有形成完善、明确的国家标准。首先,"规范汉字"的概念不明确。现代简化汉字是国家标准的"规范汉字",但是,还没有对现代简化汉字的内涵与外延作出科学界定的权威性文字可供凭依。"规范汉字"与"现代简化汉字"是否是等值的? 如果是等值的,那么繁体字是不是规范汉字? 国家允许在一定的范围内可以使用繁体字,这种情况下繁体字是否为规范汉字? 这些问题没有明确的限定。如果认为繁体字在某些情况下是规范汉字,某些情况下不是规范汉字,在理论上就缺乏应有的说服力。确切地说,现代简化汉字是国家的正体文字,规范汉字的概念似应大于正体这一概念,经允许使用的繁体字应属于规范汉字的范畴。其次,"规范汉字"的标准不完善。《简化字总表》、《印刷通用汉字字形表》、《现代汉语通用字表》、《信息交换用汉字编码字符集·基本集》等都是国家标准,可是上述字表只收录了汉字的一部分,不见于字表的字的规范是什么? 以上各表在公布时都未作交待。1987 年公布的《关于广播、电影、电视正确使用语言文字的若干规定》、《关于企业、商店的牌匾、商品包装、广告等正确使用汉字和汉语拼音的若干规定》也都没有明确的说明。只有《出版物汉字使用管理规定》(征求意见第三稿)限定"规范汉字"的字形是1986年10月重新发表的《简化字总表》收录的简化字和1965年公布的《印刷通用汉字字形表》所规定的新字形,同时补充指出:"《汉语大字典》所收的没有被简化的传承字"也是"规范汉字",似乎考虑到上面提出的问题。可是,这种补充显得过于宽泛,对于其他行业和社会用字难以发挥约束作用,即使出版界,也不易掌握好。当前社会上滥用繁体字,可以说是不规范地使用繁体字,那么规范的繁体字标准是什么?上述《规定》都没有明确的"规定"。再次,"规范汉字"使用的范围尚缺乏统一要求。已发布和征求意见的几个《规定》,仅仅限定了部分领域的用字。即使在这些领域,某些规定也不很明确,如繁体字的使用范围就相当含糊。繁体字的泛滥与对它的使用范围限制不严有直接关系。汉字的运用涉及各行各业、各个领域,应该考虑制定适用于各个方面的统一的国家标准,这是汉字规范化工作的当务之急。

第二,要丰富语文政策的科学性内涵。语文政策的科学性,来源于对语言文字规律的科学性认识。科学、完善的语文政策,在语文规范化方面将会发挥更大的作用。汉字政策的制定必须充分依据对汉字及其发展规律的科学认识。如汉字发展的方向、汉字的性质、汉字形音义的关系、汉字的优缺点以及汉字在中国文化中的地位等等,对这些问题的认识正确与否,将直接影响汉字政策的制定。过去语文政策的某些不当,现在某些有失偏颇的意见,都与对这些基本问题认识的偏差有关。要建立真正的汉字规范的国家标准,必须充分依据汉字发展的内在规律。比如,在制定汉字规范时,从宏观上是不是应该考虑汉字体系的发展长期处于相对稳定的状态,历史汉字在传递中国文化方面的突出功用,以及汉字俗体正体化与汉字历史发展的关系等等,既坚持规范的统一性,又兼顾规范的层次性,不仅要明确现代简化汉字的正体地位,还要有相应的繁体字的规范和规范俗体字的办法,使汉字规范与汉字体系内部构成和汉字运用的多层次性相一致。在国家正体文字之外,有限制地发挥繁体字在某些方面的作用,以维系汉字体系和中国文化的传统;有引导地容忍俗体字在一定范围内发展,以更好地促进汉字体系的长远发展。从微观上看,制定汉字规范时,应顾及到汉字体系内部的不断调整优化,使汉字规范既有明确的标准可供依据,又有一定的弹性,以容纳汉字体系内部向优化方面所进行的调整。为增强语文政策的科学性内涵,一方面要加强对汉字若干基本问题的理论研究,揭示汉字发展的规律;另一方面必须明确制定语文政策的指导思想,绝不从主观愿望出发,不搞简单化,应尊重汉字的规律,尊重汉字使用的事实,使语文政策以其科学的力量,对语言文字应用发挥指导和规范作用,而不是将它当作僵化的框框和生硬的法律条文。

第三,要增强语文政策的自我调节能力。语言文字是一个动态稳定的系统,与之相适应,语文政策也应是一个动态的系统。语文政策在对语言文字的应用进行调控时,要根据语言文字体系的内部发展和使用语言文字情况的变化的信息,适时对已有的政策进行自我调节,使整个系统始终处于最佳状态。如果语文政策不具备自我调节能力,就很难适应语言文字系统的发展和语言文字应用的实际变化,以发挥其应有的作用。近年来社会用字相当混乱的情况,虽然有关部门和语言工作者一再呼吁,也采取了一定的措施,却收效甚微,明显地反映出我国现行的语言文字政策还未能充分发挥有效的调控作用。我国五六十年代制定和推行的有关语文政策的社会、文化环境,"文革"十年尤其是改革开放以来,发生了迅速的变化。为了适应社会发展和形势变化的需要,1986年召开了全国语言文字工作会议,规定了新时期语言文字工作的方针和任务,在总体上对过去的语文政策进行了调整。但是,各项具体的政策没有能及时跟上,表现在汉字规范问题上尤其明显。就繁体字运用而言,一方面我们承认它的存在有一定的必要性,另一方面则应以科学的政策,明确其使用的规范标准,限定其使用的场所和范围,有效地削弱因历史原因而形成的繁体字优势,巩固现代简化汉字的正体地位。在这些问题上,我们的语文政策没有及时作出规定。当繁体字使用日趋混乱的时候,相关的语文政策还迟迟不能出台,已经公布的各种规定,又缺乏得力的措施。这表明,现行的国家语文政策自我调节能力较差,不能根据语言文字应用的实际情况迅速地自我调整完善。当前,应尽快完善语文政策,建立一整套有充分科学依据、切合现实需要的语言文字规范。在制定有关规范时,应考虑改进规范的自我调节机制,使之既十分具体明确可供操作,又相对开放便于及时调整。

走向规范而又充满生气的语文生活[①]

语文生活指的是一定社会人们所进行的各种语言文字活动。语文生活的状况不仅取决于社会语言文字运用水平和语言文明发展的程度,也反映了社会政治、经济和文化的发展水平。因此,科学地评价一个社会的语文生活状况并不是一件很容易的工作。

在谈到我国当前语文生活状况之前,我们以为应首先明确以下几点:(1)语文规范是评价语文生活状况的基本依据。评价社会的语文生活可以从不同的角度,运用不同的标准,但是,能比较典型地体现一个社会语文生活状况的则是其语言文字运用的规范化程度。一般说来,语文规范标准越完善,运用范围越广,规范化程度越高,这个社会的语文生活状况就越好。(2)估价一个社会的语文生活应分清层次,把握主流。任何一个社会,语文生活的内涵都是十分丰富和复杂的。语文活动遵循社会性原则,但由于地域、阶层、行业、职业等因素的影响,社会语文生活又表现出一定的差异性。因而,评价对象的选择就显得很重要。比如政府公务活动、学校教育、广播影视、书刊印刷、信息传播和公众场所等方面的语文

[①] 本文原载于《语文建设》1997年第10期。

应用情况,最能代表现代社会语文规范化水平,应作为评价的主要对象。(3)评价社会语文生活应坚持历史的发展的观点。语言文字是一个动态的符号系统,其发展变化既受现实语文生活的影响,又反映于语文生活的现实之中。作为评价基本依据的语文规范则具有一定的时代性和稳定性,它只对一定历史时期语文生活的有关方面起规范作用。因此,评价语文生活有关现象时,要具体分析其形成的历史的和现实的原因,不能教条地运用现成规范,简单化地作出结论。

从以上观点出发,我们认为我国当前语文生活总体是健康的,语言文字工作取得了巨大的历史性成就。建国以后,尤其是1986年全国语言文字工作会议以来,我国制定颁布的一系列语言文字规范标准和有关政策,对规范当代语文生活发挥了重要作用。推广普通话工作有重点、有步骤地发展,各级学校特别是中小学和师范院校成绩显著,广播电视的普通话播音为推普起到了很好的示范作用。1992年国家语委调整了新时期推普工作的方针,与有关部委联合作出《关于开展普通话水平测试工作的决定》,适时地将推广和普及普通话工作推向一个新的历史阶段。普通话作为国家法定的通用语的地位得到了进一步的加强,能够听懂普通话、可以运用普通话交际的人口比例不断地增加。对于我们这样一个幅员辽阔、人口众多、方言分歧严重、经济与文化还不很发达的国家,推普工作能达到今天这样的水平,应当予以高度评价。汉字简化方案和有关汉字规范的颁布实行,确立了简化字作为现行汉字的正体地位。1986年以来,在汉字规范化、标准化方面开展了积极的工作,研制公布的《现代汉语常用字表》《现代汉语通用字表》等现代汉字用字规范,适应了新时期汉字教学、出版印刷、信息处理等方面的需要,有力地促进了汉字规范化工作;社会用字的管理工作也逐步得到加强,国家语委会同有关部委颁发了一系列社会用字管理规定,对维护社会用字规范起到了积极的作用。现代汉字还得到国际社会的广泛认同,成为国际政治、经济和学术文化活动中重要的文字之一。《汉语拼音方案》作为汉语汉字注音符号、拼写中国人名地名和汉语的国际标准,在语文教学、推广普通话、中文信息处理、新闻出版、文献检索以及国际交流等领域发挥着不可替代的作用。讲普通话、使用简化汉字和汉语拼音,已成为我国当代语文生活的主流。实践证明,我国推行的一系列语言文字方针政策和各种语文规范,使当代语文生活面貌发生了具有现代意义的巨大变化。这种变化既符合历史悠久的汉语汉字自身发展规律,又适应了当代现代化建设和改革开放的需要。语言文字的统一规范,是国家强盛、民族团结统一的重要标志,也是社会政治、经济、文化高度发展和现代化建设的必然要求。正因为如此,百余年来许多爱国志士为国家民族的振兴而投身于语文革新运动。只有在新中国,他们未能实现的美好愿望才能变成现实,语言文字工作才能取得这样伟大的历史性成就。

在充分肯定我国当前语文生活主流的同时,对近年来社会用语用字的种种不规范现象,我们也应作出实事求是的分析。社会用语用字不规范现象的分析,不仅关系到我们所应采取的治理措施的制定,也是估价当前语文状况所不能回避的。在我们看来,社会用语用字不规范现象虽然比较严重,但并不影响上述对当前语文生活的基本估价。有些现象的产生是由语文生活本身的多元化格局所决定的,是语文生活复杂性的表现。如讲普通话、写规范的简化字虽然是现实语文生活主体,但是现代汉语多种方言并存,繁体字在一定领域(古籍印刷等)和地区(港澳台)依然通行,实际构成了现实语文生活的多元化格局。因此,在一定背景下,滥用繁体、方言抬头就有其历史和现实的基础。有些现象反映了社会经济文化的快速发展变更对语言文字符号系统的影响。现实语文生活总与一定时期社会发展状况密切相关。社会发展平稳,语言文字的发展就相对地较为缓慢。社会转型或失序(如战乱)、经济文化高度繁荣和快速发展,就会对语文生活产生巨大冲击力。这一点已为汉语汉字的发展历史所证明。当前语文生活中大量新词语的出现和外来语的涌进,显然是我国改革开放、社会经济文化快速发展在语文领域的反映。当然,这种冲击往往泥沙俱下,既包含着推进语言文字发展的新要素,也夹带着不利于语言文字纯洁健康的消极因素。当前出现的诸如生造不合乎汉语规范的词语、滥用草率翻译的外来术语、毫无必要地夹用外文之类的做法,就是消极的语文因素,影响了汉语的纯洁性和表达效果。有些现象则是由于国民语文基本素质不高造成的。我国人口众多,社会经济文化发展还不平衡,人们受教育的程度差别较大,因此,国民语文素质参差不齐。语文生活中素质不高的表现相当突出,如:读错字音、写错别字、用语用字不正确,属于语文基本知识欠缺;滥用繁体字、生造词语、写不规范的简体字,表明语文规范意识淡薄;语言粗俗化、起洋名之类则是思想意识差,语言文明素养低的表现。总而言之,当前语文生活中出现的一些不规范现象,从某种意义上讲,是难以避免的。对这些现象,我们一方面要有足够的认识,正视社会语文生活的现实,加强语文素质教育和语文规范的宣传,因势利导,促进语言文字的健康发展;另一方面要进一步完善各类语文规范,加大管理力度,抑制影响语文生活纯洁性的不良因素的滋生蔓延。

对汉字规范化问题的几点看法[①]

汉字规范化问题不仅要充分考虑汉字自身构造和发展的规律,更要重视汉字运用的实际情况。汉字的运用涉及到社会的各方面,因此对已经形成的汉字简化方案大家可以提出各种意见,对研制新的规范汉字总表也会见仁见智有所分歧。比如关于《汉字简化方案》中的同音替代字能否恢复到原来的状态,能否按类推原则继续实行汉字简化并对某些已经类推出的简化字予以承认等,站在不同的角度会有完全不同的看法,这是很正常的。

我认为当前要适应信息化时代的要求,在标准化方面做好汉字规范化的基础性工作,要避免任何可能出现的新的人为的混乱。首先,应该保持现行汉字系统的基本稳定。对已经定下的同音替代字和简化字不能轻易改动或退回到繁体。有些学者认为"一简方案"的某些同音替代字和简化字违背了汉字的构造规律,应该恢复到原来繁体的状态。就个别字而言从字理和微观的角度看也许不无道理,但是从汉字历史发展看汉字构形的理据性从来都是相对的,所谓理据性只是就汉字体系的总体情况来说的,汉字系统自身的发展很多情况下却是通过对这种理据性的突破来实现的。同

[①] 本文原载于《汉字规范百家谈》,商务印书馆 2004 年版。

音替代和简化是汉字发展史上曾经普遍和经常发生的现象。而隶变则是冲破构形理据性的束缚以实现汉字系统的整体简化,讹变更是一种将错就错、因讹成是的独特现象。如果没有这些现象的发生,很难想象汉字系统能够不断优化并至今充满活力。所以我们不能简单、片面地强调汉字构形的理据性而忽视汉字系统发展的其他现象。从这个意义上说,已经形成的现行简化方案应保持稳定,不必再作调整和变动。汉字的应用实际也要求我们要保持现行汉字系统的稳定。自现行简化字推行以来,现行汉字系统已经为国内外普遍接受,哪怕是任何微小的调整都会涉及到教育、新闻出版、信息处理和社会用字的方方面面,影响到数亿人的语文生活,带来不必要的麻烦和心理震荡。一种规范一旦建立并为社会广泛接受,同时也就对我们的规范化工作形成制约,我们对已有规范的改变并不是可以随心所欲的。考虑到港澳台地区和国际上汉字使用的情况,目前我以为也不宜再进一步推行汉字简化工作。将一些很少使用或根本不具备实用价值的汉字进行类推简化,会因此进一步扩大世界范围内汉字使用的差距,使汉字信息处理和交流增加新的困难,甚至可能传递出现行汉字尚是一个可以不断改变的系统的错误信息,给汉字规范化、标准化工作造成不必要的负面影响。

其次,根据实际需要,加强汉字的整理和研究工作,分层次制定适应不同需要的新的汉字规范。由于汉字使用领域的广泛性和使用者的多层次性,当前应实事求是地开展汉字研究整理工作并研制新的规范字表,以满足不同方面的需要。一般说来,国家语言文字工作委员会1988年发布的《现代汉语通用字表》完全可以满足一般社会用字需求。但是我国人名、地名用字却非常特殊,许多人名选字偏僻,一些地名历史悠久,其用字可能超出通用字范围;还有一些地区流行的方言用字,也没能包含在通用字表之内。为处理类似的问题,可以整理制定诸如人名、地名、方言专用字表,甚至对新生儿童取名用字作出限定,以尽可能减少取名用偏僻字。繁体字在古代文化典籍的整理出版、与海外交流等方面依然有着广泛的用途,当前急需整理发布繁体字总表,以规范繁体字的使用,并适应汉字信息处理国际编码工作的需要。繁体字的整理要尽可能地扩大收字的覆盖面,既尊重汉字运用的历史实际,也要照顾海内外繁体字使用的实际情况,求同去异,避免出现新的混乱。按通用字表、专用字表和繁体字总表三个层次来整理全部汉字,确立不同层次的汉字规范,我们认为既能保持现行汉字系统的稳定,也可满足各方面用字的实际需要,应该是一种关系当前和长远的恰当的选择。

再次,适应信息化时代潮流,积极创造条件实现全球范围内汉字使用的"书同文"。随着全球信息和经济一体化步伐的加快、港澳回归和海峡两岸经济文化交流的日益密切以及我国在国际事务中地位的不断提升,汉语汉字在世界政治、经济、科技教育和社会生活的各个方面已成为最重要的语言文字之一。这种地位的确立对全球汉字使用的统一以及规范化和标准化提出了新的必然的要求。我国语言文字工作者将面临着艰巨的任务和光荣的使命。我们应抓住当前的有利时机,加快汉字的整理研究和各层次汉字规范的制定工作,当仁不让地做出我们应有的贡献。同时,我们应与港澳台地区和其他使用汉字的国家开展合作研究,共同努力制定出各方都能接受的方案,最终实现全球范围内"书同文"的目标。从这一点考虑,我们以为当前尤应保持现行简化字系统的稳定。

文字学教学需要改进和加强

　　文字学的教学是当前汉语言文学专业的薄弱环节之一。上世纪50年代汉语言文学专业新的教学计划实施后,许多中文系已不再沿袭三四十年代的做法,将文字学作为一门与音韵学、训诂学并列的课程开列。文字学的相关教学内容只在现代汉语、古代汉语等课程中有所介绍。目前,国内高校中文系文字学一般只作为选修课,而且只有少数条件较好的重点高校才能开出文字学、现代汉字学、古文字学等文字学选修课系列,许多高校甚至连一门选修课也无法开出,这种情况与文字学的地位和汉语言文学专业人才培养的要求都是不适应的。

　　即使就文字学一般教学情况看,我认为问题也是比较突出的。首先,就教学内容的安排而言,不同课程之间缺少内在的联系和必要区别。如现代汉语和古代汉语的汉字部分分工不甚明了。多数现代汉语教材介绍汉字,不是集中于现代汉字,而是将整个汉字纳入视野。有的教材在有限的篇幅中,要讨论汉字发展的历史,分析汉字的构造,引用了若干古文字资料,而对现代汉字本身及当前我国汉字政策的介绍却不够充分。作为现代汉语教学内容,这种安

---

① 本文原载于《中国大学教学》2001年第5期。

排显然是不合理的。

其次,教学内容陈旧,落后于学科发展水平。近百年来,汉语文字学可谓经历了脱胎换骨的变革,特别是甲骨文发现以来的中国古文字研究,使得中国文字学这一传统的学科领域取得举世瞩目的成就。但是,令人遗憾的是,高校文字学教学却没能将这一学科的进步充分、全面地反映出来。如汉字的发展演进问题,随着殷商到秦汉乃至魏晋等历代文字资料的发现和研究,我们已经获得了大量一手资料并已能清晰揭示这种发展演进的主要规律和轨迹,而许多教材谈汉字发展,依然停留在"甲骨文——金文——篆文——隶书——楷书——草书——行书"这种简单而不精确的描述上。古代汉语中的汉字教学,应反映出历史汉字(或古代汉字)的规律和特点,而古文字学的成就为这方面的教学内容更新提供了丰富的资料。但是,目前的古汉语教材,有的甚至还停留在许慎"六书"说的水平上,对古文字研究的成果吸收得很不够。

第三,不同教材概念术语不统一,界说也彼此歧异。如对汉字结构分析涉及的一些概念,就比较混乱。以现代汉语教材为例,有的教材将笔画、偏旁作为构造单位,有的作为形体分析单位,有的称为结构单位。有的教材认为合体字的结构单位叫"部件","大于笔画小于合体字","笔画"是书写单位,同时又将"形旁、声旁和记号"称作"字符"。有的教材主张"汉字最小的构形单位是笔画","基本结构单位是部件"。有的教材则认为现行汉字的构造单位可分为"笔画"和"偏旁"两级等等。笔画、偏旁、部件、字符这些基本概念如何界定,在字形结构的分析中如何规范地使用,显然没有明确一致的意见。

第四,汉字教学内容安排的系统性和科学性不强。从总体说,现代汉字、历史汉字(或古代汉字)的教学内容应在不同教材中互相区分又相互衔接,基础课现代汉语和古代汉语中不仅要解决这个问题,还要与选修课文字学的内容相互照应。就不同教材的具体内容安排而言,系统性和科学性不强也是显而易见的。这一点,只要将通行的现代汉语和古代汉语教材的"文(汉)字"部分抽出来略作分析就一清二楚。这表明,我们在编写教材时,对不同课程汉字教学的任务和目标认识不明确,缺乏统一的规划和安排,当然深层原因还是编者自身对文字学教学内容把握得不好。

汉字作为国家法定的记录汉语的文字,有着悠久的历史和丰富的内涵,无论是从认识、继承、弘扬中国优秀的历史文化传统,还是适应当今社会传递信息、进行交际的需要来看,对汉字的研究和教学都是十分重要的。汉语言文学专业肩负培养语言文字专业人才的任务,汉字教学无疑在专业教育中占有不可替代的地位。我们应充分重视汉语言文学专业的文字学教学问题,在汉语言文学专业教学内容和课程体系改革中,对文字学教学作出科学的安排。

针对上文所言,我认为改进和加强文字学教学,当前要抓好以下几项工作:一是统一规划、协调安排文字学的教学。如现代汉语、古代汉语的教学内容要各有分工,前者重点介绍现代汉字基本知识和现行汉字政策,后者着重讲授古代汉字基本知识和古代书面文献汉字运用问题。在此基础上,将文字学作为限定性选修课,对汉字的形成、发展和构形规律等进行全面、系统的讲授。为培养语言文字学研究专门人才,有条件的院校可另行开设现代汉字学、古文字学以及各种文字学专题课,为学有所专的学生提供选课的机会。这种安排，一方面可保证汉语言文学专业学生在文字学专业知识方面达到一定的水准，同时为将来有志于进一步从事语言文字学专门工作和研究的学生留出足够的发展空间，也可在一定程度上改变各高校普遍存在的语言文字学选修课与文学类选修课不成比例的局面。

二是重视教材建设，注意不同教材内容的更新。对现代汉语和古代汉语这样的基础课教材，其文字部分的内容，应组织专家相互协商，统筹安排，邀请主要从事文字学研究的学者承担有关撰写任务，以便充分反映当代文字学研究的成果。要组织和鼓励有关专家编写优秀的文字学选修课教材。当前的文字学教材虽也有几种，个别教材内容丰富、水平也很高（如裘锡圭先生的《文字学概要》），但许多高校尚没有合适的教师能按这部教材的要求讲授，适应面似不够广；其他教材则尚不能全面反映当代文字学研究和发展的水平。当务之急是组织和鼓励专家花力气编出适应面广，能反映文字学发展水平，科学性、系统性较强，且适宜于本科教育的文字学教材。至于现代汉字学、古文字学的教材，近年也都有问世，由于讲授对象、编者自身学术兴趣和积累的差别，也尚有待进一步完善。教育主管部门和出版单位应支持这类选修课教材的出版，以便在比较和竞争中产生出为大家公认的优秀教材。

三是抓好基础性研究工作。虽然百年来文字学研究成就突出，但在文字学学科领域，对汉字理论的深入阐述和科学文字学体系的构建一直未能引起广泛的重视，当代很少有唐兰先生那样致力于中国文字学科学体系建设的学者。这种状况，必然影响语言文学专业对文字学研究成果的吸收。应倡导学者重视文字学基础理论研究工作,在国家社科基金和教育部的科研基金立项时应注意扶持这方面的研究课题。最近已启动的国家社科基金"十五"重点项目"语言学名词审定"工作,也可以说是这种基础性工作之一,随着文字学名词术语的审定,对文字学教材建设也必然会带来积极的影响。

四是加强语言文学专业文字学课程教师的培养和提高。文字学教学涉及古今汉字、语言文字一般理论和国家语文政策,对教师要求甚高。自甲骨文到小篆等古文字,不经过严格系统的训练,一般人可以说很难入门,而不系统掌握古文字,根本就无法讲授文字学。因此,文字学教师的缺乏在全国各高校中文系是普遍现象。组织国内著名专家,有针对性地开设文字学课程教师讲习班,培养更多的合格师资,以保证文字学教学的水平和质量,也是改进和加强文字学教学需要解决的问题之一。

多层次展示汉字文化的独特魅力[①]

文字是人类文明形成和发展的重要标志之一,汉字是中华民族创造的悠久历史文明的伟大成果。在世界文明发展史上,汉字作为一种文字体系,其负载的文化内涵的丰富性、历史的悠久性和影响的广泛性,是任何其他的文字体系都无可比拟的。汉字文化以其独特的魅力,展现出中华民族的伟大智慧和创造,是博大精深的中国文化的象征。

河南省是中华文明形成和发展的主要地区之一,汉字文化与河南的联系极其密切。目前发现的代表汉字成体系之后最重要的资料——甲骨文,中国研究汉字的第一部著作——《说文解字》,都出现在河南。甲骨文的发现,开创了中国古文字研究的新时代;《说文解字》则统治和影响着传统中国文字学研究近两千年。近年来郑州商城陶文和小双桥陶书文字的面世,使我们对商代前期的汉字获得了新的认识;偃师二里头、登封王城岗陶文,则透露出夏代文字的若干重要信息;而舞阳贾湖的刻划符号,更是引起学者对中国文字起源的丰富联想。所有这些无不表明河南与汉字文化渊

[①] 本文原发表于《郑州大学学报》(哲学社会科学版)2005年第5期,系"中国文字博物馆建设问题"笔谈之一。

源久远的独特联系。由此看来,在河南建立中国文字博物馆的倡议绝不是呈一时之想,应该说这是一项非常有意义的重要的文化建设工程。

汉字作为一种古老的自源文字体系不仅历史悠久,而且其生命力历久弥新。世界上其他古文字,如苏美尔楔形文字和古埃及圣书字都早已失传,唯独汉字恒久不衰、持续使用至今。这一现象成为文明史研究的重要课题和难解之"谜",也使得古老的汉字更加充满着独特的魅力。建立中国文字博物馆,要立足于全面准确地展示汉字文化的悠久性、丰富性和独特性,使中华民族这一伟大发明成为激励子孙万代努力贡献于人类文明进步和社会发展的强大动力。

汉字文化的魅力可以从多层次展示。

首先,汉字形体结构历史演进的展示,应成为一条贯彻始终的主线。汉字从起源至今经历数千年的演变,虽然对其起源的研究尚处于探索阶段,但是通过多种新石器时代的刻划符号,如仰韶文化、良渚文化、大汶口文化等刻划符号,可以略窥汉字形成的许多要素;夏文化遗址和商代前期文化遗址中的若干陶文资料,与殷墟甲骨文的关系也可追寻;殷商晚期甲骨文到现代汉字,各时期资料异常丰富,完整地体现出汉字发展演进的历史进程。汉字的发展,记录和保存了它所处的各个历史时代的文化信息,通过汉字形体演进历史的展示来揭示这种信息,也就从一个侧面展示了中华文化的发展演进历史。

其次,汉字的发明、演进与其书写工具及载体的发明演进密切相关。陶器刻划与制陶工艺和工具、甲骨文与甲骨占卜文化及甲骨制作契刻技术、青铜器铭文与青铜文化及青铜铸造技术、竹简缯帛文字及竹简制作和纺织技术发明,以及纸和印刷技术的创造,凡此等等,不仅从书写工具、载体的变迁展现出中国文字的发展史,同时也展示出中国古代物质文明和精神文化的发展与中国文字的深层关系。

第三,汉字作为一种书写艺术的历史演进及历代书法艺术作品也应是汉字文化独特魅力展示的重要方面。汉字之构形美及其发现,最能代表和体现中国传统造型艺术的精神。书法作为一门独特的艺术从古到今名家辈出,历代书法家的创作,是中国艺术宫殿中的重要构成部分,在世界艺术中独树一帜。以汉字造型为基础发展而来的这门艺术,至今为世人喜闻乐见,围绕书法艺术形成的书法文化,也是中国传统文化的精粹所在。因此,汉字文化博物馆理应有选择地展示历代书法艺术作品,向人们介绍中国文字由实用的书写符号向审美的书法艺术发展的历程。

第四,汉字的研究是中国传统学术的重要领域,自东汉许慎《说文解字》问世以来,近两千年来许多学者致力于历代汉字的研究,形成了独具特色的中国文字学。历代研究中国文字学的学者和他们的著作,揭示汉字的构造及其发展演变规律,为汉字文化的丰富和汉字的教育和传播做出了重要贡献。历代中国文字学研究的代表性学者及他们的研究成果,在中国学术史上有着崇高的地位。展示他们的贡献,让更多的人了解中国文字学的历史及有关知识,将从另一个方面更好地表现汉字文化的深刻内涵,促进汉字文化知识的普及。

第五,汉字作为一种书写符号系统记录和传播着汉语及不同时代形成的博大精深的中国历史文化。一方面,不仅流传保存于世的各种手抄和印制的古代典籍汗牛充栋,成为研究中国历史文化的重要资料,体现出汉字在中国历史文化积累传播方面的重大贡献;而且中国历代藏书文化也成为汉字文化构成的重要内容,具有极其丰富的文化内涵。另一方面,随着汉语典籍的传播,其他民族在接受汉文化影响的同时,也影响了他们创制自己的民族文字,如中国古代契丹、西夏和近邻日本、朝鲜、越南等。这从一个方面反映出汉字文化的历史贡献和巨大影响,在我们展示汉字文化时,受汉字影响而产生的异族他国文字也是不可忽视的内容。

此外,汉字的影响不仅仅在语言文字领域,它也广泛地影响着汉字文化圈人们的生活习俗,这从一个侧面折射出汉字文化的独特魅力。如汉民族的命名、避讳、吟诗作对、谶纬符咒、测字算命等等,都深深打下汉字文化的烙印。虽然有些对汉字神异化而形成的习俗是消极的,但作为一种习俗其形成和发展同样反映了汉字的影响,也应予以关注。

上述各个方面从不同层次显示出汉字的文化内涵是非常丰富的。外国有学者认为:中国文字即中国文明。这虽然不甚全面,但却道出了汉字文化最典型地显示了中国文化的基本特征。汉字文化的研究近年来有不少论作问世,取得很大成绩,但毋庸讳言,其中的不少著作存在浮躁浅陋之病,有待更多的严谨的学者去从事这方面的深入研究;汉字知识的普及和优秀研究成果的推广也是一项需要加强的工作。

多层次展示汉字文化的独特魅力,最主要的固然是展示历代汉字文化的丰富遗存和学者们研究的成果,但是,这种展示在弘扬汉字文化的同时,也必然会促进汉字文化更广泛地普及和研究不断深入,使历史悠久的汉字文化在新世纪焕发出新的活力,使中华民族在世界文明的进步方面作出新的贡献。

理论的探索和体系的建构[1]

传统汉语文字学研究始终在许慎的《说文解字》笼罩之下,以文字个体为分析对象,偏重考古的研究方法,以及作为经学附庸、明经致用的研究目的,使有着悠久历史的文字学,一直未能建立起一个科学的理论体系。清末以后,甲骨文的发现,推动了古文字学的全面发展;受西方学术文化的影响,萌发了规模甚大的汉字改革运动;同时也开始了文字学理论体系的构建及汉字基本理论的研究,并取得了重要成果。

一 传统小学的终结——章黄之学

近代研究古代语言文字学有两位著名学者,那就是一代国学大师章炳麟及其弟子黄侃。他们的研究涉及传统语言文字学的各个方面,继承了清代朴学的优良传统,而又有很大的发展和创获。传统"小学"有清一代处于巅峰,至章黄而归于终极,他们师弟二人被称为传统小学的殿军。他们的发展和创获,同时也为现代语言文字学拉开了帷幕,论及近代以来汉语文字学理论研究,不能不追

---

[1] 本文选自《汉语文字学史》,安徽教育出版社 1990 年版。

述章黄之学。

章炳麟(1869—1936),又名绛,字枚叔,号太炎,浙江余杭人。章氏语言文字方面的论著主要有《文始》、《新方言》、《小学答问》及《国故论衡》(卷上所收有关文章)等。章太炎曾说:"余以寡昧,属兹衰乱,悼古义之沦丧,愍民言之未理,故作《文始》,以明语原,次《小学答问》以见本字,述《新方言》,以一萌俗,简要之义,著在兹编。"①章太炎研治小学,强调文字、音韵、训诂三者兼明。他认为:"汉字自古籀以下改易殊体,六籍虽遥,文犹可读。古字或以音通借,随世相沿。今之声韵,渐多讹变。由是董理小学,以韵学为候人,譬犹旌旄辨色,钲铙习声,耳目之治,未有不相资者焉。言形体者,始《说文》;言诂训者,始《尔雅》;言音韵者,始《声类》。三者偏废,则小学失官。"又说:"大凡惑并(拼)音者,多谓形体可废,废则言语道窒,而越乡如异国矣;滞形体者又以声音可遗,遗则形为糟魄(粕),而书契与口语益离矣。"②章太炎发展了清人治小学形音义互求的方法,注重语言和文字的关系,形成了鲜明的研究特色。

《文始》一书为探求语源而作。《叙例》说:"道原究流,以一形衍为数十,则莫能知其微。余以颛固,粗闻德音,闵前修之未宏,伤肤受之多妄,独欲浚抒流别,相其阴阳。于是刺取《说文》独体,命以'初文';其诸省变,及合体象形、指事,与声具而形残,若同体复重者,谓之'准初文',都五百十字,集为四百三十条。讨其类物,比其声均,音义相雠,谓之'变易',义自音衍,谓之'孳乳',毕而次之,得五六千名。"《文始》确定了510个初文(准初文),应用他所定古

---

①② 见《国故论衡》卷上《小学略说》,国学讲习会编,1910年。

韵母23部和古声母21纽,以音求义,梳理语言文字的"变易"和"孳乳",建立了汉语的"词族"系统。这是中国语言学史上第一本有理论、有系统的语源学著作。这个系统的基石是《说文》初文和章氏所建立的古音系统。因而,这本书有相当部分内容是梳理文字孳生繁衍的,也包含着"字原"、"字族"的研究。由于仅以《说文》小篆来确定"初文",又将"词"与"字"混同一起,加上章氏古音系统的不够完善,"对转"、"旁转"把握不严,这部书存在着明显的缺陷。但是,章太炎的这一研究具有开创意义,又建构了一个博大的系统,是应当给予高度评价的。

《小学答问》、《小学略说》(见《国故论衡》)等则比较多地阐明了他的文字学观点和理论。虽然章太炎文字学理论方面的宏册巨制不多,他的见解却是传统文字学的结晶和发展。如章太炎明确地指出:文字之学,宜该形声义三者,文字之赖以传者,全在于形,论其根本,实先有义,后有声,然后有形。形声义兼明,才可以称之通小学。[①] 关于"六书",章太炎肯定《说文》"指事居首"的次第,并认为:不仅"上下"和计数之字为"指事","若一字而增损点画,于增损中见意义者,胥指事也。"指事可分为独体(上下一二)与合体(本不夭交)。他所著《转注假借说》对"转注"提出了新的见解[②]。章太炎学问广博,文字学只是其治学中的一门,加上他不相信钟鼎铭文和甲骨文,所用材料仍以小篆为主,只稍稍旁及三体石经和石鼓文,这就使他在文字学研究方面受到局限,不能得到充分的发展,

---

① 见《国学讲演录》第1—4页,南京大学中文系铅印本。
② 参阅《汉语文字学史》第六章。

与他所治其他学问相比,这的确是文字学史上的一大缺憾。

1906年章太炎在《国粹学报》上发表了《论语言文字学》一文,指出:

> 自许叔重创作《说文解字》,专以字形为主,而音韵训诂属焉。前乎此者,则有《尔雅》、《小尔雅》、《方言》;后乎此者,则有《释名》、《广雅》,皆以训诂为主,而与字形无涉。《释名》专以声音为训,其他则否。又自李登作《声类》,韦昭、孙炎作反切,至陆法言乃有《切韵》之作,凡分二百六韵。今之《广韵》即就《切韵》增润者,此皆以音为主,而训诂属焉,其于字形略不一道。合此三种,乃成语言文字之学。此固非儿童占毕所能尽者,然犹名为小学,则以袭用古称,便于指示,其实当名语言文字之学,方为确切。

章太炎第一个提出"语言文字学"这一名称以取代传统小学,他的研究实践和这一名称的提出,表明语言文字学作为一门独立科学的意识的觉醒,作为学童之业,为经学之用的传统小学宣告终结。因此,章太炎不仅是传统小学的殿军,而且还是现代语言文字学的开山祖师。

黄侃(1886—1935),字季刚,自号量守居士,湖北蕲春人。受学于章炳麟,攻文字、音韵、训诂之学。黄侃广泛吸收了清人研究成果,继承其师章炳麟的学说,而又有所发展,卓然成家。学界对章炳麟、黄侃的研究甚为推重,称为"章黄之学"。

黄侃研究语言文字学的方法受传于章太炎,他说:"若由声韵、训诂以求文字推演之迹,则自太炎师始。盖古人所谓音,即声韵也。不能离声而言韵,亦不能离韵而言声,此声韵之不能分也。训诂者,文字之义也。不知义无以明其谓;不知音无以得其读,此王氏(念孙)所以以声韵串训诂也。文字者,形也。形之有变迁,犹音之有方俗时代之异,而义之有本假分转之殊,合三者以为言,譬之束芦,同时相依,而后小学始得为完璧。故自明以至今代,其研究小学所循途径,始则徒言声音,继以声音贯串训诂,继以声音、训诂以求文字推衍之迹。由音而义,由义而形,始则分而析之,终则综而合之,于是小学发明已无余蕴,而其途径已广乎其为康庄矣。"①黄侃正是沿着形音义"综而合之"的治学途径,建立他的学术体系的。在文字、音韵、训诂三方面,他都有精深造诣。尤其在音韵学方面,他吸取前人的成果,建立了自己的古音体系,被称为"三百年间古音学研究的一位殿后人"。他认为:"小学分形、音、义三部……三者之中,又以声为最先,义次之,形为最后。"因此,他首先致力于音韵研究,进而研究训诂和文字。黄侃生前较少著述发表,逝世后整理出版的有《黄侃论学杂著》十七种,②近年经其侄黄焯整理编次出版了《文字声韵训诂笔记》(上海古籍出版社,1983年)、《说文笺识四种》(同前)、《尔雅音训》(同前)、《量守庐群书笺识》(武汉大学出版社,1985年)等种。这些著作反映了黄侃治学的部分成就,可以使我们大致了解他的文字学研究。

　　黄侃在汉字的起源、构造、孳乳、变易以及文字声义关系等方

---

① 《文字声韵训诂笔记》第 4 页,上海古籍出版社 1983 年版。
② 原中央大学《文艺丛刊》编《黄季刚先生遗著专号》,共收录十九种,1964 年编《论学杂著》抽出《文心雕龙札记》一种单印,又删去《冯桂芬说文段注考正书目》一种。

面多所发明。《论文字初起之时代》指出:"文字之生,必以浸渐,约定俗成,众所公认,然后行之而无阂。窃意邃古之初,已有文字,时代绵邈,屡经变更;壤地瓜离,复难齐一。至黄帝代炎,始一方夏;史官制定文字,亦如周之有史籀,秦之有李斯。"《论文字制造之先后》则认为:"由文入字,中间必经过半字之一级","造字次序:一曰文,二曰半字,三曰字,四曰杂体。"《论六书起源及次第》、《论六书条例为中国一切字所同循,不仅施于说文》等文,阐明"六书"的起源、次第以及与字体的关系。《论变易、孳乳二大例》(上、下)揭示了汉字"变易"、"孳乳"两大发展规律,他说:"变易之例,约分为三:一曰,字体小变;二曰,字形大变,而犹知其为同;三曰,字形既变,或同声,或声转,然皆两字,骤视之不知为同。""孳乳"也为三类:"一曰,所孳之字,声与本字同,或形由本字得,一见而可识者也;二曰,所孳之字,虽声形皆变,然由训诂展转寻求,尚可得其径路者也;三曰后出诸文,必为孳乳,然其词言之柢,难于寻求者也。"简言之,"变易"指"声义全同而别作一字","孳乳"指语源相同而形义俱变。[①]《音韵与文字训诂之关系》、《中国文字凡相类者多同音,其相反相对之字,亦往往同一音根》、《形音义三者不可分离》、《略论推寻本字之法》、《略论推寻语根之法》以及《就初文同声求其同类》等篇,比较集中地反映了黄侃对汉字形音义关系的认识,继承和发扬了章太炎倡导的"以文字、声音、训诂合而为一"的治小学的方法。[②]关于汉字的笔势、字体、字书等,黄侃也有许多独到的见

[①] 以上各篇均见《黄侃论学杂著·说文略说》。
[②] 以上各篇均见《文字声韵训诂笔记》。

解。① 上述论著反映了黄侃文字学研究的梗概，我们大体能看到黄侃勾勒的以形音义为一体，以声音为核心，以"六书"为"造字之本"，以"变易"、"孳乳"贯穿文字之变这样一个基本的体系。但是，黄侃未能写就一部完整的著作，将他的理论体系深入地形成文字留传下来，实在令人十分遗憾。

黄侃文字学体系的一大特点，是以《说文》为基石。他对《说文》一书有精深的研究，他的文字学见解，也大多是以《说文》为依据而生发出来的。现已整理出研究《说文》的论著数种。《论说文所依据》（上、中、下）认为："《说文》之为书，盖无一字、无一解不有所依据，即令与它书违悖，亦必有其故。"《论自汉迄宋为说文之学者》梳理《说文》问世以后流传的脉络，"以指明今本《说文》的渊源所自"。《说文说解常用字》汇集《说文》说解常用之字，按笔画多少排列，并注明卷数，以为研究许书之参考。《说文声母字重音钞》收录《说文》形声字声符异读（重音），按部排列，注明反切，以备研究古今音变之用。② 《说文同文》就《说文》所收音义相同或相通之字，类聚而比次之，以揭示文字变易孳乳之迹。《字通》注明"某即某字，某为某之后出，某当作某，某正作某，某变作某，某后作某，某俗作某，某于经文作某"等，推求本字，考辨正俗，探讨文字的演变和歧异现象。《说文段注小笺》辨正段氏之说一千余条。《说文新

---

① 《说文说》有:《论字体之分类》、《论字书编制递变》;《文字声韵训诂笔记》有:《字书分四类》、《字书编制法商榷》、《急就可代仓颉》、《章草三大家》、《钟鼎甲骨文字》、《论笔势变易》、《论笔势省变》,等等。

② 以上均收入《黄侃论学杂著》。

附考》集徐铉校《说文》新附之字,注明本字。① 《说文解字斠诠笺识》、《说文外编笺识》、《说文释例笺识》等三种,收集了批校钱坫、雷浚、王筠等人的《说文》著作所作的笺语。② 《文字声韵训诂笔记》一书也保存了《说文纲领》等有关《说文》的论述多篇。黄侃系统地研究了《说文》,且旁及《说文》的学术源流和研究《说文》之作,"一生精力,尽萃于斯"。③ 对《说文》全面深入的研究,奠定了黄侃文字学研究的基础。许嘉璐评价章黄的《说文》研究时指出:"自乾嘉以至清末,还没有人从理论上对《说文解字》的价值、功用以及许慎所用的方法加以系统而科学的阐述,直到章炳麟(太炎)、黄侃(季刚)两先生才开始做到这一点。他们把《说文解字》的研究彻底地从经学附庸的地位上独立出来,由《说文解字》而扩展到语言的研究,并进而系统地探讨了古今语言的变迁。这就为研究《说文解字》开辟了新的更为广阔的天地。"④

章黄师弟二人,在中国语言学史上,是划世纪的人物。一方面他们继承、发展和完善了传统小学,集其大成;另一方面他们突破了传统的界限,将语言文字学作为一门独立的学科,在理论、方法和实践等方面的开拓,为现代语言文字学的诞生作了奠基工作。而他们教授弟子,传学后来,培养造就了一大批学术继承人,贡献尤大。学术界以"章黄学派"誉称他们开创的学术,足见他们在语言文字学研究方面的地位和影响。尽管文字学并非章黄之学的主

---

① 以上编为《说文笺识四种》,上海古籍出版社 1983 年版。
② 以上收入《量守庐群书笺识》。
③ 《说文笺识四种·出版说明》。
④ 《说文解字通论序》,《说文解字通论》,陆宗达著,北京出版社 1981 年版。

要方面,但是构建汉语文字学理论体系,章黄的研究却是导夫先路的。

二 理论体系的建构

近代以来,汉语文字学理论的研究进入到建构科学体系的新阶段。近百年来出版的文字学理论著作有数十种,这些著作大都注重理论的系统性和科学性,反映了文字学理论的进展。从内容和理论框架看,这些著作大致可以分为三种主要类型:一是从字形、字音和字义三方面来构思,综合研究文字形音义三端的,可称为"综合派";二是从字形与字义两方面来建立系统的,可称为"形义派";三是强调汉字形体结构研究的,可称为"形体派"。这三派基本显示了近代以来汉语文字学理论体系的建构及其发展。

(一) 综合派

由形音义三方面综合研究语言文字,始于清人,倡明于章太炎。第一部"综合派"文字学著作,可推刘师培(1884—1919)的《中国文学教科书》第一册。《中国文学教科书》计划编十册,分别讲述小学、字类、句法、章法、篇法、古今文体、选文等内容。第一册三十六课,"以诠明小学为宗旨"。刘氏说:"夫小学之类有三:一曰字形,二曰字音,三曰字义。小学不讲,则形声莫辨,训诂无据,施之于文,必多乖舛。"[1]这部书第一课"论解字为作文之基";第二至第

---

[1] 《中国文学教科书》第一册《序例》,收入《刘申叔先生遗书》。

四课,分别论字音、字义、字形之起源;第五课分析古代字类(词性);第六至第十四课为六书释例;第十五至第十八课考字体变迁;第十九至第三十一课为字音研究,包括字音总论、双声叠韵释例、汉儒音读释例、四声、韵学述略、字母述略、等韵述略、论切音和一字数音等内容;第三十二至第三十五课为字义研究,包括周代汉宋训诂学释例、训诂书释例等;第三十六课为字类分析法述略。这部著作实际按文字形、音、义三方面,讲述了文字学、音韵学和训诂学知识,还涉及到语法学的部分内容(如第五、第三十六课)。作为《中国文学教科书》第一册,这部分是为讲授中国文学准备基础的,所以第一课即为"论解字为作文之基"。这部书是对传统小学作一全面概略的介绍,虽未名为"文字学",但它无疑是第一部由形音义三部分构成的较有系统的文字学著作。它编成于1905年,明显带有传统小学向现代语言文字学过渡的色彩。

何仲英1922年发表了《新著中国文字学大纲》(包括《参考书》),这是一部为中等学校编写的文字学教科书。其取材力求精确隽永,叙述全用白话,以时代为经,以形音义为纬。全书分为五篇,第一篇为"导言";第二篇"字音",共六章,包括字音的起源、变迁、声母论、韵母论、反切等内容;第三篇"字形",共四章,包括字形的起源、字形的变迁、造字的原则、通借字等内容;第四篇"字义",共分四章,包括字义的起源、字义的变迁和分合、训诂法、历代训诂学概论等内容;第五篇为"结言"。作者在导言中说:"中国文字,包括'形'、'音'、'义'三者而言,好像人的'精'、'气'、'神'一样,缺一不可。从字的构造上说,必先有义而后有音,有音而后有形;从字的既成上说,则音寓于形,义寓于音;三者相关,非常密切。凡研究这三者相互关系的一种学术,叫做文字学。研究文字学的人,必得融会贯通,不可滞于一。"又说:"兼斯三者,得其条贯,始于清代戴震;后来钱大昕、段玉裁、王念孙、郝懿行、朱骏声,及近人章炳麟继起,发扬国粹,如日中天,于是中国文字学才成为一种有系统的学术。"这部大纲在编写时着意追求学术的系统性,简洁通俗,具体内容上多本章太炎说,较刘师培之书更加完善。

1931年贺凯编了一部供高中文科及师范学生用的文字学教科书《中国文字学概要》。这部书共由五章组成,第一章"总论",概论中国文字和中国文字学;第二章"字形",包括字形的起源、变迁、六书大意、文字通借等内容;第三章"字音",包括字音的发生,古今字音的变迁、纽、韵、反切、注音字母等内容;第四章"字义",包括字义变迁的原因和训诂举例;第五章"结论"。作者在"总论"中指出:"文字学是以文字的'形'、'音'、'义'三者为研究的对象,而研究中国文字的'起源'、'构造'、'变迁'的学科。"这个定义强调了"起源"、"构造"和"变迁",在内容安排上也体现了这一点,全书这方面的内容占二分之一左右的篇幅。作者还提出"新文字学的建设的构想,他说:"章氏(太炎)创文字学,是以文字的'形'、'音'、'义'三者融会贯通,更以音韵为文字的基础,而发明语言文字的关系……清代学者研究文字学的目的,在乎'通经',是把文字学当做读古书的工具,这样,文字学便当做'经学的附庸'了,我们现在要求的新文字学的建设,是以文字的'形'、'音'、'义'三者为研究的对象,而求出文字的起源、构造、变迁及对于历史、风俗、社会文化的贡献;目的是为文字而研究文字学,并不只是为读古书而研究文字学,这样才能把文字学发扬光大!"在"结论"中作者指出:"语言文字之学,要有历史的眼光,凡一切甲骨金石文字,都在研究的范围内。所以现在研究文字学,要在《说文》以外得到新的发明,得到文字在历史上的解答,这才可称为研究文字学者。"他还在"字形的变迁"后,附录"甲骨文字"一节,明确指出"近世甲骨文字的发现,在文字学上特开一新纪元。"作者认识到甲骨金石文字的研究,对建立文字学体系的重要性,是颇有见地的。

马宗霍的《文字学发凡》(1935),是一部资料翔实的著作。全书由四卷组成。卷首"绪论",论列"文字学"的涵义、地位、历代盛衰和治文字学先后之次与途径;卷上"形篇",研究"文字原始"、"文字流变"、"文字体用"(六书)等;卷中"音篇",介绍"古音"、"今音"、"等韵"等内容;卷下"义篇",包括"字义起源"、"词类分析"、"训诂举要"等方面。马氏认为:"文字学即形声义之学",他说:"文字之学,不外三端,其一体制,谓点画有衡从(纵)曲直之殊;其二训诂,谓称谓有古今雅俗之异;其三音韵,谓呼吸有清浊高下之不同(见《玉海》),简而言之,即字形、字音、字义而已。"[1]《文字学发凡》的主要部分"形篇"、"音篇"、"义篇",正是按文字形音义三端来构成体系的。

以上所列文字学著作,继承清末以来文字学的研究方法,强调文字形音义的相互依存性,并由此出发创建文字学的理论体系。尽管这些著作的深度、广度和侧重有所差异,其基本格局却是大体一致的。认识到形音义的联系性,而不是孤立地从某一方面来研究语言文字,这是清末以来语言文字学的一大进步。但是,这些著

---

[1] 《文字学发凡·绪论》,商务印书馆1935年版。

作所建构的体系,只是将传统的字形演变学说、六书条例与音韵学、训诂学的内容生硬地糅合到一起,实际上并未体现出形音义综合研究的实质内涵。如果说"小学"一称尚能包含文字、音韵、训诂三门,那么"文字学"却是难以包括与之鼎足而立的音韵学和训诂学的,将"字音"、"字义"简单地与"音韵"、"训诂"等同起来,也是不够严密科学的。因此,早期"综合派"文字学著作,还未能从根本上摆脱传统小学的束缚,超越清末文字学的轨范。

张世禄所著《中国文字学概要》(1941),则是主张形音义综合研究的一部颇具新义的著作。这部书共分两篇四章,第一篇"中国文字学总论",包括"文字学释义"、"研究中国文字的材料和途径"两章;第二篇"中国文字本质论",包含"中国文字的起源"和"中国文字的构造"两章。张世禄在文字学的"范围"一节这样说:"中国的文字学为什么必须把形体、音韵、训诂这三种综合地研究呢?上面说过,我们所谓文字,包含有两方面的意义:一是指书写上的形体,一是代表语言上的语词。我们所谓语言是用声音来表现意义的。文字既然所以代表语言,语言上的声音和意义,就寄托在文字当中;而所用来记载声音和意义的工具,就是书写上的形体。所以无论哪种文字,它的实质,总是声音和意义,它的形式,就是各个字体;无论哪个文字,总具有形音义这三方面的……第一步我们可以从各个文字形体的分析,推求它们原来的意义,并且考明彼此在音读有无类似的痕迹。第二步可以利用它们音读的类似关系,来推求各个字体意义转变的由来。第三步就可以根据它们意义的转变,或者字形的迹象,来证明各个字体音读的异同。这样形、音、义三方面互相推求把字书偏旁之学、训诂之学、音韵之学打成一片,才可以得到中国文字的秘奥,才可以说是完全的文字学。"由此可见,张氏对形音义综合研究的认识,已经远远超出了前人,他不仅揭示了文字形音义内在联系的必然性,同时根据中国语言文字的特点,还具体点明了形音义互相推求的步骤和途径。这部著作克服了早期综合派著作将文字、音韵、训诂生硬结合在一起的弊病,建立了一个全新的文字学体系。

在"总论"篇第一章"文字学释义"中,作者对文字学的"名称"、"范围"、"科学的建设"、"目的与方法"、"功用"等方面作了科学概括的论述,并指出"要建设中国文字学的科学",除了把形音义三方面综合起来研究外,还要具备:(1)古代神话和传说;(2)民俗和心理;(3)古代的文化、制度和史实;(4)语言学和各地方言;(5)绘画和美术史;(6)文学;(7)纸笔墨及书法的研究;(8)考古学等方面的辅助知识。有了这些知识的辅助,研究中国文字,才有希望使之成为一种真正的科学。作者的考虑是缜密而富有远见的。[①] 第二章论及"研究中国文字的材料和途径"时,作者认为《说文》是研究中国文字的主要材料之一,同时强调了甲骨文和金石文字在文字学研究方面的价值,指出:甲骨金石文字的发现,对切实认识中国古代文字的字体,正确了解中国文字演化具有重要意义。第四章讨论中国文字的构造,作者抛开了传统的"六书",认为:"中国文字是介于图画文字和拼音文字两个阶段的中间,自身是一种表意文字,而'形''音''义'三方面都不可偏废;因之文字的构造上兼具有'写

---

① 《中国文字学概要》(文通书局 1941 年版)作者原注:"文字学之建设"参考了日本后藤朝太郎《文字之研究》第一篇第十章。

实'、'象征'和'标音'这三种方法。""写实法"是用表示具体实物的写实图像构造符号,如"日、月、山、水、雨、胃、金、齿"之类即是。"象征法",是用象征的符号或用象征符号加写实图像来构造表示比较抽象的意义的方法,如"上、下、中、旦、甘"等;用写实图像表示抽象概念,几种写实图像的拼合表示抽象的意义,也属"象征法",如"凶、大、高、鲜、思、妇"等即是。"标音法",用一部分纯为表意、一部分兼为表音而组成的合体字,如"政、征、整、钩、笱"等,此为标音字的第一种;借某词语的字体来代表另一个同音的语词,为单纯的"标音法",如"来"作行动之"来","万"作千万之"万"即是;由前两种发展为一种以写实的图像加上一个音标的"音标合体字"(形声),如"江河"之类即是。张氏用"写实"、"象征"、"标音"三种方法描述汉字的结构系统,在汉字结构的研究方面,有其独创性。

张世禄的《中国文字学概要》虽然也从形音义三方面综合研究文字,但是与综合派其他著作相比,这部书真正摆脱了传统模式,不再将形体、音韵、训诂简单地拼凑在一起,而是着重从形音义内在的联系来构建一个新体系。由于作者精通语言学理论,对文字的性质、特点、功用及其与语言的关系,在理论上有较清晰的认识,因而他所建立的体系,在理论价值和科学性方面都超过了前人。这部著作的出现,标志综合派这一类型的著作最终抹去了传统小学的影子,进入到科学文字学的建设阶段。

(二) 形义派

1917年北京大学的文字学课一分为二,钱玄同讲授《文字学音篇》,相当于早期"综合派"文字学体系中有关音韵的部分,将音韵学从文字学中独立出来。朱宗莱讲授《文字学形义篇》,介绍文字的形体、结构和训诂。这种分立,开文字学"形义派"体系之先。二十年代初沈兼士执教于北京大学,讲授文字学课程,名曰《文字形义学》。在《文字形义学·叙说》中,沈兼士限定说:"研究中国文字的形体、训诂之所由起,及其作用与变迁,而为之规定各种通则以说明之,这种学问,就叫做文字形义学。"1920年8月他发表了《研究文字学"形"和"义"的几个方法》,提出研究文字形义的六种方法。①

沈氏的《文字形义学》是一部未尽讲义,就其总目,大致可以看出他的总体构思。全部讲义分上下两篇,上篇包括"叙说"、"文字之起源及其形式和作用"、文字形义学沿革的四个时期;下篇包括"造字论"、"以'钟鼎'、'甲骨'为中心的造字说"、"训诂论"、"国语及方言学"、"文字形义学上之中国古代社会进化观"、"字体论"等。讲义上篇的主要内容是文字训诂学史,②下篇专论结构、字体和训诂。从"以'钟鼎'、'甲骨'为中心的造字说",可知沈氏已运用古文字资料研究汉字的构造。沈兼士的文字形义学体系,包括历史和理论两大方面,以形体和训诂为核心。他曾说:"现在编辑讲义,分为上下两篇,上篇叙述历史的系统,下篇讨论理论的方法,意在使读者先有了文字形义学观念,然后再进而研究各种理论,如此办法,比较的为有系统,有根据一点。"③这部讲义的理论部分我们已

---

① 原文载《北京大学月刊》第一卷第八号,收入《沈兼士学术论文集》,中华书局1980年版。
② 实际只写到宋代,沿革之二:成立时期。
③ 见《文字形义学·叙说》。

无缘知晓,沈氏留下的是一个未完成的系统。沈兼士在文字训诂研究方面成绩卓著,发表了《右文说在训诂学上之沿革及其推阐》等重要论著,从他的著作中可以了解他有关文字形义学的一些理论。于省吾说:"昔人以研讨文字之形音义者谓之小学。自章炳麟先生易称为语言文字学,俾脱离经学附庸,上承顾江段王之业,综理其成。而兼士先生亲炙绪论,推寻阐发,究极原委,进而为语根字族之探索,遂蔚为斯学之正宗。先生之言曰:'余近年来研究语言文字学,有二倾向:一为意符字之研究,一为音符字之研究。意符之问题有三:曰文字画,曰意符字初期之形音义未尝固定,曰意通换读。音符之问题亦有三:曰右文说之推阐,曰声训,曰一字异读辨。二者要皆为建设汉语字族学之张本。'此为先生自叙治学之纲要。"[1]

周兆沅的《文字形义学》(商务印书馆,1935)也分上下两篇,上篇"书体",下篇"形论",但在内容安排上已有很大的改变,上篇"书体"论,按文字变迁之次,论列各种书体,介绍其源流、特征,尤其重视金文、甲骨文在"考见古篆之原形"方面的价值。他将金文书体归纳为"象物异体,未归一律"、"省形存声,不拘偏旁"、"因势移位,反正无定"、"同类互书,分别不严"等四例,又将甲骨文书体归纳为"奇文"、"变体"、"移并"、"假借"等四例,均举例说明。下篇"形论",阐释"六书",举例分析文字结构。这部《文字形义学》实际并未涉及到"义"。不过它表明一种倾向:文字学即形义学,也即形体之学。

---

[1] 于省吾《段砚斋杂文序》,收入《沈兼士学术论文集》。

杨树达也有一部《文字形义学》(湖南大学石印本,1943),分为"形篇"和"义篇"两部分。"形篇"按"六书"类别,分析字形结构。以"会意兼声"、"准会意"与"象形、指事、会意、形声"四大类并列,对每一书又条分缕析,收列了大量的字例,先征引许慎之说,再以甲骨文、金文证之,包含了他研究古文字的许多成果。"义篇"是在作者《训诂学大纲》、《训诂学小史》等基础上写成的,"转注"、"假借"两书安排在"义篇"内。"义篇"部分占全书比例不大。这部《文字形义学》在讲授过程中,曾几易其稿,不断地增写修改,至50年代初写成定稿,写定稿未能出版而散佚。杨树达在古文字研究方面有着卓越的成就,又精通训诂、语法、音韵诸科,因此,他的《文字形义学》不仅吸收了前人和时贤的研究成果,也是作者数十年治文字学、古文字学、训诂学、音韵学的结晶,在"形义派"著作中是体系精密、价值较大的一部。作者曾说:"此书经营前后十余年,煞费心思,自信中国文字学之科学基础或当由此篇奠定。"[1]

1963 年出版的高亨旧著《文字形义学概论》(山东人民出版社),算是"形义派"的殿后之作。这部书原为高亨20世纪40年代执教讲义,经多次修订而成。全书"以论述文字的形义为限,至于音韵则少有涉及。"第一章概述"文字学"的基本概念;第二章"文字起源之传说",介绍文字学史关于汉字起源的不同说法;第三章"文字之变迁",历述各类字体之变迁源流;第四章"六书总论",概说六书名称、次第与要义;第五章"字形之构造",以"象形、指事、会意、

---

[1] 转引自杨德豫《〈文字形义学〉概说》,《杨树达诞辰百周年纪念集》,湖南教育出版社 1985 年版。

形声"四书为纲,分类列举字例,转引许说,证以金文、甲骨文,又将由四书综合而成、不可专归于某一类的"复体字"并列一节,"数目、干支"字以性质相类也集中一节列之,以上五章重在"字形"研究;第六章"字义之条例",包括"转注"、"假借"、"引申义"、"连绵字"、"训诂略说"等节;第七章"余论",述"文字形音义相联系而滋生之例"及"文字音义相联系而滋生之例"。后两章偏重于"字义"及文字音义关系的研究,在全书中不仅所占比例小,而且也不完全等同于"训诂学"。

"形义派"与"综合派"相比,似乎有明显的缺陷,它排除了"音",只讲"形义";在理论上尚不及"综合派"圆通。但"形义派"的出现,是文字学由传统"小学"逐渐蜕变为科学文字学体系的过渡。以现代语言学观点看,文字的音义,是语言学研究的范畴,"音韵学"、"训诂学"是语言学的一个部门,"文字学"统音韵、训诂和形体三端是名实不符的。"音韵"分立,是文字学理论体系的一个进步。而"形义派"著作重点均在形体(结构、形体演变等),"训诂"只占很小的部分,到后来作者已有意识地避免简单地以"训诂"替代字义研究的作法,探讨"形音义"及"音与义"的内在关系,这表明"形义派"试图抹去传统"小学"的痕迹,使字义研究真正成为文字学理论体系的有机部分,而不是"形体"加"训诂"的拼凑。周兆沅的《文字形义学》则根本不谈"义",按其内容,应属另一个类型——形体派。

(三) 形体派

"形体派"完全以汉字形体结构作为研究对象而构成体系。"形体派"的研究范围不仅不包括"音韵"(音),而且也排除"训诂"

(义)。它代表了文字学的主流,其发展大体可分前后两大阶段。吕思勉《中国文字变迁考》(商务印书馆,1926)、顾实《中国文字学》(商务印书馆,1926)、胡朴安《文字学 ABC》(世界书局,1929)、蒋善国《中国文字之原始及其构造》(商务印书馆,1930)、容庚《中国文字学形篇》(燕京大学研究所石印本,1932)等著作,均侧重于探讨汉字形体的演变和结构。这些著作叙述汉字形体演变,一般都能将甲骨、金文与古、籀、篆、隶、行、草等书体相贯通;分析结构,大都遵循六书,条分缕析,力求细密。如顾实之书,将"会意"分为正变两例,"正例"下分两大类八小类 22 种,"变例"下分三大类六小类。以上著作大体代表了"形体派"的前一阶段,主要是将"训诂"从文字学中分离出去,以"形体演变"和"六书"作为基本框架,或兼论文字之起源。1949 年唐兰的《中国文字学》问世,代表了"形体派"的重要转变,标志着"形体派"科学文字学理论体系的形成。梁东汉的《汉字的结构及其流变》(上海教育出版社,1959)、蒋善国的《汉字形体学》(1959)、《汉字的组成和性质》(1960)、《汉字学》(1987)代表了建国后文字学理论研究的新的进展。1988 年出版的裘锡圭的《文字学概要》,则反映出文字学理论研究达到一个更新的高度。下面对唐兰、蒋善国、裘锡圭的文字学理论研究略作介绍。

唐兰 1934 年在北京大学任教时,已撰写了《古文字学导论》。这部讲义"分做两部分:第一部分是由古文字学的立场去研究文字学;第二部分是阐明研究古文字学的方法和规则"。[①] 作者在这部

---

① 见《古文字学导论·引言》。

书中对古文字学的理论体系作了有益的探索,把古文字学作为文字学的最重要的部分来研究,并提出了著名的"象形、象意和形声文字"三书说。作者自己曾说:"《古文字学导论》开始沟通了这两方面(文字学理论和古文字研究)的隔阂,在奄奄无生气的文字学里摄取了比《史籀篇》早上一千年的殷墟文字,以及比古文经、《仓颉篇》多出了无数倍的两周文字、六国文字、秦汉文字,从这么多而重要的材料里所呈露出来的事实,使我修正了传统的说法,建立了新的文字构成论,奠定了新的文字学的基础。"①1949 年出版的《中国文字学》进一步发展了作者的文字学见解,完成了科学文字学理论体系的构建。全书由"前论"和"文字的发生"、"构成"、"演化"、"变革"等五大部分组成。唐兰在书中对近代以来文字学理论研究进行了总结,指出:"民国以来,所谓文字学,名义上虽兼包形音义三部分,其实早就只有形体是主要部分了。""文字学本来就是字形学,不应该包括训诂和声韵。一个字的音和义虽然和字形有关系,但在本质上,它们是属于语言的。严格说起来,字义是语文的一部分,字音是语音的一部分,语义和语音是应该属于语言学的。"这样,文字学就成为"只讲形体的文字学"。以字形为核心,"搜集新材料,用新方法来研究文字发生构成理论,古今形体演变的规律,正是方来学者的责任。"②《中国文字学》是一部体系严密而又富于创新的著作。"前论"部分对"中国文字学"的历史、范围、特点等作了概括的阐述。在"文字的构成"部分,唐兰首次对传统"六书"说

---

① 《中国文字学》第 8 页,上海古籍出版社 1979 年重版。
② 以上引文见《中国文字学》第 6 页、9 页和 25 页。

作了全面批判,认为被历代奉为准则的"许氏六书说,在义例上已有很多的漏洞,在实用时,界限更难清晰",并且提出了他根据古文字材料建立的文字构造"三书"说新系统,在汉字结构理论的研究方面,这是一个重要的突破。这一部分还详细讨论了与文字构成相关联的"六技"(分化、引申、假借、孳乳、转注、缊益),以及"图画文字"、"记号文字"和"拼音文字"等问题。"演化"部分,从动态角度,指出研究汉字形体逐渐发生的细微变化,在中国文字学研究方面的重要性。作者深入分析了书写技术、书写形式、书写习惯、书写心理等方面的变化导致的文字形体的"演化"。"演化"范畴的引入,充分考虑到文字的流动性,对揭示汉字体系中的各种复杂现象有着很大的价值,是对汉字形体演变研究的重要理论贡献。而"变革"作为"演化"相对应的范畴,是指文字体系的剧烈变动。唐兰说:"'演化'是逐渐的,在不知不觉间,推陈出新,到了某种程度,或者由于环境的关系,常常会引起一种突然的、剧烈的变化,这就是我们在下章所说的'变革'。"[1]从这些方面,不难看出《中国文字学》在理论上所取得的重要成就,这部书是近代以来最重要的一部理论著作。由于作者深厚的理论修养和坚实的古文字学根柢,为他建立文字学理论体系提供了优越的条件,他所建立的体系对后来的文字学理论研究影响深远。

蒋善国主要的文字学著作有四种。《中国文字之原始及其构造》分为两编,第一编"中国原始文字之探索",以"语言与文字及原始人对于文字之信念"、"未有文字以前替代文字之工具"、"最初之

---

[1] 《中国文字学》第116页。

象形文字"、"中国文字之嬗变与研究之途径"等为题分节论述;第二编"中国文字之构成",以"六书"为核心,分析汉字构造。作者认为:"中国之文字学,自汉迄今,代有著述。而皆囿于许氏,未敢远图;对于文字创造之程序,及其变迁之渊源,概未探索……今特远参欧土原始人类之迹,以探中国未有文字以前创造文字之历程;博考近代发见之古物,以求中国文字本身之构造。"[1]利用西欧所发现的原始文字资料作比较,探讨汉字创造历程,以甲骨文、金文证明文字最初之组成,是这部书的一个比较显著的特色。

《汉字的组成和性质》一书,以汉字构造为研究中心,分析其组成、演变和性质,在传统"六书"的基础上,建立文字学的科学体系。全书分"象形文字"和"标音文字"两编,"象形文字"一编,探讨了象形文字的种类和区别,以及象形文字的起源、创造方法、演变、优缺点,并将"六书"中的象形字、指事字、会意字纳入此编,进行深入的分析;"标音文字"一编,着重研究假借字、转注字和形声字,对形声字定名和界说、性质和作用、发生的原因、发展的路线与其素材的关系、组织成分和部位等,都有细致的阐述,并对形声字的声符和义符作了较深入的讨论。关于汉字的性质,著者认为:"隶变后,象形、指事字和会意字的因素一天一天地湮没下去,假借字、转注字和形声字,在形声的主潮下,大量地发展起来,把象形兼表意的文字变成表意兼标音的文字了。"在指出了形声字义符和声符的缺陷后,作者主张"废除形声字,直接改用拼音文字,使汉字由标音、

---

[1] 《中国文字之原始及其构造》1928年自序,上海商务印书馆1930年初版。

表意走向纯粹拼音"。①

《汉字形体学》一书,则以汉字的形体演变为研究线索。作者以殷周至秦代为"古文字时代",汉代至现代为"今文字时代","古文字是象形兼表意文字,今文字是表意兼标音文字"。秦末是转折点,"以古隶(秦隶)作过渡形式"。"古文字时代"又分为"大篆时代"(包括甲骨文、金文、石鼓文和诅楚文、籀文、古文)、"小篆时代"两节;"过渡时代"重点讨论古隶和隶变;"今文字时代"述今隶、真书、草书、行书、简体字等字体的原委和特点等。该书关于"隶变"的研究尤为深入,发明也甚多,如指出隶变转化小篆的面貌通过讹变、突变、省变、简变四种方式,归纳出隶变过程中字形分化的61种类型,偏旁混同的89种类型,并揭示了隶变对汉字意义的影响及对汉字质变所起的巨大作用等等,大都发前人之未发。通过系统的考察,著者认为汉字形体演变从总的方面分析可有八点结论:(1)汉字是人民大众逐渐分别创造的,不是一个人或一个时代创造出来的;(2)汉字在发展史上各阶段字体的形式是渐变而不是突变;(3)新旧文字的行废更替,存在着交叉和若干时期的并行;(4)汉字是由写实的象形变成符号或笔画,也就是汉字形体由直接表意变成间接表意;(5)汉字形体的新陈代谢,笔势的变革占优势;(6)汉字的演变是一种形体简化作用;(7)汉字的发展是由独体趋向合体;(8)每一种新体字多半先从民间产生和通用,后来才渐渐取得合法的地位,代替了旧字体。②

---

① 见《汉字的组成和性质》第33页、296页,文字改革出版社1960年版。
② 《汉字形体学》,文字改革出版社1960年版。

蒋氏新著《汉字学》一书,是著者数十年研究汉字结构和发展规律,探求文字学科学体系的总结性著作。全书共由"绪论"、"汉字的起源"、"汉字的特点"、"汉字的创造类型"、"汉字的发展"等四编构成。"汉字起源"一编中,蒋氏将"结绳"、"刻契"、"文字画"和"象形文字的形成"纳入文字形成总的历史过程来分析,并吸收了利用考古发现材料研究汉字起源所取得的最新成果。"汉字的特点"一编,对汉字的书写及形音义等方面的特点作了细致的介绍。"汉字的创造类型"一编,对汉字结构的四种类型(即象形、指事、会意、形声)作了分析,尤详于形声。"汉字的发展"一编,在论述"一般文字体系的演变的规律"之后,以"音化"和"简化"为纲,用"音化"将"假借"、"转注"、"形声的产生"、"通假"、"同音替代"、"辅助表音法"等贯串起来;用"简化"将"大篆"(包括甲骨文、金文)、小篆、隶书、草书、真书、行书、简化字等贯串起来,从而构成了汉字发展的两大系统。[1]

裘锡圭的《文字学概要》是最近出版的一部颇有深度的著作。该书是作者在汉字课讲义的基础上写成的。全书共有十三章,前三章讨论汉字的性质、形成和发展等问题;第四、五章阐述汉字形体的演变;第六到第九章研究汉字的结构理论,分析了"表意字"、"形声字"和"假借"三种结构类型;第十章至第十二章主要论述汉字形音义之间的歧异、分化和错综关系;第十三章概述历代汉字的整理和简化工作。作者利用了出土和历代典籍保存的大量文字资料,吸收了前人的研究成果,在汉字理论方面取得许多重要进展,

---

[1] 《汉字学》,上海教育出版社 1987 年版。

有关汉字形成、形体演变、基本结构类型等问题的讨论,也都大大超出了前人。全书之中创新之论随处可见,如对"记号字"、"半记号字"、"表意字"、"变体字"、"同形字"、"同义换读"、"多义字"等概念的论述,均颇多发明。[①] 这部书有两个显著特点:一是作者古文字研究造诣深厚,在汉字形成、形体演变和结构类型的分析中,对古文字资料的全面整理、研究和恰当运用,为理论的阐述奠定了坚实的基础。全书资料丰富,论据充分,结论可靠。二是作者构思缜密,论述严谨,全书具有较强的科学性和相当的理论深度。可以认为,这部书是继唐兰《中国文字学》之后,文字学理论研究和体系建构方面最有成就的一部著作,它代表了当代文字学理论研究的水平。

以形体为基础的文字学体系,研究对象单纯,范围明确,较"综合派"与"形义派"是一大进步,本世纪三十年代以后,逐渐成为文字学理论的主流。"形体派"著作注重研究汉字的发生、演变、结构类型及形音义的错综关系,初步建立了有特色的汉语文字学理论体系。我们所分三派,只是为了便于对文字学三种基本类型的著作和体系的称述。从历史沿革看,从形音义综合研究,到以形义为主要研究对象,再到以形体为研究对象,体现了近代以来探索汉语文字学理论体系的进展,也显示了传统小学向科学语言学、文字学转变的历程。

---

① 《文字学概要》,商务印书馆1988年版。

三　文字学理论的主要进展

汉字基本理论问题的研究,近代以来取得了重要进展,传统的汉语文字学开始了向现代语言文字学的过渡,出版了一大批理论专著,发表了数量可观的文字学理论研究文章。这得力于两个因素:一是受西方学术的影响,形成了研究理论和建立科学体系的风气;二是古文字资料的大量发现和古文字学的繁荣,为文字学基本理论的研究创造了有利的条件。上文已经涉及到许多理论研究问题,这里再作一简要概括。

(一) 关于汉字起源的研究

汉字起源问题是汉字研究最古老的课题,文字学萌芽时期的传说和猜想,体现了古人在这方面的思考。但是,近代以前,这一问题的研究并没有取得实质性进展,像郑樵那样能指出"书与画同出"已经相当不容易了。本世纪以来,文字源于图画的观点,较为普遍地为人们所接受,如沈兼士、唐兰、蒋善国等人都曾明确地指出了象形文字与绘画的源流关系。[1] 50年代以后,西安半坡仰韶文化、山东大汶口文化等遗址中,先后发现了原始文字符号,为汉字起源的研究提供了宝贵的资料。1972年郭沫若发表了《古代文字之辩证的发展》一文,明确提出:"可以以西安半坡村遗址距今的

---

[1] 参阅沈兼士《文字形义学》上篇·二;唐兰《古文字学导论》上编·二;蒋善国《中国文字之原始及其构造》第一编。

年代为指标",确定汉字的起源时间,认为:"半坡遗址的年代,距今有六千年左右","这也就是汉字发展的历史"。"彩陶上的那些刻划记号","就是中国文字的起源,或者中国原始文字的孑遗","代表汉字的原始阶段"。这篇文章还认为:"中国文字的起源应当归为指事与象形两个系统,指事系统应当发生于象形系统之前。"[1]郭氏根据考古材料提出的这些看法,是汉字起源问题研究的重要突破。其后于省吾、唐兰等人都曾研究过半坡遗址和大汶口文化遗址的文字符号,发表了一批讨论汉字起源和形成问题的文章。[2]裘锡圭《汉字形成问题的初步探索》一文,对考古发现的与汉字有关的仰韶、马家窑、龙山和良渚等文化的记号及大汶口文化的象形符号,进行了较为全面的探讨,提出了关于汉字形成问题的初步看法,[3]后来在《文字学概要》一书中,对这一问题也展开了讨论。裘锡圭认为:半坡型符号所代表的决不是一种完整的文字体系,说它们是原始文字可能性也非常小,除了少量符号(主要是记数符号)为汉字所吸收外,它们跟汉字的形成大概没有什么直接关系。大汶口文化象形符号已经用原始文字的可能性应该是存在的。汉字形成过程开始的时间,大约不会晚于公元前第三千年中期,形成完

---

[1] 见《考古学报》1972年第1期,该文后又收入《奴隶制时代》,人民出版社1972年第2版。

[2] 先后发表的论文主要有:于省吾《关于古文字研究的若干问题》,《文物》1973年第2期;唐兰《关于江西吴城文化遗址与文字的初步探索》,《文物》1975年第7期;又《从大汶口文化的陶器文字看我国最早文化的年代》,《光明日报》1977年7月14日,《史学》第69期;陈炜湛《汉字起源试论》,《中山大学学报》1978年第1期;汪宁生《从原始记事到文字发明》,《考古学报》1981年第1期,等等。

[3] 见《中国语文》1978年第3期。

整的文字体系的时间大概在夏商之际(约在前 17 世纪前后)。[①]由于原始汉字资料有限,对汉字起源的研究,目前仍还是初步的。但利用考古发现探讨汉字的源头,推测汉字体系形成的过程和时间,并获得初步的看法,这是近年来文字学基本理论研究的一大进展。

(二) 关于汉字字形发展演变的研究

这也是文字学创立时期就开始研究的重要问题之一。许慎《说文叙》根据当时所见的文字材料,勾勒出这样一个字形演变的程序:古文——大篆(史籀)——小篆(李斯等)——隶书。就许慎时代保存的文字形体看,这个程序大抵是正确的,历代论述字形的发展演变,基本都遵循许氏的划分,只在隶书之后加上楷(真)书、行书、草书等体。甲骨文发现后,使人们得以看到殷商文字形体的真实形态,对金文的断代研究,又加深了人们对两周文字形体演变的具体认识,尤其是建国以来新出土了大批两周金文、战国文字、秦系文字及汉代早期文字资料,为字形发展演变的研究提供了充分的依据。蒋善国所著《汉字形体学》是建国后研究字形演变的一部力作,上文已作了介绍。这里我们仅概述建国后,尤其是七十年代以来字形研究的两个方面的主要成绩:第一,利用出土的文字形体,描述字形的发展演变。建国前出版的著作,大多将甲骨、金文列于字形演变系列中作简单的介绍。近年来对字形演变的分析则趋于细密,在追索纵的发展过程时,还考虑到区系的差异。张振林

---

① 参阅《文字学概要》三(一),商务印书馆 1988 年版。

在《试论铜器铭文形式上的时代标记》一文中,对商周一千多年的铭文外部形态的变化作了细致的分析。[1] 裘锡圭在《文字学概要》中,将汉字形体演变分为"古文字"和"隶楷"两大阶段。古文字阶段,吸取唐兰的区系划分,按"商代文字"、"西周春秋文字"、"六国文字"、"秦系文字"、"隶书的形成"等几大部分,以时代为纲,兼顾区系差别;隶楷阶段,包括汉隶的发展、隶书对篆文字形的改造、汉代的草书、新隶体和早期行书、楷书的形成和发展及草书和行书的演变等内容。裘锡圭对字形演变的分析,完全是建立在出土和传世的文字实物的基础上的,对字形演变的诸种现象、特点和时限等都有精到论述,基本客观地反映了汉字字形发展演变的历史面貌和进程。第二,总结和探讨字形发展的规律。字形发展演变规律的研究,主要在建国以后。如梁东汉《汉字的结构及其流变》一书,研究了汉字发展过程中简化和繁化的趋势,揭示了汉字"新陈代谢"的必然性,通过对各种现象的分析,指出汉字新陈代谢的规律就是"简化"和"表音","方块汉字新陈代谢的全部历史实际上就是一部表音和简化的历史"。[2] 蒋善国从文字体系和形体演变两方面,将汉字发展的规律,概括为"音化"和"简化"两种。[3] 林沄通过对古文字资料的总结,认为字形演变有"简化"、"分化"和"规范化"三大主要规律。[4] 高明则认为汉字形体演变的规律主要是"简化"

---

[1] 见《古文字研究》第五辑。
[2] 《汉字的结构及其流变》第189页,上海教育出版社1959年版。
[3] 见《汉字学》第四编,上海教育出版社1987年版。
[4] 见《古文字研究简论》第三章,吉林大学出版社1986年版。

和"规范化"。① 综合各家研究,关于汉字形体发展演变的规律,主要有简化、音化、分化、规范化等四种,这一问题还需要作进一步的深入研究。

(三) 关于汉字结构方法及其类型的研究

汉字结构的研究与文字学史同时起步,作为汉字结构的经典理论"六书",一直为历代文字学者所遵循。本世纪 30 年代始,由于利用出土材料对个体文字结构分析的深入,纠正了《说文》的许多错误,人们有机会认识到更多的早期文字结构形态,为汉字结构研究的突破准备了条件。上文介绍的唐兰的"三书说",首次对传统"六书"进行了批判,提出了汉字结构的新的理论,这是文字学史上的一次创举。② 唐兰尊重地下出土的文字资料,不固守传统,敢于突破"经典",对后来汉字结构的研究有着重要的开拓意义。张世禄用"写实法"、"象征法"和"标音法"来概括中国文字的构造。③陈梦家在《殷虚卜辞综述》中第一个批评了唐兰的"三书说"的不完善,认为"象形、假借和形声是从以象形为构造原则下逐渐产生的三种基本类型,是汉字的基本类型。"④林沄根据汉字记录语言的方式,"充分重视历史上存在过的'六书'讨论中各家见解的精华部分",不"囿于'六书'的框框",对古文字现象进行了科学的总结和具体的分析,指出汉字在形成文字体系时,使用了"以形表义"、"以

---

① 见《中国古文字学通论》第三章,文物出版社 1987 年版。
② 参阅《古文学导论》上编·二;《中国文字学》"文字的构成"一章。
③ 见《中国文字学概要》第四章,文通书局 1941 年版。
④ 参阅《殷虚卜辞综述》第二章,中华书局 1988 年版。

形记音"和"兼及音义"三种基本的结构方法。[1] 裘锡圭著《文字学概要》继陈梦家之后,对唐兰的"三书说"提出了较深入的批评,认为"三书说"存在以下四方面的问题:(1)把三书跟文字的形意声三方面相比附;(2)没有给非图画文字类型的表意字留下位置;(3)象形、象意的划分意义不大;(4)把假借字排除在汉字基本类型之外。裘氏以为唐兰的"三书说"没有多少价值,而肯定陈梦家的新"三书",只是将陈氏所说的"象形"改为"表意",并说:"把汉字分成表意字、假借字和形声字三类。表意字使用意符,也可以称为意符字。假借字使用音符,也可以称为表音字或音符字。这样分类,眉目清楚,合乎逻辑,比六书说要好得多。"对这三书,作者进行了细致的分类和深入的研究,同时还注意到不能纳入三书的"记号字、半记号字、变体表音字、合音字、两声字"等特殊类型。[2] 裘锡圭对汉字结构的研究全面深入,举例丰富,分析精确,材料可靠,表明汉字结构理论的研究跨入了一个新的阶段。

(四)关于汉字性质的研究

汉字性质问题是西方语言学传入后才提出的。西方学者根据文字符号的功能,将人类文字体系分成"表意文字"和"表音文字"两大类型,汉字则被作为典型的表意文字体系。这种观点曾被我国语言文字学者普遍接受,有相当的影响。如沈兼士讲授《文字形义学》时,即说:"综考今日世界所用之文字,种类虽甚繁多,我们把

---

[1] 见《古文字研究简论》第一章。
[2] 参阅《中国文字学概要》六、七、八、九。

他大别起来,可以总括为两类:(1)意符的文字,亦谓之意字。(2)音符的文字,亦谓之音字。"①"意字"、"音字"就是"表意文字"和"表音文字"。五十年代以来,国内学者对汉字性质的问题发表了一些新的看法。周有光认为:文字制度的演进,包括"形意文字"、"意音文字"和"拼音文字"三个阶段,汉字是一种"意音制度"的文字。② 曹伯韩则把世界文字分为"意音文字和拼音文字"两大类型,也主张汉字是"意音文字"。③ 裘锡圭认为:"汉字在象形程度较高的早期阶段(大体上可以说是西周以前的阶段),基本上是使用意符和音符(严格说应该称借音符)的一种文字体系;后来随着字形和语音、字义等方面的变化,逐渐演变成为使用意符(主要是义符)、音符和记号的一种文字体系(隶书的形成可以看做这种演变完成的标志)。如果一定要为这两个阶段的汉字分别安上名称的话,前者似乎可以称为意符音符文字,或者像有些文字学者那样把它简称为意音文字;后者似乎可以称为意符音符记号文字。考虑到这个阶段的汉字里的记号几乎都由意符和音符变来,以及大部分字仍然由意符、音符构成等情况,也可以称它为后期意符音符文字或后期意音文字。"④国外学者根据文字与语言的关系,还提出汉字是"表词文字"、⑤"词—音节文字"、⑥"语素文字"⑦等各种不

---

① 《沈兼士学术论文集》第 386 页,中华书局 1986 年版。
② 参阅《文字演进的一般规律》,《中国语文》1957 年第 7 期。
③ 《文字和文字学》,《中国语文》1958 年第 6 期、第 7 期。
④ 《汉字的性质》,《中国语文》1985 年第 1 期。
⑤ 见[美]布龙菲尔德《语言论》第 360 页,袁家骅等译,商务印书馆 1980 年版。
⑥ 见[美]I. J. Gelb *A Study of Writing* 第三章,芝加哥大学出版社 1963 年版。
⑦ 见赵元任《语言问题》第 144 页,商务印书馆 1980 年版。

同的看法。有关汉字性质问题的不同看法和争论,往往是由于论述者视角不一造成的。裘锡圭阐述对汉字性质的看法,把重点放在分析汉字所使用的符号的性质上,认为:"一种文字的性质就是由这种文字所使用的符号的性质决定的。至于究竟给汉字这种性质的文字体系安上一个什么名称,那只是一个次要的问题。"[1]我们认为这一看法对进一步开展汉字性质的讨论具有一定的指导意义。

通过上述简要的介绍,可见近代以来在汉字起源、发展、结构和性质等基本理论研究方面所取得的成果,是灿烂夺目的。但是,从文字学理论建设来看,这方面的研究还是比较薄弱的,研究视野比较狭窄,课题也较单调,无论从深度还是广度来看,都还不能适应建立科学的汉语文字学理论体系的需要,许多问题有待进一步的研究和探讨。

除上述基本理论的研究外,近几十年来有关《说文》学这一传统课题,先后出版了马叙伦的《说文解字六书疏证》(科学出版社,1957)、张舜徽的《说文解字约注》(中州书画社,1983)、陆宗达的《说文解字通论》(北京出版社,1981)、姚孝遂的《许慎与说文解字》(中华书局,1983)等有影响的著作,这些著作体现了《说文》学随时代进展而取得的新的进步。在文字学史方面,有胡朴安的《中国文字学史》(商务印书馆,1937)问世,这是第一部总结文字学发展历史的著作,到我们撰写本书时,尚无后继之作。现代汉字的研究也作了许多开拓性工作,如对汉字认识心理研究、关于现代汉字字量和汉字信息处理的研究等等,汉语文字学的一个新兴分支"现代汉字学"已经初露端倪。

---

[1] 《汉字的性质》,《中国语文》1985年第1期。

从转型到建构:世纪之交的汉字研究与汉语文字学[①]

以汉字为研究对象的汉语文字学,是 20 世纪中国传统学术向现代学术转型成就最显著的学科之一。尤其是上世纪 90 年代以来,文字学各个领域发展的全面性,研究问题的深度和广度,已发表成果的数量和质量,都非常引人注目,呈现出全面发展的良好势头。

一 现代汉字与汉字应用研究

近年来现代汉字及其应用研究,无论是涉及的问题和领域,还是取得的成就等方面都达到了新的水平,逐步适应了社会发展对语言文字研究的新要求。

在汉字简化研究方面,研究者注意用系统的观点来看待汉字简化问题,探讨了汉字简化的优化原则,对简化字字源的研究取得

[①] 本文曾以同题发表于《语言文字应用》2005 年第 3 期,因篇幅所限未出注释并有所删减;全文又发表于中国文字学 2005 年学术年会论文集《汉字研究》第一辑,中国文字学会、河北大学文学院编,学苑出版社 2005 年版。

了新的进展,[1]繁简对照和转换的整理研究工作也在不断深入。

字形的整理研究,主要体现在对现代汉字笔形的分类整理、笔顺的规范、汉字部件的切分、部件的规范及命名等方面。此外,印刷用新旧字形的整理研究、字符理论在现代汉字构形分析的应用等方面,也都有所收获。

研究者对规范汉字的理论和实践也作了相当全面的探讨,编写出版了一批规范汉字的字书,新的《规范汉字表》研制工作已启动并进入专家审定阶段。

《第一批异形词整理表》的正式发布,引发了关于异形词的热烈讨论,加深了对异形词及其整理工作的理论认识。

异体字研究方面,重新探索了异体字概念的内涵,对异体字的分类和整理更加细致深入,对《第一批异体字整理表》的评价也更趋全面、客观。一些学者还对大型字书的异形字、疑难字进行全面的整理研究,作为汉字异体字研究的基础性工作,这些项目得到国家社会科学基金的立项支持,可望取得较高水平的成果。同时,对海峡两岸现行汉字的异同,包括字形、笔顺、字音等方面,也有学者进行了比较分析。

对外汉语教学中的汉字教学研究,涉及对外汉字教学的定义、内容、方法等方面,在研究汉字本身特点的基础上,运用认知心理学理论、偏误分析与中介语理论,探讨对外汉字教学相关问题,成为汉字应用研究的一个比较活跃的领域。[2] 汉字检字法、汉字信

---

[1] 李乐毅《简体字源》,华语教学出版社 1996 年版;张书岩、王铁昆等《简化字溯源》,语文出版社 1997 年版。

[2] 潘先军《近 4 年对外汉字教学研究述评》,《汉字文化》2003 年第 3 期。

息处理有关规范的研制也取得了新的成绩。适应现代汉字研究和教学需要,现代汉字学教材编写和出版工作也取得了一批新成果。①

现代汉字研究在上述各方面虽取得较大进步,但是许多问题有待深入。比如,关于简化字的政策原则和具体处理繁简关系的技术问题;各种字形及其内部(笔形、部件等)的规范和整理问题;规范汉字的理论研究和规范字的确定和整理研究问题;异体字和异形词的整理研究问题;海峡两岸现行汉字和国际汉字(日本、韩国)的比较研究和信息处理问题等。这些都是现代汉字方面需继续深入研究的重要课题。总体看来,目前现代汉字研究的深入性和系统性还有待加强,课题零散、视野较窄、理论水平不高制约了现代汉字及其应用研究的发展。今后在进一步继续结合国家语言文字政策制定、汉字规范化工作和汉字应用及教学需要开展研究的同时,应尽可能地加强现代汉字的基础和应用理论研究,组织一些高水平的专题性或综合性研究课题。

二 汉字理论研究

随着出土材料的日益丰富和研究探索的不断深入,在文字学理论研究方面近年来也取得了一定的进步。

由于新石器时期遗址刻划符号的不断发现,汉字起源问题的

---

① 如苏培成《现代汉字学纲要》(增订本),北京大学出版社 2001 年版;杨润陆《现代汉字学通论》,长城出版社 2000 年版;万业馨《应用汉字学概要》,安徽大学出版社 2005 年版。

研究引起学者们的高度关注,上个世纪后 20 年发表了不少这方面的研究成果。部分学者认为,远古中国域内的原始文字很可能有多种系统,①汉字的起源与发展并非一元的、单线的,各个人类群体都可能有自己的文字系统,最后汇入了汉字这一滔滔大河之中。对"原始文字"有的学者进一步做了阶段划分,有"四阶段"与"二阶段"两种说法,不少学者认为至迟在二里头文化即相当于夏初汉字已经出现。②

关于汉字性质的研究,上个世纪 70 年代末以来,有很多学者提出了看法,主要是表意文字、意音文字、语素—音节文字三种代表性观点。也有学者认为根据汉字记录汉语的方式、汉字符号的形态等,可以得出不同的结果;还有的学者主张先将汉字系统分成三个层面,即系统、汉字、字符,汉字系统的最底层单位是意符和音符,因而从字符层面上可以认为汉字是表意和表音文字的集合。通过对汉字性质的讨论,加深了对汉字的构形、汉字符号的功能和作用、汉字与语言的特殊关系、文字记录语言的方式和手段等问题的探讨,这有利于认识的逐步统一。③

汉字结构或构形方式的研究,80 年代以来,有影响的代表性说法主要是裘锡圭"表意字、假借字和形声字"新三书说。④ 不过许多学者仍认为,汉字最基本的构形方式主要是象形、指事、会意

---

① 见李学勤《文字起源研究是科学的重大课题》,《中国书法》2001 年第 2 期。
② 张居中、王昌遂《试论刻画符号与文字起源——从舞阳贾湖契刻原始文字谈起》,徐义华《略论文字的起源》,均见《中国书法》2001 年第 2 期。
③ 参见郑振峰《20 世纪关于汉字性质问题的研究》,《河北师大学报》2002 年第 3 期。
④ 《文字学概要》,商务印书馆 1988 年版。

和形声四种。也有少数学者在此基础上依据地下资料,对一些构形方式进行了更加深入细致的具体分析研究,如关于形声字、会意字的研究。[1] 有的学者提出汉字构形的基本元素是形位,并将汉字构形模式总结为十一种。[2] 还有一些学者从不同角度对汉字结构类型和构形模式提出新说,这无疑也是很有价值的探索。[3]

汉字发展演变的研究,一方面在字体形态发展研究方面取得了一些新成果,[4]另一方面学者们突破长期以来只注重描述形体发展的局限,开始致力于揭示汉字内在的发展变化,将建立单个汉字发展历史档案和汉字系统发展沿革谱系、描述并揭示其发展演化轨迹和发展规律作为研究的重点。[5] 构形方式系统的演进是汉字发展的重要体现,研究证明在汉字发展的不同历史层面,各构形方式的构形功能此消彼长,互为补充,构成一个动态演进的系统。[6]

---

[1] 李国英《小篆形声字研究》,北京师范大学出版社 1996 年版;黄德宽《古汉字形声结构论》,黄山书社 1995 年版;《论形声结构的组合、特点和性质》,《安徽大学学报》1997 年第 3 期;《同声通假:汉字构形与运用的矛盾统一》,《中国语言学报》第 9 期,中华书局 1998 年版。石定国《说文会意字研究》,北京语言学院出版社 1996 年版。

[2] 王宁《汉字构形学讲座》,上海教育出版社 2002 年版。

[3] 可参阅余延《20 世纪汉字结构的理论研究》,《汉字文化》1997 年第 3 期;沙宗元《百年来文字学通论性著作关于汉字结构研究的综述》,《安徽大学学报》2004 年第 2 期。

[4] 如赵平安的《隶变研究》(河北大学出版社 1993 年)、刘志基的《汉字体态学》(广西教育出版社 1999 年)相继出版。

[5] 如王蕴智的《殷周古文同源分化现象探索》(吉林人民出版社 1996 年)、何琳仪的《战国古文声系——战国古文字典》(中华书局 1998 年),以及黄德宽主持完成的《古文字谱系疏证》(国家社科基金"九五"重点项目)等。

[6] 黄德宽《汉字构形方式:一个历时态演进的系统》,《安徽大学学报》1994 年第 3 期;《汉字构形方式的动态分析》,《安徽大学学报》2003 年第 4 期。

近年来产生了一批水平较高的比较文字学研究成果;[①]涉及研究方法和理论问题的汉字阐释研究,也有学者予以重视,如从传统文化对汉字阐释影响等角度开展的有关探讨。[②]

汉字理论研究虽然由于古文字资料的大量发现和研究视野的进一步开阔而有所进步,但是总体来看,这方面仍是较为薄弱的环节,无论重视程度还是所取得的成果都与汉语文字学整体的发展不相适应。

汉字起源的讨论,一方面寄希望于新资料提供的新线索,另一方面不同民族文字起源的比较研究将是寻求研究突破的重要途径。虽然这方面的研究有了新的进展,但是作为汉字研究的重大疑难问题还将长期被关注。

关于汉字性质认识分歧的产生,往往是由于讨论问题所依据的材料、理论根据、研究方法的不同等因素造成的,在进一步研究中应注意对各种不同的意见予以合理的吸收和整合,做出更符合汉字实际和理论逻辑的阐述。

由于历代汉字资料极为丰富,汉字结构的研究最有可能取得突破,但是实际情况并非如此。许多从事古文字研究的学者对汉

[①] 饶宗颐《符号·初文与字母——汉字树》,香港/商务印书馆1998年版;聂鸿音《中国文字概略》,语文出版社1988年版;周有光《比较文字学初探》,语文出版社1999年版;王元鹿《比较文字学》,广西教育出版社2001年版;喻遂生《纳西东巴文研究丛稿》,巴蜀书社2001年版。

[②] 如黄德宽、常森的《汉字形义关系的疏离与弥合》(《语文建设》1994年第12期)、《关于汉字构形功能的确定》(《安徽教育学院学报》1995年第2期)、《历史性:汉字阐释的原则》(《人文杂志》1996年第2期)等论文,以及著作《汉字阐释与文化传统》(中国科学技术大学出版社1995年)。

字的结构分析,满足于依据旧说而就字论字,他们的关注重点并不是文字学理论问题;而研究语言文字学的不少学者对古文字资料和研究成果钻研和吸收不够,从而影响了理论的总结和探讨的深入。全面研究分析历代文字尤其是古文字资料,是汉字结构理论研究获得新的突破性进展的关键。

汉字发展历史的研究,目前已具备较为充分的条件,今后研究的重点应该放在汉字系统内在发展规律的揭示和断代研究两个方面。在断代研究的基础上,客观、全面描写汉字的发展历史,并进一步揭示汉字发展演变规律,是我们应该从事研究的重大课题。开展这项工作不仅汉字发展内在规律的揭示和断代研究是基础,正确确定汉字发展研究的视点也显得尤为重要。我们到底从哪些角度、依据什么标准来衡量汉字的发展,是目前还没有完全解决而又必须解决的前提问题。

三 古文字研究

由于大批考古文字资料的发现,使古文字研究在世纪之交再次成为举世瞩目的显学。

对甲骨文新旧资料的整理研究取得丰硕成果;[1]甲骨文字的

---

[1] 刘一曼、曹定云编撰的《殷墟花园庄东地甲骨》,云南人民出版社2003年版;胡厚宣主编的《甲骨文合集释文》,中国社会科学出版社1999年版;《甲骨文合集资料来源表》,中国社会科学出版社1999年版;中国社会科学院历史研究所编《甲骨文合集补编》,语文出版社1999年版;饶宗颐主编的《甲骨文通检》,香港中文大学出版社1999年版;蔡哲茂的《甲骨缀合集》,艺文印书馆1999年版等。

考释和断代研究等方面也有新的收获。① 随着甲骨发现一百周年的到来,一批甲骨学史研究的论文和著作相继问世。②

有铭铜器不断出土,使得金文研究有了重要的发展,如围绕陕西眉县杨家村发现的窖藏青铜器及其铭文,发表不少高水平的论文;③收集新出金文、编撰金文索引和古文字信息化处理方面也有许多值得重视的新成果;④在金文释文、考释和字编方面出版了一批新著。⑤

战国秦汉文字研究方面成就非常突出,新出土的战国文字资料尤其是楚简,不仅数量多,而且内容重要,如郭店楚简书、上海博物馆收藏的战国竹简等。这些资料一经公布,立即引起了海内外学术界的轰动,形成了一股战国文字研究热。大批秦简、汉简也相继出土,引起了许多学者的重视。近几年整理公布了一批珍贵的

---

① 于省吾主编的《甲骨文字诂林》(中华书局1996年)不仅集中反映了已有的甲骨文考释成果,而且姚孝遂在按语中对许多文字的考释提出了新的意见;张世超《殷墟甲骨字迹研究》(东北师范大学出版社2002年)是对甲骨文及其断代研究的新尝试。

② 如宋镇豪主编的《百年甲骨学论著目》(语文出版社1999年)、王宇信和杨升南主编的《甲骨学一百年》(社会科学文献出版社1999年)等。

③ 如《文物》(2003年第6期)、《考古与文物》(2003年第3期)集中发表了马承源、李学勤、裘锡圭、王辉等20多位学者的讨论文章。

④ 刘雨等《近出殷周金文集录》(中华书局2003年);华东师范大学中国文字研究与应用中心等编《金文引得·殷商西周卷》(广西教育出版社2001年)、《金文引得·春秋战国卷》(广西教育出版社2002年);张亚初《殷周金文集成引得》(中华书局2001年)等。

⑤ 陈直的《读金日扎》(西北大学出版社2000年)、刘昭瑞的《宋代著录商周青铜器铭文笺证》(中山大学出版社2000年)、陈双新《两周青铜乐器铭辞研究》(河北大学出版社2002年)、中国社会科学院考古研究所的《殷周金文集成释文(1—6册)》(香港中文大学出版社2001年)和施谢捷的《吴越文字汇编》(江苏教育出版社1998年)等。赵诚的《二十世纪金文研究述要》《书海出版社2003年》则全面介绍了20世纪金文研究方面的主要成果。

新出土战国秦汉文字资料;[1]出版了一大批研究校读新资料的论著;[2]学者们多次召开专题学术研讨会,发表大量关于新出战国文字的研究论文;[3]新发现带动战国秦汉文字整体研究水平的提高,

---

[1] 先后问世的有:荆门市博物馆编《郭店楚墓竹简》(文物出版社1998年)、湖北文物考古研究所等编《九店楚简》(中华书局2000年)、马承源主编《上海博物馆藏战国楚竹书(一)、(二)、(三)、(四)》(上海古籍出版社2001、2002、2003、2004年)、河南省文物考古研究所编《新蔡葛陵楚墓》(大象出版社2003年)、中国文物研究所等编《龙岗秦简》(中华书局2001年)、张家山汉墓竹简二四七号墓整理小组《张家山汉墓竹简》(文物出版社2001年)以及中国简牍集成编委会编《中国简牍集成(1—12)》(敦煌文艺出版社2001年)等。除战国秦汉简牍之外,还公布和整理了一批其他资料,如萧春源《珍秦斋藏印秦印篇》和《珍秦斋藏印战国篇》(澳门市政局2000、2001年)、王人聪编《香港中文大学藏印续集(二)、(三)》(香港中文大学1999、2001年)、庄新兴《战国玺印分域编》(上海书店出版社2001年)、周晓陆和路东之编《秦封泥集》(三秦出版社2000年)、傅嘉仪编《新出土秦代封泥印集》(西泠印社2002年)、王辉编《秦出土文献编年》(新文丰出版公司2000年)等。

[2] 如刘信芳的《郭店楚简〈老子〉解诂》(艺文印书馆1999年)、《简帛五行解诂》(艺文印书馆2000年)、《楚帛书解诂》(艺文印书馆2002年)、《包山楚简解诂》(艺文印书馆2003年)和李零的《郭店楚简校读记(增订本)》(北京大学出版社2002年)、《上博楚简三篇校读记》(万卷楼图书有限公司2002年)等,对楚简帛书的校读考订形成系列;他如庞朴的《竹帛五行篇校注及研究》(万卷楼图书有限公司2000年)、涂宗流和刘祖信的《郭店楚简先秦儒家佚书校释》(万卷楼图书有限公司2001年)、陈久金的《帛书及古典天文史料注析与研究》(万卷楼图书有限公司2001年)、廖名春的《郭店楚简老子校释》(清华大学出版社2003年)、刘钊的《郭店楚简校释》(福建人民出版社2003年)等。反映中青年学者简帛文献研究成果的有:李天虹的《郭店简〈性自命出〉研究》、陈伟的《郭店竹书别释》、刘乐贤的《简帛数术文献探论》、廖名春的《出土简帛丛考》等(湖北教育出版社2003年)。

[3] 如《简帛研究》第三辑(广西教育出版社1998年)、《吉林大学古籍所建所十五周年纪念文集》(吉林大学出版社1998年)、《郭店楚简研究》(辽宁教育出版社1999年)、《道家文化研究("郭店楚简"专号)》第17辑(三联书店1999年)、《郭店楚简国际学术研讨会论文集》(湖北人民出版社2000年)、《郭店简与儒学研究》(辽宁教育出版社2000年)、《上博馆藏战国楚竹书研究》及《续编》(上海书店出版社2002、2004年)、《古墓新知》(国际炎黄文化出版社2003年)和《新出土文献与古代文明研究》(上海大学出版社2004年)等,都刊登或结集发表了这方面的大量论文。《古文字研究》、《文物》、《考古》和《华学》等许多专业杂志也较多地发表了这方面的研究成果。

出版了一批高水平的研究著作;[1]一批反映战国秦汉文字研究成果的文字编也相继问世。[2]

古文字研究的繁荣,一方面是由于古文字新资料的不断发现,新出资料的整理研究取得很大成就;另一方面,世纪之交对百年来古文字研究的回顾和反思,出现一批综合性的资料整理研究和学术史专题研究成果。作为一门综合性交叉学科,古文字研究向多学科拓展的深度和广度都超过以往。

从文字学研究的角度看,这种繁荣的背后也存在着许多值得关注的问题。如在甲骨文和金文研究方面,研究者投入的精力相对较少,甲骨和金文疑难文字的考释工作进展不大,一些关系汉字发展演变和构形规律的重要现象,还缺乏系统、全面的研究;战国文字研究领域,由于多学科的介入,一些学者在对出土文献文字结构分析和解释方面比较随意,导致不必要的人为混乱;文字学研究者忙于对新出资料疑难单字的考辨,对战国时期各种文字现象的理论研究和概括尚少有关注。

---

[1] 如李学勤《四海寻珍》(清华大学出版社 1998 年)、《缀古集》(上海古籍出版社 1998 年)、黄锡全《古文字论集》(艺文印书馆 1999 年)、《著名中年语言学家自选集·李家浩卷》(安徽教育出版社 2002 年)、何琳仪《战国古文字典》(中华书局 1998 年)和《战国文字通论(订补)》(江苏教育出版社 2003 年)、王人聪《古玺印与古文字论集》(香港中文大学 2000 年)、黄锡全《先秦货币研究》(中华书局 2001 年)、徐在国《隶定"古文"疏证》(安徽大学出版社 2002 年)、王辉《秦文字集证》(艺文印书馆 1999 年)、陈昭容《秦系文字研究》(中研院历史语言研究所 2003 年)、吴辛丑《简帛典籍异文研究》(中山大学出版社 2003 年),等等。

[2] 如张光裕《郭店楚简研究·文字篇》(艺文印书馆 1999 年)、张守中等《郭店楚简文字编》(文物出版社 2000 年)、陈松长《马王堆简帛文字编》(文物出版社 2001 年)、骈宇骞《银雀山汉简文字编》(文物出版社 2001 年),以及李守奎《楚文字编》(华东师范大学出版社 2003 年)和汤余惠主编的《战国文字编》(福建人民出版社 2000 年)等。

古文字研究热潮及其对相关学术领域的影响,是世纪之交汉字研究的一个重要学术现象。今后一个时期,研究的重点依然会在战国文字方面,对战国文字资料的综合整理和汇集编纂,以适应多学科的需要将是一项重要的基础工作;将战国文字考订的新成果进行汇编整理,权衡折衷,以定是非,并进而研究战国文字构形及其发展演变的规律,也是一个必须开展而又具有重大价值的课题。甲骨文和金文的研究,实际处于攻坚阶段,要取得突破性进展难度很大,应继续鼓励和支持一些学者在这个领域开展长期而艰苦细致的研究工作。

四 俗字研究

20世纪尤其是上世纪80年代以来俗字研究逐步得以加强,成为文字学的一个新的亮点。其成就主要包括以下方面:敦煌卷子的研究促进了敦煌俗字的研究,发表了许多文章,[1]还出现了敦煌俗字整理和研究的专门著作;[2]字书俗字研究得到重视,这包括

---

[1] 如潘重规发表了《敦煌卷子俗写文字与俗文学之研究》(《孔孟月刊》1980年第7期)、《〈龙龛手镜新编〉序》(《龙龛手镜新编》卷首)、《敦煌卷子俗写文字的整理与发展》(《敦煌学》第17期,台北中国文化大学1991年)等一系列讨论敦煌俗字的论文。郭在贻和张涌泉《关于敦煌变文整理校勘中的几个问题》(《古汉语研究》1989年创刊号)、《俗字研究与敦煌俗文学作品的校读》(《近代汉语研究》,商务印书馆1992年),以及张涌泉《试论敦煌写卷俗文字研究之意义》(《敦煌研究院1990年敦煌学国际学术讨论会论文集》)、《敦煌写卷俗字的类型及其考辨方法》(香港《九州学刊》1992年第2期)等,进一步将敦煌俗字研究引向深入。

[2] 如潘重规等编辑的《敦煌俗字字谱》(台北石门图书公司1978年)、张涌泉的《敦煌俗字研究》(上海教育出版社1996年)。

两方面内容：一是历代字书所收俗字的整理和研究，[①]二是对大型字书所收汉语俗字的整理研究；[②]近年来还整理增订了前人所编有影响的碑刻别字新编；[③]明清刻本小说等通俗文学、医方、乐谱、农事等领域所用俗字和方言俗字也皆有学者涉及；同时，近代汉字及俗字理论研究方面，发表了一批有理论建树的论文和著作，初步奠定俗字研究的理论基础。[④] 长期不登大雅之堂的俗字研究呈现出一派繁荣景象，俗文字学作为文字学新的分支学科成为可能。

俗字研究是一个有待进一步开拓的研究领域，还有许多课题需要学者解决。一是要加强各个历史阶段、各种文本的俗字的整理和研究。目前，除了敦煌俗字的整理和研究已经取得较大成绩

[①] 施安昌《唐人〈干禄字书〉研究》(《颜真卿书〈干禄字书〉》附录，紫禁城出版社1990年)、刘燕文《〈集韵〉与唐宋时期的俗字俗语》(《语言学论丛》第16辑，商务印书馆1991年)、蒋礼鸿《类篇考索》(山东教育出版社1996年)、台湾黄沛荣教授主持的"历代重要字书俗字研究"，包括：《玉篇》俗字研究、《类篇》俗字研究、《字汇》俗字研究、《字汇补》俗字研究、《正字通》俗字研究、《康熙字典》俗字研究等六种(其中《玉篇》俗字研究)已经由台湾学生书局2000年出版)；郑贤章《〈龙龛手镜〉研究》(湖南师范大学出版社2004年)。

[②] 如张涌泉《汉语俗字丛考》(中华书局2000年)、《大型字典编纂中与俗字相关的几个问题》(《中国社会科学》1997年第4期)，郑贤章《从汉文佛典俗字看〈汉语大字典〉的缺漏》(《中国语文》2002年第3期)、《〈中华字海〉未释俗字考》(《古汉语研究》2003年第2期)等。

[③] 一是《碑别字新编》(文物出版社1985年)和《广碑别字》(国际文化出版公司1995年)，二是《六朝别字记新编》(书目文献出版社1995年)。

[④] 如施安昌《唐代正字学考》(《故宫博物院院刊》1982年第3期)、张涌泉《试论汉语俗字研究的意义》(《中国社会科学》1996年第2期)、《大力加强近代汉字的研究》(《浙江教育学院学报》2003年第6期)，姚永铭《俗字研究的几个问题》(《古汉语研究》2003年第3期)等论文，以及李荣《文字问题》(商务印书馆1987年)、张涌泉《汉语俗字研究》(岳麓书社1995年)、陈五云《从新视觉看汉字：俗文字学》(河南人民出版社2000年)、孔仲温《〈玉篇〉俗字研究》(台湾学生书局2000年)等著作。

外,其他历史阶段相关资料的俗字辑录整理和研究工作则还没有充分展开。随着地下出土的文献的逐渐增多,古代各个时期的各种不同的文本为我们研究俗字提供了更多的资料,如新出秦汉以降简帛文献、各地民间契约文书、新出碑刻墓志等都有许多俗字资料,这些材料的整理和研究工作任务繁重。

二是进一步加强历代字书保留的俗字整理研究。从历代字书入手研究俗字,毫无疑问是一条正确的路子。学者们在这方面已经取得不小的成绩,如台湾学者系统整理研究《玉篇》等重要字书的工作值得提倡。我国各类字书资源十分丰富,尤其是民间流传的俗用字书尚无人系统收集整理,如能对各类字书进行全面而有计划的整理研究,将会为俗字研究提供更多新的资料。

三是进一步加强俗字的理论研究。俗字理论研究近年来虽然成就斐然,但是在俗字的界定、范围、俗字类型研究等方面还可进一步完善,应将俗字理论研究纳入文字学理论体系的建设统筹考虑。

四是将俗字置于汉字发展史的宏观背景下来研究。大部分俗字研究者是文献研究者或者是语言研究者,真正的文字学者较少,这就使得许多研究工作还未能从文字学理论和汉字发展史的角度展开。俗字是汉字发展史上的一种现象,理应用文字学的方法,从汉字发展史角度来考察。我们认为,一方面研究俗字的学者要加强自己的文字学修养,另一方面,文字学者也应关注俗字研究,只有这样,才能使俗字研究作为文字学的新领域取得与其他文字学领域相媲美的成果。

此外,上个世纪80年代以来,以研究《说文解字》为中心的传统文字学也获得了发展机遇,《说文》学研究取得了丰硕的成果,形成了《说文》研究史上一个新的高潮。[①] 这主要表现为:对《说文》的价值和贡献乃至缺陷,有了比较客观、公正的认识;开拓了传统《说文》研究的领域,对《说文》的词义系统、文化内涵、内在结构和文字学理论价值等进行了多角度的发掘;吸收古文字研究成果,对《说文》的各种字体进行了深入的研究,矫正了许多讹误字形;对《说文》分析字形结构的错误和存疑字作了纠正或给出新的解说;重视《说文》的普及和应用,新编了一批介绍《说文》的导论性著作和适合更多读者需要的注释本。这些新的成就的取得,具有鲜明的时代特色,与古文字研究的巨大成就和汉语言学研究的进步密切相关。

我们也要看到《说文》研究还存在许多不足:根据古文字材料及古文献研究成果重新订正或注释《说文》的高质量的成果尚未出现,一些普及性读物重复编写,水平不高;对历代《说文》学专书的研究不平衡,对段注研究较多而对其他《说文》学著作特别是元明时期的著作研究不够;还没有一种全面综合新成果尤其是古文字研究的新成果而编写的高水平的通论性著作。如能克服上述不足,《说文》学和传统文字学的研究依然可以取得新的有价值的成果。

如果说 20 世纪的汉字研究使历史悠久的传统文字学较好完成了向现代学术的转型,那么,世纪之交汉字研究呈现出的新态势,使我们有理由相信,新世纪的汉语文字学将会跨入开拓创新、科学建构自身学科体系的新阶段。

---

① 张标《20 世纪〈说文〉学流别考论》(中华书局 2003 年)对此有详尽的述评。

古文字新发现与汉字发展史研究①

一 引言

汉字是世界上唯一延续使用的古老的自源性文字体系,研究汉字的中国文字学也有近两千年的历史,但是至今却没有出现一部全面描述汉字发展历史面貌、系统总结其发展规律的汉字发展史著作。

究其原由,20世纪之前学者对文字学的研究难以跳出《说文》樊篱,研究的材料、理论、方法主要囿于《说文》,包括对汉字发展的历史描述也不出许慎《说文叙》;对《说文》之前的材料所知甚少,对《说文》以后的材料(如隶书、楷书)又关注不够。19世纪末到20世纪,是古文字新发现的时代,也是文字学和古文字学研究的繁荣时代。但是100多年过去了,汉字发展史研究虽然取得了许多成就,依然未能出现全面系统的研究成果。这是由于古文字发现之丰富、数量之多使古文字学家和文字学研究者如入宝山,目不暇接;新材料的考释和辨认工作又异常繁难,学者主要致力于古文字资料的整理、单字的考释或专题研究,尚未及进行全面系统的综合

---

① 本文根据2003年11月9日在浙江大学古籍研究所所作演讲整理。

研究;同时对近代文字(隶、楷阶段)研究的冷落也影响了汉字发展史的研究。所以20世纪依然未能出现一部全面、系统的汉字发展史研究著作也是情有可原。

新世纪进一步加强汉字发展史研究,不但具备了必要的条件和可能,而且更是文字学学科本身发展的需要。研究汉字发展史必须贯通古今汉字,诚如张涌泉先生所言:"近代汉字研究和古文字研究是车之两轮、鸟之两翼,缺一不可。"[1]这里我们仅就古文字新发现与汉字发展史研究谈一些看法。

二 古文字新发现为汉字发展史研究提供了可能

汉字发展的历史资料,时代越近保存越多。隶书以来的近代汉字资料可以说是极其丰富的,除传世的各种刻版图书、手书文字资料外,还有上世纪发现的西陲汉晋简牍、敦煌遗籍、吴国竹简(湖南长沙),以及存世的大量碑石铭刻和民间契约文书(如徽州契约文书存世的约有30多万件,主要为明清时代手写)等文字资料。就汉字发展史研究而言,这一时期的研究条件最为充分,但是长期以来却没有得到应有的重视。古文字阶段的资料因历史悠久而多已散佚,汉字自身的发展演变又使得古今悬隔。20世纪之前,人们除从传抄古文、《说文》籀文或偶尔发现的彝器铭文、残章断简等有限的资料中窥知先秦文字的梗概外,总体来说,对先秦古文字是

---

[1] 张涌泉《大力加强近代汉字研究》,《浙江教育学院学报》2003年总64期。

一片茫然。连东汉许慎都感叹:隶变之后"古文由此绝矣!"

20世纪以来古文字的一系列重要发现,为我们全面展示了自殷商晚期以来到隶书之前各个时期的汉字历史面貌,使研究汉字发展史而苦于先秦资料不足的局面有了根本的改变。开展汉字发展历史全面、系统的研究,不仅成为可能,而且获得了千载难逢的机会。这些资料主要有:

(1) 殷商文字:殷商文字资料以殷墟甲骨文和殷商青铜器铭文为代表。殷商甲骨文目前已发现10余万片,从武丁时代到帝辛时代的文字构形、发展和使用情况大体齐备。虽然甲骨文有着专门用途,参考同时代的青铜器铭文,我们还是可以作出上述这样的判断。从郑州小双桥新出商代中期的陶文资料看,殷墟甲骨文是汉字经历漫长持续发展已进入成熟阶段的产物,完全可以作为殷商晚期汉字发展史研究的样本。[①]

(2) 西周文字:西周甲骨文的发现,使周初文字的面貌重现天日,并且证实西周文字与殷商文字一脉相承,这对汉字发展史的研究意义十分重大。西周文字以青铜器铭文为代表,近百年来尤其是新中国建立以来青铜器铭文有许多重大发现,从记载武王克殷的利簋、成王五年初迁宅于成周的何尊到新近公布的记载夏禹事迹的豳(?)公盨,从长安张家坡西周墓地、北京琉璃河燕国墓地、山西曲沃北赵村晋侯墓地到河南三门峡上村岭虢国墓地出土的青铜器群,以及从陕西扶风庄白村、齐家村、召陈村、强家村到岐山董家村和最近发现的眉县杨家村等多处窖藏青铜器,为我们提供了大

---

① 宋国定《郑州小双桥遗址出土陶器上的朱书》,《文物》2003年第5期。

批时代明确的青铜器铭文资料。1994年出齐的《殷周金文集成》(包括殷商、春秋和战国金文)收集殷周青铜器铭文达11983件,该书收录器物时间下限为1988年,此后新出的铭文又多达1500余件。其中的西周铭文资料是研究这个时期汉字发展历史的最为可靠的一手资料。

(3) 春秋文字:春秋文字资料主要也是金文。春秋金文多属诸侯国铸器,不像西周那样有许多长篇巨制。其他如秦石鼓文、晋盟书①等文字资料的数量和价值可以弥补其不足。

(4) 战国文字:战国文字资料除铸刻于青铜器物上的金文以外,载体多种多样。玺印、货币和陶器上的文字数量众多,特别是大量楚简文字资料的发现,使战国文字的重要地位得到凸现。战国文字虽然字形简率、地域风格变化较大,但是可以与传世的战国古文或先秦文献进行比较互证。这些资料体现了汉字在这一时期的复杂应用情况和快速发展演进的实际面貌。

(5) 秦汉文字:这里所说的秦汉文字,主要指秦到西汉早期的文字资料。战国秦系文字在秦统一六国后成为汉字正体,小篆成为规范六国异文的标准字形。实际上从战国晚期开始汉字就在经历着以秦系文字为基础的隶变过程,到西汉武帝初年以前隶书依然处于这一发展完善过程之中。隶书的形成完成了汉字形体的古今转变,是汉字发展史研究最为重要的课题之一。秦汉文字资料除石刻、金文、玺印、陶文和传世的小篆外,就是大批新发现的简牍文字资料,如睡虎地、里耶秦简和马王堆、银雀山简牍、帛书等重大

---

① 石鼓文和侯马盟书具体年代尚有争议,我们同意它们属于春秋时期的意见。

发现。这些重大发现为揭示汉字古今转变的历史面貌及其发展规律提供了完整系统的资料。

由此可见，从殷商文字到汉代隶书的形成，古文字新发现已为我们提供了完整、系统的资料，这些资料使进行全面、系统的汉字发展史研究具备了可能。关于殷商之前的资料，如新石器晚期的一些文化遗址也有不少重要的刻画符号发现，这为讨论汉字的起源和形成问题提供了宝贵的资料和重要的线索。但是，就目前的研究水平和资料的积累看，还不足以揭示作为汉字发展史的一个完整的阶段——原始文字阶段的面貌，我们姑且不列入讨论的范围。

三 开展汉字发展史研究需要重视的几项基础性工作

汉字发展历史悠久，情况十分复杂，只有从一些基础性的研究工作做起，才能为科学的汉字发展史研究奠定扎实的基础。

（一）**建立汉字发展史研究的基本理论构架。**面对纷纭复杂的汉字发展现象，从哪些方面入手才能准确揭示汉字体系的实质性发展，或者说我们需要建立一个什么样的坐标才能确切衡量出汉字体系的实质性发展演变，这是汉字发展史研究必须面对的首要问题。从现有涉及汉字发展研究的论著看，对这个问题似乎还没有形成明确一致的意见。许多论著将汉字发展的描述仅仅限定在汉字形体发展的层面，这是远远不够的。我们认为建立汉字发展史研究的理论构架，需要兼顾汉字体系的宏观和微观、表层和深层、局部和全局以及静态和动态等不同方面。

一是汉字形体发展的描写分析。历代汉字形体的发展变化最为直观明了,也是汉字发展史研究依托的基础。汉字形体发展的描写不仅要总体上划分汉字发展的不同阶段,还要具体分析汉字形体发展中产生的省减、增繁、变异、讹误等现象,并揭示汉字形体发展演变的一般规律。

二是汉字结构发展演变的考察。汉字的结构涉及到构造方法和结构类型两个密切相关而又不完全相同的问题。前者是指汉字符号生成和构造的方式,后者是对相同结构特征汉字的分类概括。汉字构造方式是一个历时态演进的系统,其发展演变表现在汉字体系中就是不同结构类型汉字分布的数量的变化。因此,在描写汉字形体发展演变的同时,还要揭明汉字构造方法的深层发展变化。[①] 初步研究显示,汉字结构方法的发展受汉字形体发展的影响,但是二者的发展并不是完全同步的。

三是汉字使用情况的动态比较。汉字数千年来沿续使用,汉字的发展变化则是其不断适应使用需求变化的结果,不同时期汉字使用的客观实际直接体现了汉字的发展演变。与上一个时代相比较,汉字在某一时代使用过程中出现的新要素,是判断汉字体系发展的重要观测点。如某些汉字使用功能的调整、孳乳派生而引起的字形结构变化等,都应该得到充分的重视。从汉字体系整体发展的角度看,在一些字退出使用领域的同时而产生出的一些新

---

① 黄德宽《汉字构形方式:一个历时态演进的系统》,《安徽大学学报》1994年第3期;《汉字构形方式的动态分析》,《安徽大学学报》2003年第4期。

字最具有研究价值。这些新字的构造方法、代表的词语和使用的情况，较为集中地体现了汉字体系新的发展趋势。因此，对一个时代淘汰字和新增字的分析研究是汉字发展史研究的一个重要的切入点。汉字发展史研究要注意通过动态比较分析，全面掌握某一时代汉字使用总量的变化，并将传承字、新增字、淘汰字的实际情况以及各个字使用的频率及其功能变化列为基本的内容。

四是影响汉字发展的相关背景研究。汉字的形成和发展有其独特的历史文化背景，哪些背景要素对汉字发展产生过直接或间接的影响，是汉字发展史研究不能不予以重视的。汉字与中华民族博大精深、源远流长的历史文化关系异常复杂，在汉字形成时期（从起源到成体系）、发展和转变时期，无不深受历史文化背景变迁的影响。这种影响既有思想观念层面的，也有物质文化层面的，需要做系统深入的探讨和揭示。

（二）以断代文字研究为基础。 梳理清楚每一个时代的文字情况，是汉字发展史研究的基础和前提工作。近百年来出土的各种古文字资料，已经由学者作了较为全面的研究和整理，比如各种古文字原始资料的整理公布、文字的辨认和考释、各种字编和字表的编纂等工作，都取得了突出的成绩。这些为文字学的断代研究创造了较好的条件。事实上，目前从纯文字学角度进行的断代研究还做得十分不够，对各个时期汉字的基本面貌还缺乏精确而全面的揭示和描写，真正意义上的断代文字学研究还没有完全开展起来。在一个合适的理论框架基础上进行各个时期的断代研究，是汉字发展史研究的当务之急。

（三）与断代研究相结合开展主要专题研究。 对一些汉字发展的关键问题逐一进行深入的专题研究,有利于更加准确地把握汉字体系的整体发展。在汉字形体发展方面,个体汉字字形流变史、古文字阶段形体的定型、隶变的发生及其完成、形体演变中的增省变异等现象及其发生的原因等;在结构发展方面,不同结构类型的汉字发展变化、汉字不同构造方式构形功能的调整变化、结构内部的形音义关系等;在字际关系方面,汉字孳乳分化与发展谱系的建立、汉字应用过程中出现的替换、通用和互借等;在汉字与相关背景关系方面,汉字与汉语的关系、汉字与中华文化的关系,等等。开展这些专题研究,必将使我们对汉字的发展获得更为全面和深入的认识。

如果我们重视以上三个方面的基础性研究工作,就有可能从宏观和微观的不同层次上客观、全面地描述和揭示汉字数千年来发展演变的真实历史。

四 开展汉字发展史研究的重要意义

开展汉字发展史研究的首要意义,就是有利于更好认识汉字发展的历史规律,促进汉语文字学的理论建设,并为语文政策的制定提供借鉴。比如,经过初步研究,我们从汉字发展史角度认识到以下几点:

(一)汉字发展的延续性和渐变性。几千年来,无论汉字体系还是汉字个体,其发展演变都是由微观变化的积累,逐步形成宏观的整体变化。汉字的每一笔一画的变化、每一个偏旁部件的调整以及每一个新字的繁衍派生都是有迹可寻的。延续性和渐变性使汉字古今一脉相承,始终呈现出一种在稳定中求发展的状态。剧烈的文字变革在历史上从来都未曾发生过。这启发我们,对汉字的改革调整必须遵循其延续性和渐变性,而不能凭主观意愿行事。

（二）不同历史阶段汉字发展呈现不同的特征。就现在能看到的材料,大体上可以说,殷商到西周的汉字发展在形体方面以线条化和规整化为辅,以结构方式的不断发展完善为主,比如形声到西周已成为新增字的主要结构方式;西周晚期汉字的发展则以形体的规整和定型为主,以结构的调整为辅;战国到汉代隶书的形成,则以形体的剧烈演变为主,以汉字体系内部的分化派生和分工的逐步定型为辅。

（三）汉字系统的层积性。汉字的数量之多一直是人们诟病的主要缺点之一。实际上,不同时代汉字使用的数量都是有限的,各个时代的常用汉字大体上保持在五六千个上下。汉字数量之多是由于长期不间断积累的结果,就一个时代保存的汉字而言,既有历史上出现而一直传承使用的,也有当时新增的,还包括历史上曾经使用而实际上早已退出实用领域的汉字。不同时代产生的汉字的堆积,构成了一个时代汉字的总和。因此,汉字的层积性特征使得它一方面数量繁多,另一方面又内涵复杂。长期以来,文字学研究忽视这种层积性,将产生于不同时代层次的汉字放在同一个历史层面观察,因而对许多汉字发展中呈现的现象无法做出科学的分析。利用现代考古学等科学手段和古文字资料,在断代研究的基础上我们可以更好地认识汉字层积性,进而更加准确地揭示汉字发展演变的规律和特点。

其次,开展汉字发展史研究可以促进汉语发展史研究不断走向深入和完备。汉字与汉语的关系是文字学和汉语史必须重点研究的专题之一。作为汉语的书写符号系统,一方面汉字发展受汉语发展的制约和影响,另一方面汉语发展也与汉字的特点及其发展密切相关。在某种意义上,可以说没有汉字发展史研究的汉语发展史是残缺不全的。因此,汉字发展史研究的不断深入发展,对汉语史研究不断走向完善是必不可少的。

再次,开展汉字发展史研究是中华文明史研究的重要任务。汉字的形成是中华文明形成的标志之一,汉字在中华文明发展的历史进程中发挥着难以估量的重要作用。深入开展汉字发展史研究将会更好地认识中华文明史的形成和发展,因此,汉字发展史研究理所当然应该成为中华文明史研究的重大课题。[①]

[①] 李学勤《文字起源研究是科学的重大课题》,《中国书法》2001年第2期。

中国文字学研究大有可为[1]

20世纪是中国文字学取得巨大进步的时代。这种进步促使历史悠久的传统文字学完成了向现代学术的转型。

我们认为上个世纪中国文字学的发展,主要表现在以下几个方面:

一是地下新资料的大量发现,促成中国古文字学的建立并取得一系列重大成就。从19世纪末叶甲骨文的发现,到20世纪对甲骨文的科学发掘和研究,形成了一门独具特色的分支学科——甲骨学;大量新出青铜器铭文的整理和研究,使传统金石学发生了脱胎换骨的变化,以铜器铭文为主要研究对象的金文研究也成为古文字学的分支学科之一;战国文字资料,特别是楚系文字资料的不断出土,使战国文字研究成为20世纪后30年最为活跃的领域,一个以战国文字为研究对象的分支学科迅速形成;同时,上世纪70年代以来发现的大量秦汉简牍、帛书文字资料,使这个领域的研究也有逐渐形成分支学科的趋势。古文字学的重大成就反映在出土古文字资料的整理、文字的考释和利用这些资料开展的综合研究等众多方面。作为一门交叉的综

---

[1] 本文原载于《21世纪的中国语言学》,商务印书馆2003年。

合性学科,古文字学的形成、发展是 20 世纪文字学研究取得重大进步的标志之一。

二是对汉字若干重要基础理论问题的研究取得进展。由于古文字资料的大量发现及取得的研究成果,为汉字若干重要理论问题的研究提供了坚实的第一手资料,因此促进了汉字理论问题研究的突破。如关于汉字起源问题的研究、关于汉字形体的发展演变研究、汉字的结构及其功能的研究等,都取得一系列重要的成果,对汉字的构形、形成和发展历史的认识更加接近历史实际。一系列重要理论问题的提出及研究进展,从根本上改变了传统中国文字学的面貌。

三是汉字应用研究有了突出的进步。这方面的研究在很大程度上改变了中国文字学的治学传统。围绕着汉字改革问题,引发了百年来的语文运动,其论争之激烈,影响之大,是中国学术史上罕见的。汉字的整理、简化和规范化工作取得重大成就,确立了现行汉字系统;汉字的信息处理成为文字学与信息科学结合的重要领域,应用水平不断提高;汉字教学与习得研究得到了更多的重视,汉字的传播和应用的广泛超过了历史上任何一个时代。

四是中国文字学的学科建设取得很大成就。20 世纪的中国文字学经历了从附庸地位的传统"小学"向科学文字学的转变,逐步建立了文字学的学科体系,使它在现代学科体系中获得了应有的地位。中国文字学及相关领域出现了一批卓有建树的理论专著,培养和造就了一批批具有现代意识的中国文字学研究者,有的学者以其对中国文字学研究和学科建设的成就,产生了世界性影响。

如果说20世纪中国文字学较好地完成了从传统学术向现代学术的转型，那么21世纪将是中国文字学开拓创新、大有可为的时代。我们认为，新世纪的中国文字学如果能在以下几个方面加强研究并有所创新，将会带来整个学科的重大突破和进展。

首先，要加强汉字信息处理的研究，充分利用信息科学技术的成果来促进汉字的研究和应用。新世纪人类社会信息化时代的到来，将会影响文字学研究，对汉字信息处理水平的提高既显得必要和紧迫，也具备可能。如现代汉字的信息处理，20世纪已取得了不俗的成绩，这方面的工作，随着中国入世和全球经济一体化的加速，又提出了新的更高的要求，尽快突破汉字信息处理的若干难点，发挥汉字汉语的特色和优势，使现代汉字在信息技术的背景下更好地服务于经济和社会发展，是文字学面临的重大课题。我们相信，如果文字学研究者能与信息科学工作者共同努力，在新世纪这将是一个充满活力和机遇的研究领域。再如汉字资料库的建设，也是一项重要的基础工程。汉字资料的丰富性是世界上独一无二的，从甲骨文、金文、战国文字到秦汉以来历代的文字资料，为研究工作的开展提供了不尽的源泉，但是浩繁的资料也为研究者带来巨大的压力。如何适应新时代的要求，利用信息科学技术的成果，科学整理研究这些资料，使它们更便于运用，这是文字学和信息科学工作者面临的共同任务。当前，已有不少单位和学者对古文字资料开始尝试进行资料库建设，并取得了初步的成果，积累了一定的经验。但是，大家的工作缺乏沟通，重复劳动现象突出，已有的成果推广运用也很不够。由于20世纪多种汉字资料的整理已有良好的基础，新世纪完全有可能更好地组织开展这方面的工作。通过统一规划,统一设计,分工合作,最终建成全汉字资料库,为利用现代化手段研究汉字提供条件。这将是一项功在千秋的事业。

其次,要加强现代汉字的研究。20世纪现代汉字的整理、简化和规范化工作成就较大,但对现代汉字的研究较为薄弱。新世纪随着信息化的推进和中国与国际社会的联系和交往日趋密切,对现代汉字的理论和应用研究必须放在很突出的位置。现代汉字的信息处理、汉字规范化问题、汉字的教学等应用研究领域将更为活跃,同时对现代汉字的理论研究也必然会提出更高的要求,20世纪新露端倪的现代汉字学将会得到不断的发展和完善。

第三,要重视汉字发展史的研究。汉字发展史研究是汉字研究基础工作之一。汉字从形成以来历代资料没有缺环,现代汉字是历史汉字发展的必然结果。对汉字发生、发展和演进规律的认识目前还是很不够的。作为世界上自源的历史悠久的文字,汉字是独一无二的,这为汉字发展史的研究提供了非常好的条件,而且这种研究也具有重大的学术价值。可以预见,先秦汉字将依然是重要的研究领域,对已经发现的古文字资料的整理研究和新材料的进一步发现,将使古文字研究充满生机。隶楷阶段的汉字研究,是21世纪汉字发展史研究需要重点拓展的领域。从秦汉的隶书到魏晋南北朝楷书的形成和发展,以及其后的各种简牍、碑刻、刻版书籍和传抄手书文本资料,是这个阶段汉字研究的宝贵资源,但是这个阶段却是汉字发展史研究最为薄弱的环节。我们应更加重视这个阶段汉字的整理和研究工作,否则,我们就不可能很好地揭示汉字发展的历史全貌,也不可能更好地认识和研究现代汉字。

我们相信,21世纪将会涌现出一批高水平的断代史和通史或专题史汉字发展研究的著作。

第四,要科学地开展汉字与中国传统文化关系的研究。汉字与中国文化的密切联系已为海内外学者所广泛关注,20世纪的最后10年,出现了许多关于汉字与中国文化研究的论著,但总体水平不高。最为普遍的问题,是将汉字与中国文化的深层联系作了表面而肤浅的比附和解释。这与作者对汉字自身和中国文化的科学认识水平是相关的。由于汉字本身蕴涵的大量文化信息以及汉字形成和发展于中国文化沃土这一历史的事实,汉字与中国文化关系的研究引起关注是非常自然的事。可以预见,在新世纪这将是一个继续充满魅力并得到重视的领域。我们认为,关键是要以正确的方法、严谨求实的精神和科学的理论指导这种研究。只有这样,汉字与中国文化关系的研究才能为中国历史文化和文字学的研究提供新的材料,带来新的发现。否则,这方面的研究就容易走入歧途。

第五,要重视汉字基础理论问题研究的创新。中国文字学研究对象的独特性和研究资料的丰富性,使其在世界学术之林中独树一帜,也为中国语言文字学者对世界语言文字学研究作出应有的贡献提供了一种可能。20世纪中国文字学研究者,一方面遵从历史传统,另一方面接受了西方语言文字学的影响,并且由于古文字资料的新发现和研究的进展,在汉字基础理论研究方面已取得很大的成就。不过总体看来,汉字基础理论研究的创新和突破与时代提供的可能相比,还是很不够的。新世纪应该是中国文字学理论创新的时代。我们应在过去积累的基础上,开辟新的研究领域，对汉字若干基本理论问题作出更加深入的探索，努力构建符合汉语和汉字实际的科学理论体系，并以汉字研究的理论创新成果，丰富和完善世界语言文字学理论，从而为语言文字学的进步贡献出我们中国学者的智慧。

《汉语文字学史》引言[1]

汉语文字学萌芽于周秦,创立于两汉,经历代的发展、完善,逐渐成为中国传统语文学和现代语言学的重要分支。作为中国传统语文学一个组成部分的汉语文字学,其历史悠久,著作宏富,在中国学术史上占有相当显著的地位,是一份十分宝贵的遗产。作为现代语言学一个重要分支的汉语文字学,它有着旺盛的生命力,并面临着科学技术现代化所提出的一系列的全新课题。因而,反省汉语文字学的历史,总结这门学科发展的规律,对继承文化传统,推进文字学研究,是一件颇有意义的工作。

我们认为汉语文字学的发展历史,可以划分为四个大的时期:创立时期(周秦——两汉)、消沉时期(魏晋——元明)、振兴时期(清代)、拓展时期(近代以来)。文字学的创立经历了一个较长的孕育过程,周秦典籍中存留的汉字分析、《周礼》所说的"六书"以及"苍颉作书"的传说和"书同文"的记载,都是汉语文字学萌芽时期的产物,《史籀篇》、《苍颉篇》等早期字书的出现,更能显示这棵幼芽的破土欲出之势。汉代文化的复兴和经学的兴起,则为汉语文字学的创立提供了丰厚的文化土壤,文字训诂之学随着文化经典

---

[1] 本文选自《汉语文字学史》,安徽教育出版社1990年版。

的整理和经学今古文的论争,获得了一个充分发展的时机。在这种背景下,产生了《说文解字》这部文字学史上影响深远的巨著,它的出现表明汉语文字学的正式创立。魏晋至元明的文字学,主要是因沿两汉学者开辟的研究途径缓慢推进。这一时期编纂出的各类不同的字书,受到《说文》的明显启发,甚至直接摹仿《说文》。字书的发展及其反映的水准代表了这一时期文字学研究和发展的水平,是文字学的重要组成部分。除承袭《说文》出现了李阳冰、徐铉、徐锴等《说文》学者外,唐代的字样之学、宋代的金石学和宋元的"六书"研究,也给这一时期的文字学带来某些突破,但是,从总体上看,并未能根本改变文字学研究的消沉局面。清代是文字学的振兴时期,《说文》学经长期的发展到清代盛极一时,产生了以段、桂、王、朱等四大家为代表的一大批《说文》学者,以《说文》为主体的传统文字学发展到巅峰。宋代开创的"金石学",经元明的消沉,到清代也得以复兴。晚清孙诒让、吴大澂等人的金文研究,突破了《说文》学的藩篱,使古文字学最终从金石学中分立出来,成为文字学的分支。近代汉语文字学跨入拓展时期,19世纪末甲骨文的发现,为古文字学的发展提供了一个重要契机。本世纪以来,各种古文字资料的大量出土,开拓了古文字学研究的领域,甲骨文、金文、战国文字及秦系文字的研究相继兴起,形成古文字学研究的几个重要分支。古文字学的进展是近代以来汉语文字学最重要的成就。西方学术文化的影响,推动了近代汉语文字学理论的探索和体系的建构。清末以来规模盛大、历时漫长的汉字改革运动,是文字学史上最引人注目的事件,对现行汉字体系的整理和研究,是汉字改革运动带来的文字学研究的重大转变。近代以来的汉语文字学,研究领域得到了很大的开拓,作为一门独立的学科,它获得了多方面的进展。

本书以这四个大的历史时期为经,分为四编,勾画出汉语文字学两千余年发展演进的总体脉络。在每编之始,先简略介绍这一时期的历史文化背景,再以文字学史上的重要问题为纬,展现不同时代汉语文字学的具体面貌。近代以来的汉语文字学则是我们阐述的重点。

汉语文字学与音韵学、训诂学有着密切关系。汉字是一种自源的文字体系,与汉语的关系密不可分。在传统小学中,文字学与音韵学、训诂学既鼎足而立,又相互渗透,便是这种密切关系的反映。文字学研究,离不开音韵、训诂,王念孙为《说文解字注》作序时曾说:"《说文》之为书,以文字而兼声音、训诂者也。"历代治文字学者莫不兼治音韵、训诂之学。音韵学、训诂学的发展推动了文字学研究的不断深入,文字学研究的深入又促进音韵学、训诂学的不断发展。清代学者在小学方面之所以成就卓著,就在于研究过程中能将三者密切结合起来。由于汉字与汉语这种密切关系,传统文字学与语言学的界限,分得并非十分清楚。近代以后的文字学者在提倡形音义综合研究时,仍存在将文字学、音韵学和训诂学三门兼收并蓄的现象。

汉语文字学是一门富有突出的民族特色的学科。汉字体系是世界上来源最古老的文字体系之一,几千年来沿续不断,未有发生根本的改变。汉语文字学以汉字为研究对象,它深植于民族语言文字的沃土之中,是世界上独一无二的专门学科。地下出土和传世的历代文字资料,异常丰富生动地展现出汉字不同时代的形态风貌,为汉语文字学的发展提供了优越的条件。汉语文字学基本理论、方法的形成,是历代语言文字学者长期摸索和积累的结果,是前人留下的宝贵财富,是民族文化传统的精华。

汉语文字学是一门实用性很强的学科。古代典籍的整理、研究和经学的沿革发展,与文字学的发展始终休戚相关。传统文字学依附经学,"明经致用",注重文字个体形音义的阐释,致力于本字本义的推求,都与讲求实用有一定关系。直到近代以后,这种状况才得以改变,真正进入到开拓研究领域、进行理论体系建设的新时期。即便如此,理论的研究仍是文字学的薄弱环节。当代的汉语文字学既要发扬其讲求实用的优良传统,以适应社会经济文化和科学技术发展的需要,又要加强基本理论的研究,以便在前人的基础上,将这门历史悠久的学科推向一个新的、更高的发展阶段。

《汉语文字学史》韩文版序[①]

《汉语文字学史》韩文版的出版是一件令我们十分高兴的事情。拙著自中文版问世以来,得到了国内外许多研究者的关注,现在河永三先生又将它翻译介绍给韩国的读者,希望它的出版对热爱中国文化和汉字的韩国读者能有所裨益。

中国汉字有着很悠久的历史,对中国汉字的研究同样源远流长,可是比较全面地总结汉字学历史的著作却很少见。10多年前,我在南京大学读中国文字学研究生,开始了对中国文字学史的思考。遗憾的是,当时能读到的有关这方面的著作,只有本世纪30年代胡朴安所著《中国文字学史》一种。这部书是第一部总结文字学史的专著,它的价值毋庸置疑,它的不足也十分明显。我深感应该有一部新的文字学史,能从更广阔的历史文化背景上揭示中国文字学的发生与发展,能根据文字学的内在体系及其形成演进反映这门学科的历史进程,能以现代科学的眼光评判中国文字学史上的重要现象和成果,尤其是自30年代到80年代近50年的文字学研究更需要进行全面的总结和反思。撰写这部《汉语文字

---

① 此序写于1994年10月,《汉语文字学史》韩文版于2000年2月由韩国汉城东文选出版社出版。

学史》的愿望,就这样萌发了。由于中国文字学历史跨度长,著作宏富,学者如云,独自一人担此重任是十分困难的。因此,通过几年的资料准备,形成总体构思并开始写作一段时间之后,我的学术上的朋友陈秉新先生应我之邀参与了这一工作。经过一年多的合作,《汉语文字学史》中文版终于刊行。

基于我们对中国文字学的一些思考,在本书的写作过程中,我们力求在以下方面有所尝试:首先,我们试图从中国文字学发生、发展的文化背景来认识其历史。作为一种文化学术现象,我们认为文字学的产生及其发展,总是与一定时代的历史、文化和学术思想变迁紧密相关的。文字学在汉代创立、魏晋后消沉、清代振兴及近代开拓发展,都有着深刻的历史文化动因,对此我们在书中作了初步的揭示。

其次,在取材方面我们从文字学的基本构架出发,选取最能代表文字学发展的有关内容展示其历史。比如,自东汉许慎的《说文解字》之后,文字学的研究成果总是以"字书"编纂的形式反映出来,这是传统文字学的一个明显的特点。然而"字书"的概念及其内涵又不仅仅是"文字学"的,因此,本书比较重视传统字书的沿革发展,并从中寻找足以反映其时代文字学研究水平的内容予以讨论,恰切评判"字书"编纂与文字学发展历史的关系,而避免将文字学史写成"字典史"。对汉字的观念及相关政策,也是文字学不可忽视的内容,本书对"书同文"、"汉字改革"的讨论正是从这一点出发的。这本书所涉及的材料和领域,实际代表了我们对文字学基本构成的意见。

其三,在文字学的历史分期方面,我们注重学术发展内在的关系。分期是撰写学术史所面临的最重要的艰巨的任务之一。本书所划分的四个大的历史时期,侧重于学术思想、学术成就以及文字学总体格局的发展,试图将两千余年来的中国文字学史作一粗步的勾勒,而不是按照中国历史发展的进程,简单化地描述不同历史时期的文字学。因此,在本书中没有采用通常所说的"周秦文字学、两汉文字学、魏晋南北朝文字学、唐宋文字学"之类的分期,而是按文字学的"创立——消沉——振兴——拓展"这一演进轨迹来描述其历史面目。这有利于将文字学自身发展的脉络及各种学术流派的因沿更替,更加清晰地呈现出来,同时也便于更准确地揭示文字学发展变化的历史文化原因及其规律性,为当代文字学研究和汉字学习提供借鉴。这种思想也贯穿于我们对不同时期文字学研究具体问题的评价之中。

第四,作为一部文字学通史性质的著作,既要有宏观的把握,作到若网在纲、条理灿然,又要有细致的分析,深入堂奥、探玉寻珠,这是一种比较难以达到的境界。本书虽不敢说能达到这样的境界,但是却尽了我们自己的努力。因此,在全书写作和结构方面,我们希望在展示文字学发展的总体面貌的同时,能深入地、有重点地介绍那些最重要的著作和成果,对那些长期被忽视或误解的重要成果,我们更是不惜笔墨。

上述有关内容,在本书中文版问世时没有提及,利用这个机会作一介绍,或许对韩国的读者和朋友阅读本书会有所帮助。现在看来,本书尚有许多不足。例如,对消沉时期的文字学状况介绍得比较简略,对清代以来的碑别字、俗字研究以及当代《说文》学和现代汉字研究的有关方面(如汉字的信息处理)等尚没能予以足够重视。此外,由于资料所限,对海外研究汉字的成果介绍得也不够全面。所有这些,希望读者能有所注意。

　　河永三先生不仅将这部书译介给韩国读者,而且在翻译的过程中还对全书作了认真仔细的校订,是正颇多,谨在此致以深切感谢。

[附]

姚孝遂《汉语文字学史》序[①]

从事任何学科的研究,都必须了解其整个的发展过程。只有在继承和总结前人研究工作的基础上,积累经验,吸取教训,撷取精华,剔除糟粕,才有可能认识问题的症结所在,不断地有所创新,促进本学科的发展。

关于汉语史的研究,文字学史的研究应该具有特殊重要的意义。戴东原曾经深刻地指出:"经之至者道也。所以明道者辞也;所以成辞者字也。必由其字以通其辞,由辞以通其道,乃可得之。"我们研究古代汉语,是通过历代的有关文字记载来进行的。离开了文字形体的研究,就不可能从事古代语言的研究。尤其是汉字形体结构的复杂性,以及其发展变化的复杂性,更加使得汉语文字学在整个汉语语言学中具有特殊重要的意义。

从历史的实际情况来看,传统的中国文字学是以研究文字形体的发生、发展、演化为主导,而同时又非常紧密地联系到音韵学、训诂学、词汇学等各个方面,形成为一个完整的汉语语言学研究体

---

① 本文选自《汉语文字学史》,安徽教育出版社1990年版。

系。然而,在目前的汉语史研究工作中,汉语文字学史的研究,却成为一个非常薄弱的环节,这种状况,应该加以改变。

汉语文字的历史,我们可以上溯到6000年前的半坡文化时期。然而作为一种完整的文字体系,或者说,一种能完全胜任记录语言的文字符号系统,根据目前已经掌握的资料,还只能是3000多年前小屯文化的甲骨文字。应该承认,像小屯殷墟甲骨文字这样成熟而完整的文字体系,不可能是突然地在一夕之间自天而降的,它必然经历了一段长期发展变化过程。虽然目前我们已发现在小屯文化之前的一些零星的所谓"古陶文"资料,以及商代晚期青铜器上的所谓"图形文字",但这些都只是孤立的文字符号,还不能具有完全胜任记录语言的功能,它尚处于文字前期的不成熟阶段。

从殷商的甲骨文直至今天的通行汉字,其形体结构始终处于不断发展变化过程之中。与此同时,人们为了阅读古代典籍文献的需要,也一直在对这些发展变化的文字形体进行辨识和释读的研究工作。历代的史官,就是职掌这项研究工作的专职人员。

传说周宣王时太史籀作"史籀篇",书已亡佚,难以稽考。这和黄帝之史仓颉始作书契一样,只能是一种传说。春秋时期楚国的左史倚相,能读《三坟》、《五典》、《八索》、《九丘》等古代典籍。孔子整理六经,也应该是在精通文字的基础上进行的。

能够辨识、释读古代典籍中的古代文字形体,需要对这些文字形体进行研究和掌握,仅仅这样,还不能称之为文字学。作为一门独立的学科,应该是对其研究的对象,有一个完整而系统的规律性认识,形成其自身的理论体系。汉语文字学的理论体系究竟在什么时候具备的呢?这是一个值得我们深入探讨的问题。

《周礼》保氏教国子以六艺，"六艺"之一有"六书"。根据郑众的解释，"六书"即"象形、会意、转注、处事、假借、谐声"。这种解释缺乏根据，是值得怀疑的。任何理论体系的建立，都只能是在全面、深入地研究客观实际，并总结对这些客观实际内在规律性认识的基础上形成的。不仅是西周，即使是春秋、战国时期，没有任何迹象表明，在当时曾经对文字形体进行过系统而深入的研究和探索，因而也就没有形成有关理论体系的可能。

西汉初年，革秦之弊，废藏书之禁，民间藏书得重见天日。尤其是孔子壁中书的被发现，极大地丰富了可供研究的资料。加上当时推崇学术，广立博士之官，有力地促进了有关研究工作的开展。孔安国、张敞、扬雄、司马相如等著名学者，都应该是这项研究工作的积极参加者和推动者。值得特别加以提到的是：刘向、刘歆父子，校中秘藏书，花费了毕生的精力。他们在各个学术领域都取得了广泛而精深的成就。可惜的是，流传到现在的，仅有《别录》和《七略》可以算是专门的学术著作。但是，大量的先秦典籍，是经过他们的整理和校定，才得以保存和流传的。在他们整理和研究古代典籍的工作过程中，必然曾经对不同时期的文字形体的发展变化过程，作过全面而深入的研究和探讨，否则，他们将无法整理和校定如此大量的古代典籍。当然，这仅仅是一种推论。可是我个人深信，这种推论是合理的，是符合客观实际的。从班固和贾逵等都与刘歆有着非常密切的学术渊源这一点，可以得到比较充分的证明。

我们现在所能见到的最早有关"六书"的具体名称，是班固《汉书·艺文志》所罗列的"象形、象事、象意、象声、转注、假借"。这和上面所提到的郑众所注《周礼》大同小异，班固《汉书·艺文志》本之于刘歆的《七略》,而郑众的父亲郑兴乃是刘歆的弟子。这些现象决不是一种偶然的巧合。

再进一步来看,许慎是贾逵的弟子,而贾逵的父亲贾徽也是刘歆的弟子。古代学术讲究师承,均有其渊源关系,然则问题就非常清楚,所有关于"六书"的说法,都是一个来源,都可以上溯到刘歆。

现在我们所能见到最早的、利用"六书"理论全面系统地分析文字形体的专门著作是许慎的《说文解字》。这部书博采通人,保存了大量的前期有关文字的研究成果,由于有了《说文解字》这部书,使我们得以了解早期文字学的系统而完整的科学体系。我们必须承认,许慎的《说文解字》,在汉语文字学史上具有无比的权威性,在将近两千年的时间里,一直被奉为经典,处于至高无上的地位。

毋庸置疑,许慎的《说文解字》在汉语文字学方面的成熟和贡献,迄今为止,还没有任何一部著作可以与之相比拟。但是,人们对于客观事物的认识,永远不会停留在已有的水平上。任何一门学科,都会继续不断地向前发展,永远不会终结。否则,这门学科将失去其应有的生命力。

长时期以来,许慎的《说文解字》在汉语文字学的研究工作中,一直被奉为神圣不可侵犯的经典。其所有的见解和结论,全都作为进行有关论证的依据和出发点。这是一种极不正常的现象,然而却普遍地被认为理所当然。直至目前为止,这种状况并没有在根本上得到改变。

任何事物总不会是那么完全一致的,任何人对于客观事物的认识也是如此。在汉语文字学史的发展过程中,曾经有人对"六书"的理论和某些文字的解释提出了与许慎不同的见解。其中比较突出的有:唐代的李阳冰,他曾经对《说文解字》中有关文字形体的解释提出过很多疑义。他的许多见解保存在徐锴的《说文系传》的《祛妄篇》中。李阳冰的最大特点在于:从文字形体的客观实际出发,敢于向传统的权威结论提出挑战。现在看起来,其中有很多疑义是有根据的,有很多新义是值得肯定的。宋代郑樵在"六书"理论方面有所突破,提出了他自己独到的见解,力图超越传统思想的樊篱。其早期的著作《象类》现已不可得见。可以肯定的是,《象类》的内容已包括在《通志·六书略》之中。郑樵的文字学理论,现在看起来,不免有些幼稚,然而却是新颖而独到的。任何新生的事物,在其发生的阶段,都不可避免地显得有些幼稚,这是情理之常,丝毫不足为怪。令人遗憾的是,郑樵所需要研究和整理的范围过于广博,他没有能够在文字学方面作进一步的探讨,从而使他的文字学理论得到进一步的发挥和完善。尤其令人感到遗憾的是,郑樵关于文字形体结构的一些具有启发性的见解,一直未能得到足够的重视,这既是长时期以来传统思想束缚的结果,也是失去一个突破传统思想大好良机的原因。

宋代金石学的兴起,为人们提供了大量有关文字学的新资料,同时也为人们突破传统思想的束缚提供了一个机会和可能。但是,由于人们对这些新的资料研究得不够深入和系统,因而成就非常有限。

元代戴侗作《六书故》,周伯琦作《说文字源》、《六书正讹》,都曾利用新的文字资料,纠正了许多传统的错误见解。然而他们却因此受到了非议,被认为是离经叛道,遭到排斥。同时,他们也未能在已取得成就的基础上进一步形成新的理论体系。

清代汉学复兴,考据之学盛极一时。段玉裁、王念孙、王引之、钱大昕等以其广博的学识和坚实的基础,将文字、声韵、训诂之学推向一个新的顶峰,而其基础和先导就是文字学。可惜的是,这些学者都没有能够利用新的文字资料,甚至都对新的文字资料抱着漠视以至怀疑的态度。这样就不仅使他们的成就受到很大的局限,同时也使得他们陷入传统思想的窠臼而不能自拔。他们只不过是对传统的认识加以维护和丰富,而未能加以突破和发展。

与之形成鲜明对比的是,乾嘉以后的学者如王筠和徐灏等,能够利用一些新的文字资料,具有独到的见解,富有新意,给人以启迪。任何学科的发展,都需要有新资料的补充,并开拓新的领域。汉语文字学也不能例外。地下文字资料的不断大量出土,这些都是许慎所未及能见的。这些资料不仅丰富了人们的认识,而且也不能不对旧有的说解提出挑战。自李阳冰、郑樵开始,就曾经利用了这些新的资料,尽管是十分有限的。到了清代末叶,吴大澂、孙诒让等,更是对新的文字资料作了大量的整理和研究工作,并取得了可喜的成就。尤其是殷墟甲骨文字的出土,为汉语文字学的发展,提供了无限广阔的前景。

在新的事物面前,人们往往抱着两种截然不同的态度:一种是采取积极的态度,给予足够的重视,认真地加以研究和探索;另一种则是采取漠视和怀疑的消极态度,加以拒绝和排斥。

例如,在语言、文字方面有着卓越成就和巨大贡献的学者章太炎和黄季刚,就对于《说文解字》所未载的商周文字抱着怀疑的轻蔑的态度,断然否认其真实性而加以摒斥。这样就不可避免地限制了他们的成就。如果说,乾嘉时期的那些大师们未能认识到这一点还情有可原,到了20世纪仍然如此固执,则只能是一种偏见了。章太炎到了晚年,开始意识到自己在这方面认识上的错误,但已悔之晚矣。

20世纪兴起的中国古文字学,实际上就是汉语文字学的深入和发展。由于古文字学跨越了语言学的领域,与历史学、考古学等紧密地发生了联系,形成了一门独立的边沿学科,由此似乎导致了一种不应有的倾向:汉语文字学轻易地放弃了殷商两周古文字这一领域,不能深入加以涉及。甚至许多有关文字学的著作,还是以《说文解字》为依据,来谈论文字的本形、本音和本义。

汉语文字学的研究对象,应该是全部已经掌握的汉字形体。商周古文字不应该是古文字学的禁脔。不同的学科可以在研究的手段、方法、方向、重点上有所不同,但是,这并不能排斥不同的学科有着共同的研究对象。我个人认为,汉语文字学不应满足于简单地利用一点点古文字资料,而必须像对待其他文字形体一样,广泛而深入地探讨所有古文字形体的发生、发展和变化规律,从而在理论性的认识上有一个新的突破。

本书著者多年来在文字学和古文字学方面潜心钻研,并且经过严格而系统的锻炼,其所论述,多有创获。《汉语文字学史》一书,系统地总结了我国历代文字学的研究发展过程,并表达了著者在这方面的独到见解。这对于当前和今后汉语文字学研究工作的进一步开展,将是有所裨益的。在《汉语文字学史》行将出版之际,不揣鄙陋,略陈管见,就正方家。

《汉字阐释与文化传统》前言[①]

当中国文字学经历了近两千年的发展而逐步成为一门独立科学的时候,这门学科所内涵的丰富性也日益显示出来。它已不再满足于将汉字仅仅作为记录语言的符号系统来考察,而开始了对汉字自身价值的全面反思与探索。对汉字的发生、发展及其构形与中国文化深层关系的研究,是近年来中国文字学研究最引人注目的进展。其实,中国文字学从它萌芽时代起便以此为特色而独树一帜。《左传》记载楚庄王说字,"夫文,止戈为武",韩非以为"古者苍颉之作书","自环谓之厶,背厶谓之公"等,这些与其说是分析文字,不如说是借文字来阐明某种普遍的社会观念。这种通过文字符号的构成分析来揭示或阐明汉字的构形功能及其文化蕴涵的行为,就是我们所说的"汉字阐释"。

"汉字阐释"这一概念并非借自西方当代哲学诠释学(Hermenutics),它是有其自身特色的中国文字学体系内所固有的内容。中国文字学的第一部系统著作——东汉许慎的《说文解字》就是汉字阐释的典范之作。当中国文字学以"小学"的身份出现,尚处于"说字解经谊"的时代,它就充分显示了这样一个特点:对汉字

[①] 本文选自《汉字阐释与文化传统》,中国科学技术大学出版社1995年版。

形音义的考察,与对中国文化传统的深刻把握总是水乳交融的。然而,从自发的实践到自觉的理论尚相差甚远。文字学逐步摆脱附庸经学的地位而独立成学之后,这一特点竟反而渐渐模糊起来。过于单纯地从语言学层面进行汉字形音义的研究虽然使中国文字学与现代世界语言文字学更为趋近,但却大大淡化了它自身的个性色彩。科学的中国文字学,不仅要借鉴现代西方的语言学理论和方法,而且更要立足于汉字研究的自身,总结和发扬中国文字学长期以来形成的特色。我们对"汉字阐释"相关问题的探讨正是从这一点出发的。

"汉字阐释"是一个复杂的主体行为过程。阐释对象、阐释主体与阐释过程构成汉字阐释的三个基本要素。作为阐释对象的汉字产生于一种独特的地理人文环境,其构形及发展凝结着相关时代的深刻文化内涵,积淀和保留着汉民族观察探索客观世界及其自身的思维成果和心智轨迹,其本身就包蕴和展示着一个丰富多彩的文化世界。阐释主体虽然在探索、解读汉字的文化内涵时是一个主动者,但是他说到底是汉字赖以存在的文化传统的创造物。作为一个社会的人,阐释者成长于一定的文化传统之中并因此为特定的文化传统所规定,当他去释读每一个汉字时,他必然要接受这一文化传统的诱导和指令,这就使得汉字阐释这一主体行为过程变得十分复杂。文化传统是一个变量,是一个动态的系统,不同时代的阐释者或同一时代的不同阐释者对它的理解和接受自然有所差异,因此,中国文字学史上呈现出的景象也是纷纭复杂的。对汉字阐释这一复杂的主体行为的研究,应当是科学汉字学和中国文字学史不容回避的重要理论命题。遗憾的是,它却长期被人们忽视了。

本书重点研究汉字阐释过程中文化传统的影响。这是一个很有难度的问题。对文化传统的理解和阐释过程的分析是否准确、客观,将决定研究目标的实现或偏离。为此,我们将《说文解字》作为解剖的对象。《说文》是中国文字学的经典之作,尽管在体系的严密性和内容的科学性方面尚有缺陷,但是作为初创之作,它却最典型地体现了汉字阐释的特色。以它为对象,对阐明汉字阐释的有关理论问题是再恰当不过了。本书对《说文》产生的历史文化背景及其内部各个方面,从一个新的角度作了比较全面的研究。从某种意义上,本书也可以说是一部《说文》研究的专门著作。

本书具体的写作则是紧扣主旨而力求从多层次、多侧面予以展开,各章研究的问题互相补充和呼应。在本书"结语"部分,我们既概括了汉字阐释过程的一般模式,同时也对各章的立意简略作了介绍。书后有附录两篇,一篇是我们专门研究古文字考释方法的,一篇是从古文字学角度对《说文》作全面校订的。附录前者,是想让读者了解考证古文字的特殊方法和手段,以便注意汉字阐释与古文字考释的联系和区别;附录后者,是想弥补本书叙述过程中对许慎《说文》讹误无暇校正的不足。本书在论及许慎对汉字的阐释时,不是简单地评判其是非,而是侧重于揭示文化传统对其阐释行为的影响,这样,了解古文字学研究成果的读者也许会提出问题,第二个附录正可为之释疑。实际上,不简单地指出许慎的错误,并不意味着我们迷信《说文》,因为本书的研究目的,是要从许慎的阐释(包括错误)中发掘富有理论意义的内涵,因此无须太多关注其阐释的终极目标是否实现。不管怎样,作为本书的重要补充,附录这两篇长文是十分必要的。

　　本书的写作得到许多师友的关怀和鼓励。对这一问题的探讨,首先得到著名古文字学家、博士生导师姚孝遂师的指点。中国训诂学研究会会长、国家语委主任许嘉璐教授在十分繁忙的情况下审阅了本书稿,并慨然赐序。中国科学技术大学出版社张泰永教授热忱帮助,使这本小书得以顺利问世。谨此对所有关心本书写作和出版的先生和师友致以诚挚的谢意。

[附]

许嘉璐《汉字阐释与文化传统》序[①]

去年秋,中国训诂学研究会在合肥举行年会。会下,研究会的理事、正在攻读博士学位的黄德宽先生告诉我,他正和常森合写一本论述《说文》、重新思考对汉字进行阐释的书,就快完稿了,希望我能写一篇序。我想,我们早已是忘年之交,这个任务是推脱不得的;但是说老实话,我心里也在打鼓:近年来关于《说文》的新作已经不少,虽然大多倾注了作者的不少心血,在一些具体问题上时见新解,但在观察的视角和整体思路上难得看到有突破性的尝试,黄、常二位的这部新作能不能真地"新"呢?

元旦刚过,科技大学出版社就把书的三校样寄来了,书名曰《汉字阐释与文化传统》。夜阑人静,灯下披览,——只有这个时候我才能专心地读点儿什么——我想,用三个"夜车"总可以把它"开"完了吧。不料,甫一开卷,就不能释手了:新颖的思路,严密的论述,清新的语言,处处洋溢着的才气和勇气,像磁石一样吸住了我。冬夜料峭,竟然不觉,读毕"结语",不禁掩卷而叹,方知东方之

---

① 本文选自《汉字阐释与文化传统》,中国科学技术大学出版社 1995 年版。

将白。我为两位作者而惊喜,更为文字学、《说文》学有了真正新的收获而庆幸。不意我先于世人享此佳作!

我的按捺不住的喜悦是有道理的。

大约10年前,我深感训诂学、文字学到了必须向文化学领域伸展的时候了。传统"小学"原本对文化现象是十分关心的,但是当它向前迈出关键性的一步,比较彻底地离开了经学附庸的地位之后,也就远离了文化。如果说这是学术从综合走向分析所必须付出的代价,那么80年代出现种种就训诂谈训诂、对文化还未及注意的论著,就是振兴这门即将断绝的学科的必经阶段了。但是,传统"小学"产生和发展的土壤原本就是文化,或者说"小学"就是为文化的阐释而生的,而那个时期文化的最集中的记录则是经书。尔后的"小学"与文化的分离实际上是违背了其本有的规律。事实上,"小学"自身也因此而受害了,训诂学的框架和理论基本上还停留在半个多世纪前的格局中,文字学除了考释,和历史学的关系也是若即若离,没有大的变化。"小学"观照文化学,从文化学和广泛的文化现象中吸取营养,同时文化学得到"小学"这一利器的帮助可以挖掘得更深,更接近真实,这种双向的介入和靠拢,或者称之为交叉、渗透,是历史的必然。当然,在同一时间想到这一问题的,绝不只我一人,在此前后不断出现的关于文化与语言关系的著作,就说明学术界对这一问题思考的程度。

鉴于我国语言学研究进展缓慢,我曾认为"大约从乾嘉时代起,语言学家们几乎忘记了哲学,重实证而轻思辨,重感性而轻理性,不善于把实际已普遍使用的科学方法上升到理论的高度,用认识论去阐释和论证这些方法","直到今天,语言学界,特别是训诂学界,偏重考据忽视理论的倾向犹在,懂得哲学,能够沟通哲学与语言学的人很少。这恐怕是我们的语言学难以产生新思想新方法的一个重要内因"(1988);"实证的语言科学,研究到一定阶段,就会有,也应该有哲学的思辨,并以思辨的结果指导……方法的改进。""由于文化背景、学术传统的特性,我国的古代的语言学和其他学科一样,一向有重实用、重情景的人文性特点。这样的学术风格和道路,一方面大大促进了文献学的发展,使文化的传承牢固而明晰,另一方面也造成忽视理性思维、缺乏宏观分析的不足。""与此同时,在哲学家们那里,由于对语言关心和观察得不够,恐怕也妨碍了哲学的深入。"(《"语言与文化"译著丛书》序,北京师范大学出版社,1995)

在黄德宽、常森的这本书里,既可以随处看到传统"小学"的光辉——作者深谙个中精意,并言简意赅地使之呈现在读者面前;同时,又再现了原本就存在的许慎与其文化背景之间的辩证关系,深入地开掘了这位伟大的汉字阐释家成功与不足的深层原因,从这里不难感到西方文化学、文化哲学的睿智,作者理性思考的升华。但是作者所写的又的的确确是"中国的",是实实在在的汉字阐释学——实证和思辨在这里得到了有机结合。我多年来期望出现的研究风气,一朝而得之于此,能不击节叹赏?这种感受,我早就想写出来,写给作者,也写给读者。但是两三个月来我需要全力去对付当代苍颉和许慎给社会和教育所造成的麻烦,竟拖到今天才动笔,这是我要向作者和出版社道歉的。

本书在《说文》学、广义文字学的许多根本问题上都提出了新颖的见解。我觉得最值得注意的是以下几点:

汉字的阐释者实际上不可能不介入汉字的形音义关系,而这种介入又与阐释者身上中国文化的影响关系至为密切,因而对汉字阐释这一主体行为的研究,应该是科学汉字学和中国文字学史的重要理论命题;汉字和文化传统的关系不是一成不变的,而是随着时日的推移发生着深刻的转变(引申转变、假借转变、强制转变);淡化汉字作为语言符号的功能,超越或部分地超越汉字跟语言的联系,从而相对独立地观照它时,才能比较完整地把握其自身所蕴含的文化信息;汉字阐释应以据形考义为核心,以追索汉字与文化的历史联结为目的,以形音义之间的互证互求为中介,阐释过程的基本模式是:文化抉择—具体化—体悟—证说;许慎的阐释实践最典型地体现了汉字阐释的特色,他的阐释实践(包括错误)有着重要的理论意义,他对汉字的许多重要思想奠定了传统汉字学的理论基础,同时也是这一理论的终结;许慎的矛盾(实际上也是汉字的传统阐释的矛盾)在于,他既注重从与汉字相关的经验背景中考析汉字,又执着于汉字构形所体现的原初意义,而形义关系又是朦胧的、不完全确定的;早期汉字的具体性、形象性,源于古人特有的文化心理特征;……这些观点无论其正确程度和论述深度如何,我认为都是足以引发人的思考的,因而都是可贵的。第十一章"历史性:汉字阐释的原则"无异于为汉字阐释的历史性原则开了一个很实在而又难以回答的问题单子。如果觉得"提出问题比解决问题更伟大"的说法有点过分的话,那么起码我们应该理解作者殚精竭虑的甘苦,感谢他们为人们进一步研究提供了一个新的起点。

本书之所以获得这样的成就,不是偶然的,是作者的学术基础和治学精神所决定的。

两位作者"出身"于传统"小学",在文字学领域尤曾下过"死功夫";同时他们又对学术的发展趋势甚为关注和敏感,这就为他们超越微观、观察宏观做了必要的准备。书中的实证与思辨统一,即出于此。这一点,说起来容易,做起来实在难得很。大概正是因为难吧,所以现在不乏企图省力者。试看坊间一些冠以"文化学"名目的新说新著,可能比此书厚得多,但是比较一下二者真正的份量孰重孰轻,就可以知道此书的两作者当年所下的"死功夫"之可贵。这恐怕对所有进行中国传统文化研究的人都有启示的意义,并不限于文字阐释的领域。

关于他们的治学精神,虽然过去我就有所了解,但在实际写这篇序的时候,应该把这种"先入为主"的因素排除掉,只就书论书。这里我只以一事为例。作者对待前人之说,该肯定的肯定,该怀疑的怀疑,不过誉,不轻毁,即使自己并不同意,也不轻易否定,诚所谓阙疑载疑,不立不破。大至对整部《说文》,小至对一个字的阐释,此道一以贯之。例如作者说:《说文》最典型地体现了汉字阐释的特色,许慎有关汉字的许多重要思想,在尔后两千年的文字学研究史中,还没有什么人真正地超越他;也正是由于这个缘故,所以《说文》几乎从一开始就成了传统文字学理论的终结。又如作者认为,《说文》的有些说解,虽然业经古文字证明是错误的,但是错也自有其错的道理,是许慎所承接的文化传统的产物,有其必然,其中也有一定的理论内涵。这与那种以今傲古、藐视《说文》的态度相去何遥。又如对段玉裁在"秃"字下的注释,作者认为是多想象之词,但是同时也承认他所提供的经验背景却比王育所说的具有更明显的一般性,暗含了接近事实真相的巨大可能。……这些都表现出作者是在努力从历史的沉积物中精心提炼出一切于今于后有益的东西,而不随便扔掉,这是负责任的文化传承者才有的胸怀,同时也只有把目光扩大到文化背景并深入把握贯穿于历史进程中的哲理才能做到。

此书当然并非尽善尽美。例如,汉字所固有的构形理据既难于确知,如何才能使阐释者的感悟不致误导其阐释行为?作者正确地指出了这一矛盾,但是并没有提出实在的解决方法,虽然已经概括了汉字阐释过程的基本模式。又如,有些章节和段落给我以言犹未尽的感觉,是作者尚未思考成熟,还是还未及发现其间更深层的问题?当然,我们不应该要求问题的提出者同时拿出答案,我之所以点出这一点,是寄厚望于作者下一阶段的研究,祝他们在这方面再有可观的收获。

对书中所提到的一些具体问题,也有我不敢苟同之处。例如对《说文·叙》中"经艺之本,王政之始"和"甘"字说解中的"一,道也"的理解;"美"字释为"从大从羊"和"鸥"属被赋予不祥义的文化背景;"甲""乙"二字的说解是否矛盾;以及把训诂学定义为古代词义学,等等。但是,这都属于见仁见智的范围,并非本书的瑕疵。我想,如果作者能对所据的例证作多角度的思考,或者可以收获得更多。

《说文假借义证》前言[①]

一

《说文假借义证》,清朱珔撰。朱珔(1769—1850),号兰坡,安徽泾县人。嘉庆七年(1802)进士,选翰林院庶吉士,累擢侍读。道光元年(1821),直上书房,升右春坊右赞善。后辞官归家,历主钟山、正谊、紫阳书院讲席三十余年,以实学造士,成就者甚众。朱氏淹贯经籍,精通汉学,著述甚丰,时负盛名,论者谓与桐城姚鼐、阳湖李兆洛并称儒林三大宿望。一生所著有《文选集释》二十四卷,《说文假借义证》二十八卷,《小万卷斋文集》二十四卷,《诗集》三十二卷,《续稿》十二卷,《经文广异》十二卷等。另辑有《清古文汇钞》二百七十六卷,《清诂经文钞》七十卷。

《说文假借义证》为朱氏晚年所著。书成于己酉(1849)前后,将谋付刊,次年朱氏病故。庚申(1860)年间,太平军兴,兵荒战乱,朱家书籍多毁弃,而《义证》钞本及手稿幸存,然已破损不全。癸巳(1893),书稿由族曾孙朱麟成授梓刊出。后又重为厘正,再由族曾孙朱荫成于光绪己亥(1899)刊行。己亥本于1926年又由中国图

[①] 本文选自《说文假借义证》,黄山书社1997年版。

书刊传会影印发行。

二

《说文假借义证》卷首序文、凡例俱已散逸,无从窥见作者撰述的渊源和体例。己亥本虽有张鸣珂、朱荫成、朱彝序文,也仅记述朱氏生平著述及本书刊成的经过。在研习、校读本书的过程中,我们努力探索,就朱氏全书内部体例予以归纳,略有所得,谨撰述如下。

朱氏言及:"余辑此编,专为假借,岂妄欲作全部《说文》断案耶? 即编内多从段(玉裁)义,其偶违者,意有未安,不敢曲徇也。"(卷二十二"霎"下注)其撰书宗旨和原则于此可约略窥见。又张鸣珂序云:"其书凭依《说文》,专为假借,证以群经史汉、周秦诸子及汉碑、《文选》,所引旁敷曲畅,悉有依据。"也指出了本书的特点。如卷一一部"一"字下,先引《说文》原释及古文异体,再依次列举"一"假借"壹"与"揖"之例,并分别征引《仪礼》注、《礼记·礼运》、《管子·心术篇》、《史记·秦始皇本纪》及前人有关传笺注疏为证。全书的体例,大抵都是这样。倘或义例难明,则广泛征引前贤时哲之论,分析折衷,做到穷原竟委,有所交代。

许慎在《说文序》中说:"假借者,本无其字,依声托事;令长是也。"段玉裁曰:"许之为是书也,以汉人通借繁多,不可究诘,学者不识何字为本字,何义为本义……故为之依形以说音义,而制字之本义昭然可知。本义既明,则用此字之声而不用此字之义者,乃可定为假借。本义明而假借亦无不明矣。"可以说,《义证》是对《说文》"明假借"之一大发挥。然而由于许慎对"六书"界说过于简略,故后世于"假借"众说纷呈,难定于一。朱骏声于《说文通训定声》中,论及假借有"同音、叠韵、双声、合音"四例,有"托名幖识字"等八用。朱珔对于"假借"之说,想必有专门的论述,惜其撰述体例今已无见。但是研习他的著作,又不可以不明白他的理论。因而有必要寻绎全书脉络,对其假借理论予以梳理,使之呈现出来。

《义证》于"假借"用语之例,大多是在各字下引列古书传注异文之后,下"是某为某之假借"的断语。如卷一"天"下云:"是天为先之假借。"考"天",《广韵》他前切,中古属透母先韵开口四等平声字。"先",《广韵》苏前切,中古属心母先韵开口四等平声字。"天""先"段玉裁均归于其音韵表第十二部,"心""透"同为齿音,二字通假于音理无碍。又"丕"下云:"丕"借"不"、借"负"、"邳"。考"丕",《广韵》敷悲切,中古属滂母脂韵开口三等平声字;"负",《广韵》房九切,中古属并母有韵开口三等上声字;"不",《广韵》分勿切,中古属帮母物韵合口三等入声字。"邳"以"丕"为声符,《广韵》符悲切,并母脂韵开口三等平声字。以上各字中古分属"脂、物、有"三韵,段玉裁归"脂""物"为第十五部,"有"为第十三部。"不""丕"本为一字分化。"不",《广韵》又音"甫鸠切",中古属帮母尤韵,段氏亦归入第三部,第三部与第十五部之字上古本有同部的,故上列诸字,在王力的古音系统里属"之"部。"帮、滂、并"三个声母同为重唇音。以上诸字之假借也音理谐合。王念孙曰:"诂训之指存乎声音,字之声同声近,经传往往假借。学者以声求义,破其假借之字而读以本字,则涣然冰释。"(王引之《经义述闻·序》)朱珔承乾嘉以来诸家治文字训诂学之风气,专事"以声求义,破其假借",故书中论"某为某之假借",与清代古音学说相合。且其称"编内多从段义",当亦以段氏古音分部为准则。

朱珔书中于假借字之音理关系,亦多予以注明,或指出为同音假借关系,如云"音义并同"(卷三"越"下,卷六"鞠"下)、"同音相借"(卷二"茵"下)、"同音假字"(卷二"茠"下);或指明为"叠韵假借",如卷二"蓶"下:"要、蓶叠韵","萌"下:"萌、梦叠韵字";或指明为"双声假借",如卷一"帝"下:"奠、定双声字",卷二"落"下:"篱、落双声字","蔽"下:"敝、蔽双声字";或指明为"一声之转""音近""声(音)之转"等,如卷一"祇"下:"祇、振一声之转","絫"下:"祊、邴声相近",卷二"落"下:"路、落声之转","蔽"下:"芾、蔽音之转",卷六"鞎"下:"鞎、椹音近","鞈"下:"弇、合俱从合声,相转"等等。由此可知,朱氏之"因声音以求假借",实包含同音、双声、叠韵及音近诸例。于音近则多笼统而言,如"一声之转""声相近""音(声)之转"等。这些用语均沿自前贤,至于相近、相转之具体情形,则未作深论。考朱氏所称"转"或"近",不仅指本字与借字之间,也或体现古今音的发展关系。如卷二"熏"下:"烨熏同音,盖脂微韵通真文也";"芹"下:"古读芹若旂,蕲若芹,并同声字,盖殷微二韵转移最近";卷六"鞹"下:"凡文、吻、问与脂、旨、至,古音多互相转"等,都能从古音学得到证明。

三

《义证》中又常有"某为某之通借""某为某之转借""某为某之省借"等诸用语。什么是"通借、转借、省借",朱氏并未说明。现就书中之例,求其内证,综述于下。或许不尽符合朱氏原意,当亦系"虽不中,不远矣"。

所谓"通借",是指同义、近义字之间的通用互借。如卷一"元"下云:"原为元之通借","元与一可为通借"。因为"原"与"元"互训,而"元"与"一"又异文同义,可通用,故朱氏称之为"通借"。书中凡注明为"通借"的,也常常指明其为同义、近义关系。如卷二"菩"下:"菩即蔀之省,是可通借";"蕤"下:"甤与蕤音义皆同,但分草木耳,是可通借";"莳"下"植、殖皆为莳之通借,盖声近而义同";"苾"下:"馝与苾草木之香有别,以其俱为香义,故可通借";卷五"谌"下:"与忱、忱音义皆同,故可通借用之"。看来,朱氏所谓"通借",似乎专指"音义皆同"或"音近义同"之类的假借。但是,"元"与"一"、"祺"与"祯"(卷一)、"谨"与"慎"(卷五)、"俱"与"偕"(卷十五)、"志"与"意"(卷二十)等,则均因字义相同或相近,在典籍或传笺注疏中异文互用而称之为"通借"。朱氏在卷五"谝"下明言"皆以义通,非假字音矣"。因此,"通借"实为同义、近义的通用关系,其音是否相同相近无关紧要。张行孚论"六书假借"即云:"戴氏震所谓一字具数用者,依于义以引申,依于声而旁寄,假此以施于彼曰假借……盖假借实兼声义二者言之。""夫古今精小学者,其于音同义异而通用者,因谓之假借,此非一人之私言也。"许洨长(慎)释西、韦、朋、乌诸字,段氏明之为假借,此"固以本义之外引申之义为假借也";徐楚金(锴)之言通假,"谓借意与借音皆假借也";江艮庭(声)言"凡一字而兼两谊三谊,除本谊之外皆假借也";王菉友(筠)言"凡与本义不符者皆假借也";段若膺(玉裁)言"异义同字""一字数义""引申辗转"为假借,故"言假借者必兼音异义近、音近义异二者而其说始备。"(见《说文发疑》卷一)可见朱氏"通借"专指"音异义近"者,实有所本,与钱坫《十经文字正通书》分假借为"因声""因字"两类,而以"正、征互通"、"父、甫、斧类通"为"因字通假"的说法也相类似。

所谓"省借",即就文字形体而言,把声符作为同声符形声字的假借。如卷一"旁"下:"旁盖膀之省借";"祥"下:"羊为祥之省借";"祀"下:"巳为祀之省借";"祖"下:"且为祖之省借"等等。"省借"这一体例,就字形而言叫做"省",就功用而论则是"借"。典籍中以声符用作某形声字的并不少见,就后世"形各有专"的用法而言,朱氏对上述现象采用了"省借"的说法。然而考察甲骨、金文等古文字资料,形声字中多为后加形符之专用字,未加形符之前,所谓声符如上举"旁、羊、巳、且"之类,本用作"膀、祥、祀、祖"。加形符以示区别,乃是后世文字之分化,即所谓"区别文"。既有分化的专用字,有时或许不用,依然使用专用字的声符来表述。朱氏所称"省借",就是指的这种现象。《义证》撰述之主旨乃为"字之用",不考虑文字发展的先后,凡异文可资比勘的,均等而视之,无须苛求。"省借"之说,亦非朱氏之所独创。胡秉虔称之为"省文假借"。胡氏《说文管见》云:"货从贝化声,故亦省作化。《史记·弟子传》'与时转货赀',索隐云:'《家语》作化',是其证也。《诗·唐风·采苓》'人之为言','为'即'讹'字,讹从言为声,故亦省作为……此皆省文假借也。"胡氏与朱氏生于同代,两人异地做官,其著述在世时均未刊行,而见解相同,真可谓不谋而合,同具见地。

所谓"转借",即甲乙丙多字辗转假借。如卷一"旁"下云:"'彳'部'徬,附行也'。读去声,今通作'傍',《汉书》或借'旁',见

《沟洫志》、《食货志》。又《庄子·齐物论》'旁日月',司马注:'旁,依也','旁'亦'徬'之假借。《释文》:'旁',崔本作'滂',则又'旁'之转借矣。"朱氏认为"徬"为本字,"旁"为借字,而《庄子》崔本作"滂",乃是"旁"之借字。即"徬"借"旁","旁"又借"滂",如此辗转相借的现象就称之为"转借"。换言之,甲借乙,乙再借丙,乙丙二字都是甲的借字,但丙因乙而借,故称"转借"。类似的例子,编中都予以注明。如卷一"瑽"下云:《旱麓》诗借"瑟"为省借,《周礼·典瑞》注引作"邮",《释文》谓"邮,本作郄","邮与郄当又瑟之转借"。"珊"下云:"彫"为"珊"之通借,"《考工记》'玉、榔、雕、矢、磬',注:故书'雕'或为'舟'。盖'珊'、'彫'既借'雕','舟'又'雕'之转借。"朱氏所分转借,意在阐明一字辗转借用他字的现象,阐明其先后次第及本字与借字的关系。所以书中指明的"转借",多就经传异文而言。朱氏转借一说,揭示了假借字内部的复杂性,有利于我们分析一字多借的现象。一字而借用多字虽客观存在,但未必都是转借。倘若没有确切的依据,对于"转借"宜审慎言之。书中所称"转借",即或有言之不当者,亦无损于本书用字之工具性。朱氏对假借之论述,由上列可略知梗概。清代文字训诂之学成就巨大,而于先秦两汉之书籍,汉唐诸家之注疏,贡献尤其突出的,当推据古音以明假借。就《说文假借义证》而言,朱氏的"假借"说,可以说是综括前贤,博采时哲,以《说文》为依据而折衷其是非。他对假借的论述,就声音而言,凡"音同""音近""双声""叠韵""声转""音转",均在其例;对于字义,有不同义因音而假借,也有不同音因义而假借;对于字形,则有异体假借、省文假借,等等。清代假借学说的要义,均已蕴含其中。至于用字假借与造字假借的分别,假借在"六书"中的地位,细读本书,亦可意会而领悟到。

四

《义证》虽为明假借之专书,内涵却极为丰富。朱氏在明辨古书用字假借的同时,每论及古今字、异体字、讹误字,对于文字的古今孳乳,字义的引申变更,往往随文讨论,颇有益于古籍校读与语言文字学的研究。虽为一鳞半爪,散见于卷帙之中,却也弥足珍贵,值得重视。如卷十九"焞"下谓"燉"为"焞"之通借。谓汉时有"敦煌郡",至唐乃为"燉煌",见《元和郡县志》,因而指出"燉"为唐人俗字,实则可理解为此系唐时出现之新字。卷十五"俊"下引《战国策》"世无东郭俊庐氏之狗",注:"俊,又作逡",又云其作"𪕭"者,字在《说文新附》,亦为俗体。卷二十五"绎"下引《书·高宗肜日》传:"殷曰肜,周曰绎",又引《释文》作祧、祊、铎、铎,指出祧为假借,祊、铎皆别体,铎则形似而误。卷二十三"拳"下引《汉书·司马迁传》:"李陵劳军,士张空拳"。颜注:"拳,读者以为拳,大谬。拳则曲指,不当言张。陵时矢尽,故张空弓,非手拳也。"指出作"拳"乃误解,不为假借。卷十四"𫏋"下引钱坫说,谓秦方士徐福,一作徐市,后人因形似而把市认作市井之"市",是错误的。卷二十七"斗"下,指出小篆"斗"字,魏晋以后形似升非升,似斤非斤,故《战国策》"王斗",《汉书·古今人表》作"王升",就是因形似而造成的。卷十八"嶅"下,指出此字省作"嶅",隶变作"蚑"、作"𪩘",俗作"嶅"、作"岷",均有例证。卷十五"佽"下,引《汉书·宣帝纪》颜注"佽飞,亦作兹飞",《吕览》又作"次非",《荀子》杨注又作"佽飞"。为读者提供了一批异文资料。所有这些,读者如能细心利用,亦当获益不小。

　　总之,《义证》汇集古代训诂成果,广泛搜求先秦两汉书籍的假借字,不仅汉唐训诂家之说荟萃其中,清人王念孙、王引之、段玉裁、钱大昕、钱坫、邵瑛等诸家学说也都收列,并存异义,权衡折衷,以备参考。此编在手,勤于索检,则读古书可不为假借所困。《义证》之搜讨假借,以古书及传注异文为基础。异文资料于文字发展演变、古书校勘、汉字形音义关系的研究均有重要意义。朱氏此编博采兼收,以本字为纲,相关异文一目了然,各字之间互相参见,可由此及彼,全面掌握有关材料,不仅便于考索,且亦自成系统,于语言文字学、校勘学研究均称便利。《义证》一依《说文》而尽其用,于用字假借明辨细分,发挥颇多,且条理灿然,通贯全书,实乃假借研究难得之作。故其书价值颇大,功用甚多,从事古代文化研究工作,亟须重视而利用之。

五

　　《义证》之不足,自亦难免。首先,其书完全立足于《说文》本义而探讨借字,时或脱离古书文字使用的实际情况而失之拘泥。如"敲"与"毃"之辨,谓后人不识为二字(卷六"敲"下);又谓"专一"当作"嫥一"(卷六"专"下);"开拓"字当为"开柘"(卷十六"柘"下)等等,皆过于拘泥《说文》本义为说。卷五"诣"下引《三辅黄图》注"柃诣,木名。诣或作棺",谓"棺字木部所无,乃误字"。其实"棺"字《玉篇》已收,注"五计切,柃棺",说明它并非误字。这种"飞禽即须安鸟,水族便应著鱼,虫属要作虫旁,草类皆从两屮",改音易字,因木名而加"木"旁构成专用字,是由来有自的,陆德明于《经典释文·序》中即已提及。同卷"讲"下疑《史记》"靚"字本为觏之讹,其立论也是因《说文》无"靚"字。然而近年来出土的青铜器彝铭中屡见"靚"字(见《五祀卫鼎》、《九年卫鼎》等),说明《史记》正保存古字,并非误字。这些都是朱氏过分拘泥《说文》字形而立论。其次,引证偶或全凭前人传注异文而疏于考察,如卷一"丕"下引《汉书·匡衡传》颜注"丕字或作本",而断定"以本为丕之假借,丕本声转"。颜注"未丕扬先帝之盛功",以为"丕"或作"本","言修其本业而显扬也"。这是误解。"本"是"丕"之误。"丕"作"丕",见《熹平石经》、汉鲁峻碑、刘熊碑、刘衡碑等。《玉篇》、《龙龛手鉴》亦收此字,作为"丕"的异体。"本"即由"丕"字致误。宋代娄机《汉隶字源》即将汉碑诸"丕"字误释为"本",宋代刘球《隶韵》、清代顾蔼吉《隶辨》都曾予以辨析。朱氏沿颜注之误而曲解为"声转假借",系失之不审。同字下又引《后汉书·耿秉传》注"丕或作平",谓"丕、平亦音转,或可假借",其错误性质也相同,"平"也是形近讹误字,与假借无涉。又如卷五"信"下曰:"《表记》引《诗》'信誓旦旦',《释文》:'信,本作矢'。矢可为信之通借,信矢双声字。"实则《释文》出"信誓",谓"本亦作矢誓"。"矢誓"之"誓"为衍文,应是"本亦作矢",朱氏引文有误。"矢"、"誓"相通假,典籍常见。《易·晋》"失得勿恤",《释文》谓"失,如字",又引孟喜、马融、郑玄、虞翻、王肃本"失"作"矢",更引虞云"矢,古誓字",可为明证。朱氏误引《释文》,于其衍文失之考察,遂以为"信"之异文为"矢",并作出"信、矢双声字"的结论。再次,朱氏定假借有时失之过宽,有本来不是假借却认为是假借的,如以同义字换用为假借的,上举"元"与"一"、"祺"与"祯"、"意"与"志"、"谨"与"慎"等皆是;有以异体字、古今字为假借的,如"叩"与"叩","越"与"逑","䜣"与"欣","馈"与"餽"等皆是;有以互训、递训为假借的,如卷二十五"缪"下:"缪,绞也。是以缪为绞之假借";"率"下:"率,类也。是类可为率之通借";"虫"下"蝮"字云"虫也。音同,是转注即为通借"。如此之类,略举数端。宽定假借,于读古书并无妨碍,甚或倒有好处。然而从现代语言文字学的角度来考察,朱氏此类立论可以说是疏而不密。

《义证》幸存于乱世,已非完璧,其中偶有不当,未必全为朱氏原作的失误。即小有阙失,亦自当瑕不掩瑜。全书卷帙浩繁,囊括三代秦汉之文,汇总诸家传笺注疏之说,征引丰赡,考辨精审,读者使用,自可择善而从。

本书点校以中国图书刊传会影印本为底本。书中错刻、误字,于各卷后出校记。校订用书,"十三经"用注疏本,"二十四史"用中华书局点校本,"四部"书用《四部丛刊》本,各条下不一一注明。避讳字则一仍其旧。不当之处,敬祈读者、方家指正。

对古代汉字发展沿革内在关系的探索与揭示

——《古文字谱系疏证》简介[①]

汉字是世界上历史悠久且至今沿用的唯一自源文字体系。中国考古学发现业已证明,至少殷商时期汉字已发展到成熟阶段,此后经历了不断的发展沿革,逐步演变成现代汉字。对汉字发展沿革的历史研究,虽然东汉学者就已经有所关注,但是,先秦古文字资料的缺失和进入隶楷阶段之后汉字形体的相对稳定,使得汉字发展史的研究长期处于停滞状态,对汉字发展的历史认识直到近代都未能超出东汉许慎所达到的水平。自1899年殷墟甲骨文发现之后,百余年来大量先秦和秦汉文字资料相继被发现,作为一门新兴综合性学科,中国古文字学逐步形成并取得了举世瞩目的成就。地下新材料的问世和古文字学的研究成果,使殷商到秦汉之际的古代汉字发展演进的历史面貌清晰地呈现出来,这就使得开展汉字发展史尤其是先秦古文字发展历史的研究显得非常必要且

[①] 原载《学术界》2005年第1期。本文是国家社科基金"九五"重点项目"商周秦汉汉字发展沿革谱系研究"(96AYY010)的介绍。该项目的最终成果《古文字谱系疏证》一书,近期将由商务印书馆出版。该课题由黄德宽负责,其他课题组成员有:何琳仪、陈秉新、徐在国、王蕴智、郝士宏等。

具备可能。"商周秦汉汉字发展沿革谱系研究"课题正是在这一背景下提出来的。

根据我们的考察和前人研究的发现,我们认为汉字作为一个系统,其发展沿革不仅表现为个体汉字的历时态演进,而且也表现为汉字体系的整体性发展变更。汉字体系内部因孳乳派生而形成的若干同谱系的汉字组群,就是汉字体系整体发展的重要现象。本课题的研究目的,就是从汉字形、音、义的内在联系入手,以地下发现的第一手资料为依据,全面梳理纷纭复杂的先秦古文字,从而探索和揭示古文字阶段汉字体系内部的发展沿革关系,构建古代汉字的发展沿革谱系,以便更为正确地认识汉字形体结构及其发展演变的若干规律和特点,为全面的汉字发展史研究奠定基础。

在全面整理研究甲骨文、两周金文、战国、秦文字基础上,经课题组多年来艰苦细致的工作,终于完成了本课题最终成果《古文字谱系疏证》(以下简称《疏证》)的撰写工作。《疏证》的主要内容和观点体现在以下方面:

首先,通过对古文字的全面梳理,构建广义的古文字发展谱系。我们认为,汉字的发展是逐渐孳乳浸多的,通过形、音、义三方面的系联,我们将全部先秦古文字进行了谱系编排。经过研究,在汉字发展沿革过程中,我们进一步认识到"音"虽然不及"形"之具体可感,"义"之明晰可察,但却是汉字发展沿革的纽带。以"音"系联,是构建古代汉字发展沿革谱系的基本手段。因此,在谱系构建时,我们总体上坚持以"音"系联的原则:将以"声"(指形声字的声符)系联形成的各形声谱系(详后),按古音二十一部(取王念孙说)编列;各部所属诸声系,按古音十九纽(以黄侃说为主,参照诸家

对古代汉字发展沿革内在关系的探索与揭示 411

秩序排列。这样就从宏观上构拟一个古代汉字的谱系,这个谱系可以称作"广义谱系"。

其次,构建古汉字形声谱系,以确定古文字发展沿革谱系的基础。东汉许慎就曾指出"仓颉之初作书,盖依类象形,故谓之文。其后形声相益,即谓之字,字者言孳乳而浸多也。"(《说文序》)许氏已经敏锐地观察到"形声相益"是汉字孳乳而浸多的主流。清人戴震最早提出将汉字"以声相统,条贯而下如谱系"的思想。(《答段若膺论韵》)清人对谐声谱系的研究,虽然主要从音韵学出发,但对形声在汉字孳乳分化中的主流地位已明确揭示。我们通过全面考察汉字发展的历史,发现形声字的孳乳浸多在西周时期就已成为汉字发展的主要现象,西周新增字中形声字已占82%之多。因此,以"声"相系构建古文字形声谱系,也就确立了古文字发展沿革谱系构建的基础。本书以古文字形体结构为根据,将基本声符相同的形声字依声类排列来构成不同的形声谱系。如"角"声之下,我们罗列了"娄、偻、喽、数、楼、镂、缕"等三十二字。(按:"娄"实际是"角"的第二级派生字,作为声符又派生出一组形声字,详见《疏证》"侯部";因古文字字形所限此处仅举常用字为例,下文仿此。)同声系各字则根据派生关系和结构层次,分别以(一)(二)(三)等标明,如以"角"为基本声符的同谱系字共分为五个层次依次排列,以体现形体结构逐步形成的内在逻辑关系。以基本声符为统系,按次第派生关系构成的各同声符汉字组群,大体能反映汉字源流演变的实际。

第三,对每一个汉字建立纵向形体流变谱。我们在每一形声谱系之下,列出了所属诸字,每字选择从甲骨文到秦代典型形体,按时代先后排列。这些典型形体就构成了单个汉字从殷商到秦的典型形体流变谱,使一个字在不同时期的历时演变和同一时期形成的共时异体得到全面展现。如"侯部""侯"声系之声符"侯"下就选取了古代文字不同时期典型形体六十多个,这些形体按时代先后次序排列,同一时期则注意选取不同地域的典型字形,基本上反映出古文字阶段该字形体流变的整体面貌。

第四,对各字的形体构造、流变和用例进行疏理考证。这是我们开展此项研究的难点所在。大体上每一字我们皆先分析其构形原意,辨析各种形体流变并给予力所能及的阐释,然后根据所引典型形体及用例逐项训释,依据传世和地下新出的文字资料进行必要的考证工作,这就是"疏证"部分的主要内容。"疏证"实际是为谱系的建立提供依据的,无论字形分析还是古文字用例的训解,都是揭示谱系内在关系的重要线索。

第五,对严格意义的同源字关系予以考释和确认。在每一声系所属字逐一疏证的基础上,我们力争对具有严格派生关系的同源字予以考定并进行"系原"工作。虽然广义的谱系构建,使全部的古文字在谱系框架内呈现,但是这种谱系内部实际关系是有远近亲疏之别的,而对有亲缘关系的同源字的确定则是本课题力图实现的目标之一。为此,我们在每一声系之后,列"系原"一项,考证同谱系中具有亲缘关系的同源字。如上举"角"声系,经考证在这一形声谱系中,"角"不仅为诸字之基本声符,同声符的多数字在字义上也可引申系连:"角"为兽角,用作抵触,遂派生出"觸"之初文(原形见《疏证》);"角"中空可以为器用,故有"斛"等字的出现;由"角"之中空,引而申之,以"角"为声之"娄、楼、髅"等则有空、明之义,"窭"之训"贫"也为"空"义之发展;"娄"字所从之声符本为双手牵系、搂持牛角的本字("搂"为其后起字),引申有"牵连、连续"等义,又派生出"缕、屡、数"等字。辗转系连,立足古文字字形和用例分析,证之以传世文献,一组严格意义的同源字的源流关系就为我们所重新认识。凡"系原"涉及诸字,皆从形、音、义三方面求证,欲言之有据,避免穿凿附会。对同一声系中的一些字,我们暂时尚不能考辨其亲缘派生关系的则置而不论,以待进一步研究。

总之,《疏证》一书以声符为核心构建形声谱系,再以"音"系连将形声谱系按古韵部和声纽编列构建广义谱系,对每一字罗列古文字不同阶段之典型字形编成形体流变表谱,然后逐字分析字形,阐释用例,予以疏理证说,在此基础上对同声系内部具有亲缘关系的同源字进行考辨确认。通过以上工作,试图比较全面地揭示古文字阶段汉字体系内部字际关系,分层次构建古代汉字因发展沿革而形成的广义谱系,从而为进一步揭示汉字发展演变规律奠定基础。

本成果是一项古文字综合性基础研究成果,就已完成的工作而言,我们以为其学术价值和实践意义主要有以下六个方面。

(一)本成果为系统的汉字发展史研究奠定了扎实的基础。汉字的发展沿革既表现为个体汉字的历史变更,也表现为汉字体系的整体演进。古汉字发展谱系的构建,使字际关系以整体状态呈现出来,清楚地揭示了古汉字整体发展的脉络。这样我们就能比较全面地认识到汉字体系的整体发展,尤其是对具有同源关系的汉字组群现象的认识更为准确,从而使我们能更为正确地揭示汉字发展的特点和规律,从更高层次上描述汉字发展史。

（二）本成果对古汉字的全面分析和考察，揭示了古汉字构造特点和规律，为汉字理论的研究提供了更为系统、可靠的资料。汉字理论的研究应该建立在对汉字构成和发展的全面分析之上，长期以来汉字的理论研究滞后于汉字的应用和考释，在这方面的准备不足是其原因之一。本成果为进一步进行汉字理论的专题研究和汉字科学理论体系的建构创造了必要的条件。

（三）本成果是对百年来古文字研究成果的一次全面总结，对1998年之前已公布的具有文字学价值的古文字资料力求网罗无遗，这为古文字研究和教学提供了便利。疏证中对疑难字的考证分析，可以作为研究者的参考；编排上尽量使古文字研究已有成果便于查检。这使得本书既是一部研究性专著，也是一部便于使用的工具书，基础研究和实际应用得到较好的结合。

（四）本研究成果有利于更为客观地认识汉字的历史面貌和发展规律，对当前语文政策的制定具有借鉴作用。如大量的形体讹变、简化和增繁别形、注声分化和演变等等，使我们能更好认识历史汉字的特点，从总体上把握汉字发展的一般规律，以指导对现代汉字的整理、规范和改革。

（五）本成果揭示的汉字形体分化与字义发展的多重关系，不仅生动展示了汉字与汉语协调发展的规律，而且对古代汉语词汇的研究和古文献的训释提供了有价值的参考。

（六）本成果对古汉字声系的建立，为古汉语音韵学的研究创造了新的条件。形声字一直是上古音研究的基本材料，本书通过对古汉字谱系的构建，使形声字的发展关系表现得更加清晰，对古音学界更好地利用古文字成果研究古代音韵学中的一些疑难问题、纠正一些错误的认识是有意义的。

　　本课题研究的对象和预期的目标,使得我们从一开始就面临一系列的困难和挑战。这项工作还存在缺憾和不足:(一)资料收集有所遗漏,辨释工作有时不精;(二)全书涉及古文字形繁多,对一些字形的分析和系联工作,可能会存在不当;(三)"系原"工作尚未完全达到预想结果;(四)对汉字孳乳派生规律性认识有待全面总结。这些缺憾和不足,我们将在后续的研究工作中逐步弥补。这部书稿出版后,我们将会注意听取同行专家的意见,并不断地修订完善。

汉字理论研究的重要进展
——评孙雍长《转注论》[①]

"六书"是中国传统文字学的经典理论,"转注"为"六书"之一。许慎之后,有关"转注"的代表性说法几近百家,竟无一家看法能为人们所共识。"转注"问题遂成为语言文字学乃至中国学术史上的千古疑案。

近年来虽然有一些学者对"转注"进行重新探讨,却没能取得实质性进展,有的学者甚至认为没有必要再讨论。孙雍长先生近著《转注论》一书(岳麓书社 1991 年版)却认为"转注"实在是一个关系到汉字创制、六书理论和中国文字学史研究的"至关重要、无法回避的问题"。(以下引孙说,均出其书,不一一注明)并论证了"转注"乃汉字孳乳之大法。对这样一部学术著作,语言学界没有理由不予以重视。

一

孙先生认为,"六书"之"转注"是一种造字法。这种造字法产

[①] 本文原载于《语文建设》1994 年第 7 期。

生的背景是:汉字经过初创阶段后,原有要求形音义密合的造字法难以再造新字,"假借"(包括谐音假借和引申假借两类)之法应运而生;字少事繁,一字多用的负担过重,表义歧向性的弊端越来越突出,必然给文字的使用和认读带来困难,于是就采用在"假借字"上加注意符标示其代表的某一意义范畴,分化孳乳构成代表某一假借义的专用字。这种方法就是"转注"造字法,其构成的分化字就是"转注字"。孙先生说:"六书中的'转注'造字法,简单地说,就是将一个'转注原体字'移附授注到一个'类首'的形体上的一种造字之法,换言之,也就是对一个'转注原体字'加注一个'类首'符号(即意符)的造字之法。对于'转注原体字'来说,实质上就是一种加工改造的过程,一种在'转注原体字'的形体上冠加一种'类首'符号而构成一个新字的过程","这种造字过程所包含的原理和法则,便是'转注'造字法。"(51、52页)这里他提出了"类首"和"转注原体字"等新概念。"类"指事物之类,也就是语词所指称的意义内容方面的事类范畴;"首"指类的统首,体现为文字就是标志意义范畴的类首字或类首符号,简称为"类首"。"转注原体"指需要为之造字的语词或语词的某一意义,而这一意义一般都是依文字的形体而存在的,也就是那些因假借而产生的一字多用的字。"转注原体"所曾依托的字就是"转注原体字"。"类首"和"转注原体字"是"转注"造字的两大构形要素。在转注字没有被造出之前,"转注原体"都是作为独立的"转注原体字"而存在的,它是转注字的前身。以某一"转注原体"的形体结构为基础,施加一个"类首"符号以标志或提示其意义范畴,就构成一个新的转注字。以"谐音假借"为例,如"然"本义为"燃",借作他用后(如代词),于是以"然"为

"转体原体"施加"类首""火"分化出专表本义的转注字"燃","然"则成为表示借义的专用字。"以引申假借"为例,如以"冓"为"转注原体字",根据引申义之不同将它们分别移附授注于"类首""木、辵、竹",分化出"構、遘、篝"等。也有少数以"本义"为"转注原体",将"本义"分化出来构成新的转注字,而"转注原体字"只作"引申义"的专字,如"午"之于"杵","北"之于"背","杵、背"均以转注字表示本义。由此看来,"转注"造字的主要途径是针对"谐音假借"和"引申假借"而再造专字,其目的与功能在于从形体上将文字的不同用法、不同意义尽量予以区别。实际上,"转注"造字法是汉字孳乳繁衍的一种基本方法。

这种对"转注"的阐释,是否与许慎"转注"定义相吻合呢?孙先生认为"建类一首"中的"建类",就是建立事类观念,确定事物的类属范畴;"一首"就是明确事类的主体,确立一个标志事类范畴的类首字。后《叙》"其建首也……方以类聚,物以群分,同条牵属,共理相贯"等语,也是着重照应前《叙》"转注"定义中的"建类"问题。"同意相受"中的"意"指"旨趣、大意",所谓"同意",是指"转注原体"与"类首"所代表的事类范畴旨趣一致,大意相合。"相受"之"受",则兼具"授""受"二义,把一个"转注原体字"与一个"类首"两相结合起来即为"相受"。"转注"名称与定义也互为补足或说明:"转注者,移附也,移此属彼之谓也。"定义言"相受",名称则言"转注","注"与"授"义亦相近。这样,名称和定义实际将造字过程中"注"(授)、"受"双方两大构形要素都提示出来了,只不过"转注"是从"转注原体字"的角度提出,"建类一首,同意相受"则是着重从"类首"的角度立言。但是,"建类一首"又包含了它的对应面——

"转注原体",因为"类首"乃是为"转注原体"而建立;"同意相受"又兼及了"类首"与"转注原体字"两方,并且又是对"转注"之原则及方式手段的强调。落实到"考、老"两个字例上,它们并非与其他五书之例一样为并列关系(如"上、下"、"日、月"、"武、信"、"江、河")。"老"实际是"类首","考"是与"老""同意相受"后产生出的"转注字",因受行文体例限制(举例皆为两字),未曾列出的"转注原体字""丂"则隐含其中。也就是说,"考"的前身"转注原体字"是"丂"字,为求得字形与字义的密合,后来便将这个"丂"字移附授注于"老"这个类首上造出转注字"考"(从"老"原不省)。

以上就是孙先生对"转注"名称及其定义的"正解"。

二

我们认为,孙先生探讨解决"转注"问题时,在诸多方面付出了值得称道的努力。

首先,慎思明辨,廓清是非,确立研究"转注"问题的理论支点。文字学界有一种较流行的观点,认为"六书"是后人研求文字归纳出的"六种条例",不是什么造字的法则。这一认识直接左右着人们从什么角度去看"转注"。另一影响很大的理论,是清人戴东原的"四体二用"说,认为"指事、象形、会意、形声"是造字之法,而"转注、假借"为用字之法。这一理论也直接关系"转注"研究的出发点。《转注论》开宗明义,力主"六书皆造字之法"。著者认为:"六书法则"就是指在汉字产生和发展的历史过程中所客观存在的有关造字标词的法则和规律,即先民们在创造汉字的实践过程中所自然形成的有关汉字创制的种种思维模式;而"六书理论"则是后世文字学家对汉字创制的客观法则的一定认识和解释。将"六书法则"和"六书理论"明确分开,指明"六书"作为"造字之本",在汉字的创制历史中早已客观存在,"六书"的真谛和"转注"造字法则的实质,也只有在汉字产生发展的实际过程中才能得到正确的理解和认识,这就确定了探求"六书"及"转注"问题的基点。从此出发,著者重新检讨"四体二用"说,指出戴氏学说在方法论上的严重缺陷,即脱离汉字产生孳衍的历史过程的实际,简单地从共时态的汉字结构类型来反求造字之法,从而走向歧途。段玉裁及后来许多学者在这一"歧途"上愈走愈远,致使造字之法的研究为结构类型的归纳所取代,势难求得正确、全面、符合汉字历史的认识。这一见解使《说文》和"六书"研究的一大困惑——《说文序》有"六书"之名,而书中九千余字的形体结构只有"指事"等四种——可以获得合理的解释,即不同的造字方法构成的文字,其形体结构作静态、共时的分析可以归为同一类型,也就是说,就文字构造而言,四种基本结构类型的汉字实际可能是由四种以上构字方法所构成。论定六书即六种造字方法,将着眼点转移到先民们为语词谋求书写符号的思维心理和历史背景上,"假借"虽无系于构形,却是使得一个"本无其字"的语词获得一个书写符号的"造字之法","转注"自然也应作为一种"构形"的造字法去探求。这些理论是非的澄清,为"转注"问题的探求找到了基本支点。

其次,穷根析源,揭示"转注"不明的症结所在,寻找解决问题的突破口。孙先生认为:前人不明转注的主要原因在于方法论的失误,不是把六书问题放在汉民族创制文字的历史背景上来考察,而是把研究的眼光只关注在一部《说文》上,甚至只关注在许慎为六书所列举的个别例字上。这种局限的深层原因是受汉字形体结构类型的困扰,无论戴震的"互训转注"说,还是张有等人的"展转其声"说,或江永、朱骏声等的"引申转注"说,莫不如此。因为以"结构类型"取代了"造字之法"的研究,所以就无法确立"转注"在"结构类型"中的位置,遂求之于"义"和"音",对"转注"造字构形的客观事实反倒视而不见;许慎所举的"假借"和"转注"的例字及《说文》形体结构类型的分布又不断地强化着"结构类型"这一观念;特别是将形声造字法等同于结构类型上的形声字,举凡形声字,皆以为是形声造字法的产物;于是形声结构类型的"转注字"淹没于"形声字"之中,"转注"造字法也就始终真相难明。这就是问题的症结所在。这种层层深入的论析,使著者能从"臆说纷纭"之中发掘出前人的合理认识,汲取他们的教训,从而找到"转注"不明的症结及解决这一问题的突破口。

再次,以汉字发展的历史实际为依据,探求"转注造字法"的真义。基于上述两方面的认识,孙先生对"转注"造字法的产生、造字途径和功能进行了深入的考察和分析,认为汉字的产生和发展,是一种体现着汉民族认识思维的才智不断发展、不断提高的过程。汉字初创阶段,人们的认识活动重在语词所代表的事物的直观体现,构形表义注重形象性的直观,所以将意义内容直接体现在形体结构上的"象形、指事、会意"等造字法先行出现。此后,形义密合的造字法难以大量造字以适应社会、语言的发展,以语音为凭依的"假借"造字法应运而生。"假借"造字依据"谐音原则",不增加新的形体符号,其结果是同一符号形式的功能增多,一形多用不堪负担,于是先民们造字构形的思维着眼点发生逆转,追求形义密合的心理趋势又开始回升,产生了大量加注意符分化孳乳的转注字。汉字构形的发展就这样经历了一个螺旋上升式的回归。著者对汉字构形发展这一心理历程的描述,是建立在对古文字资料考察之上的,符合文字发展的实际。

此外,坚持唯物辩证法和系统方法论,不脱离语言文字自身系统和历史进程论"转注",因而能求之于常例,不作"玄僻"之解。《转注论》虽然只就"转注"一义而纵横其辞,但是著者并不是孤立地、静止地看问题。说"转注"不游离"六书"这一造字法系统,论"六书"又将其置于汉语书写符号系统作整体观,进而确定"转注"及"六书"的性质和地位。在探讨传统文字学"六书理论"的内涵时,同样将它作为一个系统,分析这一理论的形成和发展,指出它业已归纳出汉字构造的基本法则。在具体阐释"六书理论"时,尤其注意到文字、语言系统的历史层次性,"以本书证本书,以许说证许说"。从大处把握,不脱离于《说文》体系及汉代文字学研究的总格局;由细处着眼,对一词一字的训释,也均立足"词语"的历史层次,不违背语言文字系统的制约性而标新立异。这些使著者能全面、动态地看待"转注",将"转注"造字法与汉字系统最普遍、常见的孳乳现象的本质联系作了透彻的揭示。

三

分析孙先生探索转注问题的方法、途径及其立论依据,我们以为《转注论》对"转注"的研究是一个令人欣喜的成果,"转注"这一文字学史上长期悬而未决的问题,经孙氏的探索取得了重要进展,甚至可以认为已接近于真相大白。之所以说"接近",我们认为就《转注论》一书所展示的内容而言,有两方面的问题尚有待于进一步研究。

其一,著者对"转注"的解释,表明不仅许慎对"转注"的界定"非常精辟",而且"六书理论"在汉代已发展得相当完善,这一结论是否符合当时文字学研究的实际?也就是说,在两汉的学术文化背景下,"六书理论"能否达到如此高度?对此著者在有关章节虽有所论述,但还不够充分,或许还有更多的考虑未形诸文字。我们曾认为中国文字学萌芽于周秦,创立于两汉,而以《说文》的问世为文字学最终建立的标志,对周秦至两汉文字学发生、发展的学术背景作过粗线条的勾勒(参阅拙著《汉语文字学史》第一编)。从这一时期学术文化背景及汉字由先秦至许慎时代急剧发展的实际情况看,我们赞成孙先生的基本看法。著者在这一方面倘能进行更深入、全面的论述,将会为"转注"问题的揭示提供一个更为广阔的学术文化背景,结论也许更令人信服。

其二,《转注论》一书中,著者深入分析了"转注"与"形声"的关系,阐明"转注"不明的症结在于误解"形声",这可以说是"转注"研究最引人注目的突破。然而,我们感到他在论及二者关系及对"形声"造字法的讨论中,却隐含着不少矛盾。将"以事为名"之"名"解释为"名实"之"名",其证据不能说不充分,然而认为"形声"造字法造出的字,形符(名)与这个形声字是同义关系,如"爸"以"父"为形符。这一结论,首先就使《说文》的定义和例字"江、河"不相吻合。尽管著者推测许慎举"江、河"以兼赅

"爸、舿"之类是"就宽不就窄",依然令人费解。许慎"形声"定义的粗疏,是以使人对"转注"定义的"精辟"产生疑问,此其一。按照上述对形声字的理解,真正的形声字,即形符(名)与形声字完全同义,是极少的;著者所列出的字例,如"爸、氓、船、舿、産、臻、到、麑、頭"等等,皆出现较晚,这与形声造字法出现的时代和汉字系统中形声字的实际存在明显矛盾,此其二。著者指出"形声造字法"直接导源于甲骨文时代即已产生的"加注声符"这一构形模式。这一看法也有两个难以调和的矛盾:一是"注声形声字"在甲骨文中为数不多且出现较晚,而早于它的甲骨卜辞中(如自组、宾组等)已有许多典型的形声字(即不是加注意符的),早期的形声字如何源于晚于它的"注声"构形模式? 二是"注声构形"的字,在发展中均改变被注初文为"类首",如"凤"之原象形变为从"鸟","耤"之原象事变为从"耒"等。如果认为这种构形模式是形声造字法的源头,形声字以形符(名)完全表义为正解,则这些初文为何反而要改为"类首"? 此其三。著者认为"形声"与"转注"在发展过程中走向"合流",形声字保留了"取譬相成",吸取了转注造字法的"建类一首",构成一种"形声转注"相结合合式的造字法,"江、河"之类便是这种方式构成的。著者指出这种方法姗姗来迟,所以也没对汉字构造立下太大功劳,"形声"不是最能产的造字法。这一"合流"说,与汉字的实际情况似有距离。就我们的研究,甲骨文的形声字已有三种类型,即加注形符式的(转注字)、加注声符式的和类符加声符式的(即所谓"合流"式的),除"注声"式的出现较迟外,其他两类就甲骨文本身难以从时间上确定其先后(从逻辑上则可以推出)。由此看来,甲骨文时代,形声造字法已趋成熟,这与"合流"说不相一致,此其四。形声造字法论述中隐含的这些矛盾现象,在一定程度上干扰了对"转注"造字法的理解。因此,彻底理清"转注"与"形声"的纠葛,还需要对"形声造字法"作更深入的考察。

读《隶定"古文"疏证》[①]

隶定古文始于汉代。伪孔安国《尚书序》对隶定古文的起因有明确记述。《序》曰:"至鲁共王好治宫室,坏孔子旧宅,以广其居,于壁中得先人所藏古文虞、夏、商、周之书及传、《论语》、《孝经》,皆科斗文字……科斗书废已久,时人无能知者,以所闻伏生之书,考论文义,定其可知者,为隶古定,更以竹简写之。"唐·陆德明《经典释文》卷一《序录·注解传述人》所记大体本此,并指出壁中所得之书有《礼》、《论语》、《孝经》,"皆科斗文字,博士孔安国以校伏生所诵,为隶古写之。"陆氏又于卷三之《尚书音义》上注曰:"隶古,谓用隶书写古文。"这些记载基本反映了"隶定古文"这个概念的由来。楷书通行之后,以楷书转写古文也称为"隶定",所以一般学者所称的"隶定古文"实际上即指用隶书或楷书笔法转写的古文。"隶定古文"虽然是始于用隶书写定的孔壁先秦古文典籍,但是真正的孔氏隶古定体经书我们已无缘见到。传世的隶定古文情况相当复杂,有的是后人据传抄古文而隶定,有的是由隶古定本辗转流传而来,有的则是来自对新发现的古文资料的隶定(如汲冢古书),也有的是取自后人所仿写的古文的资料。历代字书、韵书对这些来源

---

① 本文原载于《史学集刊》2003年第2期。

复杂的隶定古文大多兼收并蓄,使人"不能别择去取",不能正确认识并加以充分利用。

随着古文字学研究的进展,人们开始认识到传抄古文的重要学术价值,近年来已有不少论著对传抄古文加以利用和研究。作为古文字的另一种表现形态,渊源有自的隶定古文研究,却未能引起足够的重视。从这个意义上说,徐在国广搜字书、韵书等资料中的隶定古文,考辨其源流讹变之迹,并以各种古文字资料加以梳理证说而撰著的这部《隶定"古文"疏证》(以下省称《疏证》)就成为一部具有填补空白意义的著作。

《疏证》材料取舍得当,内容非常丰富。隶定古文材料大多保存在历代字书和韵书中,作者选取了具有代表性的资料 13 种,基本上涵括了有价值的隶定古文。中国传统字书和韵书的编纂,传承关系至为明显,后出之书往往将以前流传的字书和韵书资料搜罗殆尽,然后有所增删补苴。不同时期语言文字学研究的成果也总是通过字书和韵书的编撰体现出来,这是中国传统文字学的一个重要特色。因此,以字书和韵书为基本对象收集隶定古文资料是一个恰当的选择。正如作者指出,宋代之后出现的字书中所列隶定古文,"大多是辗转传抄于《玉篇》、《集韵》等书,价值不大。"这是符合隶定古文流传实际的。宋代金石之学兴起之后,"古文"的传抄和研究也随之达到一个新的水平,不仅出现了《汗简》、《古文四声韵》这类专事辑录古文的字书,《类篇》、《集韵》等字书和韵书也对古文的收录予以足够重视,故这些字、韵书保留了不少隶定古文。元明以降,随着学风流变,"古文"之流传也渐趋式微,其后字书所收的隶定古文大都是因袭传承而来,价值确实不大。虽然《疏证》收录的隶定古文大抵至于宋代,但内容依然十分丰富。全书收录隶定古文数量之多、异形异构之丰富,实在是超出我们预想之外的。

对这些丰富的隶定古文资料进行梳理证说,是一项很有难度的工作。传世的隶定古文,大都是形体之特异者。段玉裁注《说文》"今叙篆文,合以古籀"时说:"小篆因古籀而不变者多,故先篆文正所以说古籀也;隶书则去古籀远,难以推寻,故必先小篆也。其有小篆已改古籀,古籀异于小篆者,则以古籀附小篆之后,曰古文作某、籀文作某,此全书之通例也。"段氏阐明小篆之后附列古、籀文的缘由,实际上也适合隶定古文。孔安国"以所闻伏生之书,考论文义,定其可知者,为隶古定,更以竹简写之",大概凡是文义可知,形体与通行今文字(隶书)对应一致者,即直接转写为隶书,形体有差异者则以隶书笔法写其形。正如"小篆因古籀而不变者多",《说文》附列"异于小篆"之古籀文有限;隶书之因袭古文而文义可定者也不在少数,故隶定古文多可直接转写,而仅于其形体特异者才会以隶书笔法写之。所以,今天我们所见无论是从《说文》等字书中隶定之古文,还是从其他流传资料选取的隶古定形体,隶定古文基本都是与今文字有差异的特异形体。正因为其"特异"之处,隶定古文对古文字考释和文字学研究才有其不可替代的价值;也正因为其"特异",对其源流疏证就显得十分必要而又颇为不易。而且由于隶定古文字形特异,后世之人不明其构形之理,流传之中更易发生讹误,以讹传讹,有些字甚至变得面目全非,使得疏证工作更是难上加难。

对这样一项很有难度又具填补空白意义的课题,作者完成得相当成功。这主要表现在以下方面：

一是溯源推变，审慎严谨。《疏证》将搜集到的隶定古文依形分类，推求其来源，分析其演变及讹变，指出隶定古文"并非向壁虚造"，其直接来源包括出土的古文字资料和《说文》古文、籀文、奇字等传抄古文。在各个隶定古文之下，不仅充分利用传世古文字书逐一推寻其所本之古文形体，而且大量引用近代以来新出古文字资料予以对照分析，言之确凿，令人信服。如"勝"（284页）字下所收《类篇》、《集韵》、《古文四声韵》、《龙龛手镜》之隶定古文，作者将它们分为尐、尞、尐和㚄、㚄两组，从《古文四声韵》所引古《老子》"勝"字作尐，指出尐、尞与之相同，即这两个隶定古文形体来源于古《老子》，同时指出尞乃尐的讹变形体（当然这种讹变可能源自隶定后之古文形体）。作者并未停留在此，并进一步追寻古《老子》"勝"之形体源头，指出尐实际是由战国文字 （乘）形讹而来，在古《老子》中是假借"乘"为"勝"。对第二组㚄和㚄的溯源又进一步证明上面的说法。近出包山和郭店楚简"勝"作 、 、 ，从力乘声（属声符更替），可知㚄、㚄实为楚文字"勝"形之讹（虽然讹变的每个发生环节还无法确定）。通过对隶定古文"勝"的两组形体的溯源，不仅指出《古文四声韵》所引古《老子》假"乘"为"勝"，而且由地下新出楚文字"勝"之异体既证明另一组隶定古文之来源，也证明古《老子》假借"乘"为"勝"之推测的可靠性。这是将传抄古文与新出文字资料相结合，融汇贯通，推考隶定古文的一个很典型的例子。全书这样的例子俯拾可得。他如对隶定古文囦（渊）、髴（色）、臰（澤）等字的分析，均引证新出郭店楚简等资料，其说精确不移。作者利用出土的战国古文字，甚至新出秦汉文字资料，使不少难以查考的隶定古文得到了合理的解释。如"寻"(71页)之隶定古文作𡬹、𨜣、𨝙,其形体来源颇难确定,作者首先从《汗简》中保存的𡬹指出𡬹之来源,并列举了金文"寻"作为比较。显然《汗简》所收之古文与金文"寻"相差甚远,于是作者又引马王堆帛书《老子》甲、乙本之"寻"作𢎗𢎗为证,指出《汗简》古文形体是由此讹变而来的。在分析"美"的隶定古文㛄时,不仅引述《古文四声韵》、郭店楚简之㜅、㛄等"美"字或体,还特别引述分析了郭店楚简《老子》丙7"美"字。其字作㜅,左旁从古与"敢"所从同(见郭店简《老子》甲9),并对隶定古文何以从敢作了大胆的推测。如果进而比较《马王堆帛书》的"微"字作𢼸𢼸等形,我们可以看出隶定古文"美"从散作敢与汉初帛书文字之"微"从𢼸当来源相同,郭店《老子》丙中的"美"就为这种来源的寻绎提供了一个可能的线索。《疏证》作者正是通过严谨审慎的溯源推变工作,指明了许多隶定古文的来源。

二是释疑辨误,颇有见地。作者在考辨那些来源不明的隶定古文时,发现其中颇多后起俗体字,并逐一指明,作出了分析。魏晋南北朝时期,俗体字颇为流行,后人不知其源,往往将俗体列为古文。在对隶定古文考源时,必须尽可能地将混杂其中的这类"假古文"分辨出来。《疏证》一方面引用了关于"武周新字"和俗文字研究的成果,指明武周新字和一些俗文字,另一方面也对俗字的辨析提出许多新的见解。如指出"贤"的俗体"賢",会"臣忠为贤"之意;"财"的俗体"合"会"日入之意。秦汉吉语格言印常有'日内(人)千金'、'日入千万'、'日入千石'等,祈求每天都有财富入家,后遂造合为财字";以"習"为"辩"之俗体"会巧言";以"㧑"为"易"之俗体"会大力爪(抓)易之意",等等。

在考形推源过程中,作者发现隶定古文有两种值得重视的情况,即假借和误置。对前者,《疏证》随文分析,逐一指出;对后者,作者进行归纳,又分为"义近误置"和"形近误置"两类。隶定古文中假借字为古文的情况反映了古文字使用的实际面貌。比较上世纪70年代以来发现的战国秦汉古文字资料,许多假借字的运用与隶定古文保存的假借情况相一致,这证明隶定古文有可靠来源。误置是一种张冠李戴的错误,很容易造成误解和混乱。如作者在前言中列举的以"祋(殃)"为"祸"、以"追"为"随"、以"巫"为"觋"、以"若"为"顺"、以"穆"为"敬"等例,都是十分典型的同近义相混。但从文献流传的角度看,这种同义或近义字的误置,很有可能源于古文文献的异文分歧。我们将马王堆、银雀山等汉帛书、简书,郭店简、上海简等战国古书文本与传世的相同文献进行比较,就会发现"同近义替换"而形成的异文分歧,是普遍存在的现象。这启发我们这类义近误置的隶定古文,有的很可能就是参照传世的版本对写古本而造成误解并流传下来,这从一个方面反映了隶定古文来源的可靠性。形近误置因古形或讹变之形相近而发生,细致比较也能寻绎出这些隶定古文的原始形态,从而看出它们是在什么情况下发生讹误,或是否为真的古文隶定。《疏证》在分析这些误置例时,都作了详尽的比较,给予了合理的解释。

三是旁征博引,互相发明。《疏证》作者充分利用传世和新出的各种文字资料,广泛吸收各家成果,可谓"博采通人,至于小大,信而有证,稽撰其说。"(《说文序》)这部著作引证的古文字资料,包括主要的传抄古文,新出的甲骨、金文、战国、秦汉等各种文字资料,去取恰当,引述适宜。在引用各家学说和新材料时,作者常能作到互相发明,使一些难解之字,涣然冰释。除上文所举有关例子外,比如引郭店楚简《六德》篇之䚻证明《玉篇》等"誇"之隶定古文"奆";引战国文字"析"字各种异形证明隶定古文䣂、片之来源,并以传抄古文"析"字证明古玺未识字㲿为其异体;由《一切经音义》"巷"字古文"衖",结合汉碑、秦封泥之"巷"字,释楚简"巷"及金文从"芇"(共)声诸字(郭店楚简已证实此说),等等。这些旁征博引、互相发明的例子,突出体现了隶定古文对古文字考释的价值,同时也表明隶定古文是渊源有自的一批重要的古文字研究资料,应该予以深入研究和充分利用。

由于这是一项发凡创例、难度很大的工作,《疏证》自然还不是尽善尽美的。我阅读之后,觉得还有一些值得改进的地方:在溯源方面,有时跨度较大,或表达不够严密。比方在"帝"的隶定古文"帝"下谓"甲骨文或作朿",在"祝"的古文"䄌"下谓"此即《说文》篆文䄌之隶定",并引盂鼎䄌、包山简䄌,谓"为《说文》篆文所本"。"帝"字不可能直接追溯到甲骨文,《疏证》"旁"下说㫄为雨之隶变,如此"帝"也可能为㡀之隶写。而"祝"的古文显然不是《说文》篆文的隶定,篆文与古文之别主要是"示"与"示","《说文》篆文所本"的结论似也嫌主观。在溯源过程中如何确定一个隶定古文的直接源头,或指出其远源(渊源)关系,确实不是容易的事,一般情况下不能太过绝对。纵向溯源与横向流变的推求应更好地结合起来,尤其是隶定古文异形繁多时,有些异形存在彼此间的横向流变或讹变关系,应该予以重视。如"天"之隶定古文甚多,作者分为六组辨析,总体说解决得相当成功,但是关于兀的溯源可能是有问题的。在这个形体下作者所引颂鼎、史颂簋、郭店《老子》的"天"与此形相差很大,谓"兀"似上引诸形之讹变",显然不可信。但从第五组之兀闪而看,兀非常有可能是这种后出的仿古文形体讹变而来,而不太可能追溯到先秦古文字。如能就书中提供的字形进行横向比较,也许更能说明问题。书中有一些说法还可以进一步推敲,如"示"下之爪谓为俗体,虽然本之《龙龛手镜》,但该书所收之从爪的祖、禮、福、神等字,也许不是俗体而是古文之隶定。在"礼"之下引敦煌卷子作爪,作者已正确指出为《说文》古文爪之隶定。其实爪当是"示"之古文的隶定而稍有变化,这种"俗"只是隶楷阶段对偏旁"礻"而言的一种不同写法,究其来源,当是由古文隶定而讹变,不必拘泥成说。

在国研究古文字有年,已取得引人注目的成果。他学有渊源,根柢扎实,且能甘于寂寞,勤奋刻苦,能完成这部《疏证》绝不是偶然的。我与在国不仅有同窗之谊,而且多有合作,深知其为人和治学,因此不敢藏拙,略呈陋见,仅供作者与读者参考。

附录

部分引书简称表

《说文》：许慎《说文解字》
《综述》：陈梦家《殷虚卜辞综述》
《前》：罗振玉《殷虚书契前编》
《后》：罗振玉《殷虚书契后编》
《续》：罗振玉《殷虚书契续编》
《乙》：董作宾《殷虚文字乙编》
《佚》：商承祚《殷契佚存》
《英》：李学勤等《英国所藏甲骨集》
《人》：贝塚茂树《京都大学人文科学研究所藏甲骨文字》
《屯南》：中国社科院考古所《小屯南地甲骨》
《合》：郭沫若主编《甲骨文合集》
《缀合》：郭若愚等《殷虚文字缀合》
《大系》：郭沫若《两周金文辞大系图录考释》
《集成》：中国社科院考古所《殷周金文集成》
《古玺》：罗福颐《古玺汇编》
《香录》：顾廷龙《古陶文香录》
《秦简》：整理小组《睡虎地秦墓竹简》